REVISTA TRIMESTRAL DE

DIREITO PÚBLICO

23/1998

MALHEIROS EDITORES

Revista Trimestral de Direito Público

Órgão do

INSTITUTO GERALDO ATALIBA —
IDEPE — INSTITUTO INTERNACIONAL
DE DIREITO PÚBLICO E EMPRESARIAL

INSTITUTO DE DIREITO ADMINISTRATIVO PAULISTA
IDAP

Revista Trimestral de Direito Público
publicação trimestral de
MALHEIROS EDITORES LTDA.
Rua Paes de Araújo, 29, cj. 171
CEP 04531-940 - São Paulo, SP - Brasil
Tel. 822-9205 - Fax: 829-2495
Diretor Responsável: Álvaro Malheiros
Diretora: Suzana Fleury Malheiros

Assinaturas e comercialização:
CATAVENTO DISTRIBUIDORA DE
LIVROS S.A.
Rua Conselheiro Ramalho, 928
CEP 01325-000 - São Paulo, SP - Brasil
Tel. 289-0811 - Fax: 251-3756
Supervisão Gráfica: Vânia Lúcia Amato
Composição: PC Editorial Ltda.

SUMÁRIO

DOUTRINA

O RECONHECIMENTO DE DIREITOS COLETIVOS NA ESFERA INTERNACIONAL
Fábio Konder Comparato 5
LEIS ORIGINARIAMENTE INCONSTITUCIONAIS COMPATÍVEIS COM EMENDA CONSTITUCIONAL SUPERVENIENTE
Celso Antônio Bandeira de Mello 12
O CONTROLE SOCIAL E O CONSUMIDOR DE SERVIÇOS PÚBLICOS
Juarez Freitas 24
DEZ ANOS DE CONSTITUIÇÃO
Sérgio Sérvulo da Cunha 32
ATO ADMINISTRATIVO, ATO-FATO ADMINISTRATIVO
Ronaldo de Medeiros e Albuquerque 40

PARECERES

AS LICITAÇÕES E AS EMPRESAS ESTATAIS APÓS A EMENDA 19
Eros Roberto Grau 70
REELEIÇÃO DO PRESIDENTE DA REPÚBLICA –
EMENDA CONSTITUCIONAL 16/97. EXIGÊNCIA DA DESINCOMPATIBILIZAÇÃO DO PRESIDENTE DA REPÚBLICA COMO REQUISITO PARA CANDIDATURA À REELEIÇÃO. INTERPRETAÇÃO CONFORME A CONSTITUIÇÃO. PREVALÊNCIA DOS PRINCÍPIOS CONSTITUCIONAIS DO "REGIME DEMOCRÁTICO", DA "IGUALDADE ENTRE PARTIDOS E CANDIDATOS" E DA "MORALIDADE ELEITORAL"
Carlos Roberto Siqueira Castro 76
CREDENCIAMENTO MEDIANTE LICITAÇÃO
Adílson Abreu Dallari 97
DIREITO DO LICITANTE VENCEDOR À ADJUDICAÇÃO E CONTRATAÇÃO
Toshio Mukai 106

ESTUDOS E COMENTÁRIOS

O CONTROLE DIRETO DE CONSTITUCIONALIDADE DE LEIS E ATOS NORMATIVOS MUNICIPAIS POR VULNERAÇÃO À CONSTITUIÇÃO FEDERAL
Clóvis Beznos 116
MANDADO DE SEGURANÇA: UMA PROPOSTA DE INTERPRETAÇÃO
José Sérgio Monte Alegre 119
AS AGÊNCIAS REGULADORAS NO DIREITO BRASILEIRO: ORIGEM, NATUREZA E FUNÇÃO
Marcos Augusto Perez 124
VENCIMENTOS DE PREFEITOS E VEREADORES À LUZ DA EMENDA CONSTITUCIONAL 19/98
Fábio Medina Osório 129

SITUAÇÃO ATUAL E PERSPECTIVAS DA DESREGULAMENTAÇÃO DA ATIVIDADE SEGURADORA NA ALEMANHA
Jürgen Basedow, LL.M. (tradução de Amadeu Carvalhaes Ribeiro) 141
PLANEJAMENTO COMO INSTRUMENTO DO DESENVOLVIMENTO URBANO
Yara Prado Fernandes Francisco 152
REGIÕES METROPOLITANAS
Antonio Sampaio Amaral Filho 159

CONFERÊNCIAS E DEBATES

REFORMA ADMINISTRATIVA E CONTROLE DE CONTAS
Edgard Camargo Rodrigues 169

JURISPRUDÊNCIA 184

LEGISLAÇÃO

EMENDA CONSTITUCIONAL N. 19, DE 4 DE JUNHO DE 1998 243
EMENDA CONSTITUCIONAL N. 20, DE 15 DE DEZEMBRO DE 1998 251
LEI N. 9.784, DE 29 DE JANEIRO DE 1999 259
LEI N. 10.177, DE 30 DE DEZEMBRO DE 1998 267

DOUTRINA

O RECONHECIMENTO DE DIREITOS COLETIVOS NA ESFERA INTERNACIONAL*

FÁBIO KONDER COMPARATO
Professor Titular da Faculdade de Direito da Universidade de São Paulo
– Doutor em Direito da Universidade de Paris

1. O advento da chamada terceira geração de direitos humanos veio ensejar uma reflexão inovadora sobre a estrutura e a essência do direito internacional público. Tradicionalmente, como sabido, as relações internacionais se estabelecem e desenvolvem entre Estados, como sujeitos de direito. Progressivamente, porém, no curso do século XX, acederam também ao cenário do direito das gentes as organizações internacionais e as pessoas privadas. Hoje, trata-se de saber se estão ou não em surgimento novos sujeitos de direito internacional, sob a forma de coletividades às quais ainda não foi reconhecida a qualidade unificadora de pessoa. Já estaríamos aqui no campo do direito propriamente dito, ou cuidar-se-ia ainda, tão-só, de reivindicações políticas, ou de aspirações de ordem ética? Se tais sujeitos coletivos não personalizados devem ser reconhecidos como titulares de direitos, quem os exerceria em seu nome?

A resposta a essas questões supõe uma "abertura de fronteiras" da ciência do direito internacional, não só, obviamente, em direção à teoria geral do direito, mas também, menos evidentemente para publicistas, em direção ao rico acervo de análises conceituais, acumulado pela ciência jurídica privatista durante séculos.

2. Comecemos, lembrando que o direito subjetivo constitui apenas um dos elementos da posição ativa, numa relação jurídica entre duas ou mais partes. A reflexão analítica levou séculos até conseguir identificar a existência de outros elementos ativos, até então englobados na mesma denominação genérica de direito subjetivo.

O grande trabalho distintivo, nessa matéria, teve início em meados do século passado na Alemanha, com um célebre ensaio de Bernard Windscheid[1] sobre o conceito de *actio* no direito civil romano. Observou ele que o credor, numa relação obrigacional, tem o direito de receber a prestação devida, no sentido de que o pagamento feito a qualquer outra pessoa não é liberatório. Mas além desse direito, e como conse-

* Estudo oferecido em homenagem ao prof. Vicente Marotta Rangel.

1. *Die Actio des römischen Civilrechts vom Standpunkte des heutigen Rechts*, Düsseldorf, 1856.

qüência direta dele, tem também o credor o poder de exigir coativamente o cumprimento da prestação no vencimento, por todas as vias jurídicas admissíveis, inclusive pela propositura de uma ação judicial. A esse poder de exigir do devedor o cumprimento da prestação, Windscheid deu o nome de *Anspruch*, mal traduzido nas línguas neolatinas pelo vocábulo descolorido *pretensão*.[2] O termo acabou sendo consagrado pelo Código Civil alemão, ao final do século.[3]

Temos, portanto, que a posição do sujeito ativo de uma relação jurídica pode desdobrar-se em pelo menos três elementos: 1) o direito subjetivo *stricto sensu*, que é uma relação de pertinência de algo a determinado sujeito; 2) a pretensão, ou poder de exigir de outrem a prestação objeto do direito subjetivo; 3) a ação judicial, que é o direito de obter do Estado o julgamento de uma lide, ou controvérsia jurídica, sobre o direito subjetivo alegado pelo autor.

O elemento de base é, pois, o direito subjetivo, sobre o qual superpõem-se a pretensão e a ação judicial. Esse elemento básico pode subsistir, sem os demais, como sucede com as dívidas prescritas e as obrigações naturais: o seu pagamento voluntário não pode ser repetido, porque o credor, embora não podendo exigi-lo, tinha direito a recebê-lo e o devedor, quando pagou, estava obrigado a efetuá-lo (Código Civil, art. 970). Mas não há pretensão sem direito subjetivo, uma vez que a exigência de uma prestação positiva ou negativa de outrem pressupõe o dever de cumpri-la e o direito de recebê-la. Nem existe tampouco ação sem pretensão, como no caso de alguém que demanda judicialmente por dívida ainda não vencida (Código Civil, art. 1.530). Os processualistas falam, neste último caso, de carência da ação por falta de interesse processual.

Observe-se que a pretensão pode exercer-se sem recurso a uma ação judicial. A monopolização, pelo Estado moderno, da prestação jurisdicional não significa que o respeito aos direitos subjetivos não possa, em hipótese alguma, ser obtido coativamente fora do juízo. O portador legitimado de uma nota promissória, por exemplo, pode exigir o seu pagamento por um meio que é, muita vez, mais temido que o ajuizamento de uma ação: o protesto cambial. "O possuidor turbado, ou esbulhado, poderá manter-se, ou restituir-se por sua própria força, contanto que o faça logo" (Código Civil, art. 502). Verificada a mora do subscritor de ações de uma sociedade anônima, a companhia pode mandar vender as ações não integralizadas em Bolsa de Valores, sem precisar mover contra o acionista remisso o processo de execução (Lei de Sociedades por Ações, art. 107–II).

Todos esses fatos, obscurecidos por uma persistente visão estatalista da ordem jurídica, estão pois a demonstrar, com absoluta clareza, que o reconhecimento da existência de um direito subjetivo independe, em última análise, do aparelhamento de alguma sanção coativa para o caso de sua violação; e que o poder de exigir de alguém o cumprimento de um dever jurídico pode, perfeitamente, prescindir, em várias hipóteses, do recurso à força pública.

A lembrança dessas verdades, como se percebe desde logo, é de suma importância no campo do direito internacional, especialmente no que tange aos direitos coletivos, cuja exigibilidade é sempre fraca ou nula pelos mecanismos institucionais ou con-

2. Responsável por essa tradução inapropriada do termo germânico foi o *Comité de Législation Etrangère* do Ministério da Justiça francês, que fez publicar, em 1904, sob a orientação de Saleilles, a versão do *BGB* em língua francesa.

3. *Das Recht von einem anderen ein Tun oder ein Unterlassen zu verlangen* (§ 194). Essa definição legal, em sua simplicidade enganosa, é criticada pela sua ambigüidade (cf Karl Larenz, *Allgemeiner Teil des deutschen bürgerlichen Rechts*, Munique (Beck), 1967, § 20; Pontes de Miranda, *Tratado de Direito Privado*, 3a ed., t. V, § 615, 3). Mas a verdade é que os poderes jurídicos subjetivos (*Kannrechte*) são sempre elementos ativos da relação jurídica e, por conseguinte, direitos subjetivos *lato sensu*.

vencionais. Tomemos, por exemplo, o mais fundamental dos direitos coletivos, aquele que é pressuposto de todos os demais, a saber, o direito de um grupo nacional, étnico, racial ou religioso de não ser exterminado. Porventura, esse direito, cuja incontestabilidade é óbvia, deixa de existir porque o Estado, em cujo território vive o grupo ameaçado em sua subsistência, não se acha formalmente vinculado à Convenção Internacional de 1948 sobre a Repressão ao Genocídio?

Contra a opinião positivista tão largamente admitida, é preciso reconhecer que a existência de um direito subjetivo não decorre de sua declaração e proteção oficial por um órgão de poder, mas encontra seu fundamento último no sentimento jurídico *(Rechtsgefühl* dos escritores germânicos, ou *opinio iuris* dos glosadores medievais), ou seja, a generalizada consciência de que se está, efetivamente, diante de um bem pertencente a determinado sujeito, e que deve ser respeitado; o que confere, em princípio, ao seu titular o poder de exigir esse respeito por parte de todos os demais, ainda que ele não possa recorrer, para tanto, a uma instância superior de poder, capaz de desencadear contra o obrigado uma sanção coativa.

3. Mas se a essência do direito subjetivo é essa relação de pertinência de um bem da vida a determinado sujeito, importa frisar que esse bem deve ser determinado ou, pelo menos, determinável, sem o que não há como distinguir-se entre o "meu", o "teu" e o "nosso". Ademais, para ser objeto de um direito subjetivo, esse bem não pode depender, em sua existência, de causas ou circunstâncias indeterminadas ou incontroláveis pelo próprio sujeito. É normal – e mesmo eticamente louvável – aspirar à felicidade pessoal, à prosperidade, ou ao bom relacionamento com vizinhos e companheiros de trabalho. Mas seria sem sentido falar-se em direitos subjetivos à obtenção desses bens, pois a sua realização depende, em grande parte, do concurso de circunstâncias independentes da vontade do sujeito.[4]

Essas considerações de precisão técnica são importantes para que se compreenda por que certas aspirações coletivas no plano internacional, ainda que generosas, não podem ser reconhecidas como autênticos direitos subjetivos, enquanto não houver suficiente esclarecimento quanto ao seu objeto.

É o que sucedeu, por exemplo, quanto à afirmação de um direito dos povos ao desenvolvimento. A proposta de reconhecimento desse novo direito humano, feita pela primeira vez pelo prof. K. M'Baya em artigo de doutrina,[5] e retomada por diversos autores,[6] foi aceita pela Carta Africana sobre Direitos Humanos e dos Povos, de 1981. Foi só a partir da Resolução 41/128, de 4.12.86,[7] da Assembléia Geral das Nações Unidas, bem como pela Declaração de Viena, de 1993,[8] por ocasião da Confe-

4. Cf. Karl Larenz, ob. cit., p. 218. O autor nega, porém, infundadamente, caráter jurídico à liberdade geral que cada indivíduo possui de fazer tudo aquilo que não é proibido por lei. É óbvio que os limites dessa liberdade são perfeitamente determináveis *a contrario sensu.*

5. "Le Droit au Développement comme un Droit de l'Homme", em *Revue des Droits de l'Homme*, 1972, p. 503.

6. O trabalho de maior fôlego sobre o tema continua sendo o de Nanni Rojas-Albonico, *Le Droit au Développement comme Droit de l'Homme*, Peter Lang, 1984. Cf., também, a obra coletiva *Human Rights and Development – International Views*, org. por Timothy M. Shaw, The Macmillan Press Ltd., 1989, e Roland Rich, "The right to development: a right of peoples?", na obra coletiva organizada por James Crawford, *The Rights of Peoples*, Oxford (Clarendon Press), 1993, pp. 39 e ss.

7. "*Article 1.* The right to development is an inalienable human right by virtue of which every human person and all peoples are entitled to participate in, contribute to, and enjoy economic, social, cultural and political development, in which all human rights and fundamental freedoms can be fully realized."

8. "*10.* The World Conference on Human Rights reaffirms the right to development, as established in the Declaration on the Right to Development, as na universal and inalienable right and an integral part of fundamental human rights."

rência Mundial sobre Direitos Humanos, que se logrou suficiente precisão quanto ao conteúdo desse direito dos povos.[9]

A citada Declaração da Assembléia Geral das Nações Unidas sobre o direito ao desenvolvimento, de 1986, abandonando a concepção estritamente econômica que prevaleceu nas primeiras décadas que se seguiram à 2ª Guerra Mundial, passou a falar em "desenvolvimento econômico, social, cultural e político" dos povos (art. 1). Proclamou, assim, o dever de todos os Estados, no plano nacional, de tomar as medidas necessárias para a realização do direito ao desenvolvimento, assegurando, "*inter alia*, igualdade de oportunidades para todos no acesso aos recursos básicos, à educação, aos serviços de saúde, à habitação ao emprego e a uma justa distribuição da riqueza" (art. 7). A Declaração de Viena, de 1993, por sua vez, enfatizou o inter-relacionamento entre democracia, desenvolvimento e direitos humanos (item 8), e introduziu a noção de desenvolvimento sustentado, ao afirmar que "o direito ao desenvolvimento deve ser realizado de modo a harmonizar o desenvolvimento com as necessidades de preservação do meio ambiente da atual e das futuras gerações", sublinhando que o despejo ilícito de produtos tóxicos e perigosos constitui séria ameaça ao direito à vida e à saúde das populações (item 11).

Com isto, já se ingressou, de certa forma, no campo da *lex ferenda*,[10] ou seja, já se começou a definir o conteúdo essencialmente complexo desse direito subjetivo dos povos ao desenvolvimento, o qual tem por objeto não propriamente prestações de caráter pontual, como numa simples relação de crédito-débito, mas sim a realização de políticas públicas ou programas de ação desdobrados no tempo. Para que se chegue, agora, ao estágio da *lex lata* no campo internacional, é indispensável ir além do simples compromisso de envidar esforços na assistência e cooperação entre os Estados, previsto no art. 2º do Pacto sobre Direitos Econômicos, Sociais e Culturais, de 1966, e estipular, por meio de convenção e não mais como simples recomendação, um dever incondicional de assistência e cooperação técnica aos povos subdesenvolvidos.

4. Se a precisão quanto ao objeto é indispensável ao reconhecimento de um direito subjetivo, igual exigência ocorre também no que tange aos sujeitos da relação jurídica. Ora, nesse particular, a situação presente do direito internacional é das mais insatisfatórias.

A imprecisão quanto aos sujeitos passivos é particularmente lamentável no que diz respeito, por exemplo, ao afirmado direito dos povos à alimentação.[11]

O Pacto sobre Direitos Econômicos, Sociais e Culturais, de 1966, reconhece, em seu art. 11, "o direito de toda pessoa a um nível de vida adequado para si próprio e sua família, inclusive à alimentação, vestimenta e moradia adequadas, assim como uma melhoria contínua de suas condições de vida". Obrigados a satisfazer esse direito são os Estados, quer no âmbito interno, quer no plano internacional. Nesse último nível, dispõe-se nesse mesmo artigo (alínea 2) que "os Estados-partes no presente Pacto, reconhecendo o direito fundamental de toda pessoa de estar protegida contra a

9. A doutrina internacionalista reconhece o caráter juridicamente não-vinculante das chamadas recomendações emanadas de órgãos internacionais, como as resoluções votadas pela Assembléia-Geral da ONU, tendo por objeto declarações de caráter geral. É preciso, no entanto, entender que esse caráter não-vinculante significa, tão-só, a ausência de sanções internacional contra os Estados que descumprem tais recomendações. Mas estas expressam, inequivocamente, a consciência jurídica internacional a respeito das matérias nela tratadas, contribuindo, portanto, como já foi observado, para a formação do direito costumeiro internacional (cf. Nguyen Quoc Dinh, *Droit International Public,* 5a ed., Paris, LJDJ, 1994, n. 253).

10. *Sic*, Richard Rich, ob. cit.

11. Cf. a obra coletiva, editada pela Universidade das Nações Unidas, *Food as a Human Right*, 1984.

fome, adotarão, individualmente e mediante cooperação internacional", as medidas que especifica, em matéria de métodos de produção, conservação e distribuição de gêneros alimentícios e de repartição dos recursos alimentícios mundiais. Não é preciso muito esforço de análise para se compreender que um dever de cooperação internacional que se estende a todos os Estados, sem maiores especificações, na verdade não se aplica a nenhum deles em particular.

A experiência do direito privado em matéria de direito de propriedade poderia apontar um caminho para a solução desse problema internacional. O domínio ou propriedade, como ninguém ignora, faz parte dos chamados direitos absolutos, exercitáveis *erga omnes*. Essa posição passiva universal, via de regra, só se concretiza quando há um dano, provocado à coisa objeto de propriedade, por um ato comissivo de outrem: uma turbação ou um esbulho possessório, por exemplo. O proprietário, por conseguinte, não tem por definição deveres positivos de cumprir prestações em favor de outrem, como sucede com os devedores numa relação obrigacional. No entanto, o direito contemporâneo passou a reconhecer, excepcionalmente, uma *função social da propriedade*, isto é, a existência de deveres positivos do proprietário de certos bens, em relação a outros sujeitos determinados, ou perante a comunidade social como um todo. Apenas, essa afirmação da função social da propriedade revela-se inefetiva enquanto, de um lado, não forem especificados quer os bens considerados de interesse social, quer as pessoas legitimadas a ter acesso a tais bens.[12] Revela-se também inefetiva, de outro lado, se a ordem jurídica não aparelha sanções adequadas ao descumprimento desse dever social dos proprietários.

Quanto a essa última condição de efetividade dos direitos subjetivos, como vimos, a inexistência de sanções adequadas ao descumprimento de um dever jurídico não impede o reconhecimento da existência do correspondente direito subjetivo. Mas a falta de uma identificação, tanto dos bens de interesse social quanto dos obrigados ao cumprimento da função social, torna de fato inaplicável a norma.

Poder-se-ia assim pensar, como início de solução para o problema da inefetividade das declarações sobre um direito dos povos a não morrer de fome, na atribuição à FAO, por meio de convenção internacional, do poder de identificar, em comunicação ao Secretário-Geral das Nações Unidas, as populações assoladas pela fome e indicar a existência de gêneros alimentícios não utilizados no território do Estado onde se encontram essas populações ou em outros Estados da comunidade internacional. O Secretário-Geral da ONU teria, então, o poder de requisitar essas reservas alimentares, comunicando ao Conselho de Segurança a eventual recusa do Estado, em cujo território se encontram tais reservas, de dar seguimento à requisição.

5. O mesmo problema de imprecisão técnica tem impedido o reconhecimento da titularidade de direitos coletivos na esfera internacional.

Existe, aliás, nos documentos internacionais, uma lamentável diversidade ter-

12. A nossa Constituição de 1988 regula especificamente a função social da propriedade urbana e da propriedade rural. Na primeira hipótese, o dever social incumbe, para área incluída no plano diretor do Município, ao proprietário de terreno urbano não edificado, subutilizado ou não utilizado (art. 182, § 4º). Em se tratando de terras rurais, a função social da propriedade é considerada descumprida quando não há, simultaneamente, aproveitamento racional e adequado, utilização adequada dos recursos naturais disponíveis e preservação do meio ambiente, observância das disposições que regulam as relações de trabalho, e exploração que favoreça o bem-estar dos proprietários e dos trabalhadores (art. 185). Sem embargo do caráter absurdo dessas exigências, arrancadas ao Congresso Constituinte pela prepotência do *lobby* dos proprietários, pelo menos já se saiu do terreno das declarações genéricas (e meramente ornamentais) sobre a função social da propriedade.

minológica para designar as coletividades não personalizadas. Os textos normativos empregam denominações várias, tais como *povos*, *nações*, *grupos* e *minorias*.

A Carta das Nações Unidas, por exemplo, abre-se (sob a evidente inspiração da Declaração de Independência dos Estados Unidos) com a expressão "nós, os povos das Nações Unidas". Haveria aí alguma distinção conceitual a ser feita entre "povos" e "nações"? Não estaríamos, talvez, diante de uma má tradução do texto original em inglês do anteprojeto, onde o substantivo coletivo *people* deveria aparecer em outras línguas no singular e não no plural, para indicar toda a parcela da humanidade representada pelas "nações unidas"?

Essas dúvidas desaparecem, no entanto, pelo menos parcialmente, com a leitura do art. 1º, alínea 2, onde se inclui entre os propósitos das Nações Unidas "desenvolver relações amistosas entre as *nações*, baseadas no respeito ao princípio de igualdade de direitos e de autodeterminação dos *povos*". É evidente que essa autodeterminação, reiterada no art. 55 em matéria de cooperação econômica social internacional, não diz respeito à humanidade coletivamente considerada, mas a cada povo de modo específico.

O termo *povo* aparece também em vários dispositivos da Carta, no tocante a territórios sem governo próprio e ao sistema internacional de tutela, a saber, no art. 73, *caput* ("territórios cujos *povos* não tenham atingido a plena capacidade de se governarem a si mesmos"), no mesmo artigo 73, alínea *a* ("com o devido respeito à cultura dos *povos* interessados") e também na alínea *c* ("aspirações políticas dos *povos*"), e no art. 80, 1 ("direitos de qualquer Estado ou povo"). Nesta última norma, como se vê, sublinha-se indiretamente que um povo não se constitui necessariamente em Estado, embora possa ter direitos subjetivos.

No Pacto sobre Direitos Civis e Políticos, de 1966, há três menções a *povos* no art. 1º ("todos os *povos* têm direito à autodeterminação"; "todos os *povos* podem dispor livremente de suas riquezas e de seus recursos naturais" e "em caso algum, poderá um *povo* ser privado de seus meios de subsistência"). No art. 4º, primeira alínea, fala-se em *nação* ("quando situações excepcionais ameacem a existência da *nação*") e, nos arts. 5º, 1 e 27, em *grupos* ou *minorias* ("nos Estados em que haja *minorias* étnicas, religiosas ou lingüísticas, as pessoas pertencentes a essas *minorias* não poderão ser privadas do direito de ter, conjuntamente com outros membros de seu *grupo* etc.").

O Pacto sobre Direitos Econômicos, Sociais e Culturais, de 1966, repetindo declarações do Pacto dos Direitos Civis e Políticos, emprega várias vezes o termo *povo*, em seus arts. 1º e 25. No art. 5º, primeira alínea, declara-se que "nenhuma das disposições do presente Pacto poderá ser interpretada no sentido de reconhecer a um Estado, *grupo* ou indivíduo qualquer direito de dedicar-se a quaisquer atividades ou de praticar quaisquer atos que tenham por objetivo destruir os direitos ou liberdades reconhecidos no presente Pacto ou impor-lhes limitações mais amplas do que aquelas nele previstas".

Uma das poucas autoridades que se preocuparam em pôr ordem e clareza de sentido nessa heterogeneidade verbal foi o prof. James Crawford, da Universidade de Sidney.[13] Segundo ele, *povo* é sempre uma "*context-dependent notion*", que "encarna uma categoria, não uma definição". O conceito de *povos* começou a distinguir-se do de *minorias* após a 2ª Guerra Mundial, quando este último termo passou a designar grupos incluídos numa sociedade organizada sob a forma de Estado, os quais não têm necessariamente vocação à independência. Os direitos das minorias, assinalou

13. Na obra coletiva, por ele organizada, *The Rights of Peoples*, Oxford, cit., especialmente na conclusão, às pp. 165 e ss.

Crawford, podem também ser exercidos a título individual. Deparamo-nos, aí, com a figura jurídica que as doutrinas privatista e processualista denominam *substituição*: alguém é autorizado pela ordem jurídica a exercer, em seu próprio nome, direitos e pretensões pertencentes a outrem.[14]

Ora, as situações de substituição, quer negocial, quer processual, só podem ser plenamente entendidas e operacionalizadas em correlação com o conceito jurídico de *parte*, que deve ser cuidadosamente distinguido do conceito de sujeito de direito e do de pessoa jurídica. A parte constitui um centro de interesses, subjetivado ou não.[15] No direito privado e no processo civil, o condomínio, a massa falida ou as sociedades de fato são partes, tanto ativas quanto passivas, sem serem pessoas jurídicas. Justamente, na substituição negocial (comissão mercantil ou gestão de negócios, por exemplo) ou na processual, o titular da pretensão e da ação em juízo não é titular do interesse material. Daí falar-se em parte em sentido formal e em sentido material, dicotomia subjetiva que nada tem a ver com o negócio de representação.[16]

Essa análise conceitual, correspondente a situações que ocorrem com relativa freqüência na realidade social, pode e deve ser aplicada, segundo me parece, na esfera das relações internacionais, especialmente para o reconhecimento e instrumentalização do direito dos povos à autodeterminação.[17]

Como já foi salientado na doutrina, o Estado nada mais é do que o *status* de um povo, unificado politicamente.[18] O verdadeiro titular do interesse, nas relações protagonizadas pelos Estados, ou seja, a parte em sentido material é, portanto, sempre o povo.

Seria, pois, de grande importância para o progresso do direito internacional em matéria de direitos dos povos à autodeterminação política, se se atribuísse a algum órgão das Nações Unidas – que poderia ser o atual Conselho de Tutela, mediante uma ampliação de suas atribuições – o poder de agir em prol da autodeterminação política dos povos, ou na defesa dos interesses das minorias étnicas ou culturais, para a preservação de seus valores próprios.

Também neste campo, como se vê, a técnica do direito internacional teria muito a ganhar com a adoção de institutos e soluções, largamente aceitos e experimentados, desde há muito, no campo do direito interno.

14. Cf. Francesco Carnelutti, *Teoria Generale del Diritto*, 3ª ed., Roma (Foro Italiano), 1951, pp. 186-187.

15. Cf. F. Carnelutti, ob. cit., n. 51; Francesco Messineo, *Il Contratto in Genere,* t. 1, Milão (Giuffrè), 1973, pp. 100 e ss.

16. Discuti essa questão, discordando de Emilio Betti, em O *Poder de Controle na Sociedade Anônima*, 3ª ed., Rio de Janeiro (Forense), 1983, p. 217, nota 4.

17. A Comissão de Direitos Humanos da ONU tem admitido que os direitos de indivíduos pertencentes às minorias étnicas, religiosas ou lingüísticas, a que se refere o art. 27 do Pacto Internacional sobre Direitos Civis e Políticos, de 1966, sejam exercidos por terceiros (cf. James Crawford, na conclusão da obra coletiva *The Rights of Peoples*, cit., p. 164, nota 15).

18. Cf. Carl Schmitt, *Verfassungslehre*, 7ª ed., Berlim (Duncker und Humblot), 1989, p. 205.

LEIS ORIGINARIAMENTE INCONSTITUCIONAIS COMPATÍVEIS COM EMENDA CONSTITUCIONAL SUPERVENIENTE

CELSO ANTÔNIO BANDEIRA DE MELLO
Titular da Faculdade de Direito da Pontifícia Universidade Católica de São Paulo

1. A questão que nos propomos a abordar refere-se ao seguinte interessante tema de alta indagação teórica: disposição legal que viola materialmente as normas de uma Constituição será ou não "recepcionada", "convalidada" ou meramente validada por *Emenda Constitucional*, caso seu regramento seja compatível com as disposições novas estabelecidas pela Emenda?

De passagem, anote-se que não se está a por em pauta o tópico, muito amplamente versado na doutrina, relativo à compatibilidade de norma originariamente inconstitucional com *nova Constituição*. O que se quer examinar é o mesmo problema em face de *Emenda Constitucional*, assunto, este, bem menos discutido que o anterior.

2. Registre-se, de saída, que ambas *são questões visceralmente distintas*, pois nova Constituição significa ruptura com a Constituição precedente, já que a nova não encontra seu fundamento de validade na anterior, não se reporta, de direito, a ela, *prescinde radicalmente daquela que a precedeu* e a *submerge por inteiro*.

Diversamente, uma Emenda Constitucional, modifica, mas não rompe com a Constituição anterior, não perime a Lei Magna antecedente. Precisamente o inverso: continua com a anterior Constituição, *encontra nela seu fundamento de validade, a ela se reporta e nela se integra, não afetando a persistência da ordem jurídica de que faz parte*. Dessarte, reponta um laço incindível entre a Emenda e a Constituição emendada, do que resulta uma solidariedade jurídica entre os termos antigos e os novos *de um só e mesmo* Documento Fundamental.

Tratando-se, pois, como visto, de questões distintas, para o desenvolvimento do assunto que nos propomos a versar é desnecessário determo-nos sobre aquele que não está sob o presente foco de atenção. Isto, contudo, não nos pode liberar de tecer algumas considerações genéricas relativas a sobrevinda de Constituições novas e seus efeitos, para fins de realçar a diferença que apresentam no que concerne a Emendas.

3. Uma vez que uma Constituição é a inauguração de um sistema sem conexões *jurídicas* com aquele que o antecedeu, pérempto o sistema anterior, tudo que a este pertencia, que nele se estribava e dele derivava, em princípio, teria que desaparecer. Donde, todas as normas infraconstitucionais precedentes, em tese, deveriam desaparecer, porque sua relação de pertinência, sua referibilidade – em uma palavra: o suporte que lhes infundia e proporcionava existência jurídica – deixou de existir com a sobrevinda de *nova Constituição*.

Sem embargo, sabe-se que, mesmo perante a sobrevinda de uma *nova Constituição*, as normas infraconstitucionais preexistentes nem por isto perimem. E considera-se que não perimem mesmo quando a Constituição posterior se omite em ressalvá-las, isto é, mesmo quando deixa de oferecer-lhes explicitamente seu suporte de validade, declarando-as acolhidas.

A razão deste entendimento é puramente prática. É o imperativo de mantê-las vivas para superar a dificuldade gigantesca de ter que começar a legislar da estaca zero. Daí a interpretação corrente, absolutamente generalizada, segundo a qual a Constituição nova, implicitamente, "recepciona" regras anteriores a ela e com ela compatíveis, as quais passam a se fundamentar no sistema novo, sendo certo que as incompatíveis perimem *ipso jure*. Registre-se, de passo, que não se está aqui a cogitar da questão paralela de saber-se qual o destino das leis que nasceram defeituosamente *em face da Constituição anterior*, isto é, que padeciam de invalidade (ou seja, eram inconstitucionais), mas que são compatíveis com a *nova Constituição* (pois este não é o objeto ora *sub examine*).

Do que foi dito já se verifica que a persistência de normas infraconstitucionais anteriores a nova Constituição *não é uma implicação lógica, ou seja, não é derivada da aplicação de um raciocínio abstrato que reclamasse tal conclusão. Pelo contrário, o raciocínio abstrato conduziria a conclusão oposta.* É a necessidade concreta – e o Direito é concebido em função de necessidades práticas e operativas – que leva ao expediente de haver como "recepcionadas" normas preexistentes.

4. Já na hipótese de Emenda Constitucional, o fenômeno é outro, pois o sistema não está rompido, a Constituição continua em vigor e, portanto, persiste sendo a fonte de validade de quaisquer normas. Assim, *em face de Emendas não há sequer porque propor o tema da continuidade das normas anteriores, isto é, o tema da "recepção"* visto que não comparecem as razões que infirmariam as leis precedentes. Em suma: elas não teriam porque ser "recepcionadas", pois no sistema estavam e nele continuam.

Frisa-se tal ponto para exibir que a questão que nos propomos a defrontar concerne a um tópico desligado do tema da pertinência de uma norma a um dado sistema e sua "recepção" em outro. O que entra em pauta não é, pois, a questão da prorrogação da "existência" de uma norma (por via de "recepção"), *mas exclusivamente o tema da validade dela*, já que, embora incompatível com *dicções constitucionais precedentes*, apresenta-se, entretanto, como compatível com as dicções novas introduzidas pela Emenda.

Assim, o assunto cogitável é outro, completamente distinto daquele até o presente referido. É o de saber-se se, em tal caso, as disposições da Emenda trazem consigo (ou não) o efeito de *vir a ofertar um "suporte de validade", a posteriori*, para leis originariamente inconstitucionais, vale dizer, para leis que surgiram em descompasso com o texto anterior, o alterado.

O fenômeno como se vê, também não é (ou ao menos não necessariamente o seria) o da "convalidação", pois esta tem sempre efeitos retroativos.

5. Dessarte, enquanto não completada a discussão sobre a superveniência de fundamento de validade para regra que dela presumidamente dantes carecia e firmada uma conclusão sobre seus efeitos, mantém-se irresoluto um problema que, em tese, comportaria as seguintes quatro alternativas de resposta:

a) uma regra que não foi, no passado, oficialmente reconhecida – e pelos meios próprios – como inconstitucional, *é existente e válida desde o início, pois sua invalidade* dependeria de haver sido *constituída* no pretérito; logo, se antes os termos da Emenda nada se lhe pode censurar, seria um sem-sentido pretender recusar-lhe, no presente, uma validade que nunca deixou de ter;

b) a regra acoimada de originariamente inconstitucional, *ainda que efetivamente o fosse*, se compatível com a Emenda, fica *retroativamente validada*, porque passou a estar de acordo com a Constituição e não se pode considerar inconstitucional aquilo que, no presente, se encontra afinado com ela;

c) a regra originariamente inconstitucional, se compatível com a Emenda, dela receberá um fundamento de *validade a posteriori*, entretanto, *só oferecerá esteio para seus efeitos a partir da própria Emenda*, seja pelo simples princípio da irretroatividade, seja porque, a ser de outro modo, franquear-se-ia a *burla ao próprio sistema*, efetuável mediante produção de leis inconstitucionais em antecipação a Emendas futuras ou, dito pelo inverso, bloquear-se-ia o reconhecimento de inconstitucionalidades graças ao expediente de produzir emenda sucessiva, o que representaria uma fragilização do sistema;

d) a regra originariamente inconstitucional *continua a padecer de inconstitucionalidade*, pois a lisura de um ato – *pertencente a um mesmo sistema constitucional* – pelo necessário respeito à sua integridade absoluta deve ser sempre apreciada ao lume das normas do tempo em que foram produzidas. Se assim não fosse, tal como observado no item anterior, estar-se-ia reconhecendo que o sistema assume, admite e conforta, de antemão, a validação de burlas a si próprio, o que seria ilógico e inadmissível; donde, reconhecer validação *a posteriori* – mesmo que não retroativa – seria contemporizar com tal desrespeito.

6. A primeira das alternativas é a que demanda, para sua análise, maiores detenças, pois sua sustentação depende de conceitos objeto de funda controvérsia doutrinária. Envolve a definição de posições sobre os temas da "existência" e da "validade" de uma norma e traz consigo a concepção de que ambas se reduzem a uma coisa só, motivo pelo qual à invalidação se atribui natureza "constitutiva" – e não declaratória.

Ou seja: entende que, enquanto uma norma não for expulsa do sistema pelos meios previstos, ela é, só por isto, *válida*. Logo, descaberia considerar inconstitucional determinada regra que esteja dentro do sistema, ficando, pois, liminarmente excluída a hipótese de pretender negar-lhe a admissibilidade.

Verifica-se, então, que seu exame obriga a tecer considerações quer sobre o tema da "existência" (ou "*pertinência*" de uma norma a dado sistema), quer sobre o da "validade". Implica tomar posição quanto a serem ou não coisas distintas, sendo este o ponto de partida para sopesar a procedência ou improcedência desta alternativa exegética ante o problema das possíveis conseqüências de compatibilidade de uma dada norma com Emenda Constitucional superveniente.

7. O entendimento segundo o qual um ato é "válido" enquanto não for expelido do sistema, pois validade e existência são uma coisa só, atrela-se ao pensamento de Kelsen, segundo o qual: "Com a palavra *validade* (*Geltung*) designamos o modo de existência específico das normas",[1] ou ainda: "Esta validade de uma norma é a sua específica existência ideal. O fato de que uma norma *seja válida* significa que existe. Uma norma que não *seja válida* não é uma norma, por não ser uma norma que existe".[2]

1. Hans Kelsen, *Théorie Pure du Droit*, trad. francesa da 2ª ed. da Reine Rechtslehre, por Charles Einsenmann, Dalloz, Paris, 1962, p. 13.

2. Hans Kelsen, *Teoria Generale delle Norme*, trad. italiana da edição póstuma do *Allgemeine Theo-*

Daí sua conclusão de que falar-se em lei inconstitucional – antes que órgão autorizado para expelir a lei assim o decida – é um sem-sentido, pois a declaração de inconstitucionalidade é sempre *constitutiva*.

Esta intelecção, que no passado pareceu-nos verdadeira, ainda que jamais a houvéssemos sufragado por escrito, conquanto a tenhamos expendido verbalmente muitas vezes – e que, em rigor, se encontrava em aberta contradição com outros tópicos de nosso pensamento expressado em diversas obras[3] (não há senão confessá-lo) – é incorreta e inaceitável.

Com efeito, *para que se possa predicar validade ou invalidade de uma norma encartada em dado Direito Positivo, cumpre antes, lógica e juridicamente, que tal norma* ***exista*** *naquele sistema.*

8. Os dois tópicos não podem ser confundidos porque o tema da existência de um ato, de uma norma, diz com sua referibilidade a um dado sistema normativo, concerne a sua "pertinência" ao sistema no qual se encarta ou se propõe a encartar-se. Uma lei pertence ao Direito Positivo brasileiro (ou inglês, ou francês ou espanhol), porque "promana" daquele sistema jurídico. Ou seja: é lei brasileira (e não inglesa, francesa ou espanhola) porque se "radica" no sistema jurídico positivo brasileiro.

Este "promanar", este "radicar-se", significa que a lei foi produzida *com fundamento naquele sistema*, o que equivale a dizer, com fundamento (bom ou mau, procedentemente sustentável ou não) na Constituição do País, por ser ela que unifica e dá *identidade* ao sistema. Ela é que serve de escoro, fonte de pertinência da norma ao sistema em questão. É sua referibilidade *original* àquele sistema o que faz uma lei (e assim também qualquer outro ato), ser ou não uma lei brasileira (ou inglesa, francesa ou espanhola).

É certo que enquanto não for expelida do sistema pelos meios previstos como idôneos para tanto, a norma nele permanecerá e produzirá seus efeitos, *o que, todavia, não significa que possua atributos de validade*. Pode ter nascida em descompasso com norma superior, contradizendo formal ou materialmente preceitos que teria de respeitar. Estará vigorante, será eficaz – se não pender de algum termo inicial – mas nem por isto ter-se-á de concluir que é válida.

Em suma: a existência de uma norma, sua pertinência a um sistema jurídico, nada predica quanto à sua validade ou invalidade.

9. Tratando do ato administrativo – mas o conceito expendido vale para qualquer ato jurídico, geral e abstrato, como as leis soem ser ou concreto e específico como em sua maioria o são os administrativos – depois de separar a "existência" do ato, isto é sua "perfeição" da validade, expendemos nosso entendimento ao respeito da validade, nos seguintes termos: "O ato administrativo é válido quando foi expedido em absoluta conformidade com as exigências do sistema normativo. Vale dizer, quando se encontra adequado aos requisitos estabelecidos pela ordem jurídica. *Validade, por isto, é a adequação do ato às exigências normativas*".[4]

Invalidade, pois, é a antítese da validade. Ato inválido é o que foi expedido em descompasso com as exigências do sistema

rie der Normen, por Mirella Torre sob os cuidados de Mario Losano, Giulio Eunaudi Ed., Torino, 1985, p. 54.

3. Assim, de há muito distinguimos explicitamente existência de validade. Cf. notadamente, *Curso de Direito Administrativo*, cit., 4ª ed., 1993, p. 177: "Sem os elementos não há ato jurídico algum (administrativo ou não). Sem os pressupostos não há ato administrativo formado de maneira válida". Mais tarde, em edições posteriores procuramos aperfeiçoar o tratamento do tema dos elementos e pressupostos do ato, distinguindo a partir da 8ª ed., 1996, os pressupostos de existência do ato de seus pressupostos de validade , à pp. 220 e ss.

4. *Curso* ..., cit., p. 233, n. 13 – os destaques são atuais.

normativo. É o que contraria os requisitos por ele estabelecidos. É o inadequado às exigências a que teria de se submeter, quer formal, quer materialmente. Quando o ato é inválido, em face da lei, diz-se que é ilegal; quando inválido, em face da Constituição, diz-se que é inconstitucional. Assim, lei produzida em desacordo com os ditames da Constituição, é norma inconstitucional, ou seja, norma que nela não encontra bom fundamento para suster-se.

10. Em todos os sistemas jurídicos existem normas que regulam a admissão e normas que regulam a expulsão de normas. Uma norma referida a dado sistema, isto é, que haja sido por ele produzida, que com ele guarde a "relação genética de pertinência", é uma norma *existente* e nele permanecerá enquanto não for expulsa pelas formas de expulsão ali contempladas. A invalidação, ora chamada de anulação ora de nulidade, tanto como a revogação, são formas previstas de expulsão. A invalidação – e assim, pois, *a invalidação por inconstitucionalidade* – é, portanto, uma forma de expelir norma descompassada com a Constituição.

Verifica-se, então, que validade é coisa diversa de existência ou pertinência atual de uma norma a um certo sistema. Com efeito, um ato inválido, só por sê-lo, não é um ato inexistente. Portanto, uma lei inconstitucional, só por sê-lo, não é uma lei inexistente. Enquanto não for expulsa do sistema, nele persistirá. De outro lado, um ato existente, só por sê-lo, não é um ato válido. Do mesmo modo, uma lei que viola a Constituição, não será válida, não será constitucional, pelo só fato de existir, isto é, pelo fato de não haver sido expulsa do sistema.

11. O ato de invalidar (o ato de declarar diretamente ou de reconhecer, *incidenter tantum*, a inconstitucionalidade de uma lei) pressupõe, de logo, que se esteja perante uma norma integrante do sistema e pressupõe, outrossim, não apenas logicamente (como dantes, aliás, equivocadamente supúnhamos), mas também juridicamente, que o ato dessarte atacado seja *inválido*.

Ou seja, tal exigência é inafastável do ponto de vista lógico – já que invalidar depende de um juízo recognitivo da invalidade, logo, de um *status* lógico que preexistia à invalidação – e é igualmente inafastável *do ponto de vista jurídico* porque o órgão que procederá à invalidação *não teria outro título jurídico para fazê-lo senão o de que se trata de um ato inválido.*

Quer-se dizer: o juiz – tomemo-lo como paradigma – não está, de direito, qualificado para invalidar senão quando o ato careça de validade. Nada importa que tal juízo tenha de ser feito por ele mesmo, pois, de qualquer modo, sua pronúncia neste sentido está, *pelo próprio Direito, previamente atrelada à condição jurídica da invalidade do ato* (lei ou qualquer outro). Deveras, a questão relativa a quem procede ao ato de reconhecimento da invalidade é questão distinta da *exigência jurídica de prévia invalidade*, para que possa ser pronunciada.

12. Ao nosso ver, a demonstração mais cabal e irretorquível de que existência, pertinência de uma norma a dado sistema, e validade são noções absolutamente inconfundíveis *tem-se no fato de que, no exame da inconstitucionalidade "incidenter tantum", o juiz não aplica uma norma jurídica por considerá-la inconstitucional, ou seja "carente de validade", "inválida", mas nem por isto a expulsa do sistema (falece-lhe atribuição para fazê-lo)*, o que só ocorre na ação direta de inconstitucionalidade.

A norma em questão *continuará a existir* dentro do sistema, mas sua validade terá sido questionada como algo autônomo em relação a existência e proclamada como suficiente para impedir sua aplicação ao caso concreto.

Vale dizer: o juiz assume que a invalidade de uma norma é coisa diversa de sua existência ou pertinência ao sistema. Para, *incidenter tantum*, desaplicar uma regra que houve por inconstitucional, o pronunciamento judicial *restringe-se ao tema da validade da lei perante a Constituição*. É o quanto bastaria para ter-se que rejeitar a tese kelseniana de que "validade é a forma específica de existência de uma norma jurídica". Não é. Deveras, como visto, *nega-se validade a ela, por ser este o único fundamento para desaplicá-la no caso concreto*, mas não se nega, nem se interfere com sua existência.

13. Quem explica com percuciência e clareza o equívoco de Kelsen é o ilustre jurista pernambucano Marcelo Neves. Vale, portanto, transcrever, trechos de suas lições a este propósito:

"A teoria pura do Direito, definindo a validade como a existência específica de uma norma jurídica, confundiu os conceitos de pertinência e validade, enquanto conformidade à *norma fundamental* do sistema jurídico. Também Hart, considerando o Direito do ponto de vista interno, confundiu expressamente estes dois conceitos, no sentido de que só pertenceriam ao sistema (seriam válidas) as normas (*regras*) que satisfizessem a todos os requisitos estabelecidos na regra de reconhecimento.

"Contudo, o ordenamento jurídico, por constituir espécie de sistema normativo dinâmico, tolera a incorporação de normas jurídicas, que permanecerão no sistema enquanto não houver produção de ato jurídico ou norma jurídica destinada a expulsá-las, isto é, até que se manifeste o órgão competente desconstituindo-as. Portanto, *ao passo que nos sistemas normativos estáticos, onde as normas são explicitadas mediante processos de derivação lógico-dedutiva desenvolvidos a partir de uma norma básica, a pertinência da norma implica sua validade e vice-versa, os sistemas jurídicos construídos e desenvolvidos através dos processos políticos e técnicos de produção-aplicação normativa, caracterizam-se por uma nítida distinção entre pertinência e validade das normas*.

"Aqui, há analogia com a distinção de Pontes de Miranda entre existência e validade dos atos jurídicos, também aplicadas às normas jurídicas. A *existência* de um ato ou norma jurídica, segundo Pontes de Miranda, constitui-se por sua entrada no *mundo jurídico*. Quando o ato jurídico entra defeituosamente no *mundo jurídico*, há *existência* sem validade. Portanto, distinguem-se os planos da existência e da validade. Os atos e normas jurídicas são válidos quando produzidos regularmente pelos agentes do sistema (órgãos em sentido estrito ou particulares). A invalidade resulta da integração ao *mundo jurídico* de atos e normas produzidos defeituosamente pelos agentes do sistema"[5] (os destaques são nossos).

E poucas páginas além: "O fato de pertencerem ao sistema jurídico normas inválidas confirma o que sustentamos anteriormente: no ordenamento jurídico, ao contrário do que ocorre nos sistemas nomológicos e nos sistemas normativos estáticos, a hierarquia das proposições não é absoluta, perfeita (...) A explicação semiótica desta situação – pertinência ao ordenamento jurídico de normas inválidas – encontra-se nas características semânticas e pragmáticas do discurso jurídico. A plurivocidade significativa da linguagem jurídica (problema semântico), utilizada pelos diversos órgãos que exercem o poder e também pelos destinatários do poder (problema pragmático), implica a exigência prática de que a norma permaneça no sistema enquanto não seja desconstituída por órgão competente, caracterizando-se a presunção *juris tantum* de validade das normas emanadas de órgãos do sistema (...)".[6]

Cabe, aqui, apenas, a seguinte anotação: a norma permanecerá no sistema enquanto não *desconstituída sua existência*, isto é, sua pertinência ao sistema – o que é

5. Marcelo Neves, *Teoria da Inconstitucionalidade das Leis*, Saraiva, 1988, pp. 40-41.

6. Idem, pp. 45-46

absolutamente verdadeiro – mas poderá, sobre o fundamento de que é inválida, ser desaplicada pelo juiz no exame de constitucionalidade *incidenter tantum*, como já se disse, *nisto se confirmando e comprovando inadversavelmente a distinção jurídica entre existência e validade*.

14. Verificada, então, a improcedência dos fundamentos teóricos que alicerçariam a primeira alternativa exegética dantes mencionada, demonstrada está a improcedência da tese segundo a qual uma regra que não foi, no passado, oficialmente reconhecida – e pelos meios próprios – como inconstitucional é existente e *válida desde o início*.

15. Isto posto, passemos ao exame da segunda alternativa, segundo a qual lei originariamente inconstitucional, pelo simples fato da superveniência de Emenda Constitucional com a qual seja compatível, adquire suporte de validade retroativo, pois inconstitucionalidade se examina ante as normas presentes.

Esta posição, ao contrário da anterior, carece de estribo em bases teóricas elaboradas.

Com efeito, nada justificaria a retroatividade do suporte de validade sobrevindo, tanto mais porque, em nosso sistema, vigora explicitamente o princípio da irretroatividade das leis, *cujo fundamento lógico e jurídico (o da segurança jurídica)* tanto comparece no caso de leis quanto, por identidade de razão, no caso de Emendas Constitucionais, porque nenhum motivo haveria para que em face delas deixasse de vigorar.

Deveras, se se estivesse perante hipótese de *Constituição nova*, poder-se-ia entender que, pela falta de relação entre ela e a precedente, a posterior não teria razão para zelar pela lisura das regras infraconstitucionais que a precederam, assim como não teria (ou pelo menos não o teria obrigatoriamente) que evitar a retroação de seus dispositivos, *conquanto seja certo que, mesmo em tais casos, em favor da segurança jurídica, as Constituições* — salvo no que elas mesmas hajam disposto em contrário – *sempre têm sido entendidas como não retroativas*, até porque, a ser de outro modo, instaurar-se-ia o caos social.[7]

Assim, a regra, ineludivelmente, é a da não-retroação, motivo porque os termos de Emenda não tem porque retroagir para conferir validade inicial a uma lei que originalmente dela carecia.

16. Quando se está perante Emenda, está-se – consoante já foi reiteradamente dito – sempre perante a mesma Constituição. Donde, já não se poderá dizer que a ela é indiferente ou irrelevante, a lisura da obediência aos seus termos anteriores, dadas as repercussões futuras disto, como ao diante se demonstra. Muito menos poder-se-á dizer que lhe é irrelevante o tema da retroação, pela instabilização que provocaria naquele mesmo sistema que persiste em vigor, pois as normas da Emenda são intra-sistemáticas, e as infraconstitucionais obviamente também o são, quer sejam anteriores, quer sejam posteriores à Emenda. Segue-se que sua lisura, sua validade original, não é estranha àquela mesma Constituição, conquanto emendada. Logo, o exame de sua validade há de ser feito normalmente, isto é, confrontando-a com as normas superiores vigentes ao tempo em que foi editada.

De outra parte, se, como assinalado, o princípio, a regra, é a irretroação, mesmo no caso de Constituição nova, *maiormente o será no caso de simples Emenda*, motivo pelo qual, a admitir-se que sua superveniên-

7. Registre-se que a referência feita é à "irretroatividade" e não ao "direito adquirido", o qual propõe problema diverso: o da ultra atividade da norma antiga. Pela teoria do direito adquirido, o que se protege são certos direitos nascidos no passado que transitam no presente e se projetam para o futuro, pretendendo-se involucrá-los com o manto protetor da norma antiga; ou seja, quer-se que continuem regidos pelos termos dela.

cia ofereceria suporte de validade para lei originariamente inconstitucional, por certo tal suporte *não poderia senão conferir-lhe efeitos a partir da Emenda* (tal como admitido naquela que seria, consoante indicado, uma terceira alternativa exegética).

17. Assim, por estas razões, de fora parte as que serão apresentadas em seguida, deve ser rejeitada radicalmente a interpretação segundo a qual, com a sobrevinda de Emenda Constitucional, adquire retroativa validade a lei anterior que com ela se compadece, mas que brigava com o texto precedente.

18. Conforme a terceira alternativa exegética, o entendimento correto é a outorga de validade à lei originariamente inconstitucional consonante com a Emenda sucessiva, porém tais efeitos só se poderiam contar dali por diante. Ou seja: não se lhes poderia reconhecer validade desde o passado, tanto porque isto implicaria atribuir força retroativa à Emenda, quanto porque, se isto fosse tolerável, franquear-se-ia a *burla ao próprio sistema, efetuável mediante produção de leis inconstitucionais em antecipação a Emendas futuras ou, dito pelo inverso, bloquear-se-ia o reconhecimento de inconstitucionalidades, graças ao expediente de produzir emenda sucessiva, o que representaria uma fragilização do sistema.*

Trata-se de argumento fortíssimo e que demonstra a repercussão negativa (não apenas no presente, mas também para o futuro do próprio sistema) implicada na tese da validação retroativa de norma inconstitucional.

De fato, é impossível acolher-se um critério exegético por força do qual irroga-se ao ordenamento jurídico a assunção da idéia de que *compactua com burlas que lhe hajam sido feitas e de que compactuará com as que lhe venham a ser feitas* e que *validará comportamentos produzidos em desacordo com seus ditames*. Ou seja, isto corresponderia a atribuir ao ordenamento a proclamação de que, desde que sejam praticadas tais burlas, outorgar-lhes-á seu aval (e, ademais, irrestrito, segundo aqueles que lhe atribuem validação retroativa).

19. Em relação a um contra-senso desta ordem, assim se pronunciaram dois exímios constitucionalistas de máxima suposição, Canotilho e Vital Moreira: "Pode suceder, como se viu, que uma norma vigente tenha sido inconstitucional no passado, tendo deixado de o ser a partir de certo momento, por efeito da revisão constitucional (ver *infra* cap. VII, 4.2).

"Esta inconstitucionalidade pretérita não perde relevância em relação ao período em que se verificou, sendo-lhe aplicáveis os mecanismos do sistema de fiscalização da constitucionalidade, incluindo a declaração de inconstitucionalidade com força obrigatória geral com referência ao período em causa.

"Diferente é o caso das normas que tenham sido inconstitucionais à face de normas constitucionais anteriores à CRP (abreviatura, esclareça-se, de Constituição da República Portuguesa) e tenham deixado de o ser à face desta. Por princípio, o sistema de fiscalização da constitucionalidade não pode servir para fiscalizar senão o cumprimento da Constituição vigente, *ainda que em versão anterior*"[8] (este destaque é nosso).

Mais além, no capítulo VII, item 4.2, referido na citação acima, os autores fazem o seguinte importantíssimo comentário: "Também no que respeita ao direito ordinário anterior inconstitucional à face da Constituição antes da revisão, não deverá considerar-se como retroactivamente convalidado, só por deixar de ser contrário à Constituição após a revisão. Desde logo,

8. J. J. Gomes Canotilho e Vital Moreira, *Fundamentos da Constituição*, Coimbra Editora, 1991, p. 269.

por uma razão prática: a admitir-se essa solução, estaria aberta a porta para *revisões* antecipadas por via de lei ordinária, feitas *à conta* de futura revisão constitucional; por outro lado, a razão invocada para convalidar o direito ordinário anterior à Constituição – designadamente a de que os órgãos de fiscalização da constitucionalidade não podem ser guardiões de uma ordem constitucional perimida – não colhe aqui, pois a *ordem constitucional continua a ser a mesma*, embora parcialmente alterada. Portanto, a *convalidação* não poderá retroagir ao tempo anterior ao da lei de revisão e só tem sentido em relação à inconstitucionalidade material, não em relação à inconstitucionalidade formal ou orgânica, pois estes tipos dizem respeito à formação do acto normativo, não podendo ser sanados *a posteriori*".[9]

20. Agregue-se a isto, desde logo, a observação de que a razão impediente do efeito retroativo, *não é apenas prática*, como apontaram os autores. *É também teórica*, conforme dantes procuramos demonstrar. Acolhê-la implicaria – repise-se – atribuir ao ordenamento a contradição essencial de justificar, e por antecipação, burlas a si próprio, isto é, *fraudes à Constituição*, dando-lhe previamente seu apoio.

Por isto mesmo, dita razão, em seu aspecto prático, mas muito mais em seu *aspecto teórico*, inibe não apenas a retroação *mas também a própria validação da norma originariamente inconstitucional* que seja consonante com o teor da Emenda superveniente.

21. Eis porque, não é de acolher esta que indicamos como terceira alternativa exegética. Incorre no ilogismo (ademais de incorrer na inconveniência) de pressupor que o ordenamento constitucional compactua com sua própria violação, postergando a evidência de que o primeiro objetivo, a própria razão de existir de um ordenamento jurídico, é ser respeitado. Não o de ser fraudado e, ademais, com a garantia prévia de que avalizará a burla que lhe seja feita. Dessarte, não pode ser aceito o entendimento de que Emenda Constitucional confere validade, mesmo que não retroativamente, a inconstitucionalidades originárias.

22. Deveras, se ante os termos de uma dada Constituição, certa norma não pode ser produzida, porque confrontaria com a Lei Magna, é direito, é garantia, dos administrados serem liberados dos gravames que tal norma lhes causaria, mediante exibição, na esfera própria, de sua inconstitucionalidade. Mas, se for reconhecido ao próprio autor da inconstitucionalidade, ao próprio violador do Direito, ou seja aquele mesmo que arremeteu contra tais garantias, o poder de eficazmente fraudar, *com o aval do ordenamento jurídico*, a proteção que derivava do sobredito ordenamento, ter-se-á proclamado com isto a inanidade de tal proteção, a imoralidade como regra de conduta do Poder Público, a astúcia cavilosa como padrão do Direito e a vileza perante a sociedade como princípio ético do Estado.

Cumpre não esquecer que as Constituições, que o próprio Estado de Direito, se constituem em um projeto de contenção do exercício do poder, em prol das liberdades e garantias do cidadão. É, pois, cabal contra-senso interpretar problemas jurídicos surdidos na intimidade deste entorno dando-lhes solução que avalize conceitos inversos aos que inspiram o Estado de Direito e a segurança que veio prover.

23. É induvidoso que *Emendas Constitucionais*, editadas nos limites que lhes são cabíveis, aportam modificações ao quadro constitucional anterior. É óbvio, de conseguinte, que servirão, dali por diante, como bom fundamento de validade para as normas produzidas em sua consonância. Nada mais natural, então, que, por isto mesmo, sejam, *em sucessão a ela*, *editadas leis* conformes a estes novos termos, por muito

9. Idem, p. 297.

gravosas que possam ser aos administrados, se comparadas com os termos dantes possíveis. Isto, todavia, não postula, nem lógica, nem jurídica, nem eticamente – e muito menos concorre para sustentação e prestígio do ordenamento – que deva recolher o que *dantes era inconstitucional* para abrigá-lo com um manto de resguardo, *ainda que para infundir-lhe tal atributo tão-só para o futuro*.

Propender para exegese deste feitio implicaria incorrer no contra-senso de reputar lógico que o ordenamento milite em desfavor da própria higidez e, demais disso, em considerar que o Direito prestigia ou é indiferente à fraude, à burla e não apenas a si próprio como aos integrantes da sociedade. Não é de bom feitio hermenêutico enveredar por interpretações que sufraguem, em maior ou menor grau, a indulgência com elas, ou que lhes propicie a prática, o que, ocorrerá, entretanto, se a incursão em tais condutas for inconseqüente e se o beneficiário delas puder absorver os frutos de expedientes desta ordem.

24. O que se vem de anotar é sobreposse evidente nos casos em que a Emenda Constitucional é editada pouco depois da lei inconstitucional, evidenciando que busca remendar o vício que maculava dita lei.

Ressaltará, na hipótese, o objetivo de fraude, a conduta desleal, de má-fé, sendo certo, entretanto, que o primeiro obrigado a um comportamento liso, lhano, leal, é aquele que encarna a ordem jurídica, ou seja, o próprio Estado, tanto mais porque dispõe, em face da sociedade, de todos os poderes, com ressalva dos limites que a Constituição lhe impõe.

Já os mais vetustos textos de Direito ressaltavam a exigência da honestidade como inerência do jurídico. Disse Modestino: "Semper in conjuntionis non solum quid liceat considerandum est sed et quid honestum sit", vale dizer: "Sempre nas vinculações, não só o que é lícito deve ser ponderado, senão também o que é honesto".[10]

Se fosse reconhecível ao Estado o direito de proceder de molde a absorver vantagens por meio de expedientes astuciosos por via dos quais frustrasse aos administrados colher os resultados da segurança que o próprio ordenamento lhes propiciava, estar-se-ia não apenas deprimindo garantias constitucionais, mas também premiando a má-fé, o que seria inaceitável, maiormente perante a Constituição brasileira que, expressamente, no art. 37, consagra o princípio da moralidade administrativa, o qual, *a fortiori*, terá de vigorar perante o próprio Estado brasileiro no exercício de função ainda mais elevada, como o é a legislativa, maiormente a de Emendas Constitucionais.

25. Ora, o Direito abomina a má-fé. Acresce que, mais que qualquer outro sujeito de direitos, está o Poder Público assujeitado ao princípio da boa-fé, cuja importância apresenta, então, particular relevo na esfera das relações de Direito Público.

O alumiado publicista espanhol, Jesús Gonzales Perez, em monografia preciosa sobre o princípio da boa-fé em Direito Administrativo, tece ao respeito considerações que, por sua justeza, merecem transcrição literal:

"El de buena fe aparece como uno de los principios generales que sirven de fundamento al Ordenamiento, informan la labor interpretativa y constituyen decisivo instrumento de integración.[11]

"(...) Como disse Guasp 'todos los campos del derecho estatal son clima propicio, como cualquier otro, al desarrollo de esta verdadera patologia de lo jurídico. Y es más, ella se dá en el seño de los principales elementos que conjuga la relación jurídica estatal: la Autoridad y el súbdito'.

10. Cf. Rubens Limongi França, *Brocardos Jurídicos*, Ed. RT, 1977, 3ª ed., pp. 89-90 e 134-135.

11. *El Principio General de la Buena Fe en el Derecho Administrativo*, Madrid, 1983, p.15.

"Porque, en efecto, la presencia de los valores de lealtad, honestidad y moralidad que su aplicación comporta es especialmente necesaria en el mundo de las relaciones de la Administración con los administrados".[12]

Adverte que tal princípio: "es exigible en los actos jurídicos, en el ejercicio de los derechos y en el cumplimiento de las obligaciones"[13]

Note-se que sendo a boa-fé um princípio geral de Direito, a adoção de interpretações que o prestigiem, não significa uma liberalidade por parte do intérprete, seja ele juiz ou outro aplicador do Direito, mas representa atendimento obrigatório ao próprio sistema jurídico, pois como disse Eduardo García de Enterría, figura pinacular do Direito Público contemporâneo: "Conviene recordar a este propósito que los principios generales del Derecho son una condensación de los grandes valores jurídicos materiales que constituyen el substractum del Ordenamiento y de la experiencia reiterada de la vida jurídica. No consisten, pues, en una abstracta e indeterminada invocación de la justicia o de la consciencia moral o de la discreción del juez, sino, más bien, en la expresión de una justicia material especificada tecnicamente en función de los problemas jurídicos concretos *y objetivada en la lógica misma de las instituciones*"[14] (grifos nossos).

26. Assim, na conformidade das considerações feitas, não há senão concluir que, dentre as alternativas exegéticas em tese suscitáveis perante o tema de leis originariamente desconformes com a Constituição, mas comportadas por Emenda Constitucional superveniente, a única merecedora de endosso é a que apresentamos como a quarta delas, ou seja: aquela segundo a qual a sobrevinda de Emenda *não constitucionaliza a norma inicialmente inválida*. Dessarte, seus efeitos poderão ser impugnados e desaplicada tal regra. Para que venham a irromper validamente no universo jurídico efeitos correspondentes aos supostos na lei originariamente inválida será necessário que, *após a Emenda, seja editada nova lei, se o legislador entender de fazê-lo e de atribuir-lhe teor igual*, pois, só então, será compatível com o enquadramento constitucional vigente.

Tal conclusão, ainda que, *argumentandum tantum*, não fosse induvidosamente a solução adequada para a generalidade das hipóteses – como entendemos que é – sê-lo-ia, ao menos, perante Emendas Constitucionais produzidas logo em seguida a lei inconstitucional. Deveras, se acolhida "constitucionalização" em tais condições, a exegese que a acolhesse estaria a prestar-se para acobertar propósito fraudulento, imoral, em descompasso com o art. 37 da Constituição e com princípios gerais de Direito.

27. Em síntese conclusiva, pois, não há senão dizer que Emenda Constitucional – diferentemente de uma nova Constituição – não é ruptura com o ordenamento jurídico anterior, mas, pelo contrário, funda-se nele, nele se integra e representa sua continuidade, donde seria inadmissível entender que tem o efeito de "constitucionalizar", ainda que daí para o futuro, leis originariamente inconstitucionais. Deveras, tal intelecção, propiciaria fraude ao próprio ordenamento, pois ensejaria e confortaria sua burla, efetuável mediante produção de leis inconstitucionais em antecipação a Emendas futuras ou, dito pelo inverso, ensejaria o bloqueio do reconhecimento de inconstitucionalidades, graças ao expediente de produzir emenda sucessiva. Inclinar-se por exegese conducente a tais resultados implicaria abraçar o contra-senso de reputar lógico que o ordenamento milite em seu próprio desfavor, isto é, o de que previamente assume que, se for burlado, tal burla será

12. Ob. cit., p. 31.
13. Ob. cit., p. 31.
14. *Curso de Derecho Administrativo*, obra conjunta com Tomás Ramón Fernández, v. I, p. 400, Ed. Civitas, Madrid, 1981, reimpressão da 3ª ed.

aprovada, validada e confortada por seu aval protetor. Nisto estaria, então, implicado que o Direito prestigia ou é indiferente à fraude, à burla, não apenas a si próprio como aos membros da sociedade, inobstante o Estado de Direito seja concebido como instrumento de proteção aos cidadãos contra o exercício desatado do Poder. Dessarte, ficaria afiançada a inanidade de tal proteção.

Logo, não é de admitir que Emenda Constitucional superveniente a lei inconstitucional, mas com ela compatível, receba validação dali para o futuro. Antes, ter-se-á de entender que se o legislador *desejar produzir nova lei e com o mesmo teor, que o faça, então, editando-a novamente*, já agora – e só agora – dentro de possibilidades efetivamente comportadas pelo sistema normativo. Tal solução, única tolerável, é, quando menos, irretorquível nos casos em que a Emenda sucede a breve prazo a lei inconstitucional, patenteando o intuito de coonestar-lhe o vício. Em situações desta compostura, admitir a validação sucessiva da lei seria, em guisa de interpretar, promover consagração da imoralidade como regra de conduta do Poder Público, a astúcia cavilosa como padrão do Direito e a vileza perante a sociedade como princípio ético do Estado. Nisto haveria ofensa frontal não apenas ao princípio da moralidade administrativa, previsto no art. 37 da Constituição (e maiormente vigorante para o Poder Público quando exerça a altaneira função de elaborar Emendas Constitucionais), mas também ao princípio geral de Direito que reclama obediência aos cânones da lealdade e da boa-fé e proscreve a má-fé como pauta de conduta.

O CONTROLE SOCIAL E O CONSUMIDOR DE SERVIÇOS PÚBLICOS

JUAREZ FREITAS
Professor de Direito Administrativo da UFRGS,
do Mestrado da PUC/RS e da Escola Superior da Magistratura-AJURIS

1. Introdução. 2. O conceito de relações de consumo de serviços públicos, o atual sistema de proteção e a urgência de um novo regime fomentador da cultura participativa. 3. Conclusões.

1. Introdução

O controle dos atos administrativos deveria funcionar, substancialmente, como processo único, tendo como grande estímulo a acentuação do controle social e eticamente engajado. Avulta, sobremaneira, no exercício deste, a luta pela eficácia social do princípio da proteção do consumidor de serviços públicos, que implica, antes de mais, o reconhecimento técnico e fático da vulnerabilidade dos usuários. Em outras palavras, a compreensão dos diplomas atuais e, sobretudo, daqueles exigidos pela Emenda Constitucional 19/98 (ao alterar o § 3º do art. 37 da Constituição, ordenando que lei discipline as formas de participação do usuário, bem como ao determinar (em seu art. 27) que o Congresso elabore lei de defesa do usuário de serviços públicos) deve radicar na defesa positivadora do citado princípio, superpondo-o, se for o caso, às regras e aos ajustes contratuais.

Cumpre, desde já, difundir e aplicar as normas protetivas do Código de Defesa do Consumidor, a par da esparsa legislação vigente, tendo claro o primado da defesa do usuário, respeitado como figura central no estudo das relações de consumo de serviços atinentes ao Poder Público, ainda aquelas entretecidas por delegação, nos casos de execução indireta. Além de sobrepassar o fragmentarismo normativo vigente, urge fazer com que a dignidade da pessoa do consumidor seja o prisma hierarquizado como prioritário em matéria de controle, por se tratar, de modo insofismável, de imperativa derivação do princípio da intervenção essencial do Estado, seja em virtude do assento constitucional expresso e abrangente (CF, arts. 5º, XXXII, 170 e 175), seja por força da larga, embora dispersa e precária, regência infraconstitucional (*v.g.*, Lei 8.987/95, art. 7º; Lei 8.078/90, art. 6º, X; Lei 9.472, art. 3º e Lei 9.478/97, art. 1º, III), seja à mercê da intrínseca nota de essencialidade de tais serviços, os quais, por definição, mesmo os supostamente contingentes, assumem tons dimanantes do caráter irrenunciável de sua titularidade sempre pertencente ao Poder Público, nada obstante transferível a execução. Para robustecer tal visada publicista das relações de consumo e salientar que o controle social efetuado a favor dos usuários não precisa aguardar a vinda a lume de novos diplomas, apesar da notória urgência dos mesmos (reconhecida pelo constituinte derivado), é que se endereça o presente estudo.

2. *O conceito de relações de consumo de serviços públicos, o atual sistema de proteção e a urgência de um novo regime fomentador da cultura participativa*

No seu todo, as relações jurídico-administrativas são as que se orientam pelo sistema de princípios, normas e valores regentes da Administração Pública, de molde a respeitar os direitos e garantias fundamentais dos administrados e a resguardar a igualdade, a despeito de diferenças hierárquico-funcionais. Nesta acepção ampliada, figuram como espécies as relações de consumo dos serviços públicos, vale dizer, aquelas que, regidas por normas de indisponível ordem pública e de interesse social, deixam-se entretecer pela Administração Pública ou delegados seus e toda pessoa física ou jurídica que utilize os serviços como destinatário final, mediante remuneração, exceto as decorrentes das relações de caráter trabalhista.[1] Como mencionado, um dos referenciais para a intelecção adequada de tais relações radica no princípio da vulnerabilidade do consumidor de serviços públicos (explicitado pelo CDC, art. 4º), que, para esta hipótese, funciona como especificação do princípio constitucional da responsabilidade objetiva do Estado, nos termos da teoria do risco.[2]

Outro aspecto digno de nota, de plano, reside na imprescindibilidade de compatibilização de múltiplos e aparentemente díspares princípios constitucionais, já os diretamente envolvidos com o Direito Administrativo, já as diretrizes supremas disciplinadoras da ordem econômica (CF, art. 170), estas últimas, por certo, parcialmente incidentes em face das relações de administração, visando a obtenção de serviços públicos prestados de modo qualificado e com justo equilíbrio (CDC, art. 4º, III e IV). De outra parte, o sistema, ao exigir que se perceba o consumidor de serviços públicos ocupando a polaridade havida como mais débil nas relações de consumo, não pretende que, em homenagem à exacerbada idéia de assimetria, perdurem diferenças inaceitáveis, ao menos sem compensações. Vai daí a necessidade de que se efetue a inversão do ônus da prova em prol de tal consumidor, sem se cogitar, neste caso, de hipossuficiência ou de verossimilhança de alegação, uma vez que, se se tratar de pessoa jurídica de direito público ou de pessoa jurídica de direito privado prestadora de serviço público, vale o princípio consagrado na Lei Maior, art. 37, § 6º e em diplomas infraconstitucionais sintonizados com tal comando consagrador da teoria do risco não-integral (*v.g.*, o previsto na Lei 8.987/95, art. 25).[3] A única exceção refere-se, salvo melhor juízo, às pessoas físicas permissionárias de serviços públicos, pois a estas, sim, aplica-se, na íntegra, o disposto no referido dispositivo do art. 6º do CDC, vale dizer, neste caso apenas haverá a inversão do ônus da prova (sublinhe-se: mero critério de julgamento), se verossímil a alegação e quando, perante este peculiar permissionário, o consumidor se apresentar hipossuficiente, consoante re-

1. Sobre os conceitos de consumidor e de serviços, vide o Código de Defesa do Consumidor, arts. 2º, 3º e 29.

2. Sobre a teoria do risco, vide, a propósito, o Capítulo 7 de nosso livro *Estudos de Direito Administrativo*, 2ª ed., São Paulo, Malheiros Editores, 1998, pp. 118-130. Vide, também, Zelmo Denari, *Código Brasileiro de Defesa do Consumidor comentado pelos autores do anteprojeto*, Rio de Janeiro, Forense Universitária, 1995, p. 142.

3. Assim dispõe: "Incumbe à concessionária a execução do serviço concedido, cabendo-lhe responder por todos os prejuízos causados ao poder concedente, aos usuários ou a terceiros, sem que a fiscalização exercida pelo órgão competente exclua ou atenue essa responsabilidade".

gras ordinárias da experiência. No mais, a responsabilidade, por força da vontade constituinte originária, será objetiva e, pois, a vulnerabilidade restará presumida.[4]

Em homenagem à semelhante postura interpretativa (que merece ser corroborada *de lege ferenda*), força ter nítido o direito de obter a plena efetividade da prevenção – não apenas da reparação – dos danos patrimoniais e morais, individuais, coletivos e difusos (CDC, art. 6º, VI). Dito de outro modo, não precisa haver o dano para que haja o direito de ação e para que se considere invertido o ônus da prova. A simples prestação inadequada do serviço já se mostra ameaça suficiente, que pode e deve ser impugnada, com a devida inversão. De seu turno, se consumado o dano, o usuário deverá, na integralidade, obter a reparação, para tanto admitida a cumulação das reparações patrimoniais e morais, naturalmente se se consubstanciar a mesma origem danosa, viabilizando-se o manejo amplo, pelo consumidor dos serviços públicos, não apenas da ação popular em que pode, *v.g.*, pleitear sentença de natureza determinativa,[5] como também do vasto plexo de ações[6] disponíveis, nos termos do art. 83 do CDC, sempre no intuito de alcançar pronta e eficaz tutela, inclusive, dentro de precisos limites, pleiteando a antecipação da tutela ou a tutela específica, com a eventual imposição de *astreintes*.[7]

Na mesma linha, ao se interpretar as múltiplas normas de ordem pública envolvendo o usuário de serviços públicos, impõe-se considerar, em contrato administrativo de delegação para execução de serviços públicos, como rigorosamente nula (CDC, arts. 51, XI e 6º, VIII) a cláusula que permite a eleição de foro em benefício do fornecedor dos serviços, em detrimento dos consumidores. Ressalve-se, contudo, que tal primado não precisa conduzir a unilateralismos contrários ao interesse público, nem se deve aplicar sem exceção ou de modo a excluir a eficácia de outros princípios, razão pela qual não se haverá de admitir, por exemplo, em plenitude literal, a regra de solidariedade do parágrafo único do art. 7º do CDC às relações de consumo de serviços públicos, pois se é certo que a mencionada titularidade dos serviços pertence ao Poder Público, sua responsabilidade será apenas subsidiária, numa leitura sistemática sobretudo do Estatuto das Concessões. Tirante esta ressalva, qualquer atenuação da obrigação de indenizar há de ser vista como estritamente nula (CDC, art. 25). Em idêntica perspectiva de constituição recíproca dos princípios e em consideração à regência dominante dos princípios jusadministrativistas (diversamente do que sucede no restante do subsistema do CDC)[8] mister admitir a denunciação da lide nas ações de responsabilidade (conquanto objetiva) do concessionário ou permissionário de serviços públicos, sendo esta, aliás, posição consolidada em sede jurisprudencial acerca da responsabilidade do Estado e que, nada obstante, precisa constar do diploma especificamente protetivo do usuário, à vista da mencionada exigência realizada pela Emenda Constitucional 19/98.

De outra parte, convém ampliar a possibilidade de uma participação intensa do usuário na prática fiscalizatória, fazendo-o vivificar, por exemplo, regra similar à pre-

4. Não se aplica, por totalmente descabida, a exceção prevista no próprio CDC, art. 14, § 4º, concernente que é à responsabilidade pessoal subjetiva dos profissionais liberais.

5. Sem embargo da possibilidade de anulação, pura e simples, prevista no art. 59 da Lei 8.666/93.

6. Tem razão Marçal Justen Filho in *Concessões de Serviços Públicos*, São Paulo, Dialética, 1997, p. 133, ao mostrar que o usuário tem legitimação mais ampla do que aquela, específica e circunscrita, da ação popular.

7. O juiz, nos termos do § 4º do art. 84 do CDC, sendo relevante o fundamento da demanda, poderá impor multa diária ao réu, independentemente de pedido do autor, se for suficiente ou compatível com a obrigação, fixando prazo razoável para o cumprimento do preceito.

8. Vide, a respeito dos demais casos, Nélson Néry Jr. in *DC* 1/210-211.

vista no art. 22 do CDC, consoante o qual a Administração Pública direta e indireta, bem como os delegados da execução de tais serviços (concessionárias, permissionárias ou sob qualquer outra forma de empreendimento), são obrigados a fornecer serviços adequados, eficientes, seguros e, quanto aos essenciais, contínuos. Ora, o conceito de serviço adequado, ainda que genérico e indeterminado, é justamente aquele constante no art. 6º, § 1º, da Lei 8.987/95, mas requer, para a sua determinação, o papel ativo do consumidor, não apenas atuando de maneira coadjuvante, mas tendo acesso a todos os dados concernentes à execução do serviço. Não por acaso, ao arrolar os direitos dos usuários, o mesmo Estatuto fez menção à incidência complementar do CDC (art. 7º), naturalmente em relação aos serviços *uti singuli*. Falta, todavia, a não menos urgente disciplina do referido acesso e a criação dos instrumentos objetivos de participação do processo fiscalizatório (regulamentação também exigida pela Emenda 19/98). De sua parte, o subprincípio da continuidade faz com que não possa o delegatário cessar as atividades, salvo em circunstâncias excepcionais, previstas na Lei 8.987/95, art. 6º, § 3º.[9] Pois bem: qualquer exoneração contratual do prestador de serviços públicos, relativa à garantia de adequação, há de ser rigorosamente vedada, seja por força direta e imediata do princípio, seja para não recuar em face da regra constante no CDC, art. 24, perfeitamente aplicável à espécie, seja enfim – é o que se espera – pelo acréscimo de garantias a ser promovido pela nova lei de proteção dos usuários de serviços públicos. Outrossim, no caso de delegados contratados pela Administração, deve ser acolhida a possibilidade, encapsulada no art. 29 do CDC, de desconsideração da personalidade jurídica da sociedade, quando houver abuso de direitos ou excesso de poder, entre outras situações definidas no citado dispositivo. Além disso, deve seguir constituindo prática abusiva (nos termos atuais do art. 39, X, do CDC) a elevação sem justa causa dos preços dos serviços públicos, mais propriamente das tarifas, sem embargo da revisão, para mais ou para menos, de tais preços se houver real desequilíbrio econômico-financeiro. Neste contexto, o consumidor que houver pago quantia indevida, possuirá o direito à repetição do indébito, por valor igual ao dobro do que pagou em excesso, tirante a hipótese de engano justificável (CDC, art. 42, parágrafo único), cumprindo que a disciplina normativa especial mantenha tal orientação sem retrocesso.

Como a prestação de serviços públicos, nos casos de concessões e permissões, precisa guardar nexo direto com o contrato público – para evitar, em regra, a reprovável precariedade instabilizadora –, as cláusulas disciplinadoras do ajuste são tangidas pelo interesse público e pelos demais princípios que regem a Administração, proibida qualquer alteração desproporcional, o que não afasta, muito pelo contrário, que se tenham como nulas de pleno direito as referidas cláusulas abusivas (nulidade insuscetível à preclusão), a teor inclusive, nos termos presentes, do art. 51, IV do CDC. Portanto, qualquer reequilíbrio econômico-financeiro não pode ser abusivo em relação ao usuário, sob pena de cristalização de nulidade absoluta. Sob tal prisma é que se deve ler, por exemplo, a regra prevista no § 2º do art. 9º da Lei 8.987/95 ("Os contratos poderão prever mecanismos de revisão das tarifas, a fim de manter-se o equilíbrio econômico-financeiro").

Diga-se de passagem que, sendo os contratos administrativos, por natureza, ajustes

9. Nos termos do dispositivo citado, não se caracteriza como descontinuidade do serviço a sua interrupção em situação de emergência ou após aviso, quando motivada por razões de ordem técnica ou de segurança das instalações e por inadimplemento do usuário, considerado o interesse da coletividade. A propósito, em sede de direito comparado, vide Antônio Pinto Monteiro in "A proteção do consumidor de serviços públicos essenciais", *AJURIS*, edição especial, março de 1998, v. I, pp. 220-238.

de adesão, o Poder Judiciário deve, constatando a desproporcionalidade, prolatar a denominada decisão determinativa, modificando elementos do pactuado, não precisando, necessariamente, fulminá-lo na íntegra, sem embargo de possíveis efeitos em relação a concorrentes vencidos na licitação.

Seja como for, tanto o legislador futuro quanto o atual aplicador (este último, numa intelecção atenta do art. 47 do CDC) devem vislumbrar as relações de consumo de serviços públicos de molde a, sempre e sempre, considerá-las desde a angulação que redunde propícia ao consumidor, uma vez que esta, presumivelmente (*juris tantum*), melhor serve à proteção do próprio interesse público.

À luz do princípio da vulnerabilidade do consumidor de serviços públicos, imperativo mencionar, no exame do rol das sanções administrativas (art. 56 do CDC), a possibilidade de revogação de concessão ou permissão, acrescentando, é claro, a decretação de caducidade (art. 38 da Lei 8.987/95).[10] Apenas importa que seja exercida, criteriosamente, se e quando aconselhável à preservação dos interesses legítimos do consumidor, evitando-se o arbítrio e as rescisões temerárias de outrora. Como se vê, a preservação dos direitos do usuário deverá operar, sempre que viável, de maneira coincidente com a garantia dos direitos do prestador de serviços, adequados. Com efeito, para além de miopias, a hostilidade não precisa ser compulsória nesta relação de consumo, todavia, perante razões de ordem pública e até para proteger, por exemplo, a moralidade administrativa, sobrevirá a tarefa incontornável de decretar a caducidade.

No atinente à defesa do consumidor de serviços públicos em juízo, certo que deverá ser exercida individualmente ou, em termos preferenciais e estratégicos, de modo coletivo (CDC, art. 81). Convém que a nova legislação, por todos os motivos, incentive esta segunda modalidade. No caso da defesa de interesses coletivos, avulta a hipótese dos direitos individuais homogêneos, decorrentes de uma origem comum (CDC, art. 81, parágrafo único, III), sendo legitimados concorrentes o Ministério Público (defensor do interesse social em jogo, nos termos do art. 127 da CF), a União, os Estados, os Municípios e o Distrito Federal, as entidades e órgãos da Administração Pública, direta e indireta, a par das hoje rarefeitas associações, nos moldes do art. 82, I a IV do CDC, não havendo adiantamento das custas, emolumentos, honorários periciais e quaisquer outras despesas, nem condenação da associação autora, salvo comprovada má-fé, em honorários de advogado, custas e despesas processuais (CDC, art. 87). Convém sublinhar, se procedente, a condenação será genérica, fixando a responsabilidade, omissiva ou comissiva, dos réus pelos danos causados (CDC, art. 95), sendo que a liquidação e a execução poderão ser promovidas pela vítima e seus sucessores, assim como pelos legitimados do CDC, art. 82. O princípio do primado do usuário recomenda, no particular, duas posturas rigorosamente complementares. Em primeiro lugar, o fortalecimento normativo do associativismo (preconizado, grife-se de passagem, pela Lei 8.987/95, art. 29, XII) e, de modo concomitante, o estímulo à prestação desta tutela coletiva. Nesta ótica, se o julgador estiver em dúvida quanto à legitimidade, deve ser conduzido a admiti-la, assim como há de garantir o resguardo completo do citado direito de receber informações (respeitados os limites legais)

10. O art. 38 preceitua que a inexecução total ou parcial do contrato acarretará a declaração de caducidade, a critério do concedente e oferecido prazo para corrigir as falhas e transgressões apontadas e para o enquadramento nos termos contratuais, justamente para não causar danos maiores ao consumidor por força da descontinuidade dos serviços. De sua vez, o art. 59 do CDC, § 1º, refere a pena de cassação da concessão, que deve ser, como a referida caducidade, seguida das mesmas cautelas de somente adotá-la se se impuser como nota do interesse do consumidor, razão pela qual parece louvável a aludida fixação de um prazo razoável para a correção das falhas.

para a defesa de direitos individuais e coletivos (arts. 7º, II, 22 e 30 da Lei 8.987/95).

A propósito, deve-se, nos próximos diplomas, continuar assegurando que outros direitos possam ser expressos no ajuste, convindo reiterar que, na atualidade, já se considera cláusula essencial do contrato de concessão aquela que fixa os direitos do consumidor para a obtenção e utilização do serviço (Lei 8.987/95, art. 23, VI), querendo significar, outrossim, transcendência do rol albergado em lei. Além disso, considere-se que se trata de uma das indeclináveis e extremamente negligenciadas incumbências do Poder Público o estímulo à formação de associações de usuários para a defesa coletiva de interesses relacionados à prestação do serviço público (Lei 8.987/95, art. 29, XII), assim como solucionar queixas e reclamações dos consumidores, que serão celeremente cientificados das providências tomadas, incumbindo à concessionária ou permissionária prestar contas também aos usuários, além de facultar a estes a devida e propícia ação fiscalizadora, inclusive dos registros contábeis (Lei 8.987/95, art. 31, III e IV), tudo devendo sistematicamente constar da nova legislação de regência.

Na mesma senda de descrever o atual sistema e, quando viável, prescrever a mantença de alguns dos seus dispositivos, cumpre recordar que a Lei 9.074/95, art. 33, cuidou de enfatizar a participação dos usuários, obrigando que se torne aos mesmos disponível, periodicamente, relatório sobre os serviços prestados, abrindo ensejo para que a futura legislação o faça de modo ainda mais penetrante, genérico e eficaz. De sua vez, a Lei 9.472/97, ao dispor sobre a organização do serviço de telecomunicações, assegurou ao usuário, nos termos do art. 3º, a informação adequada sobre as condições da prestação dos serviços, tarifas e preços e, entre outros direitos, igualmente consagrou a liberdade de escolha (quando viável, tendo em vista a recente alteração trazida pela Lei 9.648/98, art. 9º, § 1º), a fundamental não-discriminação (impessoalidade) quanto às condições de acesso, assim como o direito de peticionar contra a prestadora do serviço perante o órgão regulador e os organismos de defesa do consumidor, sem embargo da reparação integral dos danos causados pela violação dos seus direitos, ratificando o que já dispunha, no ponto, o CDC. Em igual trilha, a Lei 9.478/97, que dispõe sobre as atividades relativas ao petróleo, estatui, entre seus objetivos, o de proteger os interesses do consumidor quanto ao preço, qualidade e oferta dos produtos (art. 1º, III).

Apesar dos meritórios mecanismos que devem ser mantidos e sem prejuízo de outros mais democratizantes, imprescindível notar, contudo, que, dificilmente, haverá qualquer organização de usuários, que revele consistência na seara dos serviços públicos se somente se aguardar por indefinidas e paternalistas providências oficiais. A sociedade, ela própria, tem que se compenetrar acerca da imprescindibilidade do exercício legítimo do poder de pressão. Qualquer governo precisa ser pressionado, inclusive para reunir e mobilizar as melhores forças políticas, favoráveis ao cumprimento de suas altas finalidades.

Está claro que não se nega que despontou interessante alternativa complementar para os consumidores de serviços públicos através do direito de peticionar junto aos órgãos reguladores (art. 3º, XI, da Lei 9.472/97 e art. 18 da Lei 9.478/97). Tais Agências, porém, precisam demonstrar, sem mais tardar, verdadeira independência autárquica para servir à defesa dos usuários. Estes, por sua vez, devem fiscalizar tal independência, atuando intensamente no interior das próprias Agências, como pode suceder mediante o Conselho Consultivo, louvável mecanismo previsto na Agência de Telecomunicações (art. 33 da Lei 9.472/97), pois é inadiável que o Estado regulador seja controlado pelos destinatários dos serviços públicos, sob pena de graves desvios no caminho da delegação de tais serviços. O mencionado Conselho Consultivo, que existe ao lado do Conselho Diretor (no caso da Agência Nacional de Telecomunicações), não aparece, infelizmente, na estrutura da Agência Nacional de Petróleo – arts. 11 a 14 da Lei 9.478/97, tampouco na configuração da Agência que cuida de concessões de energia elétrica. É preciso, imediatamente, introduzi-lo, por ser uma significativa, embora tímida, participação institucionalizada da sociedade. Entretanto, seria crassa ingenuidade esperar demasiado de tal instrumento. Bem mais útil, significativo e valioso é que haja organização articulada da comunidade dos consumidores, pressionando os dirigentes políticos a que tomem em conta o dever de servir, de modo precípuo, como garantidores da qualidade dos serviços públicos, notadamente, em termos de modicidade das tarifas. Luta paralela há de ser tratada para introduzir mudanças no modo de recrutamento, tornando-o, a um só tempo, mais democrático e técnico. Com efeito, estas Agências reguladoras têm que ser, acima de tudo, defensoras do consumidor de serviços públicos. De outra parte, uma vez que a ação atomizada resulta comprovadamente insuficiente para o controle eficaz quanto à adequação dos serviços públicos, frise-se que, sem a intervenção efetiva e maciça das mencionadas associações, estas Agências reguladoras jamais passarão de estruturas burocráticas vazias, abstratas e sem vida.

O dito a respeito das Agências reguladoras tem igual validade para todos os mecanismos de defesa do consumidor de serviços públicos. Ou a sociedade se apropria da capacidade de se fazer ouvir e respeitar, de modo concatenado e consciente, ou todos os mecanismos serão apenas aparatos formais de controle da atuação omissiva e comissiva dos executores de serviços públicos (diretos ou indiretos), em lugar de instrumentos efetivos capazes de traduzir um fomento autêntico do controle social.

Como enfatizado, o fornecedor de serviços públicos existe para o cidadão-usuário, não o reverso. Sendo assim, impõe-se reconhecer que, ainda após a execução contratual ou o seu cumprimento, viável persistir a responsabilidade do prestador de serviços públicos se não se exaurirem seus deveres perante o usuário. Nesta ordem de considerações, de todo oportuno propiciar uma mais dilatada publicidade dos contratos administrativos de delegação da execução de serviços públicos, de sorte a favorecer a verdadeira compreensão de seu sentido e alcance (CDC, art. 46), não convindo que se mostrem como ajustes para iniciados ou reservados a controles clássicos e publicados de forma restrita, quase simbólica. Almeja-se, especialmente à vista das premissas acolhidas, a intensificação do denominado controle social exatamente para que o princípio da proteção do usuário experimente chances de adquirir plenitude.

Sem dúvida, para que tal suceda, indispensável reiterar que os novos diplomas requeridos devem contribuir para o consumidor ultrapassar a presente condição de sujeito passivo e altamente manipulado, fazendo-o transcender a fase de simples enunciador de protestos veementes e indignados, mas inócuos. Deve, gradativamente, ser construída uma nova mentalidade "consumerista" aplicada aos serviços públicos, mentalidade esta que radica no âmago de nossa proposta de intensificação do controle social, sendo capaz de preservar as conquistas do CDC e da legislação esparsa, todavia logrando ir além. Se assim for, a implementação de mudanças normativas cooperará para a consolidação da maioridade do consumidor de serviços públicos, representando passo largo para a simultânea maioridade cívica, ideal irrenunciável de todos os que, sem cinismo, levam a sério o discurso normativo constitucional.

Retomando: dispõe-se, para já, de uma vasta pletora de regras à disposição da concretização do princípio da proteção preferencial do consumidor de serviços públicos, nada obstante necessário fortalecer, ainda mais, os mecanismos da cultura participativa. Com certeza, o maior repto consistirá em imprimir gradativa ampliação de vigor ao princípio da vulnerabilidade e seus consectários. Depende do avivamento de consciência cívica de todos os fiscais de serviços públicos. Depende, muito especialmente, do modo pelo qual haverão de se interpretar os dispositivos, não se admitindo retrocessos, assimilado o desiderato constitucional de resguardo do consumidor. Afinal, este nada mais é do que a pessoa, sendo imperioso não olvidar que o Direito só existe para que a pessoa seja valorizada e protegida na sua ineliminável dignidade.

3. Conclusões

Por todo o visto, mister ressaltar que:

(*a*) na exegese das normas protetivas do usuário de serviços públicos, bem como ao cogitar da elaboração de novos diplomas, nos termos exigidos pela Reforma Administrativa, urge ter em mente os princípios fundamentais, razões principais para a existência das regras. Avulta, dentre tais princípios, conquanto não seja absoluto nem deva quebrar outros de igual fundamentalidade, a primazia do consumidor em face de sua presumida vulnerabilidade;

(*b*) a responsabilidade dos fornecedores de serviços públicos (pessoas jurídicas de direito privado ou de direito público), apresenta-se objetiva, mas, no caso de pessoa física permissionária de serviços públicos, haverá, por exceção, o juiz que avaliar a verossimilhança da alegações e a hipossuficiência real do consumidor;

(*c*) a interpretação dos contratos administrativos de delegação da execução dos serviços públicos, em tributo à totalidade dos princípios regentes das relações de administração *lato sensu*, deve ser feita tendo como objetivo maior, não apenas o de proteger o vulnerável consumidor de serviços públicos, mas o de assegurar uma prestação qualificada de tais serviços, sendo, filosoficamente, equivocado contrapor o interesse geral ao particular, quando este se revelar legítimo;

(*d*) a grande evolução, em matéria de cultura participativa, sucederá justamente quando o denominado cidadão comum assumir o estatuto ativo de fiscalizador das relações de consumo em geral, notadamente das essenciais relações de consumo dos serviços públicos;

(*e*) a urgente mudança normativa, a ser procedida em virtude da Emenda Constitucional 19/98, deve ser efetuada justamente para ampliar a proteção do consumidor, cuidando-se de evitar retrocessos, sendo que o princípio de defesa do usuário de serviços públicos carece de fortalecimento, sendo impostergável alterar, de modo profundo, o presente panorama cultural.

DEZ ANOS DE CONSTITUIÇÃO*

SÉRGIO SÉRVULO DA CUNHA
Advogado em Santos

A mais grave de todas as formas de falseamento da soberania popular é aquela que usurpa a legitimidade, confundindo-a com o poder.
(Raymundo Faoro)

1. A história constitucional brasileira – desde a dissolução da Assembléia Constituinte de 1823 – conta-se melhor pelo avesso. Proponho que se faça o balanço da Constituição de 1988 não à luz dos modelos ideais do constitucionalismo – como nós juristas somos tentados a fazer – mas a partir da nossa realidade: a de um país periférico, com um Estado patrimonialista. Essa abordagem permite um certo distanciamento, uma objetividade que nos forra contra o pessimismo, sem prejuízo das nossas paixões e dos nossos desejos. O grande sonho da elite conservadora brasileira é o de uma Carta semelhante à que tivemos no Império. Entretanto, esta só foi possível porque no Brasil inexistia povo. A emergência de povo é a nossa novidade no século XX, marcado, em razão disso, pela busca do Estado Democrático de Direito.[1]

Esse sonho está à base do Estado Novo, que sob a tutela do governo comprimiu as tensões decorrentes da industrialização e da expansão material da sociedade. Do ponto de vista institucional, o maior responsável pelo golpe de 1964 foi a Constituição de 1946. Ela permitiu o florescimento das liberdades, um despertar da cidadania coincidente com a "idade do ouro" (v. Hobsbawm) que ameaçava os redutos políticos, sociais e ideológicos da oligarquia.

A avaliação da nossa história constitucional recente, por comparação com os modelos do constitucionalismo, nos conduziria a um juízo correto sobre a sua natureza cíclica,[2] embora nos levasse a situar os

* Texto apresentado ao IV Encontro Internacional de Direito Alternativo, realizado em Florianópolis, de 15 a 18 de outubro de 1998.

1. "Eis aqui uma particularidade da evolução latino-americana em relação à esmagadora maioria das experiências das democracias contemporâneas: tal como nos exemplos francês e italiano, o processo político latino-americano caracterizou-se pela incorporação das massas à dinâmica da participação política antes que se obtivesse estabilidade na institucionalização das regras dessa mesma competição" (Wanderley Guilherme dos Santos, *Razões da Desordem*, Rocco, Rio, 1992, p. 29).

2. Segundo Paulo Bonavides, a crise constituinte "é crise do próprio poder constituinte; um poder que, quando reforma ou elabora a Constituição, se mostra, nesse ato, de todo impotente para extirpar a raiz dos males políticos e sociais que afligem o Estado, o regime, as instituições e a sociedade mesma no seu conjunto. A crise constituinte, sendo portanto um processo, não se exaure nem na outorga nem na promulgação de uma Constituição. Ela de todo se manifesta pelo antagonismo da nova Constituição com as realidades sociais mais profundas" (*O Poder Judiciário e o Parágrafo Único do art. 1º da Constituição*

movimentos golpistas como momentos episódicos de reversão. Ao contrário, a avaliação a partir da nossa realidade mostra as Constituições de 1934, de 1946, e de 1988, como assaltos do povo emergente contra as cidadelas seculares do patrimonialismo e do conservadorismo. "O que há no Brasil de liberal e democrático – diz Raymundo Faoro – vem de suas constituintes – e o que há no Brasil de estamental e elitista vem das outorgas, das emendas e dos atos de força. Nunca o Poder Constituinte conseguiu nas suas quatro tentativas vencer o aparelhamento de poder, firmemente ancorado ao patrimonialismo de Estado, mas essas investidas foram as únicas que arvoraram a insígnia da luta, liberando energias parcialmente frustradas" (*Assembléia Constituinte. A legitimidade recuperada*, Brasiliense, 4ª ed., 1985, p. 92).

Há uma certa semelhança entre as Constituintes de 1945-1946 e de 1987-1988. O ditador Getúlio Vargas foi apeado do poder no dia 29 de outubro de 1945. Já no dia 2 de dezembro – portanto, pouco mais de um mês após o fim da ditadura – realizavam-se eleições para a presidência da República (tendo como principais candidatos dois militares) e para a Assembléia Nacional Constituinte (na verdade, Congresso Constituinte) sem tempo para o debate, para a organização de partidos políticos, para a existência de campanha eleitoral. Tudo se fez dentro dos quadros da ditadura. Isso em parte explica que o ex-ministro da guerra fosse eleito presidente da República, que o ex-ditador fosse eleito para o Senado e que as duas maiores siglas políticas do país – o PSD e o PTB – tivessem seu patrocínio e representassem sua herança política. Assegurava-se, assim, a continuidade da situação.[3] Fato assemelhado ocorreu em 1987: sacudido o autoritarismo, a sociedade não conseguiu impor a convocação de uma genuína Assembléia Nacional Constituinte; o que se instalou foi uma Constituinte congressual, formada à base dos resíduos partidários da ditadura.[4] Entretanto, em um e outro caso, o resultado ficou acima do esperado: em 1945-1946, pelo grande prestígio das democracias face à vitória sobre o nazismo, principal fator psicológico da reconstitucionalização; em 1987-1988, devido à frente democrática que se formara na resistência à ditadura, nas Campanhas pela Anistia e pelas Diretas-Já, ao clima constituinte, e à extraordi-

do Brasil, VI Jornada Teixeira de Freitas, Instituto dos Advogados Brasileiros). Pontes de Miranda ia além: "O Brasil ainda não teve, propriamente, crise da democracia. O Brasil teve e continua de ter o mal de ainda não ter tido democracia" (*Comentários à Constituição de 1946*, Henrique Cahen Ed., Rio, s/ data, 2/296). Para Wanderley Guilherme dos Santos, o problema crucial do Brasil "não consiste prioritariamente na ausência de um pacto político ou constitucional, mas na inexistência de um contrato social de boa-fé entre todos os grupos organizados do país" (*Décadas de Espanto e uma Apologia Democrática*, Rocco, Rio de Janeiro, 1998, p. 186; v. também "Contrato social e o véu da ignorância", in *Revisão Constitucional*, Sérgio Sérvulo da Cunha org. (Sérgio Fabris ed., 1993); seu ponto de vista inspira-se explicitamente em Rawls. Para este, sociedade bem estruturada é aquela "que tem como objetivo a promoção do bem de seus membros, efetivamente regulada por uma concepção comum da Justiça. Assim, é uma sociedade em que todos aceitam e sabem que os outros também aceitam os mesmos princípios de justiça, e que as instituições sociais básicas satisfazem – e são conhecidas por satisfazer – esses princípios" (*Uma Teoria da Justiça*, Ed. Unb, Brasília, 1981, p. 335, ou Martins Fontes, São Paulo, 1997, p. 504).

3. Para Raymundo Faoro "a reforma, ao se institucionalizar, não é, na verdade, a reforma que se propôs: em regra, é uma reforma contra a reforma"; e cita pensadores ingleses, para os quais "o papel dos conservadores não é, como se supõe, resistir ao que se fará, ainda que por meios não previstos, mas, isolados os insurgentes, manter e assegurar a continuidade do esquema básico de poder" ("Constituinte, a verdade e o sofisma", in *Constituinte e Democracia no Brasil Hoje*, Brasiliense, 1985, p. 7).

4. Dos 559 constituintes (487 deputados e 72 senadores), 217 haviam pertencido à Arena (a sigla de suporte à ditadura), embora 86 já se houvessem transferido para o PMDB. O Legislativo renovara-se em 69,95% (320 congressistas cumpriam seu primeiro mandato, 189 haviam sido reeleitos e 27 reconquistavam seus mandatos após uma legislatura em branco); 23 dos senadores admitidos como constituintes haviam sido eleitos em 1982, em plena ditadura.

nária mobilização popular.[5] Assim, embora a bancada progressista fosse minoritária, conseguiu aprovar grande parte de suas propostas, mesmo após a articulação da direita no Centrão. A direita estava ideologicamente manietada, mas não imobilizada; enquanto a esquerda concentrava-se em comissões como a dos direitos fundamentais e sociais, ela preocupava-se com a comissão da ordem econômica e social, e com a subcomissão de defesa do Estado, da sociedade e de sua segurança.

Tal como a Constituição de 1946, a de 1988 é pendular. Ela se explica, primeiro, como reação contra a ditadura, pelo desejo de retomar-se a trajetória interrompida em 1964, de restabelecer-se o sistema da divisão dos poderes, da liberdade partidária e eleitoral. Esse o seu núcleo operativo – eminentemente liberal – que se aperfeiçoa por mecanismos de controle de constitucionalidade e fortalecimento do Judiciário. As aspirações da sociedade emergente se manifestam na parte pouco ou não operacionalizada: a definição dos fundamentos, princípios e objetivos do Estado brasileiro, dos direitos fundamentais, sociais e coletivos, a concepção da Constituição como um código dos códigos – não apenas o fundamento formal, mas o ápice substantivo do ordenamento – as tentativas de institucionalização de uma democracia participativa que controle a usura e os meios de comunicação social.

Mas se a Constituição de 1946 nasceu no momento certo – uma feliz coincidência entre os processos interno e internacional de libertação – a Constituição de 1988 nasceu no momento errado: agora, às forças conspiratórias larvares da oligarquia associavam-se contra ela as fúrias do capitalismo financeiro e especulativo, apoiadas, pela primeira vez após Hitler e Mussolini, por uma sólida doutrina de direita, e uma retórica invasiva tanto da academia quanto dos meios de comunicação social.[6]

O próprio discurso batismal da Constituição-cidadã, pronunciado por Ulysses Guimarães, contém réplica ao presidente Sarney, que a acusara, pouco antes, como fator de ingovernabilidade. Às vésperas da promulgação da nova Lei Magna, o ministro da Justiça apresta-se a amputar-lhe o art. 192-§3º,[7] como o Supremo Tribunal Federal fará, depois, com o mandado de injunção,[8] e de forma passiva, em grande parte, com a ação direta de inconstitucionalidade.[9] No mesmo dia 5 de outubro, o

5. Durante a fase dedicada ao trabalho das 24 subcomissões e 8 comissões temáticas, foram recolhidas e processadas 11.989 sugestões encaminhadas pela sociedade civil; nas várias etapas do processo deliberativo (comissão de sistematização e plenário) foram examinadas 61.020 emendas; realizaram-se mais de 300 sessões plenárias e aproximadamente 700 votações em plenário, sem contar as reuniões das comissões e os trabalhos informais, que absorveram muito mais tempo. Sobre os trabalhos da Constituinte, v. Mauro Márcio Oliveira, *Fontes de Informações sobre a Assembléia Nacional Constituinte de 1987*, Senado Federal, Brasília, 1993.

6. Na vasta bibliografia sobre o neoliberalismo, v. Edmundo Lima de Arruda Júnior, *Direito e Século XXI – Conflito e Ordem na Onda Neoliberal Pós-Moderna*, Luam Ed., Niterói, 1997; Emir Sader e Pablo Gentili (orgs.), *Pós-Neoliberalismo: as Políticas Sociais e o Estado Democrático*, Paz e Terra, Rio de Janeiro, 1996; José Luis Fiori, *Os Moedeiros Falsos*, Vozes, 1997.

7. Em setembro de 1987 o mesmo Ministro, então Consultor-Geral da República, dera à luz volumoso parecer, pretendendo demonstrar que a Constituinte só possuía poderes derivados; no dia 26 de julho de 1988, em cadeia nacional, o presidente José Sarney criticou o projeto de Constituição, apontando-lhe inúmeros defeitos, e concluiu: "em suma, os brasileiros receiam que a Constituição torne o país ingovernável".

8. Sobre o mandado de injunção na jurisprudência do Supremo Tribunal Federal, v. Sérgio Sérvulo da Cunha, *O Efeito Vinculante e os Poderes do Juiz*, Saraiva, São Paulo.

9. Em muitos casos, concedida a medida cautelar em ação direta de inconstitucionalidade, as questões ficam numa espécie de limbo constitucional, aguardando a decisão definitiva do STF. Segundo levantamento de Gilmar Ferreira Mendes, até agosto de 1996 haviam sido ajuizadas 1.507 ações diretas de inconstitucionalidade, sendo 975 com pedido de liminar; destes, 594 foram deferidos; dentre estes, 63 liminares foram confirmadas e 20 não confirmadas, restando os demais pedidos pendentes de julgamento

governador da Bahia alude aos que "começam a reagir para que não se realize a transição do autoritarismo para a democracia. Não querem que a Constituição seja aplicada e lhe prevêem vida muito curta".[10]

2. A mobilização popular reflui após a Constituinte, dissolve-se a frente de resistência à ditadura, redefine-se o espectro político-partidário face a outros interesses. A atuação dos setores populares organizados, nessa fase, concentra-se em reclamar, do Congresso, a edição das leis complementares.[11]

Além da resistência por inércia, do propósito deliberado de não aplicá-la, veio com o emendão do presidente Collor o primeiro ataque explícito contra a Constituição.[12] Outros viriam em seguida: a Emenda Constitucional 3/93, com que se restaurou em parte o tripé Judiciário do pacote de abril,[13] e o efetuado a pretexto do processo de revisão constitucional, previsto no art. 3º do Ato das Disposições Constitucionais Transitórias.[14]

Após o *impeachment* de Collor e o mandato-tampão de Itamar Franco,[15] a ofensi-

("O Poder Executivo e o Poder Legislativo no controle de constitucionalidade", *RIL* 134/11). O que parecia um eficiente instrumento de controle a serviço da cidadania tende a ser por esta abandonado, dada sua confiança maior no controle incidental.

10. Waldir Pires, "A necessidade de cumprir a Constituição", *Folha de S. Paulo*, p. A-3.

11. Caio Tácito ("O Direito à espera da Lei", *RDA* 181-182/40, jul.-dez. de 1990), refere publicação do Ministério da Justiça intitulada "Leis a elaborar" (1989), onde se indicam 256 casos em que o texto constitucional expressamente exigia legislação integrativa e outros 87 preceitos que tacitamente reclamavam complementação legal.

12. No pacote de 15.3.90 – lançado por Collor imediatamente após sua posse – inscreveram-se os primeiros marcos formais de neoliberalização do governo brasileiro: a MP 155, criando o Programa Nacional de Desestatização, a MP 157, criando os Certificados de Privatização e o Decreto 99.179, instituindo o Programa Federal de Desregulamentação. Ao dar posse ao Conselho da República, no dia 6 de agosto desse ano, Collor reclamou "das dificuldades para governar impostas pela atual Carta", e anunciou um processo para sua reforma, a fim de que "sirva de instrumento à modernização do país". No dia 5 de outubro, em pronunciamento na TV, comemorativo dos três anos de Constituição, Collor atacou-a: "podemos verificar algumas estatísticas reveladoras. As palavras 'direitos' e 'garantias', por exemplo, aparecem 182 vezes na nossa Constituição, enquanto a palavra 'deveres' é mencionada em apenas 32 passagens. O desequilíbrio é claro. (...) Desde que a Constituição entrou em vigor, diversas vozes se levantaram para dizer que, tal como aprovada, ela traria dificuldades de diversos tipos, especialmente o desequilíbrio das contas públicas e desestímulo aos investimentos internos e externos. Era preciso, no entanto, esperar para ver se essas preocupações tinham razão de ser. Passados três anos, é possível afirmar que, efetivamente, se a Constituição sozinha não causou esses problemas, ela está contribuindo para agravá-los". Poucos dias antes, o presidente enviara ao Congresso um pacote com propostas de emendas constitucionais que ficou conhecido como "emendão". Esse pacote continha propostas de alteração da disciplina constitucional relativa: à exploração do petróleo e dos serviços de telecomunicações, à pesquisa e lavra de recursos minerais, a operações de crédito interno e externo, à aposentadoria dos servidores públicos e sua estabilidade, à aposentadoria previdenciária. Em 28 de agosto a diretoria do Conselho Federal da OAB, reunida com alguns de seus ex-presidentes, elaborara uma nota condenando asperamente o pacote. Acusava o Executivo de pretender condições excepcionais "*para extinguir o monopólio estatal das comunicações, para liberar as taxas de juros, para desnacionalizar o patrimônio público*". No dia 19 de outubro reuniram-se na sede da OAB, em Brasília, trinta entidades, que decidiram iniciar uma campanha nacional pela rejeição do emendão.

13. Sobre a Emenda Constitucional 3, de março de 1993, v. Sérgio Sérvulo da Cunha, *O Efeito Vinculante e os Poderes do Juiz*, Saraiva.

14. O processo de revisão constitucional desenrolou-se no governo Itamar Franco e resultou na aprovação das Emendas Constitucionais de Revisão de ns. 1 a 6. V. Conselho Federal da OAB, Simpósio sobre Revisão e Plebiscito, 1992; Marcus André B. C. de Mello, "As reformas constitucionais e a previdência social", in *Reforma do Estado e Democracia no Brasil*, Eli Diniz e Sérgio de Azevedo (orgs.), Ed. UnB, 1997; Sérgio Sérvulo da Cunha (org.), *Revisão Constitucional – Aspectos Jurídicos, Políticos e Éticos*, Sérgio A. Fabris Ed., Porto Alegre, 1993.

15. Ao contrário do que afirmam alguns intérpretes, parece-me que o *impeachment* de Collor resultou de um cochilo, e não do interesse da direita; ela permitiu que a freqüência e natureza das notícias sobre a corrupção governamental incendiasse a indignação popular; a mídia, a maioria governamental no Congresso, o Supremo Tribunal Federal, acabaram submersos nessa onda de indignação. A lição serviu.

va contra a Constituição, obediente às determinações neoliberais, seguiu no governo de Fernando Henrique uma estratégia amadurecida e extremamente competente, que se revela pela sua atuação nos campos social, jurídico e econômico. A desarticulação programada das oposições é o momento inicial desse dispositivo estratégico, o ataque de artilharia que mina a resistência antes da ofensiva da infantaria; seus elementos são a cooptação de setores da intelectualidade e da esquerda, o desemprego estrutural, a destruição do movimento sindical; esse movimento perfaz-se com a pinça jurídica: a alteração da disciplina constitucional da ordem econômica (já efetuada)[16] a flexibilização do Direito do Trabalho (em fase final),[17] a "reforma" administrativa (em curso) e a "reforma" política (no prelo).

Enfraquecidos os setores democráticos, porta-vozes do governo podem anunciar a alteração da cláusula pétrea do art. 60 (necessidade de 3/5 de votos para aprovação de emenda à Constituição) que permita uma nova "revisão constitucional"; na verdade, a ruptura da Constituição de 1988, como bem denunciou o prof. Paulo Bonavides.[18] E os eternos conspiradores podem reivindicar, sem receio de sanção judicial[19]

No governo Fernando Henrique, a mídia estabeleceu um cerco de desinformação sobre as notícias que o comprometem.

16. V. Emendas Constitucionais ns. 6, 7, 8 e 9, de 1995.

17. V. Orlando Teixeira da Costa, "Flexibilização laboral e revisão constitucional", *RIL* 115/255, jul.-set. de 1992; Reinaldo Pereira e Silva, *O Mercado de Trabalho Humano*, LTr, São Paulo, 1998; Edmundo Lima de Arruda Júnior e Alexandre Ramos (orgs.), *Globalização, Neoliberalismo e o Mundo do Trab*alho, Ed. IBEJ, Curitiba, 1998; Edésio Passos, "O princípio da proteção e a desregulamentação das relações de trabalho", *Genesis* jul. de 1996, Curitiba, pp. 21/28; "As relações de trabalho e os conflitos sociais", *Revista do TRT da 9ª Região* 21/35-48, jan.-jul. de 1996; José Pastore, *Flexibilização dos Mercados de Trabalho e Contratação Coletiva*, LTr, São Paulo, 1995. Para extinguir os direitos dos trabalhadores, que foram a marca dos governos de Getúlio Vargas (1930-34; 1934-37; 1937-45; 1951-54), a retórica oficial coloca-os sob uma luz negativa, como se fossem indissociáveis das ditaduras. A *Folha de S. Paulo* de 22.1.98 traz notícia em que se lê: "O presidente Fernando Henrique Cardoso atacou ontem a atual legislação trabalhista brasileira e, sem citar nomes, os sindicalistas e políticos que a defendem: 'É preciso, agora, que os deputados que representem as forças trabalhistas não fiquem agarrados no passado, pendurados, sem o saber, no autoritarismo do pior momento do Getúlio e no autoritarismo do pior momento militar, que não queria mexer em nada sindical'. O período Vargas também foi atacado pelo ministro Paulo Paiva (Trabalho). Paiva disse que a meta do governo FHC era superar Vargas, cujo período de ação foi marcado por 'populismo, totalitarismo e corporativismo'". A supressão prática do direito de greve no governo Fernando Henrique, em manobra desenvolvida durante a greve dos petroleiros, em que se associaram o Ministério do Trabalho, a Procuradoria do Ministério Público do Trabalho, a Procuradoria da Fazenda Nacional e o Tribunal Superior do Trabalho, foi condenada pela Organização Internacional do Trabalho (v. *Folha de S. Paulo* de 5.1.96; Cibele S. Rizek, "A greve dos petroleiros", *Revista Praga*, set. de 1998; Sérgio Sérvulo da Cunha, "O falso direito de greve", Anais da 16ª Conferência Nacional da OAB, 1997, p. 807).

18. V. Paulo Bonavides: "Carta aberta ao deputado Almino Afonso"; em sua reunião de abril de 1998 o Colégio de Presidentes Seccionais da OAB fixou "posição irrenunciável de oposição à intempestiva proposta de uma revisão constitucional caracterizadora da ruptura do sistema vigente, com impacto de verdadeiro golpe contra a Constituição e as instituições". Sobre os limites da reforma constitucional, v. Carlos Ayres Britto, "As cláusulas pétreas e sua função de revelar e garantir a identidade da Constituição", in *Perspectivas do Direito Público*, Cármen Lúcia Antunes Rocha (org.), Del Rey, Belo Horizonte, 1995.

19. Embora a tarefa do Judiciário, no Brasil, consista formalmente em tão-só aplicar a norma elaborada pelo poder político, é fácil imaginar os problemas que pode trazer, à tradicional harmonia dos poderes, a dilatação do poder judicial. Esses problemas se esboçam em alguns episódios como o caso dos 147,06% da Previdência, a anistia concedida ao deputado Humberto Lucena, as liminares concedidas pelo Ministro Marco Aurélio quanto à revisão constitucional e à reforma da Previdência, as liminares sobre a Medida Provisória 190 (que suspendia aumentos salariais em dissídios coletivos), sobre o Decreto 99.300 (que reduzia vencimentos de funcionários colocados em disponibilidade) e sobre a suspensão do recesso de parlamentares, as decisões do Ministro Ilmar Galvão de autorizar a quebra do sigilo de ligações telefônicas de alguns deputados (CPI dos Bingos, fev. de 1996), e de suspender a cassação do

e com o apoio dos juristas de direita, a restauração da ditadura explícita.

Essa revisão constitucional ampla, porém, é desnecessária para os objetivos do governo. As coisas continuarão indefinidamente como estão se ele trancar a porta pela qual ainda podem-se manifestar as pretensões democráticas: o sistema eleitoral-partidário, a independência do Judiciário. Para consecução desses objetivos, as receitas acham-se à mão: quanto ao primeiro, o voto majoritário (distrital); quanto ao segundo, o efeito vinculante das decisões do STF, ou dos Tribunais Superiores. Mexer nos direitos sociais, para quê? O desemprego estrutural se encarrega de fazêlos inexeqüíveis. Extinguir a norma que criou o Conselho de Comunicação Social, para quê? De qualquer forma ele não foi instalado até hoje, e se o for irá funcionar tanto quanto, por exemplo, o Conselho de Defesa dos Direitos da Pessoa Humana (CDDPH). Ao governo interessa manter nominalmente uma Constituição que foi batizada como "cidadã", mesmo que ela tenha sido esvaziada de toda eficácia.

Uma palavrinha, pois, a respeito do voto distrital e do efeito vinculante.

O sistema da liberdade eleitoral-partidária é funcionalmente incompatível com a estrutura de dominação vigente no Brasil; por isso, a liberdade eleitoral-partidária jamais é durável, pois sua persistência abalaria, com o tempo, a estrutura de dominação. Esta é, portanto, constrangida, de tempos em tempos, a intervir no sistema eleitoral e na liberdade de organização partidária.[20] Voto distrital já foi, várias vezes, a bola da vez. Primeiro em 1964, quando o ditador Castelo Branco encomendou projeto para sua criação. Mas quando veio o Ato Institucional 2, a redução do quadro partidário a duas legendas (a Arena e o MDB) tornou-o desnecessário; pois este é o verdadeiro objetivo e o resultado do exercício do voto majoritário: a morte das representações minoritárias e a contenção da competição político-partidária, com a redução do número de partidos a dois, ou no máximo três. Quando os arautos da oligarquia falam em ingovernabilidade, o que têm em vista é a domesticação do Congresso e a institucionalização do rolo compressor parlamentar.[21]

O efeito vinculante das decisões do STF, ou das decisões dos Tribunais Superiores, representará a extinção do controle difuso de constitucionalidade, exercido por todos os juízes, e a concentração do con-

deputado Sérgio Naya (mar. de 1998). E explicam outros episódios como: a) o surpreendente apoio da mídia, em determinado momento, à proposta democrática de controle externo do Judiciário; b) as tentativas de retorno à configuração do Judiciário vigente antes de 1988, tal como fixada no "pacote de abril"; c) o objetivo de abastardamento da magistratura, incluído nas propostas oficiais de reforma do Judiciário; d) o realce incomum que a mídia tem dado às despesas do Judiciário. O desentendimento entre os poderes, que chegou ao ponto mais crítico durante a reforma administrativa (principalmente quando se tratou da aposentadoria especial dos magistrados), parece estar sendo contornado com o refluxo do STF, e a perspectiva de implantação do efeito vinculante.

20. Sobre o golpismo cíclico, transcrevo o que anotei em trabalho a respeito da "Reforma eleitoral-partidária", apresentado à XV Conferência Nacional da OAB: "Examine-se a composição da Câmara dos Deputados desde 1946 até 1962. Mostra-se aí, claramente, a tendência a uma alteração na correlação de forças, que se efetivaria possivelmente com a eleição de 1966. O sistema de propriedade e concentração de renda, vigente no Brasil, é incompatível com o exercício durável da democracia formal. Assim, ou a prática democrática – expressa através da liberdade eleitoral-partidária – desestrutura o sistema de dominação, ou o sistema de dominação interrompe violentamente a prática democrática, como aconteceu em 1964. Essa alternativa deixará de existir caso o sistema de dominação consiga o que vem tentando: implantar seu análogo eleitoral-partidário, um modelo que, sob a aparência de democracia, esconda eleições não-competitivas" (*Anais*, p. 415).

21. V. Wanderley Guilherme dos Santos, *Crise e Castigo*, Vértice e IUPERJ, Rio, 1987, pp. 62 e ss.; *Décadas de Espanto e uma Apologia Democrática*, Rocco, Rio, 1998, pp. 121 e ss.; José Antonio Giusti Tavares, *Sistemas Eleitorais nas Democracias Contemporâneas*, Relume-Dumará, Rio, 1994; Sérgio Sérvulo da Cunha, *O que é Voto Distrital*, Sérgio A. Fabris Ed., Porto Alegre, 1991.

trole de constitucionalidade no Supremo ou nos Tribunais Superiores. Esse é, no campo do Judiciário, movimento análogo ao representado, no campo político-partidário, pelo voto majoritário: a contenção das minorias e das manifestações divergentes, a concentração do poder em estruturas rígidas.

Na manga do governo fica guardada, para a eventualidade, a instituição do parlamentarismo. Não me refiro à sua vantagem ou desvantagem frente ao presidencialismo, mas ao seu interesse conjuntural para o conservadorismo e seu interesse pessoal para Fernando Henrique.

3. A Constituição de 1988 é, em grande parte, fruto de um compromisso dilatório entre duas forças que não conseguiam compor maiorias decisivas. Entretanto, foi por ingenuidade que a aliança democrática permitiu se encartasse, nela, a figura da medida provisória. Era enorme a ojeriza contra os decretos-leis, forte o movimento pela sua extinção; mas seu novo nome (medida provisória), com precedente na Constituição italiana, a previsão de aprovação do parlamentarismo (em cuja modelo se inscreve), e a confiança em que, dali em diante, tudo seria diferente, abriram as portas para esse Cavalo de Tróia; olhou-se para a medida provisória em si mesma, e não se previu o seu abuso.[22] Em 1987-1988, tudo conduzia à valorização do Congresso e da Federação, a uma fórmula de maior equilíbrio dos Poderes. O abuso da medida provisória desfez esse equilíbrio, sujeitou o Legislativo, dissolveu a Federação, corroeu o princípio da legalidade, levou à instauração daquilo que alguns juristas vêm designando como "ditadura constitucional".[23]

A sociedade civil brasileira não está morta; rearticula-se nos espaços restritos e com os meios reduzidos que lhe sobram; tem consciência de que pode ser sufocada, mas não destruída. Aprende com as dificuldades, sabe que, sem controle sobre o poder econômico e os meios de comunicação social, é impossível instaurar-se a democracia;[24] vê também como imperioso o con-

22. Salvo exceções como a do senador Josaphat Marinho; em artigo de jornal, à época da Constituinte, denunciava que "medida, providência ou instrumento 'com força da lei' é decreto-lei mal dissimulado. O nome ou rótulo não altera a substância do ato. Se a Constituinte quer manter o decreto-lei, tão justamente condenado até bem pouco, que o faça lisamente, sem caricatura, como convém ao texto magno" ("À margem da Constituinte", Brasília Jurídica, 1992, p. 31).

23. José Luis Fiori diz que "estamos começando a viver o que nos faltava: a fase totalitária do liberalismo" (*Folha de S Paulo*, 13.4.98). Boaventura Sousa Santos observa que "as novas formas de autoritarismo pactuam com o exercício democrático, limitando-o sem o excluir" ("A crise dos paradigmas", in *Introdução Crítica ao Direito*, p. 73). Em palavras premonitórias, escrevia Dalmo de Abreu Dallari em 1984: "Quando a Constituição deixa de ser respeitada e perde sua autoridade, os limites constitucionais para a ação dos governantes ficam muito frágeis e o governo passa a agir arbitrariamente. Instala-se imediatamente a corrupção, com grande risco de que se chegue à ditadura" (*Constituição e Constituinte*, Saraiva, 1984, p. 61). Essa situação persistirá enquanto o Poder Judiciário não cercear o abuso na edição de medidas provisórias, invalidando as que são formal ou materialmente inconstitucionais.

24. "O direito à informação é o primeiro direito que o povo deve ter. (...) Se ele é o titular da soberania, o dono do país, (...) se ele tem, porque dono, a pretensão de exercer todos os atributos dessa condição, nos termos institucionalmente traçados, esse mesmo povo só pode tomar adequadas deliberações, fazer a crítica a que tem direito, meditar e até tomar providências corretivas sobre os seus delegados, que são os agentes políticos, se estiver informado. (...). O direito à informação, ao lado da existência de uma imprensa livre, parcial e independente, é também um pressuposto necessário ao funcionamento das instituições republicanas. Daí a necessidade de que a Constituição explicitamente – essa é a realidade brasileira hoje – assegure o direito ao acesso às informações, às fontes de informações e aos dados do governo e da administração" (Geraldo Ataliba, "Como fazer transparente a Administração Pública – Mecanismos de controle popular", painel realizado na OAB-SP em 1987, cf. *Problemas e Reformas – Subsídios para o Debate Constituinte*, Departamento Editorial da OAB-SP, 1988, p. 61). Assim como a Constituição de 1988 rompeu com o monopólio do Procurador-Geral da República quanto ao controle abstrato de constitucionalidade, precisa ser rompido o monopólio da classe política quanto à instauração e funcionamento de Comissões Parlamentares de Inquérito.

trole da sociedade sobre a execução orçamentária e a disciplina monetária.[25] Ulysses Guimarães iniciou sua apaixonada saudação à Constituição-cidadã dizendo que nós a esperamos como o vigia espera a aurora; e a encerrou como um jovem, bradando "Muda Brasil!". Eram muitas então as esperanças, que se vieram desfolhando, uma a uma, nesses dez anos de selvageria das elites e retrocesso institucional. Alguns até acham que a Constituição de 1988 já morreu. Para sua sobrevivência é preciso recompor-se a aliança democrática que lhe deu vida. Isso é possível no quadro das dificuldades econômicas agravadas pela política neoliberal,[26] e tão mais necessário quanto mais elas se aprofundem, como é previsível neste momento. Nem tudo depende da gente, mas, como no passado, também de uma conjuntura internacional favorável. A liberdade, porém, começa com o desejo de ser livre.

25. Às vésperas da promulgação da Constituição de 1988, Celso Campilongo advertia: "O recurso aos decretos-leis, à delegação legislativa, às portarias, regulamentos e instruções normativas – instrumentos legais forjados no âmbito dos Executivos – viabiliza os 'avanços' sobre o Legislativo. Não cabe, aqui, discorrer a respeito do inconfundível viés autoritário desses 'avanços'. Basta sublinhar que as instituições representativas sofrem uma verdadeira *capitis diminutio* com essas práticas. Compete, pois, instrumentalizar o Legislativo com os meios de intervenção nas políticas econômicas de conjuntura. Ao 'discurso competente' dos Executivos (aparentemente técnico, científico, neutro e ágil), devem opor-se, dentro do possível, a discussão transparente e a politização intensa de todas as questões econômicas pelas Casas de representação. A gestão conjuntural da economia vai da definição de investimentos até a fixação das políticas monetárias, salariais e de pleno emprego. Não pode, em razão disso, ficar excluída da apreciação das instituições representativas" ("A representação política e o Direito moderno", *Revista da OAB* 49/98-107, primavera de 1988).

26. A opção de Fernando Henrique pela desnacionalização, a ancoragem do real na venda do patrimônio público e no capital especulativo internacional, a elevação dos juros, vêm produzindo o aumento considerável das dívidas interna e externa, da carga tributária e da desigualdade social.

ATO ADMINISTRATIVO, ATO-FATO ADMINISTRATIVO

RONALDO DE MEDEIROS E ALBUQUERQUE
Procurador de Justiça no Estado do Rio de Janeiro

1. Funções do Estado: 1.1 O ponto de partida: a teoria de Montesquieu; 1.2 Essência e contingência; 1.3 Função legislativa; 1.4 Função jurisdicional e função administrativa; 1.5 Delimitação das áreas das funções do Estado. 2. Ato jurídico de Direito Privado e ato administrativo: 2.1 Suporte fático e elementos fáticos e suas classificações; 2.2 Atos lícitos; 2.3 Negócio jurídico: as teorias da vontade e da declaração; 2.4 Distinção entre regulamento administrativo e ato administrativo em sentido estrito; 2.5 O papel da vontade no ato administrativo em sentido estrito e no regulamento administrativo; 2.6 Atos produzidos sob regime de Direito Administrativo.

1. Funções do Estado

1.1 O ponto de partida: a teoria de Montesquieu

Foi em 1748 que Charles-Louis de Secondat, Barão de la Brède et de Montesquieu ou, como ficou conhecido, Barão de Montesquieu, fez publicar uma obra que iria provocar profundos reflexos na Ciência Política, na Teoria Geral do Estado, no Direito Constitucional: *Do Espírito das Leis*. A obra é composta por trinta e um livros, mas o trecho que se tornou famoso e exerceu tamanha influência contém-se no capítulo VI do livro XI. As considerações produzidas pelo autor teriam sido inspiradas, segundo declara, no regime inglês. A separação de poderes (ou de funções) preconizada não era fiel, contudo, à experiência daquele país.[1]

Já Aristóteles, na Antigüidade, havia isolado as três categorias de funções esta-

1. Segundo Manoel Gonçalves Ferreira Filho (*Do Processo Legislativo*, pp. 58-59), o autor, "a pretexto de descrever a Constituição inglesa de seu tempo, expôs, embelezando, a organização constitucional que resultara da Revolução de 1688 e que não durara além de 1715. Em realidade, ao tempo da redação de *O Espírito das Leis*, embora o parlamentarismo não estivesse plenamente formado, já era o regime britânico um governo de gabinete, ligado umbilicalmente ao Parlamento, com o monarca reduzido a um papel secundário. De modo algum, pois, um regime de 'separação de poderes'". Desconheceria Montesquieu a experiência inglesa de seus dias? O constitucionalista brasileiro assevera que a resposta há de ser possivelmente negativa: "Mais crível é admitir que a 'descrição' da Constituição inglesa feita por Montesquieu tenha sido um artifício para, com as cautelas exigidas pela época, recomendar a divisão do poder como remédio contra o absolutismo e como garantia da liberdade. Isto especialmente se assegurada a independência do Judiciário, com que Locke não se preocupara" (ob. cit., p. 59). A seguir remata: "Em verdade, se esse foi o intento, sua realização foi extremamente hábil. Primeiro porque evitou a objeção da censura, que viria certamente se de modo ostensivo pregasse instituições novas para a França, em vez de fazê-lo sob a capa de uma descri-

tais. A decisiva contribuição de Montesquieu foi a de fazer corresponder à divisão funcional uma divisão orgânica.[2]

Passemos a palavra ao filósofo do século XVIII:

"Existem em cada Estado três espécies de poder; o poder legislativo, o poder executivo das coisas que dependem do direito das gentes, e o poder executivo daquelas que dependem do direito civil.

"Pela primeira, o príncipe ou o magistrado cria as leis para um tempo determinado, ou para sempre, e corrige ou revoga aquelas que já se acham feitas. Pela segunda, determina a paz ou a guerra, envia ou recebe embaixadas, estabelece a segurança, evita as invasões. Pela terceira, pune os crimes ou julga as questões dos particulares. Chamar-se-á esta última o poder de julgar e a outra, simplesmente, o poder executivo do Estado.[3]

"Quando numa só pessoa, ou num mesmo corpo de magistratura, o poder legislativo se acha reunido ao poder executivo, não poderá existir a liberdade, porque se poderá temer que o mesmo monarca ou o mesmo senado criem leis tirânicas para executá-las tiranicamente.

"Não existirá também liberdade quando o poder de julgar não se achar separado do poder legislativo e do executivo. Se o poder executivo estiver unido ao poder legislativo, o poder sobre a vida e a liberdade dos cidadãos seria arbitrário, porque o juiz seria legislador. E, se estiver unido ao poder executivo, o juiz poderá ter a força de um opressor.

"Tudo então pereceria, se o mesmo homem, ou o mesmo corpo dos principais, o dos nobres, ou o do povo, exercesse estes três poderes: o de criar leis, o de executar as resoluções públicas e o de julgar os crimes e as questões dos particulares."[4]

Tão extensa foi a influência da teoria, de cuja exposição transcrevemos o mais frisante excerto, que se tornou ela referência obrigatória, seja para acolhê-la, seja para criticá-la. Não calharia aqui proceder a um inventário das censuras que lhe foram endereçadas, sobretudo no plano da Teoria Geral do Estado. Interessa-nos um aspecto muito diverso, que Francis-Paul Bénoît gizou com particular clareza:

"Fonction législative, fonction exécutive, fonction judiciare, telle est l'analyse des fonctions de l'État à laquelle s'attache la pensée juridique française. Deux siècles après Montesquieu, cette analyse des philosophes du XVIIIe siècle reste parée du double prestige d'être l'expression da la vérité et d'en être l'expression utile.

"Il est pourtant évident que ces analyses n'ont à proprement parler aucune valeur scientifique. Lorsqu'il définissait les fonctions et les organes de l'État, Montesquieu ne procédait pas à une analyse de réalités positives, mais décrivait – sous le couvert de la constitution de l'Angleterre et en empruntant largement à l'oeuvre de Locke – ce qui lui paraissait devoir être le régime politique idéal. Son but était donc de critiquer le droit positif de son époque, non de l'analyser; il écrivait en philosophe

ção de instituições estrangeiras. Segundo porque com esse artifício deu outra força à receita, mostrando-a aplicada por uma grande potência, força que não teria se apoiada apenas em sua opinião. Terceiro porque, é preciso não esquecê-lo, era, na França do século XVIII, a Grã-Bretanha o país da moda, a Meca para a qual se voltava a opinião ilustrada" (ob. e p. cits.). Dessa opinião, no entanto, não compartilha Paulo Bonavides, que sublinha o engano em que teria incorrido Montesquieu (*Do Estado Liberal ao Estado Social*, Rio de Janeiro, Forense, 1980, pp. 9 e 43).

2. A tal respeito escreveu Bluntschli: "Mais importante ainda foi o princípio da desejável separação desses três poderes nas pessoas ou órgãos a que haviam sido cometidos, e que foi ele o primeiro em proclamar com energia e defendê-lo em nome da liberdade política" (*Geschichte der neueren staatswissenschaft, Algemeines Staastsrecht und Politik*, dritte Auflage, Muenchen u. Leipzig, 1881, p. 307, *apud* Paulo Bonavides, ob. cit., p. 15, nota 9).

3. *Do Espírito das Leis*, trad. de Gabriela de Andrada Dias Barbosa, Ediouro, Clássicos de Bolso, s/ indicação de data e lugar, p. 133.

4. Ob. e p. cits.

du XVIIIe siècle qui veut lutter contre la Monarchie absolue.

"L'analyse de Montesquieu n'est donc qu'une vue de l'esprit; elle n'est pas l'expression des réalités du droit positif à un moment donné. Elle relève de l'art politique, c'est-à-dire de la recherche des solutions contingentes, et de l'idéologie, c'est-à-dire des systèmes d'idées avancés pour faire admettre le choix de l'une de ces solutions. C'est donc une vision artistique proposée comme modèle à suivre; mais ce n'est en rien une oeuvre scientifique, c'est-à-dire une analyse des réalités ayant valeur explicative.

"Oeuvre politique, au sens actif du terme, oeuvre orientée, l'oeuvre de Montesquieu a eu une importance considérable sur le plan de l'évolution des idées comme par l'influence qu'elle a exercée sur les hommes de la Révolution, et, partant, sur leur vocabulaire et leurs réalisations. Mais, considérée en elle-même, cette oeuvre ne relève que de la littérature politique; elle n'est que le reflet d'un moment de l'Histoire."[5]

A contribuição de Bénoît mostra-se extraordinariamente valiosa ao acentuar que a concepção de Montesquieu tinha caráter político (denominado artístico pelo administrativista contemporâneo), não jurídico. Não pretendia, deveras, o egrégio autor setecentista classificar as funções do Estado segundo um critério jurídico-científico. Sua intenção não era outra que a de influir sobre as instituições políticas de seu tempo, combatendo a estrutura da monarquia absoluta então vigorante. Qualquer investigação científica a propósito das funções do Estado há de partir dessa constatação.

1.2 Essência e contingência

Essência é aquilo que exprime o que uma coisa verdadeiramente é. Ela se opõe, pois, à contingência.

A Ciência do Direito deve buscar a essência dos institutos jurídicos para além das limitações de tempo e lugar, para além de um dado ordenamento numa dada época. Nesses limites encontraremos apenas o que é contingente. Quando os ingleses dizem que "a lei tudo pode menos transformar o homem em mulher", ilustram com grande felicidade a distinção entre essência e contingência, entre aquilo que se coloca fora da vontade do legislador e aquilo que se situa no âmbito dessa vontade e é, pois, por ele definível.

Já estabelecemos que a concepção de Montesquieu tinha caráter e finalidade políticas. Cabe investigar agora, na seara da Ciência do Direito, se cada uma daquelas três funções possui uma essência, ou se tudo nelas é contingente, e, na primeira hipótese, em que radica a essência.

1.3 Função legislativa

Segundo o que usualmente se entende – e se nos afigura correto –, função legislativa é aquela mediante a qual *são editadas as normas jurídicas*. Parece mais fácil, mesmo perfunctoriamente, distingui-la das duas outras, que envolvem *aplicação* das normas jurídicas.

A dificuldade que se apresenta consiste em identificar o que seja norma jurídica.

Comecemos nossas meditações sobre esse tema com uma afirmação de Carnelutti: "Precisamente porque la estructura de la ley jurídica es idéntica a la de la ley natural, está compuesta de dos elementos: el *prius* y el *posterius*; lo que ocurre antes y lo ocurre después. De cualquier manera que estos dos elementos sean denominados, su coexistencia para constituir la ley es lógicamente indispensable; es absurdo pensar una ley con un elemento sólo".[6]

5. *Le Droit Administratif Français*, Paris, Dalloz, 1968, pp. 32-33.

6. *Derecho y Proceso*, trad. de Santiago Sentis Melendo, Buenos Aires, Ediciones Jurídicas Europa-América, 1971, p. 14.

Uma vez que é lógica a exigência de que a norma jurídica seja estruturada de uma determinada forma, a estrutura integra a essência da mesma. Ausente a estrutura própria, norma jurídica não será.

A norma jurídica, como se viu, compõe-se de dois termos: o antecedente e o conseqüente.

O antecedente é a hipótese (*Tatbestand*), na qual são descritos os pressupostos que provocarão a produção das conseqüências. Tais pressupostos são elementos fáticos, sobre os quais sublinhou Pontes de Miranda em trecho de grande beleza formal: "Há fatos que não interessam ao mundo jurídico, isto é, são estranhos ao direito. A nuvem que está a passar, a estrela cadente, o eclipse do sol ou da lua, o que ocorre no fundo dos mares, ou na estratosfera, mesmo fatos que são de grande importância para o nosso corpo e para a vida dos animais, a cachoeira que está a murmurar há milênios, tudo isso é fáctico e não é *jurídico*. Se algum desses fatos entra no mundo jurídico é porque o direito se interessou por ele. A técnica que tem o direito, mero processo social de adaptação, para chamar a si o fato que antes não lhe importava, é a *regra jurídica*".[7]

É muito variável o que cabe ser previsto na hipótese: fatos físicos, atos humanos, em que a vontade seja relevante ou não, estados, o próprio tempo. Muitas vezes figura na hipótese um único elemento fático; noutras, está ela composta de mais de um elemento. Neste caso a hipótese se realiza quando ocorre o elemento derradeiro.

Não é possível confundir o fato ou o conjunto de fatos previsto na norma jurídica com aquele que efetivamente acontece e dá lugar à realização das conseqüências jurídicas – suporte fático, na nomenclatura de Pontes de Miranda.

A nítida distinção é formulada por Trabucchi: "Modernamente, il complesso degli elementi che l'ordinamento giuridico richiede in astratto perchè si produca la modificazione viene chiamata *fattispecie astratta*; mentre la *fattispecie concreta* è costituita dagli elementi che di volta in volta concorrono a realizzare le singole determinate modificazioni del mondo reale che sono giuridicamente rilevanti."[8]

Alessandro Levi assevera mesmo que o fato (acontecido ou a acontecer) se *contrapõe* à norma.[9]

Muito mais complexo que o antecedente da norma jurídica revela-se o conseqüente. Para compreendê-lo devemos recuar à noção de norma e a sua distinção da lei física.

A conduta dos seres humanos é disciplinada por normas, que ora lhe impõem determinado comportamento, ora lhe proíbem outro. "Nossa vida se passa num mundo de normas", giza Bobbio.[10] São preceitos religiosos, regras morais, regras sociais, regras de costume, regras de etiqueta, regras de boa educação e outras mais que tolhem a liberdade do indivíduo e lhe apontam a direção para onde deve seguir.[11] A ponência da norma pressupõe, assim, em tese, dois comportamentos possíveis: aquele que exprimirá obediência a ela e o que implicará sua violação.

É nítida a distinção entre norma e lei natural. Esta expressa que, ocorrendo um

7. *Tratado das Ações*, São Paulo, Ed. RT, 1972, p. 3.

8. *Instituzioni di Diritto Civile*, Padova, CEDAM, 1950, pp. 104-105. Cf. ainda Karl Engisch, *Introdução ao Pensamento Jurídico*, trad. de J. Baptista Machado, Lisboa, Fundação Calouste Gulbenkian, 1988, pp. 57-58; Geraldo Ataliba, *Hipótese de Incidência Tributária*, São Paulo, Malheiros Editores, 1993, p. 49.

9. *Teoria Generale del Diritto*, Padova, CEDAM, 1967, p. 31.

10. *Teoria della Norma Giuridica*, Torino, G. Giappichelli, 1958, p. 3.

11. Norberto Bobbio, ob. cit., pp. 5-6. John Austin falava mesmo em regras do galanteio e do jogo (*Lectures on Jurisprudence*, *apud* Norberto Bobbio, o *Positivismo Jurídico: Lições de Filosofia do Direito*, trad. de Márcio Pugliesi, Edson Bini e Carlos E. Rodrigues, São Paulo, Ícone, 1995, p. 107).

fato nas condições que a lei enuncia, um outro fato acontecerá *necessariamente*. Daí assinalar García Máynez: "Las leyes naturales implican la existencia de las relaciones necesarias entre los fenómenos. El supuesto filosófico de toda norma es la libertad de los sujetos a quienes obliga".[12]

Resulta disso que a lei natural se situa no mundo do *ser* enquanto a norma se coloca no mundo do *dever-ser*. A primeira expressa uma relação entre fenômenos que é; a segunda estatui que uma conduta *deve ser*. A conduta poderá conformar-se à norma, assim como, por força da liberdade do indivíduo, poderá transgredi-la, sem que deixe de ser devida.

É corrente a concepção de que a ordem jurídica se apresenta como um complexo de prescrições.[13]

Distinção de extraordinária importância na obra de Kelsen é aquela que ele estabeleceu entre norma jurídica (*Rechtsnorm*) e proposição jurídica (*Rechtssatz*): "*Proposições* jurídicas são juízos hipotéticos que enunciam ou traduzem que, de conformidade com o sentido de uma ordem jurídica – nacional ou internacional – dada ao conhecimento jurídico, sob certas condições ou pressupostos fixados por esse ordenamento, devem intervir certas conseqüências pelo mesmo ordenamento determinadas. As *normas* jurídicas, por seu lado, não são juízos, isto é, enunciados sobre um objecto dado ao conhecimento. Elas são antes, de acordo com o seu sentido, mandamentos e, como tais, comandos, imperativos. Mas não são apenas comandos, pois são também permissões e atribuições de competência".[14]

Para plena compreensão do excerto, cabe lembrar que se distinguem a linguagem com função descritiva e a linguagem com função prescritiva. A primeira presta-se a transmitir informações de natureza objetiva ou subjetiva – "Aquele carro é vermelho"; a segunda veicula ordens, comandos, mandamentos – "Feche a porta". Aquela submete-se aos critérios de verdade ou falsidade, isto é, a informação será verdadeira ou falsa dependendo de sua correspondência, ou não, com a realidade; desta diz-se que é válida ou inválida. "Validade é a específica existência da norma", afirma Kelsen, "que precisa ser distinguida da existência de fatos naturais, e especialmente da existência dos fatos pelos quais ela é produzida".[15]

Na concepção de Kelsen desenvolvida na *Teoria Pura do Direito* mostra-se particularmente clara a oposição entre uma ordem jurídica veiculadora de prescrições e uma Ciência Jurídica descritiva dessas prescrições.

Mais tarde, na *Teoria Geral das Normas*, publicada postumamente, ele acentuou serem quatro as funções da norma: imposição, permissão, autorização e derrogação.[16] A função específica da norma é a imposição, que ele acentua ser sinônimo de prescrição.[17] Autorização é a atribuição do poder de estabelecer e aplicar normas.[18] O dever-ser corresponde não apenas à imposição mas também à permissão e à autorização.[19]

12. *Introducción al Estudio del Derecho*, México, DF, Editorial Porrua, 1977, p. 6.

13. Ao lado de normas que regulam o comportamento, denominadas normas de conduta, mencionam-se aquelas que disciplinam a produção jurídica e que recebem o nome de normas de estrutura ou de organização (cf. Norberto Bobbio, *O Positivismo Jurídico* ..., cit., p. 162).

14. *Teoria Pura de Direito*, trad. de João Baptista Machado, Coimbra, Armênio Amado, 1976, p. 111.

15. *Teoria Geral das Normas*, trad. de José Florentino Duarte, Porto Alegre, Sergio Antonio Fabris, 1986, pp. 3-4.

16. *Teoria Geral das Normas*, cit., p. 120.

17. *Teoria Geral das Normas*, cit., p. cit.

18. *Teoria Geral das Normas*, cit., p. 129.

19. Pertinentemente à permissão cita a explicação de Bernhard Bolzano (*Wissenschaftslehre*, 2. Bd., 2. Aufl., Leipzig, 1929, p. 170, *apud Teoria Geral das Normas*, cit., nota na p. 122): "Se não há nenhum dever-ser que nos imponha omitir uma ação fixada, então diz-se que nós a *consentimos*. O consentir de uma ação é, portanto, o não-dever-ser de sua omissão".

Karl Engisch, de seu lado, reconduz toda a ordem jurídica a imperativos: "Neste sentido, escreve-se no conhecido dicionário dos conceitos filosóficos de R. Eisler: 'O dever-ser é correlato de uma vontade, uma expressão do que é exigido por uma vontade (própria ou alheia). O *dever-ser* é um *diktat* da vontade. Ele é dirigido por uma vontade supra-ordenada a uma vontade subordinada (...)'. Se nos lembrarmos que a expressão de uma vontade dirigida à conduta de outrem se chama 'imperativo', podemos acompanhar Eisler quando diz: 'O *tu deves* tem carácter imperativo'. Sendo assim, podemos então afirmar que as regras jurídicas, como regras de dever-ser dirigidas a uma conduta de outrem, são imperativos".[20] Adiante sublinha: "Os verdadeiros portadores do sentido da ordem jurídica são as proibições e as prescrições (comandos) dirigidas aos destinatários do Direito (...)".[21] Em seguida esclarece melhor seu pensamento: "O que acabamos de dizer vale também em relação àquelas denegações de conseqüências jurídicas que nós vimos terem lugar quando um negócio jurídico viola a lei ou ofende os bons costumes. Quando o Código Civil declara tais negócios nulos e, conseqüentemente, lhes recusa aptidão para criarem obrigações, isto apenas significa que a ordem ou comando impondo aquela prestação a que noutros casos os negócios jurídicos (como, *v.gr.*, um contrato de compra e venda, um contrato de prestação de serviços) obrigam, excepcionalmente não tem lugar. Por conseguinte, as prescrições ou comandos que impõem a prestação são também limitados por estas regras sobre a nulidade dos negócios jurídicos".[22] Por essa concepção, ocorridos os pressupostos previstos na norma jurídica, nasce o dever, que Engisch afirma ser o correlato do imperativo.[23]

20. Ob. cit., p. 37.
21. Ob. cit., p. 39.
22. Ob. cit., pp. 39-40.
23. Ob. cit., p. 38.

Larenz apresenta uma alternativa ao imperativismo: "Tomemos uma proposição jurídica[24] qualquer, por exemplo a proposição: 'o locador deve conservar a coisa locada durante todo o tempo da locação em estado adequado ao uso conforme ao contrato' (§ 536 do *BGB*). Esta proposição não afirma que os locadores se comportaram sempre do modo indicado, ou que hão de no futuro comportar-se assim. Prescreve antes, a todos aqueles que hajam de ser considerados como 'locadores' no sentido desta disposição, uma determinada conduta em relação à coisa locada".[25] Até esse ponto, as duas teorias apresentam perfeita identificação. Mas logo a seguir Larenz passa a criticar a doutrina imperativista pondo em destaque as dificuldades que, a seu ver, ela revela para explicar as disposições sobre aquisição ou perda da propriedade, de outro direito real ou de crédito e, muito mais ainda, as normas jurídicas que regulam a constituição de um poder de representação, a aquisição ou perda de um poder de representação voluntária e outras mais. Tais proposições não poderiam ser consideradas senão como proposições jurídicas incompletas, que somente em conexão com outras poderiam provocar conseqüências jurídicas, isto é, deveres. Conclui daí que é logicamente possível conceber como proposições jurídicas incompletas todas aquelas que não expressam um comando ou uma proibição mas isso acaba por dificultar a compreensão e a aplicação das leis.[26] Traz Larenz, em seqüência, uma alternativa à tese imperativista: "Adolf Rei-

24. Larenz vale-se da expressão *proposição jurídica* em sentido diverso daquele que é empregado por Kelsen. É ele próprio que alerta: "O termo *Rechtssatz* (= proposição jurídica) emprega-se aqui, portanto, com um significado idêntico ao de *Rechtsnorm* (= norma jurídica). Isto justifica-se precisamente porque a norma jurídica só pode ser expressa como proposição (ou nexo de proposições)" (*Metodologia da Ciência do Direito*, trad. de José Lamego, Lisboa, Fundação Calouste Gulbenkian, 1989, p. 298, nota 1).
25. Ob. cit., p. 299.
26. Ob. cit., pp. 301-303.

nach sublinhou correctamente a distinção das por ele denominadas 'proposições dispositivas', que contêm uma ordenação de vigência, quer das proposições enunciativas quer dos imperativos. As disposições, explica, são algo distinto dos comandos. Um comando dirige-se a outras pessoas e exige delas uma determinada conduta. Ao invés, a disposição não inclui necessariamente no seu conteúdo a conduta de outra pessoa. A disposição parte antes, porém, geralmente, de que algo *deve ser.* Nela 'estabelece-se algo como devendo ser'. O comando almeja imediatamente ao acatamento, a disposição a que o disposto seja doravante aceite como regulativo que 'vale' em sentido normativo. O efeito imediato do comando, a que este tende, isto é, o seu acatamento, reside no âmbito daquilo que de facto sucede; o efeito imediato a que tende a disposição, ou seja, a validade do disposto, situa-se no âmbito do normativo, dos factos e relações jurídicas".[27] Com isso, desvincula-se o conceito do dever-ser do imperativo mas com argumentação pouco convincente.

Essa mesma desvinculação é proposta por Lourival Vilanova: "Em linguagem do Código Civil: 'Art. 2º. Todo homem é capaz de direitos e obrigações na ordem civil'. Essa *linguagem técnica* do Código encobre a linguagem lógica: dado o fato de ser homem, deve-ser a capacidade (...)".[28] Ora, resulta claro que a linguagem lógica se poria em muito mais exata correspondência com a da norma se expressasse: dado o fato de ser homem, *é* a capacidade. Isso naturalmente removeria a norma jurídica do campo do dever-ser levando-a ao mundo do ser.

Na medida em que se entenda que uma ordem jurídica contenha um conjunto de prescrições, parece-nos difícil contestar-se que *toda ela* deva ser reconduzida a imperativos, como postulado por Engisch.

Em vertente diversa, em 1879, na obra *Erro e Negócio Jurídico* (*Irrtum und Rechtsgeschäft*), Zitelmann formulou a teoria indicativista, pela qual a norma jurídica é apresentada como algo que se identifica com a lei natural.

Registra Kelsen sobre a mesma: "As normas jurídicas, ou – o que para Zitelmann era o mesmo – as proposições jurídicas, afirmam, tal como as leis naturais, 'uma ligação causal entre certos factos e um dever-ser no sentido de um ser-obrigado de uma pessoa' (ob. cit., p. 222)".[29]

Também merece transcrição a referência que a ela faz Karl Engisch, reproduzindo alguns trechos significativos daquela obra: "entre a hipótese legal e a conseqüência jurídica existe 'um específico vínculo de necessidade, criado pelo legislador, que nós não podemos conceber doutra maneira senão por analogia com a causalidade natural' (p. 216). Trata-se aqui de uma 'causalidade própria do jurídico, criada pelos homens inteiramente por analogia com a causalidade natural' (p. 221)".[30]

A concepção em tela ganhou corpo na Alemanha, tendo encontrado em Von Thur um expressivo apóstolo. É de sua lavra a lição: "Entre a hipótese legal e a conseqüência jurídica existe uma causalidade baseada, não na ordem da natureza, mas na vontade da lei, que, como a causalidade dos fenômenos da natureza, se fundamenta em último termo na estrutura do pensamento humano. Uma modificação no mundo do Direito somente surge (*acontece*) quando se verificou a situação descrita na hipótese legal para tanto necessária; ela desencadeia-se sempre que a situação descrita na hipótese legal se apresenta, com uma necessidade inarredável, por assim dizer automaticamente, e isto no preciso momento em que a situação descrita na hipótese legal se completa: entre a causa jurídica e o efeito não medeia, tal como na natureza

27. Ob. cit., pp. 304-305.

28. *As Estruturas Lógicas e o Sistema do Direito Positivo*, São Paulo, Ed. RT, 1977, p. 29.

29. *Teoria Pura do Direito*, cit., p. 124, nota 1.

30. Ob. cit., p. 59.

física, qualquer espaço de tempo mensurável".[31]

No Brasil, ninguém menos do que Pontes de Miranda fez profissão de fé indicativista. Confira-se o fragmento que se segue: "A regra jurídica foi a criação mais eficiente do homem *para* submeter o mundo social e, pois, os homens, às mesmas ordenação e coordenação, a que ele, como parte do mundo físico, se submete. Mais eficiente, exatamente porque foi a *técnica* que mais de perto copiou a mecânica das leis físicas: é força, poder (mecânica), e, ao chamar máquina ao que ele fez, o homem reconheceu que o seu produto se desprendia de si".[32]

Em outra obra o inolvidável jurista torna a focalizar o problema da causalidade: "A regra jurídica é sempre uma proposição, escrita ou não escrita, em que se diz: 'Se ocorre *a*, *b* e *c* (ou se ocorre *b* e c, ou se ocorre *a* e *b*, ou se ocorre *a*, ou se ocorre *b*), acontece *d*'".[33]

Enfrente-se a questão nuclear alusiva à norma jurídica: se ela se afirma como lei da liberdade, traduzindo-se numa prescrição que pode ser obedecida ou violada, ou se, ao reverso, opera como lei da necessidade, em analogia à lei natural, como postula a teoria indicativista.

Convidamos a que se lance olhos à disposição que trata da principal modalidade de ação declaratória (art. 4º, I, do CPC): "O interesse do autor pode limitar-se à declaração: I – da existência ou da inexistência de relação jurídica". Parece-nos particularmente sugestivo o exemplo da sentença que julga a causa em tela. Em primeiro lugar, cuidando-se de sentença, está-se frente à principal forma de aplicação da norma jurídica. Depois, mostra-se relevante tratar-se de mera declaração, em que o autor, consoante enunciam os processualistas, não tem senão o objetivo de ver estabelecida a certeza jurídica. Ora, em caso tal, qual o exato conteúdo da provisão judicial? Pronuncia-se o juiz sobre a conduta de alguém, afirmando que tal indivíduo deve ou devia ter-se comportado desse ou daquele modo? Não. Cumpre chamar atenção para os termos que figuram na disposição: *existência* ou *inexistência* de relação jurídica. Vê-se, pois, que a sentença recai sobre alguma coisa que se situa na ordem do *ser* e não na do *dever-ser*. Deveras, o juiz declara: existe a relação jurídica *R* ou *A é* titular do direito *b*.

Claro que se poderia ladear uma constatação tão nítida recordando-se que numa relação jurídica existe um ou mais de um dever. Assim, quando o juiz declarasse, exemplificativamente, existente uma relação locatícia, estaria declarando existente todo dever-ser integrante da mesma relação. Essa argumentação se revela, contudo, inteiramente sem consistência na medida em que se percebe que o que o juiz faz é declarar que alguma coisa (a relação jurídica) *existe*, ou seja, *é*, o que põe sua investigação intelectiva no mundo do ser.

Na verdade, o jurista e o próprio profissional do Direito, no dia-a-dia de suas atividades, lidam com algo que existe, ou não existe: o direito subjetivo e outras conseqüências jurídicas. As conseqüências jurídicas operam *sempre* automaticamente, uma vez ocorridos os pressupostos previstos na norma jurídica, de modo idêntico ao que se passa com a lei natural. Quando se pretende que a norma jurídica seja uma prescrição, pensa-se mais na finalidade que ditou sua ponência do que no mecanismo pelo qual ela opera. Olvida-se, assim, a advertência de Kelsen de que a Ciência Jurídica deve livrar-se daquilo que se liga à formação do Direito[34] e essa observação pode endereçar-se ao próprio mestre de

31. *Apud* Karl Engisch, ob. cit., pp. 59-60.

32. *Tratado de Direito Privado*, Rio de Janeiro, Borsói, 1954, I, pp. 8-9.

33. *Tratado das Ações*, cit., I, p. 4.

34. *Teoria Geral do Direito e do Estado*, trad. de Luiz Carlos Borges, São Paulo, Martins Fontes, 1992, Prefácio, p. 2.

Viena. A Ciência Jurídica, deveras, não deve ocupar-se senão com as normas jurídicas e com o que ocorre *a partir* delas. A ponência da norma jurídica só pode interessar no que respeita à verificação de ter sido obedecido o processo de sua produção. A norma jurídica não passa, assim, de uma fórmula pela qual, ocorridos os pressupostos, a conseqüência jurídica se dá irremissivelmente. É verdade que a liberdade não deixa de estar presente uma vez que o cometimento do ilícito, pelo menos quando intencional, é uma expressão de liberdade, mas, como registra com grande felicidade Carnelutti, ela e a causalidade, muito mais que antinômicas, são perfeitamente compatíveis.[35]

Há, contudo, uma distinção fundamental entre a lei física e a norma jurídica: aquela *revela* um elo entre o antecedente e o conseqüente; esta, diversamente, *provoca*, com a ponência, a ligação entre o antecedente e o conseqüente.

De tudo percebe-se que a expressão *norma jurídica*, demasiado carregada de sentido prescricional, não se apresenta como exata, na medida em que, a rigor, a norma jurídica não pode ser caracterizada como uma categoria de norma. Mais adequado seria falar-se em lei jurídica. No curso deste trabalho, todavia, continuaremos nos valendo daquela expressão já consagrada.

Após essa digressão talvez demasiado longa, podemos acentuar que na estrutura da norma jurídica é precisamente no conseqüente que se localiza o comando, o mandamento, o dever-ser para os que nela identificam uma prescrição.[36] No indicativismo, o conseqüente é a previsão de um *efeito jurídico* que nasce irreversivelmente. Do mesmo modo que distinguimos o fato ou conjunto de fatos *previsto* na norma do fato ao conjunto de fatos que efetivamente ocorre, devemos distinguir o efeito *previsto* na norma do efeito que vem a ter lugar no mundo das idéias por força da realização da hipótese.

Os principais efeitos jurídicos são os direitos subjetivos, que, fundamentalmente, se subdividem em duas categorias: os direitos a uma prestação (positiva ou negativa), cujo lado passivo também é um efeito jurídico, o dever, e os direitos potestativos, em cujo lado passivo não existe um efeito jurídico mas um mero estado de sujeição.[37]

Delineada a *estrutura* da norma jurídica, podemos agora asseverar que é exclusivamente nela, estrutura, que radica a essência, o que não é eliminável sob pena de desaparecer a norma jurídica como categoria.[38]

É verdade que se costuma indicar como sua característica básica, muitas vezes como seu único toque, a generalidade.

Historicamente aponta-se como complexo regulativo em que não comparecia tal requisito o Código de Hamurabi. De toda sorte, *conceptualmente* nada obsta a que se estabeleça norma para o caso concreto, desde que respeitada a estrutura normativa, com a previsão do elemento ou dos elementos fáticos que compõem a hipótese, os quais deverão naturalmente ser futuros, e a do efeito jurídico.

Recorde-se, a tal propósito, a lição de Pontes de Miranda: "Só excepcionalmente a lei cogita de um só caso, sem que esse caso seja, sozinho, a sua classe. A genera-

35. Ob. cit., p. 14.

36. Essa afirmação é contestada, todavia, por Lourival Vilanova (ob. cit., pp. 51 e ss.), para quem o dever-ser incide sobre o nexo entre o antecedente e o conseqüente, ou, em suas palavras, entre a hipótese e a tese (ob. cit., p. 58).

37. Chiovenda enfatiza serem essas as duas grandes categorias em que se dividem os direitos (*Instituições de Direito Processual Civil*, trad. de J. Guimarães Menegale, São Paulo, Saraiva, 1969, I, pp. 10 e ss.). A afirmativa, no entanto, se revela questionável: o direito de punir, pelo menos, não se enquadra em nenhum dos dois gêneros.

38. Sem embargo, não se ponha de lado o paradoxo: a essência da norma jurídica não é substancial, mas puramente formal.

lidade não é, pois, essencial à lei; é exigência que, através da evolução humana, se vem fazendo à lei (Constituição Política do Império do Brasil, art. 179; Constituição de 1891, art. 72; de 1934, art. 113, 1; de 1937, art. 122, 1; de 1946, art. 141, § 1º): a regra jurídica há de ser igual para todos os da mesma classe (isonômica)".[39]

Acabamos de afiançar que nada mais há de essencial na norma jurídica que uma determinada estrutura. Mas na própria estrutura existe um aspecto contingencial. Deveras, é o ordenamento que permite ou veda que ela encerre no conseqüente a previsão de um efeito jurídico.

Tomemos o caso, no Direito brasileiro, do regulamento de execução, único nele admitido. Falece-lhe aptidão para inovar na ordem jurídica, o que implica que no interior da estrutura da disposição regulamentar, em seu conseqüente, *não possa figurar a previsão de um efeito jurídico*.[40] A estrutura dessa disposição, idêntica, no mais, à da norma jurídica, diferencia-se no ponto em tela.

Pensemos, em seqüência, na estipulação de um contrato que estabeleça determinada pena convencional em caso de inexecução. Bem poderíamos imaginar a cláusula como uma norma e a inexecução como o fato nela previsto, cuja ulterior verificação daria lugar à produção do efeito jurídico. É que essa estipulação se reveste da *mesma* estrutura da norma. De certo modo estaríamos reconduzindos, com tal raciocínio, às normas individuais de Kelsen. É verdade que sempre se poderia argumentar, em sentido oposto, que essa previsão da produção de um efeito jurídico na própria esfera jurídica dos convenentes não poderia ser considerada uma norma.

Suponha-se agora a estipulação do regulamento interno de um prédio que proíba o ingresso de pessoas em trajes de banho no elevador social. Essa proibição atingiria não apenas os condôminos, os locatários, seus familiares e empregados mas até mesmo um simples visitante. A objeção acima cogitada não seria pertinente nessa hipótese.

Embora tais estipulações revelem estrutura *idêntica* à da norma jurídica, não nos devemos iludir: a configuração da estrutura não é suficiente para determinar que se esteja frente a uma norma jurídica. Os ordenamentos contemporâneos dispõem sobre a produção normativa e, nesse âmbito, sobre os *instrumentos normativos*, ou seja, os instrumentos dos atos (em sentido muito amplo) veiculadores de normas jurídicas. Eis aí outro aspecto contingencial da norma jurídica.

No art. 59 da CF figura um elenco desses instrumentos, sendo certo que ela é o local próprio para disciplinar a matéria.[41]

39. *Tratado de Direito Privado*, cit., I, p. 6.

40. A tal respeito leciona Pontes de Miranda (*Comentários à Constituição de 1967 com a Emenda n. 1 de 1969*, Rio de Janeiro, Forense, 1987, III, p. 316): "Se o regulamento cria direitos ou obrigações novas, estranhas à lei, ou faz reviverem direitos, deveres, pretensões, obrigações, ações ou exceções, que a lei apagou, é inconstitucional. Por exemplo: se faz exemplificativo o que é taxativo, ou vice-versa. Tampouco pode ele limitar, modificar ou ampliar direitos, deveres, pretensões, obrigações, ações ou exceções. Não pode facultar o que na lei se proíbe, nem procurar exceções à proibição, salvo se estão implícitas. Nem ordenar o que a lei não ordena". No mesmo diapasão acentua o prof. Celso Antônio Bandeira de Mello (*Curso de Direito Administrativo*, São Paulo, Malheiros Editores, 1996, p. 195); "É, pois, à lei, e não ao regulamento, que compete indicar as condições de aquisição ou restrição de direito. Ao regulamento só pode assistir, à vista das condições preestabelecidas, a especificação delas. E esta especificação tem que se conter no interior do conteúdo significativo das palavras legais enunciadoras do teor do direito ou restrição e do teor das condições a serem preenchidas".

41. O rol do art. 59 não encerra, contudo, a totalidade dos instrumentos normativos. Sustenta-se, exemplificativamente, com ponderáveis razões, que a sentença normativa da Justiça do Trabalho, prevista no art. 114, § 2º, da Carta Política, constitui outro instrumento normativo (cf. Clèmerson Merlin Clève, *A Fiscalização Abstrata de Constitucionalidade no Direito Brasileiro*, São Paulo, Ed. RT, 1995, p. 145, com indicações bibliográficas na nota 99). É de se observar, de outra parte, que não é possível cogitar,

Contratos e outros negócios jurídicos não são instrumentos normativos segundo o ordenamento nacional. Decorre disso que, de acordo com esse mesmo ordenamento, eles são ou integram *suportes fáticos*.[42] Para que se produzam, pois, os efeitos jurídicos neles previstos é necessário que essa produção de efeitos, originária embora dos suportes fáticos, resulte, em última análise, de uma norma dispositiva. Nada obstaria, no entanto, sob o prisma conceptual, que um dado ordenamento fizesse de contratos e outros negócios jurídicos instrumentos normativos.

Como se pôde ver, em qualquer norma jurídica existem aspectos de essência e aspectos de contingência.

Do ponto de vista da identificação da norma, a estrutura apresenta função negativa, ou seja, por meio dela se sabe o que não é norma jurídica. Não se mostra capaz, todavia, de indicar, isoladamente, o que *é* uma norma jurídica.

1.4 Função jurisdicional e função administrativa

Com a função legislativa criam-se normas jurídicas; com as funções jurisdicional e administrativa as normas jurídicas são aplicadas. Resulta disso uma aproximação das duas últimas que aconselha um exame conjunto.

A função administrativa foi por vezes definida positivamente. Segundo D'Alessio é "la actividad concreta del estado dirigida a la satisfacción de las necesidades colectivas, de manera directa e inmediata".[43] Em outros autores recolhem-se variantes desse conceito. Muitas vezes, também, propendeu-se para a definição negativa, isto é, administração seria, dentre as funções estatais, o que não fosse legislação ou jurisdição. Uma tal alternativa decorre, no juízo de seus apóstolos, do inevitável fracasso da opção positiva. É conveniente, pois, principiarmos pelo estudo da função jurisdicional, em torno da qual não se tem encontrado dificuldade na definição positiva, buscando determinar-lhe a essência.

Normalmente essa função é conceituada como aquela pela qual são solucionados conflitos de interesse em caráter definitivo. A referência à definitividade da solução nos remete ao ponto nevrálgico: o ato jurisdicional, produto do exercício da função jurisdicional, estaria sob a proteção da coisa julgada. Michel Stassinopoulos é categórico a tal respeito: "La force de la chose jugée est donc le vrai critère de la distinction entre l'acte administratif et la décision juridictionelle".[44]

A tese enfrenta uma dificuldade a um primeiro lance de olhos, qual seja a de buscar-se a essência da função jurisdicional numa conseqüência do conteúdo do ato. O publicista helênico almeja superá-la com a observação de que "la force de la chose jugée est un élément interne qui change la nature même de l'acte; celui-ci doit désormais être considéré comme vérité légale et abroge définitivement toute contestation: c'est le trait de la décision juridictionelle".[45]

A nosso juízo a matéria não pode ser adequadamente compreendida sem que se incursione pelo tema dos provimentos jurisdicionais que conferem solução aos conflitos.

Quatro são as categorias de sentenças. A sentença declaratória é aquela em que se declara existente ou inexistente uma rela-

nos limites do presente trabalho, da questão do costume, que, como se sabe, não tem previsão em nível constitucional.

42. Solução possivelmente adotada na integralidade dos ordenamentos contemporâneos.

43. *Instituzione di Diritto Amministrativo*, Torino, 1949, I, p. 17, *apud* Agustin A. Gordillo, *Tratado de Derecho Administrativo*, Buenos Aires, Macchi, 1974, I, cap. VII, p. 7.

44. *Traité des Actes Administratifs*, Paris, Librairie Générale de Droit e de Jurisprudence, 1954, reimpressão de 1973, p. 74.

45. Ob. e p. cits.

ção jurídica.[46] A sentença constitutiva produz um efeito jurídico. A sentença condenatória corporifica um título executório. Por fim, da sentença mandamental, muitas vezes omitida nessa classificação, extrai-se uma ordem.[47] As sentenças constitutivas resultam do exercício de direitos potestativos; as sentenças condenatórias e as mandamentais, do exercício de direitos a uma prestação.[48] A distinção entre as sentenças condenatórias e as mandamentais está em que nestas últimas, cumprida a ordem, fica satisfeito o interesse do jurisdicionado; das condenatórias resulta-lhe o ônus de, com base no título executório, instaurar um *novo processo*[49] – o processo de execução –, no qual seu interesse será satisfeito.

O processo, há de se acentuar, constitui, posto de lado o caso de ser declaratória a sentença, um suporte fático que dá azo à produção de um efeito jurídico, seja na própria sentença, seja por força de uma ordem, seja na execução.[50] Algumas vezes é esse efeito jurídico que satisfaz o interesse do jurisdicionado, noutras a satisfação se dá com a realização de ato material, que, de todo modo, produz o efeito jurídico de extinguir o direito exercido, noutras ainda o que satisfaz o interesse é uma omissão, mas, verificada essa omissão, que pode ser instantânea ou permanente, sobrevêm o efeito jurídico extintivo do direito.

Observe-se de outra parte que em todas as sentenças tem lugar uma declaração. Nas sentenças constitutivas há, implícita, a declaração da existência de um direito potestativo; nas sentenças mandamentais e condenatórias declara-se existente, também implicitamente, uma ação de direito material.[51] Para impedir que a declaração seja contrariada os ordenamentos valem-se de dois expedientes. Primeiro, a declaração produz o nascimento do direito das partes e o correspondente dever do Estado, na pessoa dos juízes, de obstar a composição de um novo suporte fático-processo que implique contrariedade.[52] Segundo, a declaração que porventura venha a ter lugar em contrariedade à produzida no primeiro processo renderá ensejo à desconstituição da sentença.

A sentença declaratória, grife-se, não dá lugar a produção de efeito que venha a satisfazer interesse da mesma natureza daqueles que são satisfeitos nos demais casos e muito menos a realização de ato material ou a uma omissão. Exsurge apenas a conseqüência própria da declaração, de obstar a contrariedade. A declaração constitui, em última análise, apenas uma barreira à formação de um suporte fático-processo modificativo.[53]

46. Excepcionalmente a declaração pode recair sobre meros fatos, como é o caso da declaração de autenticidade ou falsidade de documento, prevista no art. 4º, II, do CPC.

47. É o que ocorre, pelo menos em muitos casos, com a sentença prolatada em mandado de segurança, em que se "contém uma determinação inescusável, à autoridade competente, para a prática do ditame judicialmente posto" (Sérgio Ferraz, *Mandado de Segurança (Individual e Coletivo): Aspectos Polêmicos*, São Paulo, Malheiros Editores, 1993, pp. 139-140).

48. Cf., sem embargo, a nota 37.

49. Isso implica se abrirem duas alternativas para o jurisdicionado: agir ou não agir. Bem ao reverso do que se costuma afirmar, a sentença que impõe ao réu pena privativa de liberdade não é condenatória mas tipicamente mandamental, pois o que se costuma denominar de execução penal não constitui novo processo, não passando de cumprimento compulsório da ordem de prender o apenado e mantê-lo encarcerado por determinado tempo ou de submetê-lo a outras medidas penais.

50. Neste último caso os processos de conhecimento e de execução constituem, somados, o suporte fático.

51. Nos limites deste trabalho não é possível enveredar pelo tema da ação de direito material, que é o efeito jurídico resultante da lesão a direito a uma prestação e tendente à satisfação desse direito, podendo ela ser exercida mediante o processo ou ainda a autotutela, sempre que esta é permitida.

52. O ordenamento pode, no entanto, fazer depender o nascimento do dever e do correspondente direito do exercício pela parte de um direito potestativo. É o que se costuma denominar exceção (em sentido próprio) de coisa julgada. No Direito brasileiro, como se sabe, não existe tal previsão.

53. Essa barreira não é, pois, inexpugnável. Verificada ofensa à *res judicata* por sentença trânsita

Cogite-se agora da função jurisdicional.

Por meio do exercício dessa função são satisfeitos interesses dos jurisdicionados, seja mediante a produção de efeitos jurídicos, seja mediante a realização de atos materiais, seja por meio de omissões, seja pela simples construção de barreiras protetoras contra a alteração do que ficou decidido. Decorre daí não serem corretas as definições da função jurisdicional que a vinculam à coisa julgada. A satisfação do interesse do jurisdicionado, abstraída a última hipótese, não é resultado de ter-se formado a *res judicata*. No caso da sentença condenatória, a satisfação só pode mesmo ocorrer, sem o concurso da vontade do réu, em processo ulterior – o processo de execução.[54] Os atos jurídicos e materiais tendentes a satisfazer o interesse do jurisdicionado são aqueles que, nesse caso, mais intensamente, por seu caráter final, traduzem exercício da função jurisdicional.

Depois, pelo menos em tese, é possível imaginar-se um sistema que não abrigue o instituto da coisa julgada. Indaga-se: isso por si só eliminaria a existência de uma função jurisdicional?

Uma segunda opinião enfatiza que na administração o Estado é parte na relação jurídica, enquanto na jurisdição ele permanece fora da relação.

Discorre Alessi:

"*Giurisdizione* invece è l'emanazione di atti di produzione giuridica *sussidiari* agli atti primari – rimanendo l'organo staduale sempre *al di sopra ed al di fuori* dei rapporti ai quali gli atti stessi si riferiscono – onde ottenere l'accertamento e l'attuazione coattiva degli atti primari anzidetti.

"*Attiministrazione*, infine, è la emanazione di atti di produzione giuridica *complementari* (o quanto meno di attività ausiliarie di questi) in attuazione concreta dell'atto di produzione giuridica primario astratto contenuto nella norma legislativa: atti de produzione giuridica posti in essere dall'organo staduale *come parte dei rapporti* ai quali gli atti si riferiscono: pertanto, la posizione del l'organo staduale rispetto ai rapporti ai quali si riferisce l'atto di produzione giuridica posto in essere nella funzione amministrativa, è quella di *soggetto del rapporto* stesso, nè piu nè meno di quanto accade nel caso dei rapporti privati rispetto al soggetto privato *parte* del rapporto (...)."[55]

Não é fundamentalmente outra a lição do prof. Osvaldo Aranha Bandeira de Mello: "Naquelas ações, legislativa e executiva, na função que se denomina administrativa, o Estado-poder pratica os atos como *parte*, isto é, em obra própria, espontânea, através da função pública que lhe compete, ao passo que nesta ação judicial, na função que se denomina jurisdicional, como *terceiro*, substituindo, de maneira eminente, através da função pública, a atividade das próprias partes, que não conseguiram, por si mesmas, harmonizar os respectivos interesses".[56]

Não nos parece feliz essa apreciação.

Olvida-se com ela que a principal relação jurídica em jogo não é aquela que vai ser objeto do processo, mas a que se estabelece entre o Estado e cada uma das partes.

Não é só. Duas das principais atividades da Administração são a prestação de serviços públicos e o exercício do poder de polícia. Ora, a jurisdição civil revela fortes traços da primeira e a jurisdição penal poderia abrigar-se juntamente com a segunda num gênero comum, das atividades restritivas do Estado.

O prof. Celso Antônio Bandeira de Mello enuncia que a noção de serviço público

em julgado e não desconstituída esta em ação rescisória que venha a ser oportunamente proposta, a modificação acaba por consumar-se.

54. Salvo no caso de condenação a omissão.

55. *Sistema Instituzionale del Diritto Amministrativo Italiano*, Milano, Dott. A. Giuffrè,-J 960, pp. 4-5.

56. *Princípios Gerais de Direito Administrativo*, Rio de Janeiro, Forense, 1979, 1, p. 25.

descansa em dois elementos: a) seu substrato material, consistente na prestação de utilidade ou comodidade fruível diretamente pelos administrados; b) o traço formal, que se traduz num específico regime de direito público.[57] No que toca ao substrato material, identificam-se serviço público e jurisdição civil, eis que nesta igualmente tem lugar a prestação de uma utilidade fruível diretamente pelos destinatários. A idéia, muito difundida entre os processualistas, de que a jurisdição é uma atividade substitutiva, no sentido de que a atividade estatal substitui a das partes, simplesmente vem ao encontro da afirmativa feita uma vez que a prestação de serviço, público ou privado, envolve substituição. Minha vizinha pode pintar as unhas ou valer-se de uma manicure. Do mesmo modo, posso retirar água do poço artesiano que existe em meu terreno ou utilizar-me do serviço de distribuição da empresa do Estado. Assim, a jurisdição civil só não se amolda à noção de serviço público em face da diversidade de regime, ou seja, de alguma coisa contingencial.[58]

O denominado poder de polícia, por outro lado, numa acepção ampla, compreende tanto a edição de leis, que compõem um sistema de restrições, quanto a produção de atos administrativos, os quais dão execução àquelas leis. Um código penal também se traduz num sistema de restrições, cuja execução se verifica mediante a jurisdição penal, à face da qual avultam as figuras do juiz criminal e do agente do Ministério Público, cujas atividades se desenvolvem em campos perfeitamente delimitados, uma delas com a função de exercer a jurisdição, a outra com a função de provocá-la, mas cujos misteres se realizam com idêntica finalidade, qual seja a da reta aplicação da lei. A jurisdição penal, dessarte, é a atividade de execução de um determinado sistema de restrições, do mesmo modo que o exercício do poder de polícia pela Administração o é pertinentemente a um outro sistema de restrições. Nenhum aspecto essencial aparta as duas atividades.

1.5 Delimitação das áreas das funções do Estado

Nos dois itens anteriores, perseguimos conhecer a essência das funções legislativa, jurisdicional e administrativa. Define-se a primeira como aquela de *produzir* normas jurídicas; as duas outras são funções de *aplicação* de normas jurídicas. Investigou-se a essência da função legislativa a partir da essência da norma jurídica, que se traduz numa particular estrutura: antecedente e conseqüente; no antecedente, a previsão de elementos fáticos; no conseqüente, a previsão dos efeitos jurídicos; ocorridos os elementos fáticos, desencadeiam-se automaticamente os efeitos jurídicos. Vimos também que nessa mesma estrutura se insere um aspecto contingencial: é o ordenamento que permite ou veda que um ato (em sentido muito amplo), ainda que estruturado, no mais, na forma indicada, tenha no conseqüente a previsão de um efeito jurídico. Para além da estrutura emerge outro aspecto contingencial: é preciso que o instrumento seja apontado no ordenamento como instrumento *normativo*. Das funções jurisdicional e administrativa, por outro lado, não surpreendemos qualquer ângulo de essência.

Interessa-nos agora, com base em tais premissas, delimitar com precisão o âmbito de cada uma delas.

Deve-se apurar, num primeiro momento, se a estrutura do ato (em sentido muito amplo) em cogitação é aquela a que se aludiu. (Desprezemos por ora saber-se se no conseqüente há, ou não, previsão de efeitos jurídicos.) As leis em sentido formal, como aquelas que criam ou extinguem cargos públicos, não estão dotadas de uma tal

57. Ob. cit., p. 407.

58. Jean Rivero insere entre os serviços públicos os da justiça não-criminal (*Direito Administrativo*, trad. de Rogério Ehrhardt Soares, Coimbra, Almedina, 1981, p. 504).

estrutura. Donde não ter lugar, por meio delas, o exercício da função legislativa. Numa segunda etapa, pesquisemos se no conseqüente há previsão de efeitos jurídicos, isto é, se a estrutura do ato em cogitação se apresenta como rigorosamente idêntica à da norma jurídica. No regulamento de execução veda-se que no conseqüente se aloje previsão dessa ordem. Daí situar-se ele fora dos limites da função legislativa. Por fim, verificada uma perfeita identidade estrutural do ato em cogitação com o modelo apontado, cumpre se investigue se o instrumento do ato figura no elenco dos instrumentos normativos segundo o ordenamento jurídico.[59] As previsões contratuais e figurantes de outros negócios jurídicos, a despeito da identidade estrutural com o modelo, não são veiculadas por instrumentos normativos, pelo que não há, aí, exercício de função legislativa. Registre-se derradeiramente que, nos ordenamentos contemporâneos, pelo menos no mundo ocidental, afora o caso do costume, o exercício da função legislativa tem sido atribuído ao Estado com exclusividade.

Estabelecidos os lindes da função legislativa, passe-se às duas outras funções estatais. Afirmamos que não há nelas aspectos de essência. Materialmente, é impossível distingui-las. Visam, uma e outra, à satisfação imediata de um determinado círculo de interesses contingencialmente delimitado. Com isso manifestamos opinião coincidente com a de Kelsen: "Uma separação entre o poder judiciário e o chamado poder executivo também é possível apenas num grau comparativamente limitado. Uma separação estrita dos dois poderes é impossível, já que os dois tipos de atividade habitualmente designados por esses termos não são funções essencialmente distintas".[60] Adiante acrescenta que a distribuição de uma função idêntica entre as duas máquinas burocráticas só pode ser explicada com base em fundamentos históricos.[61]

Posto de lado o critério material, somos levados a afirmar que somente a cumulação do critério formal com um pressuposto específico pode apontar o território de função jurisdicional. Em suma, deve o ato estar submetido a regime de Direito Processual e, em acréscimo, ter sido produzido por agente na posição processual de juiz. Se o ato estiver regido pelo Direito Constitucional (*v.g.*, a edição de lei em sentido formal), pelo Direito Administrativo, pelo Direito do Trabalho (*v.g.*, a contratação de servidor pelo regime celetista), pelo Direito Civil (compra e venda, locação, comodato e tantos outros atos jurídicos privados), pelo Direito Comercial (*v.g.*, a constituição de uma sociedade de economia mista) ou por outro ramo do Direito, ocorrerá exercício de função administrativa. Se o ato, ao reverso, estiver sob o governo do Direito Processual, faz-se nítida a distinção entre a posição de juiz, de um lado, e as demais, de outro. Uma denúncia oferecida por agente do Ministério Público não é ato de juiz, pelo que se situa no âmbito da função administrativa. Não se afigura relevante, frise-se bem, que o juiz seja integrante do Poder Judiciário. Nossa proposta não se acha de nenhum modo vinculada ao critério orgânico. A jurisdição voluntária, que atende a todos os requisitos, hospeda-se na seara da função jurisdicional.[62] A órbita da

59. Ou, mais exatamente, segundo a Constituição. Recordemos que as normas mais marcantemente constitucionais em substância (senão as únicas, de acordo com uma perspectiva mais radical) são aquelas que tratam da produção normativa. Cf. Hans Kelsen, *Teoria Pura do Direito*, cit., p. 310; *Teoria Geral do Direito e do Estado*, cit., p. 130.

60. *Teoria Geral do Direito e do Estado*, cit., p. 266.

61. Ob. cit., p. 268. Também Merkl assevera que a distinção entre execução e jurisdição não possui senão um valor puramente histórico (*apud* Michel Stassinopoulos, ob. cit., p. 71).

62. A solução proposta parece adequar-se mesmo aos ordenamentos que contemplam a jurisdição administrativa, à face da qual vigoram, no campo formal, normas processuais. Sobre o caso francês, cf. Jean Rivero, ob. cit., pp. 246 e ss.; Prosper Weil, *O Direito Administrativo*, trad. de Maria da Gloria Fer-

função administrativa fica demarcada, pois, de modo residual em relação às duas outras.

Não nos parece razoável a ligação entre função e regime, de tal sorte que a função administrativa englobe tão-somente a produção de atos em que a Administração se ache em posição de superioridade,[63] ou seja, praticados debaixo de determinado regime. Função é o conjunto de atividades reduzidas à unidade por traços comuns. É claro que a grande dificuldade de estabelecer o conjunto resulta da escolha dos traços comuns que levariam à redução à unidade. A função administrativa, a despeito da impossibilidade, em nossa ótica, de ser definida positivamente, tem como meta a satisfação de determinados interesses. Daí exsurgir a prevalência de um elemento a determinar a junção das atividades: o *fim*. Ora, o fim não se altera se o regime adotado é de direito público ou de direito privado. Donde afigurar-se-nos irrelevante o aspecto em causa – do regime – para compor o conjunto de atividades alojadas na função administrativa. Por outro lado, na concepção que liga função a regime uma parte das atividades estatais não se insere em qualquer dos três conjuntos: legislação, jurisdição, administração. Segundo nosso pensamento, a integralidade dos atos do Estado distribui-se pelas mencionadas funções.

Resta por abordar um ponto delicado, qual seja o da produção de atos inseridos na função – administrativa por entes diversos do Estado. Recorde-se que, pertinentemente à legislação e à jurisdição, exceto, quanto à primeira, com referência ao costume, a totalidade dos atos nelas abrigados é praticada pelo Estado. Parece estranho que no estudo das funções *do Estado* se depare com essa produção de atos que se traduz no exercício de uma delas por outros entes, mesmo de direito privado. Na medida, contudo, em que privilegiamos o elemento *fim* na delimitação do conjunto dos atos correspondentes à função administrativa, o elemento *pessoa* se vê relegado a uma posição subalterna. Deveras, não parece relevante, para esse efeito, indagar-se se a prestação de um serviço público é realizada pelo próprio Estado, por outra pessoa jurídica de direito público, por uma pessoa jurídica de direito privado integrante da Administração Pública ou até mesmo por uma pessoa jurídica de direito privado alheia à Administração Pública. Acreditamos, a tal propósito, se mostre próprio trazer para o tema em comento distinção que é correntia em outras matérias e que é a de *titularidade* e *exercício*. O Estado é o *titular* da função administrativa; as demais pessoas *exercem-na* sem que se desloque a titularidade. Nesse âmbito, a questão de mais difícil desate é a de saber-se se a uma pessoa de direito público diversa do Estado, como é o caso, no Direito brasileiro, das autarquias, se atribui a titularidade da função ou o mero exercício. Em nossa ótica somente o próprio Estado (vale dizer, no caso brasileiro, União, Estados, Distrito Federal e Municípios) titulariza a função; mesmo uma autarquia apresenta-se como mera exercente da mesma.

reira Pinto, Coimbra, Almedina, 1977, pp. 137 e ss. Sobre o caso italiano, cf. Renato Alessi, ob. cit., pp. 728 e ss. Esclarece este autor: "Il ricorso inizia un processo giurisdizionale amministrativo, constituendo pertanto l'atto iniziale di un rapporto processuale nel quale figurano diversi possibili soggetti: *parti* in senso processuale" (ob. cit., p. 739). A circunstância de ser o ato inicial um recurso, o que ocorre igualmente em França, não conduz a que o regime seja de Direito Administrativo. Cuida-se antes de uma peculiaridade de tais sistemas.

63. Assim, Alessi, ob. cit., p. 5.

2. *Ato jurídico de Direito Privado e ato administrativo*

2.1 *Suporte fático e elementos fáticos e suas classificações*

No item 1.4, ao tratar da função legislativa, expusemos a estrutura da norma jurídica, composta do antecedente e do conseqüente, da hipótese e da previsão dos efeitos jurídicos. Naquela ocasião dissemos que na hipótese são descritos os pressupostos que provocam a produção dos efeitos, pressupostos esses que são elementos fáticos. Frisamos também que não devem ser confundidos o fato previsto na norma jurídica e aquele que vem a acontecer. Agora cogitaremos especificamente não dos elementos fáticos previstos na norma, mas daqueles cuja ocorrência deflagra a produção de efeitos.

Segundo Pontes de Miranda, composto o suporte fático, incide a norma jurídica e ele ingressa no mundo jurídico transformando-se em fato jurídico. A incidência, pois, nessa ótica, é que juridiciza o suporte fático. Zitelmann, contudo, não distinguia entre suporte fático e fato jurídico[64] e parecia abstrair da incidência, afirmando que "é do suporte fáctico que nascem os efeitos e a regra jurídica apenas os liga".[65]

Seguindo os passos de Ziltelmann, estamo-nos valendo do termo *suporte fático* no sentido que se costuma atribuir à expressão *fato jurídico*.

O suporte fático, de acordo com o entendimento consagrado, pode ser definido como o elemento fático ou o conjunto de elementos fáticos que produzem um efeito jurídico. Essa definição é, contudo, imperfeita, na medida em que se confundem a *existência* do suporte fático e sua *eficácia*. Existir é, deveras, alguma coisa logicamente anterior a produzir efeitos. Daí falar-se em plano da existência, em que se cogita da composição do suporte fático, e em plano da eficácia, em que se trata de conhecer os efeitos que se irradiaram do suporte fático. Observe-se que o plano da existência corresponde, na estrutura da norma jurídica, à hipótese, enquanto o plano da eficácia à previsão de efeitos. Por outro lado, nem sempre a integração do suporte fático leva à produção de efeitos. Algumas vezes os efeitos nascem em oportunidade ulterior; noutras, jamais se produzem. Há suportes fáticos que, conquanto se componham, isto é, sejam suficientes, e por isso existam, já nascem com vício que impede a irradiação de efeitos, sendo, de conseqüência, *deficientes*.[66]

Uma primeira e fundamental classificação dos suportes fáticos é aquela que os divide em *simples*, se apenas um elemento fático o compõe, e *complexos*, se sua integração depende da ocorrência de mais de um elemento fático. Dos primeiros mencionem-se os exemplos do nascimento, da morte; dos segundos, a inexecução de um contrato.

A doutrina privatista, que construiu a teoria do fato jurídico, costuma referir, antes da aludida classificação, aquela que aparta os suportes fáticos em *naturais* e *humanos*,[67] considerada a mais relevante de todas. Correspondem os primeiros aos fatos jurídicos em sentido estrito; os segundos, aos atos jurídicos. Para que um fato entre na última categoria reclama-se seja voluntário. A nosso juízo, no entanto, essa não é uma classificação dos suportes fáticos, mas dos elementos fáticos. Por elemento fático tomamos aquele ao qual o ordenamento tratou como uma unidade, ain-

64. *Irrtum und Rechtsgeschäft*, Leipzig, 1879, pp. 225 e 233, *apud* Pontes de Miranda, *Tratado de Direito Privado*, cit., I, p. 21.

65. *Jahrbücher für die Dogmatik*, 16, p. 373, *apud* Pontes de Miranda, *Tratado de Direito Privado*, cit., I, pp. 21-22.

66. O suporte fático do ato nulo assim como o do ato anulável são deficientes, em ambos existe um vício. Mas ao primeiro falta aptidão para a produção dos efeitos correspondentes a seu conteúdo (embora outros possam ter lugar); o segundo, ao reverso, produz os efeitos desejados, mas estes podem ser eliminados retroativamente mercê de uma reação do interessado. Acrescente-se que às vezes se afirma não ser exata a asseveração de que o nulo não produz efeitos. Não podemos, contudo, comungar de tal opinião. Os efeitos não se verificam, embora a defeituosa cognoscibilidade humana possa lhos atribuir.

67. Cariota Ferrara prefere denominá-los naturais e *voluntários* (*Il Negozio Giuridico nel Diritto Privato Italiano*, Napoli, Morano, s/indicação de data, pp. 10–11).

da que passível de partição. Nessa ótica, o contrato corresponde a suporte fático simples, ainda quando a ele tenha de aderir um ato material, como nos contratos reais, ou quando as declarações de vontade se produzam em momentos distintos.[68]

Observemos primeiramente o caso do testamento. O suporte fático da sucessão testamentária não se integra tão-somente com a prática do ato em tela. Cuida-se de suporte fático complexo composto de dois elementos: testamento e morte do testador, isto é, de um ato jurídico e de um fato jurídico.[69]

Hipóteses diversas desta são aquelas em que elementos fáticos não interferem na suficiência do suporte fático mas propiciam a deflagração de efeitos ou evitam que ele seja deficiente. Atuam como pressupostos de eficácia ou de validade.

Registre, em seqüência, que por vezes estão previstos na norma jurídica elementos fáticos que *obstam* ou *retardam* a realização da hipótese. Deveras, a norma jurídica pode prever: se ocorrer *A* e *B*, produzir-se-á o efeito *x*. Pode prever também: se ocorrer *A* e *B*, produzir-se-á o efeito *x*; mas, se antes de ocorrer *B*, acontecer *C*, nenhum efeito se produzirá. Pode prever ainda: se ocorrer *A* e *B*, o efeito *x* produzir-se-á na oportunidade *m*; mas, se antes de ocorrer *B*, acontecer *C*, o efeito *x* produzir-se-á na oportunidade *n*. Recorda Pontes de Miranda, como caso de obstáculo, o do adultério com o consentimento do cônjuge ofendido,[70] este último também ato jurídico.[71] Por outro lado, o art. 172 do CC, exemplificativamente, arrola os atos que interrompem a prescrição. Tais atos objetivam, pois, *retardar* a composição da hipótese e, conseqüentemente, dos suportes fáticos. São, contudo, atos jurídicos.[72] Igualmente as hipóteses compostas de um único elemento fático podem estar sujeitas a um obstáculo (se ocorrer *A*, produzir-se-á o efeito *x*; mas, se antes de ocorrer *A*, acontecer *B*, nenhum efeito se produzirá) ou a um retardamento (se ocorrer *A*, o efeito *x* se produzirá na oportunidade *m*; mas, se antes de ocorrer *A*, acontecer *B*, o efeito *x* se produzirá na oportunidade *n*).

Resulta de tudo o que se expôs que os fatos e atos, jurídicos uns e outros, porque por eles se interessou o Direito, porque em abstrato figuram em hipóteses, não podem ser confundidos com o todo (suporte fático). São, na verdade, unidades fáticas (elementos fáticos).

68. Essa não é, contudo, a opinião da doutrina privatista. Cf. Andreas Von Thur, *Derecho Civil: Teoria General del Derecho Civil Alemán*, trad. de Tito Ravà, Buenos Aires, Depalma, 1947, II, 1, pp. 165 e ss. e nota 21 à p. 166; Cariota Ferrara, ob. cit., pp. 12, 111-112.

69. Cf. Cariota Ferrara, ob. cit., pp. 311-312. Contra: Andreas Von Thur, ob. cit., II, 1, p. 169; Pontes de Miranda, *Tratado de Direito Privado*, Rio de Janeiro, Borsói, 1970, III, pp. 19-20.

70. *Tratado de Direito Privado*, cit., I, p. 75. Os elementos fáticos que obstam a realização da hipótese foram objeto das seguintes considerações de Pontes de Miranda: "Daí a existência de (a) regras jurídicas *pré-juridicizantes*, de (b) regras jurídicas *juridicizantes* e de (c) regras jurídicas *desjuridicizantes*. As regras jurídicas pré-juridicizantes preocupam-se com a composição dos suportes fácticos como causadores de existência dos *fatos jurídicos*, e de ordinário para dizerem que os suportes fácticos não bastam: são, portanto, regras sobre não-existência dos fatos jurídicos; incidem sobre o que está composto, para repeli-lo do mundo jurídico. O que pode ser surpreendente para os que estão acostumados a ver somente a incidência das regras jurídicas, para juridicizar suportes fácticos, é que essas são edictadas exatamente para um *Non sufficit*! A incidência marca, assim, no plano da existência, negativamente".

71. Declara, contudo, Pontes de Miranda: "Tais fatos repelidos, *antes* da juridicização, são fora da categoria dos fatos jurídicos" (*Tratado de Direito Privado*, cit., I, p. cit.). O egrégio autor se está referindo ao conjunto *adultério + consentimento*. Sua conclusão, com efeito, parece inevitável se por fato jurídico se toma o que estamos denominando *suporte fático*. Este efetivamente não se integrou.

72. Consoante o art. 81 do Código Civil, o ato lícito que tenha por fim imediato *resguardar* direitos se denomina *ato jurídico*. Resguardar ou conservar não é mais que obstar ou retardar a extinção (cf. Clóvis Bevilacqua, *Teoria Geral do Direito Civil*, Ministério da Justiça, Serviço de Documentação, 1972, p. 227).

Uma terceira classificação assaz mencionada pela doutrina é aquela que divide os atos em lícitos e ilícitos. Pontes de Miranda, entretanto, fala em *fatos jurídicos lícitos* e *ilícitos*: "Quando o fato contrário a direito acontece e alguém responde por ele, há ilicitude. Se a contrariedade a direito foi sem culpa – ou houve o ato humano, ou não houve, ou se abstraiu dele. Se não houve ato humano, não se pode pensar em 'ato ilícito'. A noção de responsabilidade chegou nos tempos de hoje, onde a civilização atingiu os seus pontos mais altos, a reputar o homem responsável pelo fato, se esse é contrário a direito. Existem, pois, fatos ilícitos e atos-fatos ilícitos. Sempre que alguém responde pela força maior, ou pelo caso fortuito, responde pelo fato ilícito; com ele, lesado foi direito absoluto (fato ilícito absoluto), ou direito relativo (fato ilícito relativo). Houve fato ilícito. Não houve ato humano".[73]

É a contrariedade a direito que isola fatos e atos numa categoria. Essa é, pois, uma classificação dos elementos fáticos.

Mencionadas as três classificações, uma delas alusiva aos suportes fáticos e duas concernentes aos elementos fáticos, podemos resumi-las assinalando que os suportes fáticos podem ser *simples* ou *complexos* e que os elementos fáticos podem ser *fatos* ou *atos*, *lícitos* ou *ilícitos*.

2.2 Atos lícitos

No presente item vamos ocupar-nos de uma espécie dos elementos fáticos. Vimos que eles podem ser fatos ou atos, lícitos ou ilícitos, ou, mais exatamente, fatos lícitos, atos lícitos, fatos ilícitos e atos ilícitos. Destacamos para estudo aquela que é certamente a categoria mais relevante: a dos atos lícitos.

A doutrina privatista divide-os em três espécies: negócios jurídicos, atos jurídicos, operações jurídicas, menciona Von Thur;[74] negócios jurídicos, atos jurídicos em sentido estrito, meros atos jurídicos, refere Cariota Ferrara;[75] negócios jurídicos, atos jurídicos em sentido estrito, atos-fatos jurídicos, sugere Pontes de Miranda.[76] A expressão *negócio jurídico* está assente. A expressão *ato jurídico em sentido estrito* firmou-se. Resta a terceira categoria, para a qual adotamos a terminologia proposta pelo saudoso jurista brasileiro, particularmente expressiva, como logo adiante se verá.

Distinguem-se as três através de um único aspecto: a vontade, ou, mais exatamente, o modo pelo qual o ordenamento a considera.

Comecemos por aquela espécie em que o ordenamento se mostra menos exigente: a dos atos-fatos jurídicos.

A tal respeito a lição de Pontes de Miranda parece insuperável:

"Ato humano é o fato produzido pelo homem; às vezes, não sempre, pela *vontade* do homem. Se o direito entende que é relevante essa relação entre o fato, a vontade e o homem, que em verdade é dupla (fato, vontade-homem), o ato humano é ato jurídico, *lícito* ou *ilícito*, e não ato-fato, nem fato jurídico *stricto sensu*. Se, mais rente ao determinismo da natureza, o ato é recebido pelo direito como fato do homem (relação 'fato, homem'), com o que se elide o último termo da primeira relação e o primeiro da segunda, pondo-se entre parêntese o *quid* psíquico, o ato, fato (dependente da vontade) do homem, entra no mundo jurídico como ato-fato jurídico.

"Não se desce à consciência, ao arbítrio de se ter buscado causa a fato da vida e do mundo (definição de vontade consciente); satisfaz-se o direito com a determinação exterior."[77]

73. *Tratado de Direito Privado*, São Paulo, Ed. RT, 1974, II, p. 193.

74. Ob. cit., II, 1, pp. 118 e ss.

75. Ob. cit., pp. 38 e ss.

76. *Tratado de Direito Privado*, cit., II, pp. 372 e ss., 395 e ss.

77. Ob. cit., II, pp. 372-373.

Logo a seguir acrescenta: "Se esvaziamos os atos humanos de vontade (= se dela abstraímos = se a pomos entre parênteses), se não a levamos em conta para a juridicização, o *actus* é *factum*, e como tal *é* que entra no mundo jurídico".[78]

Para Cariota Ferrara essa categoria abrange os atos em que o ordenamento não supõe uma vontade de seu autor mas a mera voluntariedade.[79]

Já segundo Von Thur as operações jurídicas são os atos que buscam um resultado de fato, mas cujo efeito jurídico se produz unicamente quando se cumpre esse resultado.[80] A causa do efeito não é a vontade que se manifesta no ato mas o resultado material que essa vontade realiza.[81] Alerta ainda que, "cuando un proceso del mundo externo es dotado de efectos jurídicos que se producen prescindiendo de la circunstancia de que lo originó una voluntad humana, no estamos en presencia de un acto".[82]

Não há, pois, uma rigorosa correspondência entre as três opiniões no que toca à abrangência da categoria em estudo. A nosso juízo, no ato-fato jurídico se abstrai da vontade (daí dizer Pontes de Miranda que entra no mundo jurídico como fato) mas não se abstrai de estar ligado a alguma pessoa. Se até mesmo essa ligação com pessoa foi abstraída, tem-se fato jurídico, não ato-fato.

Se na espécie examinada a vontade se apresenta despida de qualquer relevo, nas duas outras ela vai assumir um papel bem definido. A nosso ver essa é uma nota de tamanha importância que deveria ter levado a doutrina, na busca de um perfeito equacionamento da classificação, a partir os atos humanos em atos em que a vontade não é considerada (atos-fatos jurídicos) e atos em que ela o é. Dentre estes últimos, como subespécies, emergeriam os atos jurídicos em sentido estrito e os negócios jurídicos. Recordemos que, entre outros aspectos, somente os atos em que a vontade é relevante podem ser válidos ou inválidos, o que, por si só, já justificaria o agrupamento dos mesmos numa espécie,

Importa agora distinguir atos jurídicos em sentido estrito de negócios jurídicos.

Negócio jurídico, afirma Von Thur, é o instrumento de que se valem as partes para regulamentar as relações jurídicas dentro do limite que a lei lhes permite. A modificação do estado jurídico é sempre o objeto do negócio e também o seu efeito se ele se realiza validamente. No negócio, a conseqüência jurídica se coloca em relação de dependência essencial com o conteúdo da declaração.[83] Já o ato jurídico em sentido estrito é a manifestação de vontade que não busca um resultado jurídico mas um resultado de fato que, não obstante, a lei dota de efeitos jurídicos; estes não correspondem ao conteúdo da vontade que se manifesta, nem ela pode modificá-los.[84]

Expressa Oertmann que no negócio jurídico a atividade do sujeito se encaminha à produção de um efeito jurídico e este surge precisamente por ser querido ou, segundo outra concepção, declarado como querido e na medida em que se o quer ou se declara querê-lo. No ato jurídico em sentido estrito, para o nascimento do efeito jurídico não há influência de uma vontade a tal encaminhada. O ordenamento leva a que o efeito se produza não por ser querido mas porque se quer o ato do qual ele é o efeito.[85]

Exemplo de ato jurídico em sentido estrito que a doutrina costuma mencionar é o da interpelação para que o devedor satisfaça a prestação, quando não caiba a regra

78. Ob. cit., II, p. 373.
79. Ob. cit., p. 39.
80. Ob. cit., II, 1, p. 124.
81. Ob. cit., II, 1, p. 126.
82. Ob. cit., II, 1, p. 127.
83. Ob. cit., II, 1, p. 120.
84. Ob. cit., II, 1, p. cit.
85. *Introducción al Derecho Civil*, trad. de Luis Sancho Seral, Barcelona-Buenos Aires, Labor, 1933, pp. 177-178.

Dies interpellat pro homine. O intento do credor é o de que se realize a prestação, mas, se esta não ocorre, fica o devedor constituído em mora.[86]

Pertinentemente ao negócio jurídico, por vezes se assevera ser ele expressão da autonomia da vontade. Santoro-Passarelli declara: "O negócio é, de facto, *o acto de autonomia privada*, isto é, com o qual o sujeito privado regula por si os seus próprios interesses".[87]

Jean Carbonnier acentua que a autonomia da vontade "é uma teoria de filosofia jurídica, segundo a qual a vontade humana é por si mesma a sua *própria lei*, cria para si a sua própria obrigação: se o homem se encontra obrigado por um acto jurídico, especialmente por um contrato, é porque o quis; o contrato é o princípio da vida jurídica; a vontade individual o princípio do contrato".[88]

Essa lição, em que se pode exprobrar tão-somente a identificação da vontade com a lei, o que só seria aceitável metaforicamente,[89] delineia com exatidão o alcance da autonomia da vontade. Ora, nem sempre o negócio expressa a autonomia da vontade do autor do negócio (unilateral) ou de seus figurantes. Algumas vezes a declaração de vontade se produz em cumprimento de dever, como no caso, bastante comum, da compra e venda precedida de promessa. É certo que Von Thur, ao tratar do negócio jurídico, iniciou sua explanação com as seguintes observações: "El derecho civil se basa en la opinión de que el órden más adecuado para las relaciones jurídicas de los individuos es el que ellos mismos establecen y, por tanto, en este sentido da amplia facultad a los interesados. Para ese propósito, el instrumento de que ellos disponen es la especie más importante de acto jurídico, es decir, el negocio".[90] Pouco adiante, contudo, se vê compelido a esclarecer: "Como el negocio consiste en una manifestación de voluntad, y no en un proceso espiritual interno, puede existir la obligación de contraer un negocio jurídico (obligación de contratar, contrato preliminar). No es posible que el hombre asuma, o que la ley le imponga, una obligación de querer algo para el porvenir, porque lo que llamamos voluntad no es más que la facultad de decidir libremente (el derecho no puede adoptar el punto de vista determinista, ya que debe juzgar los hechos humanos desde el punto de vista de la razón práctica). En cambio, el hombre puede tener la obligación de cumplir un acto y éste puede consistir en una declaración de voluntad".[91] Não há, pois, uma correspondência necessária entre autonomia da vontade e negócio jurídico. Isso é apenas o que mais comumente acontece.

Retomando a distinção entre negócio jurídico e ato jurídico em sentido estrito, cabe destacar que tudo está em apurar-se quando, segundo o ordenamento, os efeitos jurídicos correspondentes ao conteúdo hão de ser queridos, ou não.

Há, pois, uma exigência suplementar pertinentemente ao primeiro: a vontade direcionada aos efeitos. A questão de saber-se em que medida essa exigência suplementar implica uma diversidade de regulamentação em relação aos atos da outra ca-

86. Cf. Código Civil, art. 960, 2ª parte. Pontes de Miranda trata longamente da casuística dos atos jurídicos em sentido estrito (*Tratado de Direito Privado*, cit., II, pp. 451 e ss.). Entre eles aponta as manifestações e comunicações de conhecimento, as manifestações de sentimento, como o perdão, as comunicações de vontade, mandamentos. Exemplos de mandamentos: CC arts. 1.193, 1.206.

87. "Atto giuridico", in *Enciclopedia del Diritto*, Milano, 1959, IV, p. 206, *apud* Ana Prata, *A Tutela Constitucional da Autonomia Privada*, Coimbra, Almedina, 1982, p. 16, nota 17.

88. *Droit Civil*, Paris, 1957, II, p. 313, *apud* Ana Prata, ob. cit., p. 16, nota 17.

89. Sem embargo, a previsão dos efeitos jurídicos pode descansar na vontade, quando o ordenamento lho permite, do mesmo modo que, em outros casos, vem indicada na norma jurídica. É o que já demonstramos anteriormente.

90. Ob. cit., II, 1, p. 161.

91. Ob. cit., II, 1, p. 163, nota 9.

tegoria será objeto de investigação no item subseqüente.

2.3 Negócio jurídico: as teorias da vontade e da declaração

Uma acesa disputa entre duas teorias teve lugar no âmbito do tema que ora se principia a discutir. A tal respeito disserta Pontes de Miranda: "Historicamente, a *teoria da declaração* é a primeira. Os homens têm como vontade o que se declarou, de ordinário em fórmulas solenes, gestos e cerimônias. Os atos jurídicos não solenes são posteriores. O que importava à vida da relação era o contacto entre os homens; e esse contacto supõe manifestações de vontade. Quando se pôde ver, por trás das manifestações de vontade (de regra, declarações), a vontade, foi possível distinguirem-se manifestações de vontade *iguais* a vontades, manifestações de vontade e vontades *desiguais*, manifestação de vontade vazias (ocas), isto é, *sem vontade*, e vontades *não-manifestadas*. A esses dois momentos, o momento dos povos mais antigos e o momento dos que viram a vontade independente da manifestação, corresponderam, duas teorias contemporâneas que pretendiam fixar as atitudes: prima a declaração, disse uma; prima a vontade, a intenção, disse outra".[92]

A teoria da vontade, pois, postula a relevância da *intenção do resultado*[93] ao reverso da teoria da declaração, que a despreza. A intenção do resultado ou, como se disse anteriormente, deverem ser queridos os efeitos jurídicos é, como já acentuado, o que aparta negócios jurídicos de atos jurídicos em sentido estrito. Mesmo perfunctoriamente parece difícil harmonizar-se a teoria da declaração com a distinção que se fez; na verdade, se estaria conferindo denominações diversas a atos que, no fundo, não apresentariam perfis distintos, uma vez que submetidos à mesma disciplina. Recordemos, todavia, que Oertmann, ao separar as duas categorias de ato, registrou que no negócio jurídico a atividade do sujeito se encaminha à produção de um efeito que é querido *ou, segundo, a teoria da declaração, declarado como querido*. É forçoso reconhecer que, em teoria, mostra-se possível distinguir-se o ato cujo efeito tem de ser declarado como querido do ato cujo efeito não o tem. Mas não é menos certo que, se assim fora, não perduraria qualquer interesse prático em separar negócios jurídicos de atos jurídicos em sentido estrito: estariam uns e outros sujeitos às mesmas previsões. Não é de se estranhar, assim, que Cosack, eminente partidário da teoria da declaração,[94] inserisse entre os negócios jurídicos aqueles que outros juristas denominam de atos jurídicos em sentido estrito,[95] eliminando a distinção. Não havendo utilidade em proceder a uma classificação carente de sentido prático, deve-se firmar que, frente à teoria da declaração, ela haveria de ser abandonada.

Observe-se, de outra parte, que, como frisa Oertmann, a opção pela teoria da declaração ou pela teoria da vontade não é uma questão a ser resolvida com base numa necessidade lógica ou psicológica. Do direito positivo é que advirá a solução.[96] Resulta daí que naqueles ordenamentos em que prevalecer a primeira daquelas concepções, pelo menos acima de um determinado grau, inexistirá lugar para a distinção entre negócios jurídicos e atos jurídicos em sentido estrito, todos eles subordinados às mesmas previsões. A pertinência da clas-

92. *Tratado de Direito Privado,* São Paulo, Ed. RT, 1974, IV, p. 217.

93. A expressão provém de Zitelmann (*Irrtum und Rechtsgeschäft*, cit., *apud* Paul Oertmann, ob. cit., p. 213).

94. Konrad Cosack, *Lehrbuch des Deutschen Bürgerlichen Rechts auf der Grundlage des BGB*, Jena, 1913, I, p. 251, *apud* Pontes de Miranda, *Tratado de Direito Privado*,-cit., IV, p. 215.

95. Ob. cit., 1921, pp. 144 e ss., *apud* Cariota Ferrara, ob. cit., p. 39, nota 1.

96. Ob. cit., pp. 215-216.

sificação depende da alternativa eleita pelo legislador.

Valendo-nos da terminologia empregada por Cariota Ferrara, devem distinguir-se a *vontade da manifestação* da *vontade do conteúdo*, chamada *vontade negocial*,[97] que nada mais é que a intenção do resultado. Frente à teoria da vontade ambas são relevantes, a teoria da declaração abstrai da segunda. A propriedade da distinção entre negócios jurídicos e atos jurídicos em sentido estrito está condicionada a que o ordenamento empreste relevo à vontade do conteúdo. É dela, pois, que devemos cogitar.

Segundo o civilista italiano, falta a vontade do conteúdo em alguns casos de erro obstativo, que é o erro na declaração ou transmissão (Código Civil italiano, art. 1.433);[98] no erro-dissenso;[99] na falta de seriedade no querer, o que se dá na representação teatral, no ensino, na jactância, no gracejo; na reserva mental; na simulação. Há vício na vontade do conteúdo na violência moral; no dolo; no erro-vício.[100]

Não calharia aqui examinar todas essas hipóteses. Contentamo-nos em destacar que, no Direito brasileiro, a simulação, a coação, o dolo e o erro, este em qualquer de suas modalidades,[101] receberam, como se sabe, juntamente com a fraude contra credores, a qualificação genérica de defeitos dos atos jurídicos, provocando a anulabilidade.

97. Ob. cit., pp. 404 e ss.

98. Exemplo: vendo o cavalo que está na estrebaria, supondo que lá se encontra *X*, quando na verdade é *Y* que se acha naquele lugar. Frise-se que não estamos considerando os casos de erro obstativo em que falta em primeira linha a vontade da declaração e, *a fortiori*, a do conteúdo.

99. Exemplo: ofereço à venda um quadro do pintor *A* e meu interlocutor, surdo, supondo que se trata de um quadro do pintor *B*, aceita.

100. Ob. cit., pp. 502 e ss.

101. Cf. Orlando Gomes, *Introdução ao Direito Civil*, Rio de Janeiro, Forense, 1965, p. 388; com relação ao erro obstativo, Caio Mário da Silva Pereira, *Instituições de Direito Civil*, Rio de Janeiro, Forense, 1971, I, pp. 304-305.

2.4 Distinção entre regulamento administrativo e ato administrativo em sentido estrito

Na primeira parte deste trabalho ocupamo-nos das funções do Estado, Com pertinência à função administrativa deixamos assente que o exercício pode dar-se sob regime de Direito Constitucional, de Direito do Trabalho, de Direito Civil, de Direito Comercial, de Direito Processual e, afora eventualmente outro ramo do Direito, também – o que é mais comum – de Direito Administrativo. No presente item, em decorrência dos limites do tema posto, nossa atenção estará voltada exclusivamente para o exercício da função administrativa sob esse último regime.

Ainda não serão objeto de nossas cogitações os atos que o Direito recebe como fatos: os atos-fatos. A eles volveremos no item 2.6. O que há de mais relevante dentre o que sobra tem sido estudado pela doutrina sob a denominação de contratos administrativos, regulamentos administrativos, atos administrativos. Muitas vezes a expressão *ato administrativo* abriga também os regulamentos administrativos. Outras, uma noção restrita de ato administrativo deixa de fora de seus limites categoriais uma quantidade de atos que acabam por caber apenas no gênero muito largo dos denominados atos da Administração.

Como os contratos administrativos situam-se para além do tema em estudo, focalizaremos, em suma, as duas outras categorias: regulamentos administrativos, atos administrativos. Passamos a denominar os componentes desta última espécie de *atos administrativos em sentido estrito* pois que num sentido amplo também são atos administrativos os regulamentos e os contratos administrativos.

Basicamente, neste item, buscaremos distinguir uns dos outros.

Jorge Manuel Coutinho de Abreu dá notícia de que a doutrina dominante vê os regulamentos informados pelas notas da generalidade e da abstração.[102] Em outra passagem classifica os atos administrativos em sentido estrito com destinatários em *individuais*, *plurais* e *gerais*. Ato individual é o que se dirige a uma pessoa. Ato plural – seguindo lição de Sandulli – é o que se dirige a uma série fechada de sujeitos já individualizados ou individualizáveis com referência ao momento da emanação (*v.g.*, a mobilização militar em determinada data de pessoas do sexo masculino de certa idade; suspensão de todas as autorizações de porte de arma; ordem endereçada dos habitantes de determinada rua de uma cidade para espalharem a lama ali acumulada em virtude de uma inundação). Finalmente, ato geral é o que se dirige a um círculo indeterminado ou aberto de pessoas, não sendo seus destinatários individualizados nem individualizáveis até o momento da emanação (*v.g.*, o ato de abertura de um concurso para investidura em cargo público ou de licitação, a proibição de num determinado dia transitarem veículos por certa rua).[103] Se os atos chamados concretos podem igualmente ser gerais,[104] esta seria uma característica dos regulamentos inapta a diferençá-los dos atos administrativos em sentido estrito. Na verdade, embora se fale em abstração e generalidade, a marca diferenciadora estaria na primeira.

Há de se perquirir em que consiste, pois, a abstração. Consoante afiança o prof. Celso Antônio Bandeira de Mello, um regulamento de promoção de funcionários expedido para vigorar continuamente é ato abstrato *porque a hipótese se renova iterativamente*.[105] Já Jorge Manuel Coutinho de Abreu prefere afirmar que ato abstrato "é aquele que – por referência ao momento da sua entrada em vigor –, é aplicável a um número indeterminado e indeterminável de casos".[106] Pelo lado da indeterminação do número de casos ou mesmo de destinatários, todavia, não se alcança distinguir o ato abstrato do ato concreto geral. A proibição de num determinado dia transitarem veículos por certa rua, exemplo de ato concreto geral segundo o administrativista português, revela absoluta imprecisão quanto à quantidade de casos e destinatários. Resta aprofundar a tese de que a tônica da abstração radicaria na iterativa renovação da hipótese. Nesse mesmo exemplo, se desejo trafegar pela rua em alusão às nove, às dez, às onze e ao meio-dia, estou proibido. Se a exigência fosse de ato positivo, a renovação iterativa ficaria ainda mais nítida. Bem, poder-se-ia argumentar que tal não se dá porquanto a proibição está limitada no tempo: as vinte e quatro horas de um único dia. Cabe redargüir, no entanto, que existem leis temporárias que ninguém jamais afirmou serem concretas. Não seria decerto o curto espaço de tempo previsto que configuraria a concreção. Vê-se, assim, que não se estabeleceu ainda um critério que permita separar em dois campos perfeitamente distintos atos abstratos e atos concretos.

Sem embargo, com alguma ousadia parece-nos possível extremar as duas categorias fora desse quadro. Antes, contudo, é imperioso cuidar de duas outras questões, ainda que muito superficialmente, em face da dimensão deste trabalho. A primeira delas respeita à distinção entre norma e regulamento; a segunda, à classificação dos regulamentos.

Já dissemos que o regulamento é, perante o Direito, ato jurídico (em sentido estrito), no que se contrapõe à norma. Resulta daí que ele, ou melhor, a estipulação regulamentar integre hipóteses de normas jurídicas e, eventualmente, contenha previsões de efeitos jurídicos.[107] Há de haver, de

102. *Sobre os Regulamentos Administrativos e o Princípio da Legalidade*, Coimbra, Almedina, 1987, p. 21.

103. Ob. cit., pp. 26-27.

104. No mesmo sentido: prof. Celso Antônio Bandeira de Mello, ob. cit., p. 245.

105. Ob. e p. cits.

106. Ob. cit., p. 24.

107. Não nos estamos referindo, como logo se verá, ao contexto do Direito brasileiro.

todo modo, uma norma, ainda que delegatória ou autorizativa, da qual decorra a inserção da estipulação regulamentar em suporte fático. A classificação que se segue e o que fica fora dela melhor explicitará a fronteira.

A nosso juízo todos os regulamentos que sejam atos administrativos podem reconduzir-se a duas categorias: os regulamentos de execução e os que envolvem delegação. Nos primeiros, nas estipulações correspondentes não ocorre a previsão de efeitos jurídicos. Estes estão previstos na norma. As previsões contidas nas estipulações em alusão limitam-se a atos e fatos que vão entrar na realização de hipóteses.[108] Nos segundos, há previsão de efeitos jurídicos porque a lei o permitiu. Algo de muito semelhante ao que tem lugar com a norma de direito privado que permite que os efeitos jurídicos resultem de expressão da vontade. Já os regulamentos autônomos ou independentes do Direito francês não são verdadeiros regulamentos, mas complexos normativos.[109]

Ingressando no aspecto nuclear do item, pretendemos que a distinção entre regulamentos e atos administrativos em sentido estrito se faça à luz da posição no suporte fático. Os regulamentos de execução jamais podem constituir-se em derradeiro elemento fático de suporte fático. Não propulsionam o nascimento de direitos, o que explica sua revocabilidade sem limites, não decorrente, pois, da pretensa natureza materialmente legislativa. Já os regulamentos que envolvem delegação podem figurar como elemento fático último. Nesse caso, existem limites à revogação. Os atos administrativos em sentido estrito, além de costumeiramente figurarem como elemento final do suporte fático, têm como peculiaridade virem precedidos cronologicamente de um elemento fático que não interessa à suficiência do suporte fático mas à sua não-deficiência.[110] Tal elemento fático, nem sempre explicitado na norma, nada mais é que o motivo do ato.[111] Quando se diz que

108. Se o regulamento se apresenta como meramente interpretativo ou de algum modo simplesmente explicitativo, suas estipulações sequer interferem com a hipótese. Nesse caso ele não é, a nosso aviso, ato administrativo. Trata-se de uma categoria especial, que se coloca fora de nossas cogitações. A rigor merece uma denominação específica.

109. A propósito dos mesmos assinalam Georges Vedel e Pierre Delvolvé que "dans le système constitutionnel de 1958, la tâche d'exécution des lois n'est que l'un des aspects de l'activité administrative qui apparaît seulement dans le cas où le Gouvernement doit faire appliquer ou compléter la législation édictée dans le cadre de l'art. 34 de la Constitution. Mais, dans le domaine que lui est reservé, le pouvoir réglementaire agit non seulement de façon spontanée et autonome mais par rapport à la loi, *indépendante*" (*Droit Administratif*, t. I, p. 56). Ora, um tal regulamento não pode ser concebido como ato jurídico (em sentido estrito). Os próprios autores em questão, logo após a edição da Constituição de 1958, sustentaram que se cuidava de "un *pouvoir normatif gouvernemental*, que s'exercerait en la *forme* du règlement, mais que aurait la même *force juridique que la loi*" (cf. ob. e t. cits., p. 58), embora mais tarde tenham abandonado a tese em face da jurisprudência firmada pelo Conselho de Estado, segundo a qual o regime jurídico dessa espécie de regulamento era idêntico ao dos regulamentos de execução. O que se pode dizer é que, ainda que essa identidade de regime se sustentasse, tratar-se-ia de *normas* submetidas contingencialmente a um determinado regime, diverso daquele a que sujeitas as demais normas.

110. Cf. p. 210. Averbe-se, de outra banda, que é o suporte fático que é válido ou inválido, não o simples elemento fático (cf. Pontes de Miranda, *Tratado de Direito Privado*, cit., IV, pp. 3, 11). Desse modo, quando aludimos, exemplificativamente, à anulação de uma permissão de uso (como na p. 224), estamos nos valendo de forma elíptica. O que se anula é o suporte fático.

111. Excepcionalmente pode inexistir previsão do elemento prévio, não no sentido em que isso muitas vezes ocorre, de que o motivo não ficou expresso, tendo de ser desvelado pelo agente da Administração mediante interpretação, mas no sentido de que não há motivo (abstrato) a integrar a hipótese. É o que tem lugar na livre nomeação e livre exoneração. Obviamente não se há de confundir motivo com móvel, mera representação subjetiva, psicológica, interna do agente (cf. prof. Celso Antônio Bandeira de Mello, ob. cit., p. 226). "Quando na literatura jurídica se fala de 'motivo' ou de 'causa' no sentido de facto determinante", averba Afonso Queiró, "é evidente que se não pode ter em vista nada de subjectivo. O 'pressuposto', a 'causa', o 'motivo', é objetiva ("O poder

deve existir uma relação de adequação entre o motivo e o conteúdo do ato, cogita-se da aptidão do primeiro para, como elemento fático, integrar-se ao suporte fático obstando a deficiência deste.

2.5 O papel da vontade no ato administrativo em sentido estrito e no regulamento administrativo

O papel da vontade tem sido particularmente estudado pela doutrina com alusão aos atos administrativos em sentido estrito ao reverso do que ocorre relativamente aos regulamentos. Os debates que se travaram no território dos primeiros nos levam a orientar nossas reflexões particularmente para essa seara. Sem embargo, visto o regulamento tal como exposto no item anterior, na verdade subespécie de espécie comum aos atos administrativos em sentido estrito, qual seja a dos atos administrativos unilaterais, as meditações que aflorarem e a conclusão que se vir extraída será igualmente aplicável a ele, regulamento.

A questão foi posta por Stassinopoulos quanto aos atos administrativos em sentido estrito nos seguintes termos: "L'acte administratif est une déclaration de volonté de la personne morale de l'État en vue de produire un effet juridique. Ainsi, l'effet juridique dépend en quelque sorte de la volonté, mais le problème se pose quant au degré de cette dépendance. La théorie classique de la volonté reconnaît à celle-ci et à elle seule la force de produire l'effet juridique, de sorte que la volonté soit la créatrice du rapport juridique résultant de l'acte".[112]

A doutrina é oscilante quanto às conseqüências dos vícios da vontade mas a tendência parece ser, pelo menos como regra, no sentido de considerá-los irrelevantes.[113]

Pertinentemente ao desacordo entre a vontade declarada e a vontade real, salienta o jurista helênico: "Dans le droit administratif, la théorie objective refuse d'atribuer une importance à l'intention de l'agent et reconnaît seulement la volonté manifestée. Par conséquent, elle n'admet pas la possibilité de démontrer que la volonté manifestée est contraire à la volonté interne, c'est-à-dire à la volonté réelle. Une exception serait possible en ce qui concerne le détournement de pouvoir, où l'on cherche l'intention de l'organe. Pourtant, ici encore, le juge n'a pas le droit de procéder à une enquête sur les intentions de l'organe".[114] Com relação ao erro, a presunção de compatibilidade entre a vontade e a declaração pode ser elidida.[115]

A primeira indagação a ser feita, no âmbito do tema em cogitação neste item, é a de se saber se na seara do Direito Administrativo há algum espaço para a vontade do conteúdo, da qual tratamos no item 2.3. A resposta iniludivelmente há de ser buscada em cada ordenamento. Já vimos, no mencionado item, os casos, no direito privado, em que falta a vontade do conteúdo ou ela é viciada. No Direito brasileiro são ininvocáveis, em alusão aos atos em estudo, as disposições do CC, sendo de aplicar-se o art. 2º da Lei 4.717, de 29.6.65. E desse dispositivo emerge, pelo menos em relação aos atos com referência aos quais não haja na lei previsão de margem de apreciação para o agente da Administração, a irrelevância da ausência ou de vício da vontade do conteúdo.

discricionário da Administração", in *Estudos de Direito Público*, Coimbra, Acta Universitatis Conimbrigensis, 1989, p. 442).

112. Ob. cit., pp. 37-38.

113. Cf. Michel Stassinopoulos, ob. cit., p. 38. Há vício do suporte fático, contudo, como é óbvio, se o vício da vontade gerou uma violação objetiva da lei (ob. cit., p. 39). No sentido de que o defeito do ânimo contagia o ato, Seabra Fagundes (*O Controle dos Atos Administrativos pelo Poder Judiciário*, Rio de Janeiro, Forense, 1959, p. 87). Particularmente quanto à coação e enfaticamente, ob. cit., p. 68.

114. Ob. cit., pp. 39-40. A nosso juízo, no desvio de poder são iguais a vontade do conteúdo e a vontade da declaração, as quais, todavia, contrastam com o ordenamento.

115. Ob. cit., p. 40.

De toda sorte, cabe perquirir-se se tal solução deve prevalecer mesmo na situação inversa, ou seja, quando a lei atribua algum espaço de apreciação ao agente da Administração.

Não é possível prosseguir sem cogitar, ainda que muito brevemente, da questão de discricionariedade.

Em nossa ótica, ela corresponde à margem de liberdade atribuída ao agente da Administração para eleger os meios que satisfarão o intuito normativo: "La discrecionalidad es la facultad qui adquiere la administración para asegurar en forma eficaz los medios realizadores del fin", assevera Bartolome Fiorini.[116] A liberdade se circunscreve, pois, à escolha da providência a ser deflagrada. A abertura desse espaço de eleição ocorre, no plano abstrato, quando (1) há, na dicção legal, emprego de cláusula discricionária;[117] (2) foi de outro modo conferida ao agente da Administração pela norma uma margem de apreciação.[118] Não resulta daí, contudo, automática atribuição de poder discricionário. Viu-se preenchido apenas um *pressuposto* a que se identifique a discricionariedade, que poderá, ou não, ter lugar em concreto, ou poderá verificar-se em latitude menos extensa. O que provoca essa redução da esfera discricionária, ou até mesmo seu desaparecimento, quando se passa do plano abstrato ao plano concreto, são os denominados *limites* da discricionariedade. O mais influente limite é o *dever da Administração de adotar a melhor solução*. Deveras, como acentua o prof. Celso Antônio Bandeira de Mello, a lei "só quer aquele específico ato que venha calhar à fiveleta para o atendimento do interesse público".[119] Dessarte, a discrição existirá – em concreto e apenas em concreto – nos limites em que, ocorrendo pelo menos duas alternativas possíveis, não for cognoscível[120] qual a mais perfeita para dar cumprimento ao desiderato legal.[121]

Retomando o raciocínio interrompido, cabe investigarem-se as possíveis conseqüências da ausência ou do vício da vontade do conteúdo no âmbito do exercício de faculdade discricionária. O erro do agente da Administração e o dolo do administrado dificilmente levariam à solução ideal: o ato seria inválido. A causa da invalidade, no entanto, não seria o vício da vontade mas a postergação do limite. Também a coação, acaso houvesse produzido resultado diverso do excelente, conduziria à invalidade e pela mesma razão. Se porventura, apesar dela, nenhuma solução se mostrasse mais própria, subsistiria o ato.[122] Por últi-

116. *La Discrecionalidad en la Administración Pública*, Buenos Aires, Alfa, 1948, p. 38.

117. A cláusula discricionária se revela pelo uso de expressões como *pode* ou *é facultado*. Exemplifique-se com a disposição: "A Administração pode autorizar o porte de arma a quem o requeira".

118. Figure-se o ato de escolha de Ministro do STF, escolha para a qual, segundo o art. 101 da CF, são reclamados os seguintes requisitos: a) ser cidadão; b) com mais de trinta e cinco anos e menos de sessenta e cinco anos de idade; c) de notável saber jurídico; d) de reputação ilibada. Nenhuma discricionariedade emerge enquanto se houver de subsumir as realidades a tais conceitos. Encerrada, todavia, essa operação, verificar-se-á que alguns nomes satisfazem os quatro requisitos. Nesses limites foi concedida, no caso ao Presidente da República, uma margem de apreciação.

119. *Discricionariedade e Controle Jurisdicional*, cit., p. 33. Mais extensamente, pp. 32 e ss.

120. Frise-se que não se há de confundir incognoscibilidade com impossibilidade de produzir prova da superior adequação de uma das opções. Como averbou o prof. Celso Antônio Bandeira de Mello, "são coisas totalmente distintas não poder *saber* o que algo é (ou não é) e não poder *prová-lo*" (*Discricionariedade e Controle Jurisdicional*, cit., p. 42).

121. Sem embargo, pode a norma predeterminar o que considera excelente. Em casos dessa ordem tem lugar rigorosa identidade entre a latitude da discricionariedade em abstrato e em concreto, não cabendo qualquer cogitação sobre limites. É o que ocorre na hipótese focalizada na nota 118.

122. No desvio de finalidade não há falta ou vício da vontade. Ele se assemelha, em certo aspecto, à fraude contra credores, qualificada por Clóvis Bevilacqua, tal como a simulação, de *vício social* (ob. cit., p. 230). Sobre o aludido defeito deixou registrado o civilista emérito: "na fraude, o ato é, psicologicamente, perfeito; macula-o, porém, o intuito imoral: *fraus non in consilio sed in eventu*" (ob. cit., p. 241).

mo, frise-se que os casos em que a vontade do conteúdo falta, consoante exposto no item 2.3, não são cogitáveis ou se revelam de remota ocorrência no campo que ora se investiga. Em suma, não há qualquer espaço para a vontade do conteúdo no território dos atos administrativos unilaterais.

Dessa conclusão extrai-se imediatamente outra: a teoria da vontade ficou inteiramente alijada naquela seara. Segue-se que, como resulta do que ficou assente no item 2.3, não cabe a classificação dos atos administrativos em sentido estrito em negócios jurídicos e atos jurídicos em sentido estrito, classificação essa que guarda pertinência tão-somente sob a égide daquela teoria.[123]

Já não seria adequado pretender-se, como Afonso Queiró, que a essência do Direito Privado estivesse na autonomia da vontade.[124] Isso é, no máximo, o que mais comumente acontece. Mas não resta dúvida de que o mencionado ramo do Direito se construiu com base no dogma da vontade. A teoria da declaração abstrai da vontade psicológica mas não abstrai de alguma modalidade de vontade. O que intentamos discutir derradeiramente neste item é se a teoria dos atos administrativos unilaterais deve igualmente edificar-se com base na vontade. Recordemos o clássico exemplo referido por Forsthoff: o ato produzido pelo funcionário enfermo mental, que é válido se objetivamente conformado com o ordenamento.[125] Ora, aí vai-se muito mais longe do que propugnava a teoria da declaração: nenhuma espécie de vontade é de relevo. No âmbito do ato jurídico privado (negócio jurídico e ato jurídico em sentido estrito) a vontade do louco, malgrado existente, só se presta a tornar o suporte fático suficiente. O ato é nulo. Na esfera do ato administrativo unilateral a validade não se pauta pela vontade. O referencial é outro. Por sinal, em plena consonância com o que tem lugar em outros atos de direito público, como a sentença ou a lei. Ao que se saiba, nenhum código de processo prevê a invalidade ou a rescindibilidade da sentença em decorrência da loucura do juiz. Do mesmo modo, não é inconstitucional a lei se era demente o parlamentar que teve a iniciativa ou o governante que sancionou o projeto. O que importa, também nesses casos, é a conformidade com o ordenamento. A todas as luzes a teoria dos atos administrativos unilaterais tem de desligar-se do dogma da vontade.

2.6 *Atos produzidos sob regime de Direito Administrativo*

A teoria do fato jurídico em sentido amplo (que vimos chamando suporte fático) foi construída por privatistas. É tarefa dos publicistas separar os institutos e classificações que se adaptam ao Direito Público, pertencendo, pois, à Teoria Geral do Direito, e aqueles que a tal não se amoldam, devendo permanecer circunscritos à área em que vieram à tona.

A distinção entre ato e fato transcende o âmbito do Direito Privado. Ato é o comportamento humano voluntário.

Dentre os atos, é o modo pelo qual o ordenamento considera a vontade que serve de base à classificação privatista: negócios jurídicos, atos jurídicos em sentido estrito, atos-fatos jurídicos. Essa classificação não prospera no âmbito do Direito Administrativo. É óbvio, por outro lado, que os atos produzidos sob regime desse ramo do Direito não podem permanecer em estado de indivisão, tal a diversidade de dis-

123. No sentido do texto mas com fundamentação diversa, cf. Ernst Forsthoff, *Tratado de Derecho Administrativo*, trad. de Legaz Lacambra, Garrido Falla e Gómez de Ortega y Junge, Madrid, Instituto de Estudios Políticos, 1958, pp. 288 e ss. (com extensas indicações bibliográficas num e noutro sentido na nota 24 à p. 289); André Gonçalves Pereira, *Erro e Ilegalidade no Acto Administrativo*, Lisboa, Ática, 1962, pp. 102 e ss.

124. "A teoria do 'desvio de poder' em Direito Administrativo", *RDA* 6/52, Rio de Janeiro, 1947.

125. Ob. cit., p. 291.

ciplina. Um regulamento, a permissão de uso de um bem público podem ser anulados ou revogados; ninguém cogitaria de fazê-lo quanto à edificação de uma obra pública. Se sai a vontade, indaga-se: o que entra em seu lugar?

Esse é um tema que, a despeito de sua relevância, não recebeu ainda da doutrina o aprofundamento necessário. Daí a imensa dificuldade de versá-lo.

A nosso juízo a teoria do ato administrativo unilateral deve erigir-se com base na *competência*. Comporta esta uma acepção formal, de círculo de poderes e atribuições, e uma acepção material. Foi tendo em mira este último sentido que Afonso Queiró, inspirado em Otto Mayer, averbou: "a competência é toda a legalidade".[126] Considere-se a tal propósito a lição do prof. Celso Antônio Bandeira de Mello de que, "se alguém é investido de uns tantos poderes, não o é para atuá-los em quaisquer circunstâncias ou perante quaisquer fins ou segundo quaisquer formas, mas só o é para mobilizar ditos poderes ante determinadas circunstâncias, em vista de específicos fins e através de certas formas. Donde, quem mobilizasse tais poderes fora das circunstâncias estabelecidas explícita ou implicitamente na lei, ou em desacordo com a finalidade legal ou mediante formas distintas das estabelecidas na regra de direito, estaria, em rigor de verdade, agindo fora da própria competência, isto é, *sem competência*".[127] A competência em sentido formal é, pois, a base da competência na acepção material.

Observe-se que no direito privado a noção fundamental (malgrado comporte exceções em determinados setores) é a de direito subjetivo, poder da vontade, segundo a clássica definição de Windscheid. O Direito Administrativo, ao reverso, está permeado pela idéia de dever. Os poderes conferidos aos agentes da Administração têm caráter instrumental e estão delimitados pela competência em sentido formal, que é atribuída para que se cumpram os intuitos legais mediante o exercício da competência na acepção material. No âmbito do ato jurídico privado é a vontade que impulsiona o comportamento; no terreno do ato administrativo unilateral, o que impele a conduta é a competência. Age-se não porque se tem vontade mas porque se é competente; não porque se pode ou porque se quer, mas porque se deve.

Compare-se, nessa ordem de idéias, o mandamento de interdição de um estabelecimento, frente ao qual exsurge o tema da competência, com a execução da mesma ordem, à face da qual tal questão não se põe. É a competência que estabelece a linha divisória no extenso território ora sob investigação.[128] Somente com alusão aos atos em que ela é relevante ganham cor os aspectos atinentes à validade e à discricionariedade.[129] O ato administrativo unilateral é a *manifestação de uma competência*.[130]

Se de um lado se colocam os atos administrativos em que a competência é relevante, no outro campo naturalmente remanescem aqueles à face dos quais ela não entra em linha de consideração: os atos-fatos administrativos. A doutrina publicista não costuma distinguir os atos-fatos dos fatos, chamando a todos pela última denominação. Parece pertinente, todavia, apartá-los. Os atos-fatos são atos da própria pessoa jurídica administrativa ou, excepcio-

126. Ob. cit., *RDA* 7/75, 1947.

127. *Discricionariedade e Controle Jurisdicional*, cit., p. 61.

128. Estamos deixando de fora da área examinada, propositadamente, os contratos administrativos.

129. A despeito do que se assevera, muitas vezes a competência para a realização dos atos da outra categoria está prevista e pode ser relevante com pertinência a determinados fins. Se a execução da interdição do estabelecimento é levada a cabo por servidor incompetente, está ele sujeito a punição. Sem embargo, em alusão ao *ato de execução*, não se cogita da competência.

130. Há, no entanto, um elemento comum a ele e ao ato jurídico privado: a *vox*.

nalmente, de pessoa jurídica fora da Administração Pública, como é o caso de um concessionário de serviço público. Produzem efeitos na esfera jurídica dos mencionados entes. A construção de uma obra pública, o corte das instalações de um usuário de serviço público de energia elétrica, a dissolução de uma manifestação, a interdição de um estabelecimento são exemplos de atos-fatos administrativos.[131] Diversamente deles, os fatos administrativos não são fatos atribuíveis a pessoas.

131. Há manifesto equívoco na afirmativa, algumas vezes feita, de que os fatos administrativos (na acepção ampla abrangente dos atos-fatos administrativos) não produzem efeitos jurídicos. Os suportes fáticos simples ou complexos que eles compõem ou integram são irradiadores de efeitos. Nos exemplos formulados, a obra construída (suporte fático simples) passa a integrar o patrimônio estatal, enquanto os suportes fáticos do corte das instalações, da dissolução da manifestação e da interdição do estabelecimento extinguem, pela satisfação, os correspondentes direitos estatais.

PARECERES

AS LICITAÇÕES E AS EMPRESAS ESTATAIS APÓS A EMENDA 19

EROS ROBERTO GRAU
Professor Titular da Faculdade de Direito da Universidade de São Paulo – Professor Visitante da Faculdade de Direito da Universidade de Montpellier I (França)

Encaminhou-me a Companhia do Metropolitano de São Paulo-METRÔ a seguinte

Consulta

A Emenda Constitucional 19, de 4.6.98, em seus arts. 1º e 22, alterou as redações do inc. XXVII do art. 22 e do § 1º do art. 173 da Constituição de 1998.

Em face disso, indaga-se:

como deve proceder a Companhia do Metropolitano de São Paulo-METRÔ diante dessa mudança constitucional?

Parecer

1. Passaram a ser as seguintes, após a Emenda Constitucional 19, de 4.6.98, as redações do art. 22, XXVII e do § 1º do art. 173 da Constituição do Brasil:

"Art. 22. Compete privativamente à União legislar sobre: (...). XXVII – normas gerais de licitação e contratação, em todas as modalidades, para as Administrações públicas diretas, autárquicas e fundacionais da União, Estados, Distrito Federal e Municípios, obedecido o disposto no art. 37, XXI, e para as empresas públicas e sociedades de economia mista, nos termos do art. 173, § 1º III."

"Art. 173. (...). § 1º. A lei estabelecerá o estatuto jurídico da empresa pública, da sociedade de economia mista e de suas subsidiárias, que explorem atividade econômica de produção ou comercialização de bens ou de prestação de serviços, dispondo sobre: I – sua função social e formas de fiscalização pelo Estado e pela sociedade; II – sujeição ao regime jurídico próprio das empresas privadas, inclusive quanto aos direitos e obrigações civis, comerciais, trabalhistas e tributários; III – licitação e contratação de obras, serviços, compras e alienações, observados os princípios da Administração Pública; IV – a constituição e o funcionamento dos conselhos de administração e fiscal, com a participação de acionistas minoritários; V – os mandatos, a avaliação de desempenho e a responsabilidade dos administradores."

O inc. XXI do art. 37[1] da CF, referido na nova redação do inc. XXVII do seu art. 22, dispõe: "XXI – ressalvados os casos especificados na legislação, as obras, serviços, compras e alienações serão contratados mediante processo de licitação pública que assegure igualdade de condições a todos os concorrentes, com cláusulas que estabeleçam obrigações de pagamentos, mantidas as condições efetivas da proposta, nos termos da lei, o qual somente permitirá as exigências de qualificação técnica e econômica indispensáveis à garantia do cumprimento das obrigações".

2. Até a vigência dessa Emenda Constitucional 19/98, que já se convencionou chamar de "emendão", a Companhia do Metropolitano de São Paulo-METRÔ era tida como sujeita às disposições da Lei Federal 8.666/93, com as alterações que lhe seguiram.

Isso é, no entanto, apenas parcialmente verdadeiro, visto que à empresa estatal *estadual* prestadora de serviço público de que cogitamos – a Companhia do Metropolitano de São Paulo-METRÔ – aplicavam-se unicamente as normas gerais contidas nessa Lei 8.666/93.

Tratando especificamente desse tema – *norma geral* – em face dessa mesma lei, em ocasião anterior[2] averbei o quanto segue:

"(...) podemos ter consubstanciarem *norma geral* – sob a concepção de norma nacional – na Lei 8.666/93, unicamente as indicadas em (i) no item 05, acima [regras que conferem concreção a princípios jurídicos fundamentais recepcionados, expressa ou implicitamente, na Constituição, e a princípios que Canotilho denomina 'políticos constitucionalmente conformadores']. Inexistem, nela, normas que consubstanciem a ordenação de condutas uniformes, visando prevenir conflitos entre as entidades da federação e/ou entre os que nelas estejam situados, e normas que supram lacunas constitucionais – (ii) e (iii) do item 05. E a nada contribui, no sentido de identificá-las (as normas gerais), na Lei 8.666/93, o enunciado referido em (iv), no item 05.

"O exercício de identificação, no texto da Lei 8.666/93, de enunciados normativos que consubstanciam normas gerais há de ser praticado a partir da ponderação dessas noções."

Não é dele, contudo, que ora cumpre cogitarmos, visto que a EC 19/98, visando à *flexibilização* – é a palavra da moda – das licitações a que devem se sujeitar as empresas estatais e ao regime jurídico aplicável aos contratos por elas celebrados, refere dois grupos distintos de normas gerais de licitação e contratação, o primeiro fundado sobre o disposto no inc. XXI do art. 37 – aplicável às Administrações diretas, autárquicas e fundacionais – o segundo, sobre o inc. III do § 1º do art. 173 – aplicável às empresas públicas e às sociedades de economia mista.

Sucede não terem se dado conta, os redatores da proposta de emenda – ou teriam eles se dado conta disso?[3] – de que, tratando o *caput* do art. 173 da *atividade econômica em sentido estrito*, seu § 1º haveria de abranger exclusivamente as empresas públicas e as sociedades de economia mista que empreendem *atividade econômica em*

1. O *caput* desse art. 37 também sofreu alteração. O texto original submetia também a Administração fundacional de qualquer dos Poderes da União, dos Estados, do Distrito Federal e dos Municípios às suas disposições; agora não há mais alusão a ela. Além disso, a EC 19/98 incluiu entre os princípios mencionados neste *caput* o da *eficiência*. Vê-se bem, aí, a mão do neoliberalismo, "flexibilizando" a atuação da Administração fundacional – como se ela não curasse da *res publica* – e promovendo o ideal de *eficiência*.

2. Meu *Licitação e Contrato Administrativo*, Malheiros Editores, São Paulo, 1995, p. 13.

3. Reproduzo, aqui, observações que desenvolvi imediatamente após a promulgação da Emenda Constitucional 19/98 (in *A Ordem Econômica na Constituição de 1988*, 4ª ed., Malheiros Editores, São Paulo, 1998, p. 134).

sentido estrito, dele estando excluídas as que prestam *serviço público*.

3. A propósito da distinção entre as empresas estatais que empreendem *atividade econômica em sentido estrito* e as que prestam *serviço público* – aspecto que venho enfatizando, desde o início da década dos 70 – permito-me reproduzir exposição contida em meu *A Ordem Econômica da Constituição de 1988*.[4]

A prestação de *serviço público* está voltada à satisfação de necessidades, o que envolve a utilização de bens e serviços, recursos escassos. Daí podermos afirmar que o *serviço público* é um tipo de atividade econômica. *Serviço público* – dir-se-á mais – é o tipo de *atividade econômica* cujo desenvolvimento compete *preferencialmente* ao setor público. Não *exclusivamente*, note-se, visto que o setor privado presta serviço público em regime de concessão ou permissão.[5] Desde aí poderemos também afirmar que o *serviço público* está para o setor público assim como a *atividade econômica* está para o setor privado.

A propósito, utilizei, no trecho acima, da expressão *atividade econômica* em distintos sentidos:

• ao afirmar que *serviço público* é tipo de *atividade econômica*, a ela atribuí a significação de gênero no qual se inclui a *espécie, serviço público*;

• ao afirmar que o *serviço público* está para o setor público assim como a *atividade econômica* está para o setor privado, a ela atribuí a significação de espécie.

Daí a verificação de que o *gênero – atividade econômica* – compreende *duas espécies*: o *serviço público* e a *atividade econômica*.

4. Estamos em condições, assim, de superar a ambigüidade que assume, no seio da linguagem jurídica e no bojo do texto constitucional, esta última expressão. Para que, no entanto, se a supere, impõe-se qualificarmos a expressão, de modo que desde logo possamos identificar de uma banda as hipóteses nas quais ela conota *gênero*, de outra, as hipóteses nas quais ela conota *espécie* do gênero. A seguinte convenção, então, proponho: *atividade econômica em sentido amplo* conota gênero; *atividade econômica em sentido estrito*, a espécie.

Por certo que, no art. 173 e seu § 1º, a expressão conota *atividade econômica em sentido estrito*. Indica o texto constitucional, no art. 173, *caput*, as hipóteses nas quais é permitida ao Estado a exploração direta de *atividade econômica*. Trata-se, aqui, de atuação do Estado – isto é, da União, do Estado-membro e do Município – como agente econômico, em área da titularidade do setor privado, atuação que envolve a produção e/ou a comercialização de bens e a prestação de serviços não caracterizados como *serviço público* (aí, *v.g.*, as instituições financeiras estatais).

Insista-se em que *atividade econômica em sentido amplo* é território dividido em dois campos: o do *serviço público* e o da *atividade econômica em sentido estrito*. As hipóteses indicadas no art. 173 do texto constitucional são aquelas nas quais é permitida a atuação da União, dos Estados-membros e dos Municípios neste segundo campo.

Da mesma forma, no § 1º do art. 173 a expressão conota *atividade econômica em sentido estrito*; o preceito, à toda evidência, não alcança empresa pública, sociedade de economia mista e entidades (estatais) que prestam *serviço público*. O estatuto jurídico referido por esse § 1º aplicar-se-á às empresas de que trata o *caput*, empresas públicas, sociedades de economia mista e suas subsidiárias que explorem atividade econômica de produção ou comercialização de bens ou de prestação de serviços, evidentemente de serviços não caracteriza-

4. Ob. cit., pp. 131-132.
5. Constituição de 1988, art. 175.

dos como *serviços públicos*, visto que aí se cuida de *atividade econômica em sentido estrito*.

5. O fato é que, sendo desconhecida dos menos atentos ou mal informados, essa distinção entre empresa estatal que empreende *atividade econômica em sentido estrito* e empresa estatal que presta *serviço público*, disso resultam alguns mostrengos, qual o gerado pelo "emendão".

Da circunstância de não terem se dado conta dessa distinção quem redigiu a proposta de emenda e o próprio Congresso Nacional, disso resultou o seguinte:

[i] *atividade econômica de produção ou comercialização de bens ou de prestação de serviços*, no § 1º do art. 173 da Constituição, significa *atividade econômica em sentido estrito*, razão pela qual pouco mudou em relação aos regimes jurídicos aplicáveis às empresas públicas e às sociedades de economia mista que exploram *atividade econômica em sentido estrito*;

[ii] como o art. 22, XXVII atribui à União competência para legislar sobre normas gerais de licitação e contratação para as Administrações públicas diretas, autárquicas e fundacionais e somente para as empresas públicas e sociedades de economia mista de que trata o art. 173 – ou seja, para as empresas públicas e sociedades de economia mista que exploram *atividade econômica em sentido estrito* – não cabe à União legislar normas gerais de licitação e contratação para as empresas públicas e sociedades de economia mista prestadoras de *serviço público*;

[iii] daí porque a Lei 8.666/93 já não mais se aplica às empresas estatais prestadoras de *serviço público*, qual a Companhia do Metropolitano de São Paulo-METRÔ.

6. Esse, o absurdo gerado pelo "emendão".

O descuido na elaboração da proposta de emenda e mesmo na sua discussão no Congresso Nacional não chega ao extremo, todavia, de justificar se tenha como não alcançadas pela exigência de licitação as contratações de obras, serviços, compras e alienações procedidas pelas empresas estatais prestadoras de *serviço público*.

A licitação, como observei em outra oportunidade,[6] é um procedimento que visa à satisfação do *interesse público*, pautando-se pelo princípio da *isonomia*. Seu fundamento, bem assim o dos concursos públicos, encontra-se no *princípio republicano*.[7] Dele decorre, na abolição de quaisquer privilégios, a garantia formal da igualdade de oportunidade de acesso de todos, não só às contratações que pretenda a Administração avençar, mas também aos cargos e funções públicas. Daí porque a *escolha* do licitante com o qual a Administração há de contratar deve ser, *na república*, *a melhor escolha* ou *a escolha do melhor contratante*.[8]

Isso significa que, ainda que a Constituição nada dispusesse a respeito da exigência de prévia licitação para que a Administração possa contratar, ainda assim algum processo seletivo, informado pelos princípios da *isonomia* e do *interesse público*, impor-se-ia em razão do *princípio republicano*.

Por isso, ainda que não se apliquem às empresas estatais prestadoras de *serviço público* as normas gerais de licitação e contratação dispostas pela União, com fundamento no inc. XXVII do art. 22 – a Lei 8.666/93, atualmente – estão elas sujeitas a licitação, mercê do *princípio republicano* e, também, do disposto no inc. XXI do

6. *Licitação e Contrato Administrativo*, cit., p. 14.

7. Tome-se, aqui, a idéia de República como "forma de governo não pessoal", vide José Joaquim Gomes Canotilho, *Direito Constitucional*, 3ª ed., Almedina, Coimbra, 1983, pp. 407 e ss. e Geraldo Ataliba, *República e Constituição*, Ed. RT, São Paulo, 1985.

8. Vide meu *Direito, Conceitos e Normas Jurídicas*, Ed. RT, São Paulo, 1988, p. 175.

art. 37 da CF, que, apesar do "emendão", as alcança.

7. Por isso cumpre indagarmos, a esta altura, como se deve dar essa sujeição, da Companhia do Metropolitano de São Paulo-METRÔ à licitação – quais as normas que a ela se aplicam, regulando suas contratações de obras, serviços, compras e alienações?

No Estado de São Paulo há lei sobre a matéria, a Lei 6.544, de 22.11.89, que "dispõe sobre o estatuto jurídico das licitações e contratos pertinentes a obras, serviços, compras, alienações, concessões e locações no âmbito da Administração centralizada e autárquica". Assim, temos que, no Estado de São Paulo, aplicam-se à Administração centralizada e autárquica – mas não às empresas estatais e fundações – as *normas gerais* dispostas pela Lei Federal 8.666/93 e, quanto às demais, as veiculadas pela Lei Estadual 6.544/89.

Pois bem, o art. 91 da Lei Estadual 6.544/89 – que a elas não se aplica, repito – diz que "*as sociedades de economia mista e empresas públicas estaduais as ações mantidas pelo Estado* e demais entidades controladas *direta ou indiretamente pelo Estado editarão regulamentos próprios, adaptados às suas peculiaridades, com procedimentos seletivos simplificados e observância dos princípios básicos da licitação, inclusive as vedações contidas no parágrafo único do art. 85 do Decreto-Lei Federal 2.300, de 21 de novembro de 1986, e alterações posteriores*".[9]

9. Cumpre, todavia, lembrarmos o Decreto Estadual 31.299, de 19.3.90, cujo art. 1º determina se apliquem às empresas estatais estaduais as disposições da Lei 6.544/89 e cujo art. 3º faz retroagir seus efeitos a 24 de fevereiro do mesmo ano de 1990. A sujeição delas às normas da Lei Estadual 6.544/89, a partir de 24.2.90, não decorre, no entanto, de lei, porém, de decreto do Poder Executivo que, para efetivamente vinculá-las – já que essas empresas adotam a forma de sociedades por ações –; haveria de ter sido afirmada pelo voto dos seus acionistas, societariamente válido, colhido em assembléias-gerais (de acionistas).

O Decreto-lei 2.300/86 foi substituído pela Lei 8.666/93, deixando esta última de dispor sobre as vedações dispostas pelo parágrafo único do art. 85 do primeiro.

O art. 118 da Lei 8.666/93 diz, singelamente, que "os Estados, o Distrito Federal, os Municípios e as entidades da Administração indireta deverão adaptar suas normas sobre licitações e contratos ao disposto nesta Lei". E o art. 119 e seu parágrafo único dessa mesma lei, que: "Art. 119. As sociedades de economia mista, empresas e fundações públicas e demais entidades controladas direta ou indiretamente pela União e pelas entidades referidas no artigo anterior editarão regulamentos próprios devidamente publicados, ficando sujeitos às disposições desta Lei".

8. Da análise de todos esses preceitos teremos que, sendo a Companhia do Metropolitano de São Paulo-METRÔ uma empresa estatal estadual, deve prontamente editar regulamento próprio de licitações e contratações pertinentes a obras, serviços, compras e alienações.[10]

Encontrando fundamento, a exigência de licitação a que se sujeitam as empresas estatais, na disposição veiculada pelo inc. XXI do art. 37 da Constituição do Brasil, esse regulamento deverá observar o quanto ali disposto: "ressalvados os casos especificados na legislação, as obras, serviços, compras e alienações serão contratados mediante processo de licitação pública que assegure igualdade de condições a todos os concorrentes, com cláusulas que estabeleçam obrigações de pagamentos, mantidas as condições efetivas da proposta, nos termos da lei, o qual somente permitirá as exigências de qualificação técnica e econômica indispensáveis à garantia do cumprimento das obrigações".

É certo, contudo, que o regulamento a ser editado pela Companhia do Metropoli-

10. Imagino dispensável a regulação de hipóteses de concessão e locação; caso contrário, o regulamento deverá dispor também a esse respeito.

tano de São Paulo-METRÔ há de ser adaptado às suas peculiaridades, com procedimentos seletivos simplificados e observância dos princípios básicos da licitação.[11]

Além disso, nos termos do parágrafo único do art. 91 da Lei 6.544/89, esse regulamento, após aprovação pelo Governador do Estado, deverá ser publicado no *Diário Oficial do Estado*.

Por fim, observo que, estando a Companhia do Metropolitano de São Paulo-METRÔ não alcançada pelas disposições da Lei Federal, deverá, até a edição de regulamento próprio de licitações e contratações, atender, quanto a ambas, o disposto na Lei 6.544/89.

9. Em face do exposto, dou resposta ao quesito proposto na consulta afirmando que, em face das alterações constitucionais decorrentes da promulgação da EC 19/98 – o "emendão" – a Companhia do Metropolitano de São Paulo-METRÔ deve proceder de conformidade com o indicado no item 8, acima.

É o que me parece.

São Paulo, 30 de novembro de 1998

11. Cf. o art. 91 da Lei Estadual 6.544/89.

REELEIÇÃO DO PRESIDENTE DA REPÚBLICA*

Emenda Constitucional 16/97. Exigência da desincompatibilização do Presidente da República como requisito para candidatura à reeleição. Interpretação conforme a Constituição. Prevalência dos princípios constitucionais do "regime democrático", da "igualdade entre partidos e candidatos" e da "moralidade eleitoral"

CARLOS ROBERTO SIQUEIRA CASTRO
Professor Titular de Direito Constitucional da Universidade do Estado do Rio de Janeiro e do Curso de Pós-Graduação em Direito da PUC/RJ

Honrou-nos o eminente e muito prezado Presidente de nossa colenda Instituição com a designação para relatar a Indicação 026/98, de autoria do ilustre e douto consócio ex-Presidente do IAB, Dr. Hermann Assis Baeta, que versa, segundo a ementa apresentada, sobre "a incompatibilidade, ou não, do sr. Fernando Henrique Cardoso, Presidente da República, de permanecer no pleno exercício do mandato de que é titular durante o tempo de sua campanha política à reeleição para o referido mandato presidencial".

Trata-se de iniciativa assaz momentosa e revestida da erudição, do patriotismo e do inexcedível espírito democrático que são peculiares e sempre coroaram a brilhante carreira de advogado do Doutor no confrade Hermann Assis Baeta. Consoante elucida o subscritor da *Indicação*, volta-se a mesma, com acatamento e entusiasmo, à peça de representação recentemente dirigida ao exmo. sr. Procurador-Geral Eleitoral, o eminente Dr. Geraldo Brindeiro, elaborada e assinada por notáveis cidadãos e juristas de nosso País, a saber os Drs. Celso Antônio Bandeira de Mello, Fábio Konder Comparato, Eros Roberto Grau, Sérgio Sérvulo da Cunha, Américo Lourenço Masset Lacombe, José Edgard Amorim Pereira e Fernando Facury Scaff, os quais, em síntese, propugnam no sentido da impossibili-

* É de justiça registrar, desde logo, que, para a elaboração deste parecer, valemo-nos da douta e prestimosa colaboração do ilustre e estimado consócio, Prof. José Ribas Vieira, Prof. Titular de Direito Constitucional da Universidade Federal Fluminense-UFF que, sobremodo, ajudou-nos, mercê de seu alto saber jurídico e espírito de pesquisa, na formulação de muitas das idéias e conclusões incorporadas ao texto deste trabalho, o qual mereceu aprovação unânime do Instituto dos Advogados Brasileiros, na sessão realizada em 2.9.98.

dade jurídico-constitucional de o atual titular da Presidência da República vir a disputar nova eleição para a mesma investidura presidencial, no próximo certame eleitoral a realizar-se no dia 4 de outubro do corrente ano, sem submeter-se ao *princípio da desincompatibilização*, tal qual vigorante para inúmeras outras situações de candidaturas postuláveis por exercentes de cargos de chefia do Poder Executivo nos vários níveis de governo na Federação. Tudo se deve e justifica em face dos princípios e valores positivados na Constituição democrática de 1988, que, segundo os subscritores das cogitadas e respectivas *Indicação 026/98* e *representação* manifestada ao Procurador-Geral Eleitoral, devem indispensavelmente orientar a interpretação, sob pena de intransponível contrariedade constitucional, da norma da Emenda Constitucional 16, promulgada em 4.6.97, que ditou nova redação ao § 5º do art. 14 da Constituição da República.

Assim é que o eminente Dr. Hermann Assis Baeta, com judiciosa invocação em sua reportada *indicação* das lições de João Barbalho, Carlos Maximiliano e Alexis de Tocqueville, e os proeminentes precitados juristas firmatários da *representação eleitoral*, estes colacionando as valoras contribuições doutrinárias de Carlos Maximiliano, Edward Campbel Black, Luiz Roberto Barroso, Maria Elizabeth Teixeira Rocha, José Bispo Sobreilho, Valeria A. Souza, Geraldo Ataliba e Renato Alessi, além de reportarem-se a históricos e importantes julgados da Suprema Corte dos Estados Unidos da América e do Tribunal Superior Eleitoral de nosso País, profligam, em uníssono, o escorreito entendimento de que a ordem constitucional brasileira, uma vez valorada no justo diapasão dos princípios supralegais da *igualdade e da moralidade eleitoral*, não compadece com a perspectiva do registro da candidatura do atual Presidente da República à reeleição para o mesmo cargo se não acompanhada da providência moralizadora e indesviável da desincompatibilização, na conformidade dos prazos e condições previstos na Lei Complementar 64, de 18.5.90, que disciplina as *inelegibilidades*.

A questão ora submetida ao nosso exame e relatoria bem se traduz no seguinte excerto daquela peça de *representação eleitoral* apresentada ao Senhor Procurador-Geral Eleitoral, a qual, lamentavelmente, segundo pudemos apurar, não mereceu, ao menos ainda, o seguimento e jurídicas conseqüências que seriam de se esperar, seja por força da dignidade temática da controvérsia, se não em razão da autoridade e culminante merecimento de seus ilustres subscritores. Em textual:

"A Emenda Constitucional 16, de 4.6.97, entre outras alterações (irrelevantes para o assunto versado na presente Impugnação), atribuiu a seguinte redação para o § 5º do art. 14 da Lei Magna:

"'O Presidente da República, os Governadores de Estado e do Distrito Federal, os Prefeitos e quem os houver sucedido ou substituído no curso dos mandatos poderão ser reeleitos para um único período subseqüente'.

"O dispositivo em questão limitou-se estritamente a admitir reelegibilidade. É dizer: na alteração constitucional efetuada não foi manifestado propósito algum de que o reelegível continuasse no exercício do cargo. Ocorreu simplesmente que o § 6º, redigido que estava ao tempo em que a reelegibilidade do Presidente era vedada, cifrava-se a exigir-lhe renúncia ao mandato seis meses antes do pleito para concorrer a outros cargos, *já que à Presidência não podia concorrer*.

"Resta ver se com o advento da sobredita Emenda Constitucional 16 e alteração do anterior § 5º do art. 14 pode-se entender que, por meio dela, foi estabelecido *mais que a simples possibilidade de reeleição*.

"Isto é que, demais disso, houve também uma radical mudança de diretriz; *para renegar – em tal caso, isto é, no de candidatura do Presidente à reeleição – a firme orientação constitucional de impedir que um candidato levasse vantagem sobre os demais graças ao exercício do cargo.* Em suma o que resta saber, é se, em inversão absoluta do critério precedente, pretendeu consagrar também o *princípio da desigualdade entre os candidatos à Presidência*, sufragando portanto uma claríssima ofensa ao valor constitucional de isonomia, inobstante este persista assinalado em outros dispositivos, a começar pelo art. 5º, que abre o título 'Dos Direitos e Garantias Fundamentais'."

Em que pese o melhor esteio doutrinário e jurisprudencial que alicerça as conclusões dos eminentes signatários da *Indicação 026/98 e da representação eleitoral*, não é despiciendo lembrar que a tramitação legislativa da Emenda Constitucional 16/97, e notadamente a intenção manifesta do legislador constituinte derivado ao editá-la, deixam indene de dúvida o propósito daquele ato de alteração constitucional, no sentido de não eliminar, em prol da igualdade e da moralidade eleitoral, a exigência da *desincompatibilização* como condição da reeleição do Presidente da República e do registro da respectiva candidatura perante o TSE. E isto aqui reconhecemos sem o mais mínimo embargo de nossa firma convicção de que não possa e não deve mais ser decisivo, para a fixação da justa interpretação da EC 16/97 *vis-à-vis* os princípios e valores da isonomia e da ética eleitoral insculpidos na Constituição, enveredar-se, aqui, pelos searas obsoletas do método exegético cifrado na *intenção do legislador*, que em seu tempo coroou de prestígio a *escola histórica* moldada sob o pensamento de Savigny. Todos sabemos que a *mens legislatoris* não mais opera como fator preponderante na perquirição do sentido e do alcance coletivo das normas jurídicas, já que reduzido a elemento meramente informador e de e de ilustração histórica da edição legislativa, porquanto as mais avançadas e contemporâneas escolas da hermenêutica constitucional, segundo levado a efeito pelas mais prestigiosas Cortes Constitucionais européias, prestigiam cada vez mais a unidade sistêmica da Constituição e a interpretação axiológica de seus princípios e preceitos, sob o influxo dos valores sociais e humanitários incorporados, implícita ou explicitamente, no texto da Lei Maior. Nada obstante essa mesmíssima advertência oportunamente manifestada pelo ilustres autores da *representação eleitoral* em apreciação, é certo que o desfecho do debate legislativo, quando da tramitação da EC 16/97 conduz-nos à mais tranqüila conclusão de que a tese da *reeleição presidencial* não sagrou-se vencedora em detrimento ou com o afastamento da tradição do Direito Eleitoral brasileiro, nesse particular aspecto calcado na premissa da *desincompatibilização*, como exigência da igualdade entre os candidatos e da moralidade nas eleições.

Nesse contexto é que se há de entender a sustentação dos susbscritores daquela *representação eleitoral*, onde lê-se:

"De toda forma, se se cuidara de buscar a intenção do legislador, ainda por aí se confirmaria que não foi sua intenção permitir que o Presidente disputasse reeleição sem antes abandonar o cargo na dilação constitucionalmente prevista. Deveras, o projeto inicial de Emenda, que, por fim, modificado, resultou no texto ora vigente, expressamente previa que o Presidente poderia disputar a reeleição sem se afastar do cargo, *mas foi repelido pelo constituinte derivado*. O texto original, de autoria do Deputado Mendonça Filho, rezava:

"'Art. 1º. O § 5º do art. 14 da Constituição Federal passa a vigorar com a seguinte redação: § 5º. O Presidente da República, os Governadores de Estado e do Distrito Federal, os Prefeitos e quem os houver sucedido ou substituído nos curso do mandato poderão ser reeleitos por um período imediatamente subseqüente e concorrer no exercício do cargo'.

"'Art. 2º. Fica suprimida a expressão 'vedada a reeleição para o período subseqüente', constante do art. 82 (*Diário do Congresso Nacional*, Seção I, 15.3.95, p. 3.229)'.

"Dito texto não foi acolhido, mas modificado, de maneira a excluir o favorecimento nele suposto. Nisto se confirma que, sobre inexistir o intento de ensejar-lhe disputa em desigualdade com os demais candidatos, demais disto, tal possibilidade foi *rechaçada* quando da aprovação da Emenda, *mantendo-se, portanto, no que a isto respeita, o princípio fundamental e tradicional que, de resto, permanece estampado, tanto no § 7º do art. 14, como no próprio § 6º, de evitar vantagens oriundas da ocupação do cargo de Presidente, em seu próprio benefício ou que redundasse em favor de parentes seus.*

"A tudo quanto foi dito vale acrescentar que não se interpreta regulação normativa superveniente supondo que veio elidir princípios fundamentais sem declarada e inequívoca comprovação de tal propósito normativo."

Impende, neste passo, bem precisar e compreender o teor das alterações introduzidas pela EC 16/97, no quanto respeita à questão ora focalizada.

É ver-se, desde logo, que, anteriormente ao advento da EC 16/97, o § 5º do art. 14 da Lei Maior exibia a seguinte redação: "São *inelegíveis* para os mesmos cargos, no período subseqüente, o Presidente da República, os Governadores de Estado e do Distrito Federal, os Prefeitos e quem os houver sucedido ou substituído, nos seis meses anteriores ao pleito".

O § 6º imediatamente sucessivo, que não sofreu a ação derrogatória por força daquela emenda ao texto primitivo da Constituição, estabelecia, como ainda continua a estabelecer, *in verbis*: "Para concorrerem a outros cargos, o Presidente da República, os Governadores de Estado e do Distrito Federal e os Prefeitos *devem renunciar aos respectivos mandatos seis meses antes do pleito*".

De seu turno, o § 7º do mesmo art. 14 da Lei Maior, *também este intocado pela Emenda em apreço*, preceituava, como ainda presentemente preceitua: "São inelegíveis no território de jurisdição do titular, o cônjuge, os parentes consangüíneos ou afins, até o segundo grau ou por adoção, do Presidente da República, de Governador de Estado ou Território, do Distrito Federal, de Prefeito ou de quem os haja substituído dentro dos seis meses anteriores ao pleito, salvo se já titular de mandato eletivo e candidato à reeleição".

Com efeito, a Constituição brasileira, *tanto ontem, como hoje*, proíbe em categórico que a esposa do Presidente, que os irmãos do Presidente, que os filhos do Presidente, que o genro ou nora do Presidente, que os netos do Presidente, que o pai, a mãe ou os avós do Presidente, que o sogro e a sogra do Presidente, e também que os cunhados do Presidente possam candidatar-se à Presidência da República. Ressalvada, pois, a exceção constitucional consistente na pendência da titularidade de mandato eletivo e de postulação à reeleição para o mesmo cargo, é certo que o cônjuge, os parentes consangüíneos ou afins, até o segundo grau ou por adoção, do Presidente da República são considerados inelegíveis, ou seja, ficam temporariamente, por imperativo constitucional, destituídos da capacidade eleitoral passiva.

Parece óbvia a razão dessa interdição de matriz supralegal. Atento às características peculiares ao sistema presidencialista, que fazem do Presidente da República o protagonista indisputável da cena política, objetivou o constituinte pátrio que essas pessoas integrantes do círculo familiar do Chefe de Estado e do Governo não se beneficiem, direta ou indiretamente, da circunstância do casamento ou dos laços de parentesco, colocando-se em posição mais vantajosa com relação aos demais candidatos que estão à margem do núcleo de poder e da proeminência político-eleitoral que naturalmente circunda o primeiro mandatário da Nação. Dada a superpresença do Poder Executivo no seio das instituições governativas e nas relações entre o governo e a sociedade civil, é intuitivo que o único titular de cargo eletivo capaz de ser sufragado nacionalmente, como é o caso singular do Presidente da República, possa exercer uma influência incomparável no processo eleitoral, na esteira do fenômeno já tão bem estudado nas obras clássicas de Maurice Duverger, *La Monarchie Republicaine* (Ed. Laffort, Paris, 1974) e Arthur Schlesinger, *A Presidência Imperial* (com trad. francesa sob o título *La Presidence Impériale*, Ed. Presses Universitaires de France, Paris, 1976).

Por essas razões de evidência, não permitiu o constituinte de 1988 a ruptura da igualdade entre os candidatos nas disputas eleitorais, impondo a todos, com a cogência própria das normas constitucionais, o dever de observância ao *princípio da isonomia eleitoral*, que vem a ser a base e o substrato axiológico da série de regras alusivas à moralidade eleitoral e à proscrição do abuso de poder econômico e do poder de autoridade nas eleições.

Esse ângulo da questão acha-se superiormente comentado pelos ilustres autores da peça de *representação eleitoral* de início aludida, onde lê-se:

"Em razão do precitado § 6º do art. 14, também é certo e da mais inquestionável certeza que segundo as regras constitucionais ora vigentes o Presidente, para concorrer aos cargos de Governador de Estado, de Território, do Distrito Federal ou Prefeito de qualquer Município, a Senador, a Deputado Federal ou Estadual ou mesmo a um simples cargo de Vereador teria de renunciar à Presidência seis meses antes do pleito. É que a Constituição inadmite, não quer, proíbe, que alguém que haja ocupado a Presidência nos seis meses anteriores ao pleito se candidate a tais cargos.

"E qual a razão desta drástica vedação?

"É igualmente óbvia. É porque concorrem razões ainda mais poderosas do que as determinantes da inelegibilidade de seus parentes próximos para o cargo em apreço.

"É porque o detentor de tal cargo, pela simples circunstância de ocupá-lo, se dele não se desligasse com a antecipação imposta pela Constituição, desfrutaria de evidente posição privilegiada em relação a quaisquer outros candidatos o que tisnaria a igualdade entre todos e, pois, a própria lisura da expressão da vontade eleitoral. Isto porque, como é claro a todas as luzes, ele próprio, tal como seu séquito de subordinados (e ainda que à sua revelia) poderiam valer-se dos gigantescos poderes da máquina político-administrativa para aliciar o eleitorado."

Tem oportunidade perquirir, aqui, ainda que com singeleza, acerca da evolução e do regime jurídico da proscrição do *abuso do poder econômico e do poder político* em nosso País.

É reconhecido que, consoante ocorreu com inúmeros institutos atuais do Direito Público moderno e contemporâneo, a teoria publicista do abuso de poder teve origens na concepção privatista do abuso de direito, tendo sido esta informada pela visão absolutista e romanística dos direitos pessoais, conforme ilustrado na obra clássica de Josserand (*L'Abus des Droits*, editada em Paris, Ed. Arthur Rousseaued, 1905). Com a ultrapassagem histórica do absolutismo da autonomia da vontade privada, foi-se afirmando a compreensão da abusividade no exercício de direito, no quanto se revelasse lesivo à terceiros e à coletividade em geral. Com isso, a ordem jurídica passou a assimilar e difundir a idéia da *relatividade* dos direitos individuais, com o propósito de resguardar a esfera jurídica dos demais integrantes do corpo social. Com efeito, o abuso no exercício de direito pessoal passou a ser percebido como a exorbitância ilícita das prerrogativas ou faculdades jurídicas pessoais.

Esse mesmo tipo de confrontação dialética veio a repercutir na esfera do direito público já em fins do século 18, com o advento do constitucionalismo moderno, a fim de impor limitações aos transbordamentos no exercício da autoridade. Tal se fez tanto mais sensível no campo da *teorização democrática do poder*, quando se constata que os poderes ou faculdades privadas são emanações da liberdade pessoal, enquanto que os poderes públicos, bem ao contrário, traduzem competências constituídas que se exercem de acordo e dentro dos limites da legalidade constitucional.

No que respeita ao Direito Eleitoral, que tem por objeto o estudo do modelo normativo da representação política e da organização partidária, foi natural que a idéia publicista da limitação de poder se transplantasse para o regime democrático participativo, a fim de extirpar os vícios, privilégios e desigualdades de toda ordem que possam conspurcar o processo de participação da cidadania nos sufrágios populares. Por essas razões, a legislação eleitoral dos povos cultos e das nações organizadas sob o postulado da representatividade política e democrática cuidaram de estabelecer cautelas e salvaguardas contra as deformações econômicas, políticas e sociais que maculam o processo de deliberação eleitoral. Inspira esse estágio civilizatório do Direito Público a máxima de Lord Acton – ao proclamar que "*todo poder corrompe – e o poder absoluto corrompe absolutamente*". Tal se dá a fim de se preservar a genuinidade e autenticidade do princípio da soberania popular, inscrito entre nós no art. 1º, parágrafo único, da Constituição da República de 1988, sob a fórmula consagrada no discurso célebre de Abraão Lincoln, segundo a qual "*todo poder emana do povo e em seu nome será exercido*". Esse axioma basilar da representação política acha-se inscrito na Constituição Federal sob a fórmula "*todo o poder emana do povo, que o exerce por meio de representantes eleitos ou diretamente, nos termos desta Constituição*". Além disso, ampliando os atributos da inserção da cidadania no processo de deliberação na comunidade política nacional, ajuntou o constituinte pátrio, no art. 14 da Lei Maior, que "*a soberania popular será exercida pelo sufrágio universal e pelo voto direto e secreto, com valor igual para todos, e, nos termos da lei, mediante: I – plebiscito; II – referendo; III – iniciativa popular das leis*". Tais enunciados de superior hierarquia normativa assentam-se nos pilares da edificação nacional traduzidos em *princípios fundamentais* da Nação brasileira, conforme catalogados no art. 1º do estatuto supremo, como sejam, *a soberania, a cidadania, a dignidade da pessoa humana e o pluralismo político.*

É relevante notar, nessa ordem de convicções, que o sistema constitucional de salvaguarda da legalidade e moralidade dos pleitos eleitorais orientou-se no sentido da *jurisdicionalização* das medidas de controle do abuso de poder econômico e do abuso do poder político. Tanto um quanto outro desses sintomas deformadores da higidez dos sufrágios foram, em boa hora, tipificados em causas de inelegibilidade, cujo reconhecimento, com caráter de conclusividade, restou incorporado nas funções próprias, exclusivas e indeclináveis do Poder Judiciário, a ser exercida através da sua especialidade orgânico-funcional expressada pelos órgãos e instâncias da Justiça Eleitoral, consoante elencados no art. 118 da CF, todos eles com competência *ex ratione materiae* para prestar a jurisdição eleitoral. Com efeito, entre nós, diferentemente do que ocorre nos sistemas de controle político-legislativo da legalidade dos certames eleitorais, tornou-se prerrogativa competencial dos órgãos monocráticos e colegiados da Justiça Eleitoral processar e julgar, nos termos da Constituição e das leis, os feitos (sejam eles contenciosos ou de consulta eleitoral) que tenham por objeto o registro de candidaturas e bem, assim, as condições de realização e de regularidade das eleições.

É certo, contudo, que a Constituição cuidou, ela própria, de enunciar hipóteses de inelegibilidade, obviamente traduzidas em situações de *suspeição eleitoral*, como é o caso, já antes examinado, da supressão da capacidade eleitoral passiva por parte de cônjuge ou parentes consangüíneos ou afins, até o segundo grau ou por adoção, do Presidente da República, de Governador de Estado ou Território, do Distrito Federal ou de Prefeito. Além disso, preceituou a Carta Republicana em vigor, que "*Lei Complementar estabelecerá outros casos de inelegibilidade e os prazos de sua cessação, a fim de proteger a probidade administrativa, a moralidade para o exercício do mandato, considerada a vida pregressa do candidato, e a normalidade e legitimidade das eleições contra a influência do poder econômico ou abuso do exercício de função, cargo ou emprego na Administração direta ou indireta*". Essa redação – bem se sabe – resultou da Emenda Constitucional de Revisão 4, promulgada pelo Congresso Revisor em 7.6.94. Tal disposição constitucional se conjuga com a regra do art. 37, § 4º, da mesma Lei Maior, ao estabelecer que "os atos de improbidade administrativa importarão a suspensão dos direitos políticos, a perda da função pública, a indisponibilidade de bens e o ressarcimento ao Erário, na forma e gradação previstas em lei, sem prejuízo da ação penal cabível". De tudo resulta que o indispensável princípio da moralidade que norteia todas as formas de atuação dos agentes estatais, segundo o mandamento que se contém no *caput* do art. 37 da CF, desdobrou-se, entre nós, no princípio da *moralidade eleitoral*, a salvaguardar a regularidade das eleições e, com isso, a limpidez dos canais da representatividade, contra as práticas de nepotismo ou de clientelismo, bem como contra as influências nocivas advindas do poder econômico ou do abuso do poder de autoridade, que, por triste e imemorial tradição, de longa data contaminam o sistema eleitoral e partidário em nosso País. Nesse sentido, como bem afirmado pelo prof. e meu ilustre ex-colega de Ministério Público Federal e Eleitoral, "o Direito Eleitoral tem de demonstrar a sua eficiência pelos resultados que possa obter na frenação de qualquer abuso de poder, seja proveniente de agentes públicos, seja cometido por instâncias privadas. É propriamente o Poder, no exercício de suas dominações corrosivas, que precisa ser flagrado e contido" (Fávila Ribeiro, *Abuso de Poder no Direito Eleitoral*, 3ª ed., Forense).

No que respeita à igualdade jurídica entre os disputantes de eleições, máxime em se tratando de eleições majoritárias para o cargo de Presidente da República, é assinalável que o TSE, emprestando concreção às normas constitucionais e legais que penalizam o abuso de poder econômico e do poder de autoridade, tem placitado o entendimento de que a ruptura da legalidade dá-se sempre que ocorrer *desequilíbrio no processo de disputa política, caracterizando abuso de direito*. Permite-se colacionar, nessa ordem de convicções, o v. acórdão no Recurso Especial Eleitoral 12.577-PR, de que foi relator o eminente Ministro Torquato Jardim, cuja ementa enuncia:

"Abuso de poder econômico ou político. 1. Práticas ilegais judicialmente apuradas (aliciamento da vontade popular através da distribuição de dinheiro e promoção de tratamentos médicos custeados pela máquina administrativa) *hábeis a provocar um desequilíbrio no processo de disputa política, caracterizando abuso de direito, que não exige comprovação de nexo entre causa e efeito*. 2. Recursos conhecidos e providos" (*DJ* de 3.5.96, p. 13.948).

"Mídia" e eleições

Avulta nesse campo de questões a influência dos veículos da *mídia* e dos meios de comunicação no processo eleitoral, especialmente dos órgãos de imprensa, rádio e televisão. Nesse sentido, bem anotam os signatários da prefalada *representação elei-*

toral, que serviu de base à douta Indicação 026/98, do eminente Dr. Hermann Assis Baeta, da qual se extrai o excerto seguinte:

"É que, de toda sorte, a simples exposição à *mídia*, inerente ao cargo, a noticiada presença em eventos relevantes, já seria de *per si* suficiente para conferir-lhe incomensurável vantagem em relação a quaisquer outros candidatos. Tanto isto é exato que os políticos em geral despendem esforços enormes ou gastam fortunas, simplesmente para *aparecer*, isto é, para que seus nomes, sua imagem, sua figura, despontem nos noticiários de jornal ou, preferentemente, para que surjam nas telas de televisão ou sejam mencionados nas programações de rádio.

"Dita exposição à *midia* – sobretudo em País subdesenvolvido, no qual o simples soar de um nome, como *conhecido* é um *handicap* eleitoral – como o comprovam as pesquisas e a freqüente eleição de radialistas, de jogadores de futebol ou de artistas quando se candidatam – representa ponderável vantagem que desequilibraria a disputa, maiormente no caso de quem seja *Presidente*, dada a respeitabilidade e o temor reverencial que o cargo (quase divinizado em países atrasados politicamente como o nosso) inspira nos segmentos mais modestos da população."

Não fica dúvida em nosso espírito de que a notoriedade natural do exercente da Presidência da República, se associada à dispensa da desincompatibilização para a disputa da reeleição, coloca o titular do cargo em posição nitidamente mais vantajosa em relação aos demais disputantes do pleito presidencial. Seja o noticiário direto que envolve o Chefe da Nação, que se traduz em publicidade indireta e privilegiada, seja o cenário propício para a conquista de apoios políticos, sejam, enfim, as facilidades de toda ordem para a obtenção de recursos para o financiamento da campanha, tudo faz crer que o afastamento do cargo por período razoável anteriormente à realização do sufrágio constitui exigência imperiosa para a preservação da isonomia entre candidatos e da moralidade eleitoral.

A jurisprudência do TSE já tem dado mostras da indignação pretoriana em face desse locupletamento indevido dos meios de comunicação por parte de ocupantes de altos cargos públicos. Vale mencionar, dentre tantos outros, o v. acórdão no Recurso Especial 12.394-RS, prolatado em 5.12.95, sendo relator o sr. Ministro Torquato Jardim, com a ementa seguinte:

"Abuso de poder econômico e utilização indevida de meios de comunicação social (Lei Complementar 64/90, art. 22) (...)

"Irrelevante para a configuração da conduta proibida o volume ou a origem dos gastos não autorizados por lei ou a vantagem em votos eventualmente obtida.

"A Constituição assegura, sob o manto da isonomia legal, a igualdade de oportunidades entre candidatos e partidos, para tanto definindo explicitamente, como contrários à normalidade e à legitimidade das eleições, a influência do poder econômico ou o abuso do exercício de função, cargo ou emprego na Administração direta ou indireta (CF, art. 14, § 9º).

"A lei complementar, prevista na Constituição, prevê, ainda, como expressões contrárias ao sentido da Carta, a utilização indevida de veículos ou meios de comunicação social em benefício de candidato ou de partido político (CF, art. 14, § 9º, LC 64/90, art. 22).

"Essa a razão pela qual a lei eleitoral fixa regras rígidas de igualdade de acesso e de uso dos meios de comunicação social e de *outdoors* para fins de propaganda eleitoral."

Em realidade, apresenta-se atualíssima a questão das relações entre os órgãos de comunicação social e o processo eleitoral. Nunca foi tão nítida e alarmante a influência dos veículos comunicadores (jornal, rádio e televisão) no trâmite das eleições, com destacada vantagem para os meios de radiodifusão de sons e imagens. Estes exercem hoje avassaladora capacidade de formação (e indução) da opinião pública, realizando, com o bombardeio diário de informações programadas e não raro associadas a projetos político-eleitorais, a invasão irresistível dos lares de todas as classes sociais e das consciências de todos os níveis de escolaridade e matizes ideológicos. Trata-se de fenômeno em escala mundial, que coincide com a massificação do consumo de equipamentos de comunicação eletrônica e que nas três últimas décadas degenerou na tirania da mídia.[1] Percebe-se hoje, com clareza irreversível, que a influência dos meios de comunicação na sociedade de massas pós-moderna constitui um autêntico ato de guerra social, na medida em que, na visão de Voyenne, *a dominação do homem pelo homem não é alcançada apenas pela coação das armas, mas também pelo exercício do poder econômico e pela coerção política*.[2] Com esse imbatível armamento de guerra social arrasa-se e reduz-se a pó as derradeiras trincheiras da individualidade e as reservas mais recônditas da liberdade de opinião, ainda há pouco sacralizada pelo ideário liberal da autonomia de vontade da manifestação do pensamento político. O homem individual e coletivo sucumbe ao poder avassalador da *mídia* eletrônica que a tudo conquista e transforma, operando a depravação dos padrões da inteligência e da cultura que fizeram a glória do iluminismo e dos engenhos civilizatórios da modernidade. Nessa visão, vale transcrever as lúcidas observações de Amaral Vieira em monografia especializada sobre o tema:

1. Esse fenômeno tem sido um dos temas da predileção dos cientistas políticos norte-americanos nas últimas décadas, valendo mencionar, para os propósitos deste tópico, a monografia de Lord Windleshaw, "Television as an influence on political opinion", constante da revista *The Political Quarterly*, Ed. Nelson, v. 35, n. 1, jan.-mar./64, pp. 375 e ss.; o estudo de Barrie Gunter, Michael Svennevig e Mallory Wober, intitulado "Viewer's experience of television coverage of the 1983 general elections" (publicado na coletânea *Parliamentary Affairs – A Journal of Comparative Politics*, v. 37, n. 3, ano 1984); de Jill Hill, "Telecommunications and democracy: the international experience" (constante do *Telecommunications Journal*, v. 60, ano 1993, pp. 21-29); de Anthony Smith, *The Geopolitics of Information: How Western Culture Dominates the World* (Ed. Oxford University Press, New York, 1980); bem como a minuciosa pesquisa coletiva desenvolvida por James S. Newton, Roger D. Masters, Gregory J. McHugo e Denis G. Sullivan, sob o título "Making up our minds. Effects of network coverage on viewer impressions of leaders", publicada na Coleção *Polity – The Journal of the Northeastern Political Science Association*, v. XX, n. 2, ano 1987, da qual destacamos a surpreendente constatação a respeito da importância das ocorrências bizarras nas campanhas eleitorais: "Political scientists have noted some consistent patterns in the nature of political coverage by reporters and TV networks. Of particular interest is the journalistic tendency to report what is perceived as deviant behaviors, such as candidate slips or gaffes. The mass media has enormous power to shift the attention of the attentif public on deviations from normal or expected political behaviours (...) The greater the deviation from normal, the greater the focusing power of the media. For many journalists, the working definition of news is a departure form the norm, using such an event to analyze a candidate without appearing to compromise reportorial objectivity. The history of the televised presidential campaign is thus rife with images of cadidate's unrehearsed behaviors" (idem, p. 228). Para um exame da influência da *mass midia* no processo eleitoral alemão, veja-se o texto de Helmut Norpoth e Kendall L. Baker, "Mass media use and electoral choice in West Germany", na Revista *Comparative Politics*, v. 13, n. 1, out./80, pp. 1 e ss. Em França pode-se destacar a importante pesquisa de Simon Nora e Alain Minc, *L'Informatization de la Société* (editado por La Documentation Française, Paris, 1978); além do livro de Jean Mizrahi, *L'Èchiquier de l'Électronique, Une Géopolitique des Technologies de l'Informatique* (Ed. Hachette, Paris, 1986). Finalmente, para uma ampla abordagem histórico-filosófica da *midiologia* – que ainda neste ano de 1994 venceu as barreiras da tradição universitária francesa para se incluir como disciplina oficial no currículo acadêmico da Sourbonne, em particular sobre os *meios simbólicos de transmissão e circulação das idéias, dos valores e da informação*, merece leitura o livro do sociólogo francês Régis Debray, *Curso de Midiologia Geral*, publicado pela editora Vozes, com trad. de Guilherme de Freitas Teixeira, 1994.

2. Bernard Voyenne, "Information et opinion publique", publicado na *Revista del Instituto de Ciencias Sociales*, Ed. Diputación Provincial de Barcelona, Espanha, n. 15, 1970, p. 11.

"Os meios audiovisuais podem constituir-se, hoje, no instrumento mais poderoso de dominação, sua manipulação tem meios de criar e de destruir mitos, criar e destruir valores, moldar a sociedade ao talante de seus condutores e, até, objetivando anseios totalitários, transformar-se em máquina diabólica de lavagem cerebral de massa (...). Tanto a massificação quanto o consumismo sugerem não apenas o esmagamento da vontade individual (o personalismo), como também, e isto se nos afigura igualmente grave, a manipulação da vontade geral em direção a objetivos prefixados pelos controladores dos meios e instrumentos de comunicação. Essa intervenção na sociedade contemporânea, sobre ser corrente, é das características, possivelmente a mais marcante, de nossa civilização (...). O Estado moderno decretou a morte da individualidade (...). Os meios de comunicação, não apenas pelo que informam, mas principalmente pelo que deixam de informar, ditam as opiniões de cada ser humano, determinando-lhes as paixões e os ódios. A liberdade individual parece esboroar-se à medida que a sociedade tecnológica liberta o homem da natureza."[3]

No mesmo diapasão, vale rememorar a advertência prestigiosa de Habermas, ao sustentar:

"A crescente complexidade da *mídia* e o aumento do capital acarretam uma centralização dos meios de comunicação. Na mesma proporção, os meios de comunicação de massa ficam expostos a uma crescente pressão seletiva, tanto do lado da oferta como da procura. Esses processos de seleção tornam-se fonte de uma nova espécie de poder, ou poder da *mídia*, o qual não é controlado suficientemente pelos critérios profissionais. (...) Os produtores da informação impõem-se na esfera pública através de seu profissionalismo, qualidade técnica e apresentação pessoal. Ao passo que os atores coletivos, que operam fora do sistema político ou fora das organizações sociais e associações, têm normalmente menos chances de influenciar conteúdos e tomadas de posição dos grandes meios. Isso vale especialmente para opiniões que extrapolam o leque de opiniões da grande *mídia* eletrônica, *equilibrada*, pouco flexível e limitada centristicamente.

"Antes de serem postas no ar, tais mensagens são submetidas a estratégias de elaboração da informação, as quais se orientam pelas condições de recepção ditadas pelos técnicos em publicidade. E dado que a disposição de recepção, capacidade cognitiva e atenção do público constituem numa fonte extremamente escassa, que é alvo dos programas concorrentes de várias *emissoras*, a apresentação de notícias e comentários segue conselhos e receitas de especialistas em propaganda. A personalização das questões objetivas, a mistura entre informação e entretenimento, a elaboração episódica e a fragmentação de contextos formam uma síndrome que promove a despolitização da comunicação pública. Esse é o verdadeiro núcleo da teoria da indústria cultural."[4]

A grande estrela nesse processo de dominação das mentes e de subjugação do inconsciente coletivo é, sem dúvida, a televisão. De sua tela jorram em profusão dirigida as mensagens que alimentam o espírito humano e que permitem a interligação dos isolamentos individuais nas sociedades de massas marcadas pela solidão, pela letargia das multidões, pela pasteurização da razão coletiva e pelo comércio atacadista das emoções. Não é demais assentir que a televisão assumiu neste fim de século não apenas o comando mundial da informação, mas a própria essência do poder social, que

3. R. A. Amaral Vieira, em "A comunicação de massa e o direito à informação", na *Revista de Informação Legislativa*, Ed. Senado Federal, n. 37, jan.-mar./73, pp. 162-163.

4. Jorgen Habermas, *Direito e Democracia entre Faticidade e valida*, Ed. Tempo Brasileiro, 1997, v. 2, pp. 109-111.

exerce em todas as latitudes das sociedades humanas mediante a formação e o controle da opinião pública. Esse pequeno monitor audiovisual tornou-se a janela do mundo, dando consagração universal ao vaticínio de Marshall MacLuhan nos primórdios dos anos 60, de que o *meio é a mensagem*. Sem dúvida, os novos exércitos para a conquista da mente e da capacidade de autodeterminação das pessoas são a imagem e o som irradiados nas telas de TV que povoam a face da terra. A sujeição das massas urbanas ao domínio da hipnose televisiva transformou-se na mais brutal, na mais contagiante e na mais totalitária forma de servidão na história do gênero humano. É, enfim, a televisão que dá o tom dos acontecimentos, que determina a importância de cada notícia, que fixa os temas da atualidade e (porque não?) que orienta ou reorienta o curso da história e o destino das multidões. Esta é a conclusão realista, agradável ou não, a que se chegou em um dos mais importantes e qualificados colóquios internacionais realizados sobre a matéria, como seja o encontro de estudiosos organizado em 1991 pelo *Le Monde Diplomatique*, intitulado *Médias, Sociétés et Dérnocratie*, do qual destacamos a cortante constatação de Ignacio Ramonet:

"Nous nous trouvons à un tournant de l'histoire de l'information. Au sein des médias, on l'a encore vu avec la guerre du Golfe, la télévision a pris le pouvoir. C'est elle désormais qui donne le ton, qui détermine l'importance des nouvelles, qui fixe les thèmes de l'actualité. Il y a encore peu de temps, le journal télévisé du soir s'orga-nisait sur la base des informations parues, le même jour, dans la presse écrite; on y trouvait lé même classement de l'information, la même architecture, le même ordre. Désormais, c'est l'inverse. C'est la télé-vision qui dicte la norme, c'est elle qui impose son ordre et contraint les autres médias, en particulier la presse écrite, à suivre. À l'occasion de l'affaire de Timisoara, des responsables de journaux ont publiquement admis que, impressionnés par les images vues à la télévision, ils avaient reécrit le texte de leur correspon-dant sur place qui ne parlait pas du 'charnier'. De ce jour date une nouvelle étape dans l'évolution de l'information. Un média central – la télévision – produit un impact si fort dans l'esprit du public que les autres médias se sentent obligés d'ac-compagner cet impact, de l'en-tretenir, de le prolonger."[5]

Sua influência é tanto mais decisiva quanto mais iletrada e acrítica for a clientela alcançada pelos sinais televisivos, o que se dá com inevitável infortúnio com as Nações e povos submergidos na pobreza e no analfabetismo, por isso mesmo facilmente explorados pelo poderio da imagem e do som, cujos detentores, nesses contextos miseráveis de terceiro mundo, quase sempre antagonizam as aspirações de libertação das massas oprimidas, valendo-se das imagens hipnotizantes e de programações alienantes na televisão para reforçar a hegemonia das elites, conservar privilégios castiços e aprofundar a concentração de renda. Tem-se aí a televisão partidarizada, a serviço do conservadorismo, e bloqueadora dos anseios legítimos de transformação social.

Verdadeiramente, não se pode ignorar o grau de influência dos meios de comunicação de massa nas campanhas eleitorais da atualidade. São esses, na sociedade contemporânea, os imbatíveis indutores de formação da opinião pública, capazes de gerar toda sorte de propaganda, direta ou indireta, positiva ou negativa, de partidos e candidatos, bem como de doutrinas e modelos político-econômicos servíveis ao atingimento de metas pré-definidas. O engajamento das grandes emissoras de televisão no *marketing* político, permite-lhes, me-

5. Trata-se do magnífico artigo de Ignacio Ramonet, sob o sugestivo título "L'ère du soupçon", constante do *Le Monde Diplomatique*, Caderno Especial sobre *Médias, Sociétés et Démocratie*, n. 446, mai./91, p. 11.

diante a transmissão diária e programada de mensagens com insinuação e finalidade eleitoral, alcançar o aumento ou a redução gradativa de rejeições no âmago do eleitorado, com isso abrindo ou reduzindo o espaço de candidatos junto ao público eleitor, de acordo com os interesses da própria emissora ou de grupos por ela patrocinados. Trata-se da propaganda eleitoral em todas as suas modalidades, explícita e implícita, formadora de opinião e desencadeante de comportamentos cívicos, segundo as metas que se destina alcançar.[6] Por esse sugestionamento constante e em doses homeopáticas, nem sempre subliminar e muitas vezes explícito, os canais de televisão conseguem conquistar o inconsciente coletivo e com isso criar mitos, destruir reputações, promover ações de governo, condenar políticas públicas, remoçar conceitos obsoletos, envelhecer ideais de mudança, patrocinar interesses de toda ordem, não raramente distorcendo fatos e remoldando circunstâncias para transformar em realidade estratégias e projetos de grupos políticos e econômicos associados à essa *mídia* utilitária e de resultados. E tal não deve causar espanto ao atento observador da realidade. *Marketing político*, que pode ser considerado um produto antigo mas com embalagem nova, na medida em que o poder nunca dispensa seus rituais e adereços, consiste por certo na propagação do conjunto de atividades voltadas à conquista, à manutenção e à expansão do poder. Sua teorização moderna se deve provavelmente a Maquiavel, em *O Príncipe*, dedicado a Lourenço de Médici, para que este pudesse extrair de seu texto tão polêmico quanto fascinante "aquela grandeza que a fortuna e as outras suas qualidades lhe prometem". Nesta obra de primor renascentista, que longe de ser um tratado sobre o Estado é muito mais um compêndio prático do poder, exprime-se com genial e angustiante realismo o cenário das competições humanas em que se trava a disputa interminável pelo poder nos vários níveis da existência, no qual o *marketing político* apresenta-se crescentemente como mecanismo fundamental para a conquista e manutenção da adesão popular e das forças políticas de sustentação dos governantes.[7] A própria imagem do político e do disputante de mandato eletivo transforma-se na pós-modernidade em mercadoria a ser vendida à opinião pública, operando os meios de comunicação, especialmente a *mídia* eletrônica, como instrumentos de conquista do mercado do voto, conforme bem acentuado por Marilena Chauí, que observa: "A peculiaridade pós-moderna – o gosto pelas imagens – se estabelece com a transformação das imagens em mercadorias, isto é, em lugar de colocar um produto no mercado, coloca-se uma imagem com a finalidade de manipular o gosto e a opinião. (...) A própria imagem precisa ser vendida, donde a competição enlouquecida das agências de publicidade que sabem que uma imagem é efêmera e que seu poder de manipulação é muito limitado no tempo, sendo imprescindível

6. Como bem expõe Fávila Ribeiro, a propósito dos condicionamentos psicológicos, "vale-se a propaganda com freqüência de recursos para atuar no subconsciente, exercendo considerável influência no recrutamento de adeptos, para uma causa política. Para atingir as camadas do inconsciente, deixando efeitos que se vão soerguendo gradativamente, destaca-se a técnica da repetição das mensagens. E quanto mais intensiva for a divulgação da imagem ou da mensagem, maior será o índice do rendimento a ser conquistado, tanto que a diminuição do ritmo publicitário faz declinar os êxitos obtidos" (em *Direito Eleitoral*, Forense, 3ª ed., 1988, p. 292).

7. Essa visão pragmática e utilitarista da obra de Maquiavel obviamente não se preocupa com a ética enquanto princípio do estado da natureza e limitador das ações humanas, reconhecendo apenas, como em tempos distintos observaram Hegel, de Sanctis e Gramsci, uma nova moral, que é a moral mundana dos homens que lideram os povos e constróem os Estados a partir das relações reais de necessidades e interesses que se estabelecem entre os seres humanos. Para uma abordagem específica, indicamos o interessante estudo de José Nivaldo Júnior, intitulado *Maquiavel, O Poder – História e Marketing*, Makplan – Marketing e Planejamento, Recife, 1991.

seu descarte e troca veloz. Na política, as imagens tornam-se muito sofisticadas e complexas porque precisam garantir, simultaneamente, estabilidade e permanência ao poder e sua adaptabilidade, flexibilidade e dinamismo para responder às conjunturas. A competição pública não se faz entre partidos, ideologias ou candidatos, mas entre imagens que disputam valores como credibilidade, confiabilidade, respeitabilidade, inovação, prestígio. Essas são as novas virtudes do novo bom governante. As eleições presidenciais de 1989, no Brasil (eleição de Fernando Collor de Mello), são o melhor exemplo do pós-modernismo no espaço público".[8]

A bem dizer, já são incontáveis os exemplos da crescente e deletéria intervenção da *mídia* nas eleições brasileiras, razão pela qual a Justiça Eleitoral, embora ainda com timidez e acanhada visão acerca da gravidade dessa questão, já tem formulado pronunciamentos coibidores do excesso de partidarismo por parte das emissoras de rádio e televisão. A ação corregedora das várias instâncias do Poder Judiciário deve fazer-se, porém, não apenas durante o chamado período eleitoral, ou seja, após a oficialização e registro das candidaturas pelas convenções partidárias, mas de forma permanente e efetiva, vez que o privilegiamento diuturno dos órgãos da *mídia* em favor de homens públicos e virtuais candidatos, como também a constante discriminação desfavorável contra outros postulantes, sugestiona decisivamente o conceito da pessoa focalizada perante o eleitorado, preparando o terreno das intenções de voto no embate das urnas. E quando tal se dá em conjugação com a divulgação das pesquisas eleitorais, nem sempre revestidas de idoneidade, mas que exercem fortíssima influência na formação do eleitorado, as eleições deixam de ser um processo espontâneo e legítimo de manifestação da consciência cívica do povo, transformando-se num espetáculo de efeitos artificiais que manipulam a opinião pública ao sabor dos interesses econômicos e meta-eleitorais dos grupos que por essa forma dominam o processo político.

Ninguém, em sã consciência, poderá ignorar ou negar o poder de interferência dos meios de comunicação de massas nas campanhas eleitorais da atualidade. São estes, na sociedade contemporânea, os poderosos e invencíveis indutores de formação da opinião pública. Sua atuação, se descontrolada ou se feita em causa própria ou de interesses econômicos sectarizados, máxime se em regime de cartelização, como é o caso do sistema Globo (TV, rádio e jornal), simplesmente invalida ou faz periclitar qualquer perspectiva de uma democracia representativa pluralista e igualitária para com os diversos segmentos da cidadania. Daí

8. Marilena Chauí, no artigo "Público, privado, despotismo", constante da obra coletiva *Ética*, organizada por Adauto Novaes, Cia. das Letras, São Paulo, 1992, p. 386. Trata-se do fenômeno da *democracia eletrônica*, da *teledemocracia* ou da *videodemocracia*, conforme alcunhado em artigo por José Paulo Cavalcanti Filho, focalizando a recente eleição de Berlusconi para Primeiro Ministro da Itália, conquistada graças ao poder de influência do seu conglomerado de telecomunicações: "Berlusconi controla todas as três redes privados de televisão de seu país (Itália Uno, Retequattro e Canale 5), mais uma quarta (Capodistria) que, embora com sede física na antiga Iugoslávia, tem suas emissões em italiano. Fez um partido (Forza Italia) em pouco mais de três meses e acabou ungido Primeiro Ministro, a partir do poder de seu império de comunicação. Não por acaso a biografia do dono de CBS, William Paley, que acaba de chegar às livrarias americanas, se chama *Em Toda Sua Glória* (*In All His Glory*). Quase como um cântico de louvor ao Senhor. Por aqui, até agora, tivemos sorte. Samuel Weiner não era brasileiro; Chateaubriand preferiu ser imortal da Academia de Letras; e Roberto Marinho (não por acaso, também imortal da Academia Brasileira de Letras), mesmo sendo um semi-deus em plena atividade, já está velho demais para pensar em ser presidente (esperamos)... Ken Auletta afirma em livro recente (*The Blind Mice*) que o regime do futuro será a videodemocracia. Pode até ser, mas então corremos o risco de aposentar os partidos políticos para criar o Partido do SBT, o Partido da Band, o Partido da Globo; substituindo as eleições por pesquisas do Ibope; e convertendo o povo apenas em adereço" (extraído do artigo "Videodemocracia?", publicado no *Jornal do Comércio*, Recife, ed. de 8.4.94, p. 2).

haver asseverado, com justeza, o ex-Procurador-Geral da República e da Justiça Eleitoral, hoje Ministro José Paulo Sepúlveda Pertence, que abrilhanta o STF:

"Na aldeia global contemporânea, permitir qualquer forma de engajamento parcial dos detentores dos meios de comunicação de massa nas campanhas eleitorais é, na verdade, transferir-lhes uma fonte de poder político, tal a virtualidade de formação e manipulação da opinião pública, que a televisão e o rádio representam. A rígida disciplina legal do acesso – tanto quanto possível igualitário, de partidos e candidatos ao rádio e à televisão constitui, assim, um instrumento imprescindível para a construção de um processo eleitoral realmente democrático, no mundo moderno."[9]

Noutro excerto, acrescenta o mesmo jurista: "Assim, não é exagero dizer que a sorte da construção da democracia, na sociedade contemporânea de grandes massas, passa pela disciplina do uso do rádio e da televisão pelas correntes políticas. Por isso, preocupam-se as legislações na busca do ponto de equilíbrio entre as duas imposições, freqüentemente contrapostas, da democracia hodierna: de um lado, a de levar às massas, pelos veículos incomparáveis do rádio e da televisão, a discussão e a informação políticas, de outro, a de estabelecer a distribuição equânime do tempo de sua utilização entre partidos e candidatos, a fim de evitar que os resultados eleitorais sejam função da preferência dos concessionários da radiodifusão ou dos que lhes possam comprar as transmissões".[10]

Essa intromissão dos meios de comunicação no processo eleitoral, como também a utilização da máquina administrativa de qualquer entidade ou agência do Poder Público, que vulneram o imprescindível tratamento igualitário a que fazem jus todos os partidos e candidatos, constituem, sem a mais mínima dúvida, atividades ilícitas e condenadas pelo estatuto supremo e pela codificação eleitoral, que reprimem a interferência do poder econômico e o desvio ou abuso de autoridade. Essas observações são tanto mais verdadeiras e preocupantes quando se trata de uma reeleição presidencial nos chamados países emergentes, com frágil tradição partidária, com precário controle da legalidade eleitoral, com trágicas e históricas deformações no processo de afirmação da representatividade política e, por acréscimo, impactados pelos desarranjos da economia mundial globalizada, tudo a conspirar contra a sinceridade dos pleitos eleitorais e da legitimidade no exercício do poder de autoridade.

Não é por outra razão que a justificativa em que radica a vertente *Indicação* do nosso preclaro ex-Presidente desta Egrégia *Casa de Montezuma*, Dr. Hermann Assis Baeta, deixa externada a justa preocupação quanto à "*possibilidade de o candidato a Presidente, no exercício do cargo de Presidente, manipular a máquina administrativa em seu benefício, propiciando a prática de corrupção eleitoral, abusos administrativos e violência política para com seus adversários e opositores*".

Por todo esse acervo de ponderações, acreditamos que a interpretação da letra da EC 16/97 haverá de pautar-se nos princípios e valores já positivados, tanto implícita quanto explicitamente, na CF/88, que decididamente enaltecem o *regime democrático* (arts. 1º, *caput* e 17), a *soberania popular* (arts. 1º, 14 e 17), o *pluralismo político* (arts. 1º, inc. V e 17), a *igualdade entre partidos candidatos a cargos eletivos* (arts. 5º e 37), além da *moralidade eleitoral* (art. 14, § 9º).

Da interpretação constitucional

Resta patente, com efeito, que o princípio da igualdade objetiva assegurar um tratamento equilibrado no processo democrá-

9. Transcrito da publicação intitulada "Pareceres do Procurador-Geral de República – 1985-1987", *Imprensa Oficial*, Brasília, 1988, p. 123.

10. José Paulo Sepúlveda Pertence, idem, p. 317.

tico. A concepção axiológica de *Estado Democrático*, conforme idealizada pelo preâmbulo e pelo artigo inaugurante de nossa Lei Maior, ornamentada pela série de valores supremos conducentes a uma *sociedade fraterna, pluralista e sem preconceitos*, com ênfase no postulado da igualdade, traduz, em verdade, o "princípio constitucional com dimensões materiais e dimensões organizativo-procedimentais", consoante qualificado pelo prof. J. J. Gomes Canotilho, da prestigiosa e secular Universidade de Coimbra (em sua obra *Direito Constitucional e Teoria da Constituição*, Almedina, Coimbra, 1997, p. 277). De conseguinte, o exame da constitucionalidade do instituto da *reeleição desacompanhada da exigência da desincompatibilização*, uma vez em cotejo com os princípios constitucionais da igualdade e da moralidade eleitoral, deve ser potencializado por essas *premissas principiológicas do regime democrático*, em boa hora encampadas pela Constituição da República. Só assim poder-se-á, à luz da contemporânea Teoria Constitucional, prestigiar, como devido, o papel integrativo da Constituição, a legitimidade no exercício das investiduras políticas e a prevalência da função dos princípios na interpretação das normas preceituais da Constituição.

Com efeito, a dimensão dos efeitos jurídico-políticos resultantes da inconstitucionalidade do instituto da *reeleição desacompanhado da exigência da desincompatibilização* do Presidente da República no fluente ano eleitoral, tendo em vista os princípios constitucionais do regime democrático, da igualdade entre partidos e candidatos e da moralidade eleitoral, só podem ser aferidos numa compreensão exata da função integradora de uma carta constitucional. Nesse sentido, vale colacionar a lição magistral de Konrad Hesse, ao expor: "Las funciones de la Constitución en la vida de las comunidad son aplicables, antes que nada, a dos tareas fundamentales: a la formación y mantenimiento de la unidad política, así como a la creación y mantenimiento del ordenamiento jurídico. Ambas están estrechamento ligadas" (extraído do artigo "Constitución y Derecho Constitucional", constante da obra coletiva intitulada *Manual de Derecho Constitucional*, orgs. Benda e outros, Ed. Instituto Vasco de Administración Pública/Marcial Pons, Ediciones Jurídicas y Sociales, Madrid, 1996, p. 3).

Tais funções de *integração, organização e direção jurídica* abrem, por certo, o necessário espaço para a autonomia jurídica da Constituição diante das realidades temporais. Sem tal força normativa autônoma da Constituição estaremos diante do cenário trágico descrito pelo próprio Konrad Hesse, ao sustentar: "Em caso de eventual conflito, a Constituição não deve ser considerada, necessariamente a parte mais fraca. Ao contrário, existem pressupostos realizáveis que, mesmo em caso de confronto, permitem assegurar a força normativa da Constituição. Somente quando esses pressupostos não puderem ser satisfeitos, dar-se-á a conversão dos problemas constitucionais, enquanto questões jurídicas, em questões de poder. Nesse caso, a constituição jurídica sucumbirá em face da constituição real" (*A Força Normativa da Constituição*, Sérgio Antônio Fabris Editor, 1991, p. 25).

Desse modo, diante da questão jurídica suscitada pela nova redação do § 5º, do art. 14, da CF/88, parece-nos inevitável concluir que a dispensa do requisito eleitoral e moralizador da *desincompatibilização* conduziria a uma autêntica desfiguração da nossa Lei Maior, subtraindo-lhe o papel, que lhe é ínsito, de *integração*, *organização* e *direção jurídica*. A não ser assim, a Constituição estaria capitulando diante do ímpeto das *forças reais de poder* a que alude Ferdinand Lassalle, em sua obra clássica do constitucionalismo sociológico (*Que é uma Constituição*, Ed. Villa Martha, Porto Alegre, 1980).

Releva assinalar, ademais, que a *Teoria Constitucional contemporânea* tem se voltado, prioritariamente, para a discussão de mecanismos e institutos que assegurem, de modo permanente, a legitimidade das normas constitucionais. Esse esforço de contínua legitimação da Constituição em face das dinâmicas e mutantes demandas sociais exige que os intérpretes e aplicadores da Lei Maior não percam de vista a sua própria vinculação com a realidade social. É de justiça consignar, a esse propósito, que foi a *Teoria Constitucional alemã contemporânea* o principal artífice nessa preocupação de procedimentos de legitimidade. Tal fato decorre da natureza e origem da chamada *Lei Fundamental de Bonn*, de 1949, que não proveio de uma assembléia constituinte de Nação unificada e pacificada no 2º pós-guerra, como, também, do empenho intenso de se encontrar instrumentos supraconstitucionais para se evitar a reedição de toda sorte de violências e atrocidades praticadas pelo regime nazista. Nesse diapasão é que se deve compreender outra importante lição de Konrad Hesse, ao expor: "Em outros termos, o Direito Constitucional deve explicitar as condições sob as quais as normas constitucionais podem adquirir a maior eficácia possível, propiciando, assim, a legitimidade da dogmática e da interpretação constitucional. Portanto, compete ao Direito Constitucional realçar, despertar e preservar a vontade da constituição que, indubitavelmente, constitui a maior garantia de sua força normativa" (*A Força Normativa*, p. 27).

Seria, pois, o caso de indaga-se no campo de questões que ora nos ocupa: *o que mais efetivamente fortalece a vontade constitucional e, em conseqüência, a força normativa da CF/88: o permissivo desqualificado da reeleição presidencial ou o princípio da reeleição do Presidente da República qualificado com a exigência da desincompatibilização, em prol do regime democrático, da igualdade entre partidos políticos e candidatos e da moralidade eleitoral?* Chega a ser intuitivo responder que *a nova redação dada ao § 5º do art. 14 pela EC 16/97 deva, em toda linha, conciliar-se com aqueles princípios axiológicos que informam entre nós o exercício da soberania popular e da representação política.* Tal é tanto mais evidente se se considerar as deformações históricas da vida política brasileira e do funcionamento de nossas instituições eletivas, de longa data contaminadas pelo *coronelismo político*, pelo nepotismo, pelo autoritarismo, pela fragilidade partidária, pela prevalência dos interesses privados sobre os interesse públicos e, enfim, por toda sorte de ingerências indecorosas do poder econômico nas eleições.

Não longe da contribuição alemã está, também, a atual *Teoria Constitucional contemporânea norte-americana*. É o caso de lembrar, a título de ilustração, as ponderações de autoria de Bruce Ackerman, festejado prof. da Universidade de Yale, na sua última obra *We The People – Transformations* (Cambridge, The Bel Knap Press/ Harvard University Press, 1998), ao defender a necessidade imperiosa de se fortalecer o *poder constituinte derivado* ou *poder de emenda constitucional*, conforme contemplado no art. 5º da Constituição de Filadélfia de 1787, através de mecanismos de maior participação popular, que assegurem o máximo de legitimidade aos enunciados constitucionais.

É forçoso reconhecer, não obstante, que, tradicionalmente, o positivismo jurídico reduziu o significado e o alcance da eficácia dos princípios e dos valores constitucionais. Coube, especialmente, aos estudiosos Ronald Dworbin e Robert Alexy o mérito de reexaminar e enaltecer o papel e a importância das normas de princípio nos estatutos supremos da atualidade. Tal reexame foi possível na medida em que se logrou equiparar e, sobretudo, a sobrepor as normas de princípio às normas de preceito contidas na Constituição. Contudo, é assinalável que ainda permanece viva e candente nas melhores academias de estudo da *Teoria contemporânea da Constituição* a discussão acerca da função real dos princípios axiológicos supralegais, bem como acerca dos instrumentos exegéticos voltados à maximização de sua eficácia normativa. Assim é que, para alguns autores, como o citado Robert Alexy, os princípios encerrariam verdadeiros *mandatos de otimização constitucional*. Para outros, como Luís Prieto Sanchis (na obra *Salve Principios y Normas – Problemas del Razonamiento Jurídico*, constante dos *Cuadernos y Debates*, v. 40, Ed. Centro de Estudios Constitucionales, Madrid, 1992), a principal função do princípio com caráter normativo é a de fortalecer uma *compreensão ética do jurídico*. De todo modo, essas imponentes e atualizadas contribuições do pensamento acadêmico estão a demonstrar que o enriquecimento da *Teoria Constitucional contemporânea* é buscada hoje, cada vez mais e em grande parte, mediante a revitalização dos princípios constitucionais e dos valores ético-sociais tutelados pelas normas de princípios.

A distinção entre *normas de preceito* e *normas de princípio*, sobretudo a integração sistêmica entre ambas, assume particular relevo nas Cartas Políticas que exibem a abertura temática peculiar à pós-modernidade constitucional e que costumam reunir um grande número de preceitos entremeados por um vasto elenco de princípios. Nesse contexto, como leciona Jorge Miranda, a função ordenadora das normas de princípio cumpre um papel de superlativa importância para interpretação e aplicação da Constituição: "Os princípios não se colocam além ou acima do Direito (ou do próprio Direito Positivo); também eles – numa visão ampla, superadora de concepções positivistas, literalistas e absolutizantes das fontes legais – fazem parte do complexo ordenamental. Não se contrapõem às normas, contrapõem-se tão-somente aos preceitos; as normas jurídicas é que se dividem em 'normas-princípios' e 'normas-disposições' (...). Eles (os princípios) exercem uma acção imediata enquanto directamente aplicáveis ou directamente capazes de conformarem as relações político-constitucionais. E exercem também uma acção mediata tanto num plano integrativo e construtivo como num plano essencialmente prospectivo. Por certo, os princípios, muito mais que os preceitos, admitem ou postulam concretizações, densificações, realizações variáveis. Nem por isso o operador jurídico pode deixar de os ter em conta, de os tomar como pontos firmes de referência, de os interpretar segundo os critérios próprios da hermenêutica e de, em conseqüência, lhes dar o devido cumprimento" (*Manual de Direito Constitucional*, Coimbra Ed., 3ª ed., 1991, t. II, pp. 224 e 226). Permite-se aludir, ainda, para uma abordagem específica do tema, a obra de Vezio Crisafulli, *La Costituzione e le sue Disposizioni di Principio*, Ed. Giuffrè, Milão, 1952.

Impõe-se, aqui, aplicar o mecanismo hermenêutico da *interpretação conforme a Constituição*, que permite afirmar a constitucionalidade da norma jurídica mercê do prestigiamento da interpretação compatível com a Lei Maior, descartando-se os demais entendimentos quanto ao seu sentido e alcance que se apresentem inconsentâneos com o estatuto supremo. Trata-se, enfim, de aplicar a teorização formulada pelo Tribunal Constitucional alemão, como historiada por Gilmar Ferreira Mendes em seu importante artigo sobre "O controle de constitucionalidade na Alemanha" (publicado na *RDA* 193/13, 1993) e já consagrada pela generalidade das Cortes Constitucionais européias, que, de igual modo, granjeou prestígio nos países da América Latina e no Brasil. Como preleciona J. J. Gomes Canotilho, "a interpretação conforme a Constituição só é legítima quando existe um espaço de decisão (= espaço de interpretação) em que são admissíveis várias propostas interpretativas, umas em conformidade com a Constituição e devem ser preferidas, e outras em desconformidade com ela" (cf. *Direito Constitucional*, Ed. Almedina, Coimbra, 5ª ed., 1991, p. 236).

É assinalável, entre nós, que o STF já tem sufragado, em plúrimas oportunidades, esse esquema exegético, a fim de pôr a salvo no exame de constitucionalidade as interpretações de atos normativos que se compatibilizem com os princípios e preceitos constitucionais, com isso desprezando a exegese que contravenha a Constituição. Dentre tantos arestos colacionáveis com esse teor, permitimo-nos lembrar o acórdão unânime do Pretório Excelso, na Representação 1.417-7, de que foi relator o sr. Ministro Moreira Alves, julgada em 9.12.87, do qual se transcreve o excerto seguinte: "(...) O mesmo ocorre quando Corte dessa natureza (constitucional), aplicando a 'interpretação conforme a Constituição', declara constitucional uma lei com a interpretação que a compatibiliza com a Carta Magna, pois, nessa hipótese, há uma modalidade de inconstitucionalidade parcial (a inconstitucionalidade parcial sem redução do texto *Teilnichtigerklärung ohne Normtextreduzierung*), o que implica dizer que o tribunal constitucional elimina – e atua, portanto, como legislador negativo – as interpretações por ela admitidas, mas inconciliáveis com a Constituição".

Noutra ilustrativa assentada, nosso Tribunal Maior, ao julgar a Ação Direta de Inconstitucionalidade–ADIn 581-DF, sendo relator o sr. Ministro Celso de Mello, ratificou a adoção desse esquema exegético de opção interpretativa, destacando-se a seguinte passagem: "A incidência desse postulado permite, desse modo, que, reconhecendo-se legitimidade constitucional a uma determinada proposta interpretativa, excluam-se as demais construções exegéticas propiciadas pelo conteúdo normativo do ato questionado.

"Em suma: o princípio da interpretação conforme a Constituição, ao reduzir a expressão semiológica do ato impugnado a um único sentido interpretativo, garante, a partir de sua concreta incidência, a integridade do ato do Poder Público no sistema de Direito Positivo. Essa função conservadora da norma permite que se realize, sem redução do texto, o controle de sua constitucionalidade" (cf. *RTJ* 144-146/154, 1993).

É tal o que deve orientar a exegese da EC 16/97, no que tange à alteração introduzida na redação do § 5º do art. 14 da CF, isto na convicção de que não apenas as leis, mas também as emendas constitucionais, fruto do *poder constituinte derivado*, devem ser interpretadas de consonância com os princípios e valores permanentes da Constituição. Desse modo, a adoção do permissivo da reeleição do Presidente da República para um mandato imediatamente seguinte, que veio interromper a sedimentada tradição republicana quanto à investidura presidencial, há, necessariamente, de conjugar-se com o princípio da *desincompatibilização*, conforme previsto e, portanto, preservado nas normas dos §§ 6º e 7º do mesmo preceito supralegal. Ademais disso, a não ser assim, restariam, a toda evidência, malferidos os princípios de valor consistentes no *regime democrático*, na *igualdade entre partidos e candidatos* e na *moralidade eleitoral*, que consubstanciam postulados vetores do sistema da soberania popular e da representação política em nosso País. Com efeito, o entendimento exegético da regra introdutora da reeleição presidencial trazida pela via do *poder constituinte derivado* haverá de compatibilizar-se indispensavelmente com aquelas *supra valores*, todos eles positivados pelo *poder constituinte originário*, que, enquanto tais, revestem-se de eficácia irradiadora de sentido e de orientação hermenêutica para a compreensão do novo regime constitucional respeitante à eleição e reeleição do Presidente da República.

Mercê dessa *interpretação conforme a Constituição*, já de todo sacramentada pelos mais acatados doutrinadores e pelas mais festejadas Cortes Constitucionais neste fim de milênio, inclusive pela Corte guardiã da Constituição em nosso País, torna-se despiciendo um esforço destrutivo da constitucionalidade da própria literalidade da EC 16, na esteira de nossa tradição pretoriana que perfeitamente admite a declaração de inconstitucionalidade de emendas constitucionais por infração das chamadas *cláusulas pétreas* da Constituição, hoje insculpidas no art. 60, § 4º, da CF/88 (cf. dentre outros, o acórdão do STF na ADIn 939-DF, relator o sr. Ministro Sydney Sanches, publicado na *RTJ* 151-III/755-841, que considerou inconstitucionais disposições da EC 3/93). Sendo inequívoco que o princípio da *igualdade entre partidos e candidatos* abriga-se sob o manto do postulado maior e genérico da *isonomia*, que a sua vez encerra preceito constitucional irreformável e intangível, posto que inscrito, dentre os *direitos e garantias fundamentais*, no *caput* do art. 5º de nossa Lei Maior, seria lícito, em linha de conjectura, argumentar-se com a *inconstitucionalidade parcial* e omissiva daquela referenciada Emenda 16, na medida em que sua redação, ao permitir a possibilidade de reeleição do Presidente da República, omitiu a imposição explícita do dever de desincompatibilização enquanto requisito de reelegibilidade e registro da candidatura perante o TSE. O mesmo se poderia articular, ainda, quanto aos princípios do *regime democrático e da moralidade eleitoral*, os quais, de igual modo, também se inscrevem, tanto direta quanto reflexamente, dentre os *princípios fundamentais* do Estado brasileiro (art. 1º, I, II e III), bem como dentre os *direitos e garantias fundamentais* (Título II da CF, art. 14, *caput* e §§ 6º, 7º e 9º), além de se abrigarem na *locução pétrea* alusiva à irreformabilidade do sistema eleitoral calcado no *voto direto, secreto, universal e periódico*, que se contém no precitado art. 60, § 4º, inc. II, da Carta Magna. Por outro lado, torna-se igualmente despiciendo lançar mão, aqui, da tese, conquanto prestigiosa, de Otto Bachof, o renomado prof. da Universidade Tübingen, na Alemanha, em sua célebre conferência inaugural proferida em Heidelberg, em 20 de julho de 1951, sob o título *Normas Constitucionais Inconstitucionais?* (cf. ed. portuguesa, Almedina, 1994). Trata-se, como todos sabem, de ousada e intrigante formulação doutrinária diretamente associada ao momento histórico do pós-guerra na Europa, mas que, entre nós, não tem merecido aplicação por parte do STF, consoante se pode verificar, dentre outros arestos, do acórdão prolatado na ADIn 815-DF, na sessão de 28.3.96, de que foi relator o sr. Ministro Moreira Alves.

Com efeito, cremos dispensável a utilização desses expedientes de rejeição normativa por motivo de contrariedade constitucional. Tudo por que, em rigorosa síntese, o entendimento da EC 16/97 segundo o método exegético da *interpretação conforme a Constituição*, que prestigia a análise sistêmica e valorativa do texto constitucional, por si só salvaguarda as normas de princípio axiológico que socorrem a compreensão dessa matéria de superlativa importância para a ordem constitucional democrática e para o saudável funcionamento de nossas instituições governativas. Por acréscimo, o método de interpretação que ora preconizamos oferece a vantagem de dispensar a redução traumática do texto da Lei Maior, pela via do controle judicial corretivo, *concentrado ou difuso*, de constitucionalidade das normas jurídicas, que transforma os órgãos e instâncias do Poder Judiciário em *legislador negativo*, de acordo com a locução que se notabilizou na jurisprudência do STF.

Se não bastassem essas ponderáveis razões, somos inclinados a pensar que a agregação do requisito da *desincompatibilização* ao permissivo da *reeleição* do Presidente da República, pelo influxo da *interpretação conforme a Constituição*, presta a devida homenagem ao *princípio da unidade da Constituição*, este de vital importância para a compreensão sistêmica do estatuto supremo e da sua aptidão para presidir e orientar o sistema jurídico e a vida em sociedade. Impende reconhecer, nesse viés de idéias, que a Constituição não é um conjunto de normas e princípios justapostos ou agrupados sem elos de interdependência entre si. Bem ao contrário, os preceitos e princípios constitucionais integram um sistema de normas dotado de necessária unidade e harmonia, sem embargo da dialética e das tensões a toda hora geradas por cada parcela normativa do conjunto constitucional ao experimentar o permanente desafio da respectiva incidência e da efetividade.

A bem dizer, é inevitável que a abertura temática que caracteriza o pós-modernismo constitucional recoloque na ordem do dia a questão da *unidade da Constituição*, ou seja, da *integração sistêmica* de suas várias *colônias* de regras tanto preceituais quanto principiológicas. Sabe-se, nesse sentido, que o princípio da unidade das normas constitucionais consubstancia premissa da lógica jurídica e da funcionalidade do sistema normativo, que inadmite antinomias insolúveis pelo critério da hierarquia das fontes.

Verdadeiramente, não se pode admitir antinomias reais entre as normas constitucionais, em obséquio ao postulado da *unidade da Constituição*, que mereceu de Konrad Hesse a consagradora explicação: "Todas as normas constitucionais devem ser interpretadas de tal maneira que se evitem contradições com outras normas constitucionais. A única solução do problema coerente com este princípio é a que se encontre em consonância com as decisões básicas da Constituição e evite sua limitação unilateral a aspectos parciais".[11] É sabido, pois, que todo confronto entre normas sediadas no estatuto presidente da ordem jurídica configura mero *conflito aparente de normas* (jamais um *conflito real de normas*), solucionável pela técnica da *ponderação de valores* e do *princípio da especialização temática*, segundo o campo de atuação material de cada preceito ou princípio constitucional. Vale colacionar, nesse sentido, o magistério de Enrique Alonso García, em sua magistral obra sobre a interpretação da Constituição: "Naturalmente que existen valores contrapuestos, pero la aplicación respectiva de uno u otro depende del campo concreto donde el conflicto se produzca. (...) La Constitución establece por sí misma los límites de los derechos fundamentales en algunas ocasiones. En otras ocasiones el límite del derecho deriva de la Constitución sólo de una manera mediata o indirecta, en cuanto que ha de justificarse por la necesidad de proteger o preservar no sólo otros derechos constitucionales, sino también otros bienes constitucionalmente protegidos".[12]

Daí preconizar o próprio e festejado Konrad Hesse que o esforço de interpretação da Constituição deve buscar sempre a fórmula exegética que assegure o princípio da *unidade constitucional*. Ou seja: "(...) Se para a Constituição é importante a produção e conservação da unidade política, então isso significa a necessidade de, na resolução de problemas jurídico-constitucionais, dar a preferência àqueles pontos de vistas que produzem efeito conservador da unidade" (cf. ob. cit., p. 68).

Nem se pretenda argumentar, por derradeiro, em desabono à manifestação ora externada, com exemplos alienígenas de todo dissociados das realidades sociais, políticas e eleitorais brasileiras. Não colhe aqui, particularmente, qualquer comparação simplista com o sistema eleitoral norte-americano, onde a reeleição do Presidente da República não exige a desincompatibilização do titular do cargo durante o período de campanha eleitoral. Basta lembrar que a sociedade americana alcançou um avançado estágio de desenvolvimento de suas instituições políticas, contando com

11. Konrad Hesse, "La interpretación", constante de obra *Escritos de Derecho Constitucional*, 1983, p. 48.

12. Enrique Alonso García, *La Interpretación de la Constitución*, Ed. Centro de Estudios Constitucionales, Madri, 1984, pp. 425-427.

eficazes mecanismos de controle social, partidário e jurídico para coibir os abusos do poder econômico e do poder de autoridade que se praticam em profusão no Brasil, não raro sob a certeza e a arrogância cínica da impunidade. Não é, aliás, por outra razão, que a vigente Lei 9.504, de 30.9.97, que estabelece normas para as eleições do corrente ano, exibe um extenso capítulo sob a ementa "*Das condutas vedadas aos agentes públicos em campanhas eleitorais*", cuja previsão juspositiva por si só talvez horrorizasse muitos teóricos estrangeiros do constitucionalismo democrático. Bem por isso, o funcionamento das instituições e a eficácia da ordem jurídica está diretamente relacionado com o espaço e o tempo em que lhes cumpre atuar. A experiência dos povos cultos nesse terreno sempre aberto às novas conquistas do pensamento jurídico e, sobretudo, *o tempo – esse mestre extraordinário* –, está a nos indicar o caminhos da ética pública e do aperfeiçoamento institucional a serem trilhados, no esplendoroso e permanente desafio – como definido por Levi Carneiro – do "*ajustamento da lei ao meio e ao tempo em que tem de viver* (...)".

Em conclusão, estamos convencidos de que o permissivo constitucional referente à reeleição do Presidente da República está a exigir, *por imperativo dos princípios constitucionais do regime democrático, da igualdade entre partidos e candidatos e da moralidade eleitoral*, a desincompatibilização do seu atual titular nos mesmo prazos e condições gerais previstos na Constituição e na *Lei de Inelegibilidades* (Lei Complementar 64/90). Em conseqüência, acreditamos que as razões judiciosas e superiormente expostas na Indicação 026/98, da lavra do eminente e brilhante advogado Hermann Assis Baeta, que já tanto dignificou a Presidência do Instituto dos Advogados Brasileiros e do Conselho Federal da Ordem dos Advogados, estão a merecer a mais pronta e integral aprovação por parte dos ilustres membros dessa Colenda *Casa de Montezuma*. A *representação eleitoral* dirigida ao exmo. sr. Procurador-Geral Eleitoral, subscrita por notáveis juristas e que serviu de base àquela oportuna e escorreita indicação, está, a nosso ver, a merecer, também, o mais célere e integral seguimento, a fim de que o TSE e, em seguida, quiçá o STF, em grau de recurso extraordinário, possam fixar, de acordo com as normas, princípios e valores constitucionais reportados neste parecer, o justo sentido e alcance da EC 16/97, no que concerne em específico à exigência da desincompatibilização do atual exercente do cargo de Presidente da República como condição para disputar a reeleição, isto com todas as conseqüências e efeitos jurídicos resultantes de tal pronunciamento.

É o nosso parecer, s.m.j.

Rio de Janeiro, 1 de setembro de 1998

PARECERES

CREDENCIAMENTO MEDIANTE LICITAÇÃO

ADILSON ABREU DALLARI
Professor Titular da Faculdade de Direito
da Pontifícia Universidade Católica de São Paulo

Consulta

A Associação Brasileira dos Departamentos de Trânsito-ABDETRAN, solicita a emissão de parecer com relação ao que se segue:

1. Código Nacional de Trânsito no seu art. 148 estabelece que os exames de habilitação poderão ser aplicados por entidades públicas ou privadas credenciadas pelo órgão executivo de Trânsito dos Estados e Distrito Federal de acordo com normas estabelecidas pelo CONTRAN.

2. A figura do credenciamento tem sido utilizada com grande ênfase pela Administração Pública para a prestação de serviços à comunidade.

3. Acontece que o Poder Público ao transferir alguns serviços à execução de particulares deve ter algumas limitações quanto ao número de prestadores de serviços, não podendo permitir uma grande proliferação desses prestadores, para não correr os riscos de inviabilizar a fiscalização e ficar vulnerável a atos de facilitação na emissão de documentos, como é o caso das carteiras de habilitação. Há pois necessidade de exigências para garantir o bom serviço com segurança além do que não se pode inviabilizar economicamente a prestação dos serviços em face de um grande número de prestadores.

Desta forma indaga-se da possibilidade de proceder a escolha das empresas a serem credenciadas pelo procedimento licitatório, no qual o Edital defina zoneamento de locais de serviços e adote critério de pontuação para a classificação, julgamento e escolha das empresas prestadoras de serviços.

Parecer

I – Objeto da consulta

O objeto específico da consulta é a viabilidade jurídica da transferência da execução de serviços a cargo dos DETRANs, para empresas privadas, selecionadas mediante licitação.

O problema que se apresenta é o da necessidade de estabelecer algumas limitações, tanto quanto ao número de prestadores de serviços, quanto aos locais de operação de cada um deles.

Sem essas limitações o serviço seria economicamente inviável. Mas, além disso, e principalmente, é preciso que o número de prestadores de serviços seja algo suficiente para bem atender à demánda e, ao mesmo tempo, se contenha numa quantidade que permita a cada DETRAN acompanhar e fiscalizar o serviço executado pelos particulares.

Para isso seria necessário fixar áreas geográficas de atuação, compreendendo determinados conjuntos ou lotes de bairros ou municípios, assim como exigir dos postulantes a demonstração de uma efetiva capacidade técnica para realizar, concretamente, as atividades inerentes aos serviços cuja execução se pretende transferir.

Para que se possa discorrer com propriedade sobre os problemas relacionados à licitação que se pretende abrir, é preciso, inicialmente, uma pequena digressão sobre a natureza dos serviços que serão objeto de transferência aos particulares.

II – Exercício de atividade pública por particulares

Assim como a Administração Pública, em casos especialmente autorizados pela Constituição Federal, pode desenvolver atividades típicas e próprias dos particulares, também estes, em situações especiais, podem desenvolver atividades da Administração Pública. Com efeito, desde longa data, particulares exercem funções de colaboração com o Poder Público, sob diversas formas jurídicas.

Nem todas as tarefas desenvolvidas pelo Poder Público podem ser executadas pelos particulares. É evidente, e até intuitivo, que o exercício de funções de natureza política não podem ser delegadas a particulares.

Mesmo no campo mais estrito da Administração Pública, de exercício de funções administrativas, nem tudo pode ser delegado a particulares. Para que se tenha uma idéia mais precisa dessa questão, convém que se proceda a uma classificação das atividades administrativas públicas, identificando-se, em grandes linhas (sem maior detalhamento) o que pode e o que não pode ser delegado a particulares.

O conjunto das atividades desenvolvidas pela Administração Pública comporta uma divisão em grupos que apresentam certo grau de homogeneidade e que seriam os seguintes: prestação de serviços públicos, poder de polícia, fomento às atividades dos particulares de interesse público, intervenção nos fatos e atos dos particulares para lhes dar segurança jurídica e, por último, atividades instrumentais, internas, necessárias para viabilizar as demais.

Nesta última divisão se enquadram a gestão dos funcionários públicos, a arrecadação, a contabilidade, a gestão dos bens públicos e outras assemelhadas. Nesse grupo, algumas coisas podem ser transferidas a particulares, como, por exemplo, serviços de limpeza e vigilância; mas outras não, como é o caso da fiscalização tributária.

Na intervenção de fatos e atos dos particulares para lhes dar segurança e certeza jurídicas, que é o caso dos cartórios de registros, a delegação a particulares é predominante.

Atividades de fomento são aquelas que induzem o particular a se interessar por desenvolver certos trabalhos de interesse da coletividade. Isso se faz mediante incentivos fiscais e creditícios, construção de vias de acesso e escoamento da produção, silos e armazéns etc. São coisas que exigem o concurso de esforços públicos e de particulares.

Resta enfocar os serviços públicos e o chamado poder de polícia, que são coisas bastante distintas, mas, que, às vezes, são confundidas.

Ocorre que tudo aquilo que é feito pela Administração Pública visa realizar interesses públicos. No fundo, todas as atividades desenvolvidas pela Administração Pública interessam à coletividade, beneficiam a coletividade. Porém, algumas vezes essa satisfação surge de maneira indireta, como resultante do conjunto de atividades desenvolvidas; outras vezes, entretanto, há um benefício direto e imediato para cada cidadão, como é o caso da prestação de serviços públicos.

Isso fica perfeitamente claro diante da conceituação de serviço público formulada por Celso Antônio Bandeira de Mello, em seu *Curso de Direito Administrativo* (Malheiros Editores, 8ª ed., 1996, p. 405), nestes termos: "Serviço público é toda atividade de oferecimento de utilidade ou comodidade material fruível diretamente pelos administrados, prestado pelo Estado ou por quem lhe faça as vezes, sob um regime de direito público – portanto, consagrador de prerrogativas de supremacia e de restrições especiais – instituído pelo Estado em favor dos interesses que houver definido como próprios no sistema normativo".

Diferentemente, quando se trata de exercício do chamado poder de polícia, não há um benefício direto e imediato a cada cidadão. Muito ao contrário, cada cidadão pode ser onerado com restrições e obrigações, mas do conjunto desses incômodos individuais, surge um benefício para a coletividade e para cada cidadão dela integrante.

As atividades desenvolvidas pelos DETRANs são obviamente benéficas para a coletividade, mas esse benefício surge exatamente da imposição de restrições e obrigações a particulares, individualmente.

Essa atividade melhor se enquadra no conceito de poder de polícia, tal como formulado pelo inesquecível Hely Lopes Meirelles (*Direito Administrativo Brasileiro*, Malheiros Editores, 21ª ed. 1996, p. 115): "Poder de polícia é a faculdade de que dispõe a Administração Pública para condicionar e restringir o uso e o gozo de bens, atividades e direitos individuais, em benefício da coletividade ou do próprio Estado".

Atualmente, faz-se uma distinção entre "poder de polícia", consistente na produção das normas condicionadoras ou restritivas de direitos dos particulares, e "polícia administrativa", consistente na verificação do cumprimento de tais normas e na aplicação das sanções nelas previstas.

O conceito de polícia administrativa é dado, de maneira completa e perfeita, por Clóvis Beznos, em sua preciosa monografia sobre o *Poder de Polícia* (Ed. RT, 1979, p. 76): "Polícia administrativa é a atividade administrativa, exercitada sob previsão legal, com fundamento numa supremacia geral da Administração, e que tem por objeto ou reconhecer os confins dos direitos, através de um processo, meramente interpretativos, quando derivada de uma competência vinculada, ou delinear os contornos dos direitos, assegurados no sistema normativo, quando resultante de uma competência discricionária, a fim de adequá-los aos demais valores albergados no mesmo sistema, impondo aos administrados uma obrigação de não fazer".

Essa parte final pode ensejar alguma dúvida que convém, de pronto, esclarecer: quando o autor fala em "obrigação de não fazer", ele está se referindo ao dever de não poluir, não fazer ruído excessivo, não colocar a vida e a segurança das pessoas em risco, não perturbar, não atentar contra a moralidade pública. Para cumprir essa obrigação pode eventualmente ser necessário fazer alguma coisa, como instalar filtros, vestir-se adequadamente, obter uma licença para porte de arma, uma habilitação para dirigir veículo etc.

Esses comportamentos exigíveis dos particulares não são exatamente obrigações (puros deveres), mas sim, melhor se enquadram naquilo que a mais abalizada doutrina chama de ônus.

Para esclarecer definitivamente a questão e precisar, com maior detalhamento, a natureza desses comportamentos exigíveis dos particulares, é preciso invocar aqui o conceito de "ônus", magnificamente trabalhado por Eros Roberto Grau (*Direito, Conceitos e Normas Jurídicas*, Ed. RT, 1988, p. 118):

"O ônus, destarte, é um vínculo imposto à vontade do sujeito em razão do seu próprio interesse. Nisto se distingue do dever – e da obrigação que consubstanciada vínculo imposto àquela mesma vontade, porém no interesse de outrem. Por isso que o não-cumprimento do ônus não acarreta, para o sujeito, sanção jurídica, mas tão-somente uma certa desvantagem econômica: a não obtenção da vantagem, a não satisfação do interesse ou a não realização do direito pretendido. Já o não-cumprimento do dever – ou da obrigação – acarreta sanção jurídica para o sujeito. Neste último caso, o interesse a cuja tutela aproveita o cumprimento do dever é alheio à pessoa do sujeito a ela vinculado; no primeiro caso, o interesse a que respeita a vinculação pelo ônus é do próprio sujeito vinculado.

"Define-se o ônus, assim, como o instrumento através do qual o ordenamento jurídico impõe ao sujeito um determinado comportamento, que deverá ser adotado se não pretender arcar com conseqüências que lhe serão prejudiciais. Ou como um comportamento que o sujeito deve adotar para alcançar uma determinada vantagem, que consiste na aquisição ou na conservação de um direito."

Neste passo é preciso fazer uma nova distinção: uma coisa é a atividade jurídica, consistente no reconhecimento oficial de que o cidadão atendeu ao requisito legal; outra coisa é a atividade técnica, material, destinada a verificar se aquilo que foi feito pelo particular, corresponde, de fato, ao que é exigido pela lei.

Por exemplo: uma coisa é expedir uma licença (ato jurídico) para dirigir veículo a motor; outra coisa é verificar em concreto (ato material) se uma pessoa tem ou não habilidade prática para dirigir veículo a motor.

Esta última atividade, de natureza instrumental, pode ser delegada; a primeira (segundo entendimento predominante na doutrina e que não cabe aqui discutir) é exclusiva de órgão dotado de fé pública, de prerrogativas inerentes ao Poder Público, conforme afirma, com sua indiscutível autoridade na matéria, o Desembargador Álvaro Lazzarini, em seus *Estudos de Direito Administrativo* (Ed. RT, 1995, p. 313):

"Tenho entendido que o poder de polícia, que legitima a ação da polícia e a sua própria razão de ser, é a capacidade derivada do Direito, de que dispõe a Administração Pública, como Poder Público, para controlar os direitos e liberdades das pessoas, naturais ou jurídicas, inspirando-se nos ideais do bem comum.

"Polícia, portanto, sendo uma idéia indissociável da do Estado, só pode ser exercida por órgãos da Administração Pública, enquanto Poder Público e não através de órgãos paraestatais, como empresas públicas, sociedades de economia mista e outras entidades que explorem atividade econômica, sujeitando-se ao regime jurídico próprio das empresas privadas, inclusive quanto às obrigações trabalhistas e tributárias, nos termos do art. 173, § 1º, da Constituição de 1988."

Esse entendimento não impede a atribuição a particulares das atividades técnicas, instrumentais, de mera verificação, com base nas quais a entidade pública emitirá a declaração de conformidade (habilitando ao exercício de um direito) ou aplicará alguma sanção, no caso de desconformidade.

Todavia, por se tratar de uma atividade instrumental da Administração Pública, com base na qual esta praticará (ou não) um ato jurídico, é preciso que essa delegação seja feita com extremo cuidado e que permaneça sob vigilância do Poder Público.

Ou seja: a atribuição de competência a determinados particulares para executar trabalhos inerentes à Administração Pública, quando possível, deve ser feita de maneira que não se desnature o serviço (que sempre continuará sendo público) e que permita um permanente acompanhamento do trabalho que estiver sendo executado, pois, em última análise, sempre haverá responsabilidade da Administração Pública pelos atos dos particulares que estiverem atuando por delegação dela.

III – Formas de transferência da execução de atividades públicas a particulares

O meio mais comum de atribuir a um particular a execução de um trabalho inerente ao Poder Público é o contrato administrativo, de prestação de serviços ou de execução de obras públicas. Por essa forma, o particular contratado recebe o encargo de executar determinadas tarefas mediante o pagamento de uma remuneração avençada, paga a ele diretamente pela Administração Pública.

Outra forma, atualmente cada vez mais utilizada, é a concessão de serviço ou de obra pública, na qual o particular contratado (como regra geral) é remunerado não pela Administração Pública contratante, mas, sim, pelos usuários do serviço ou do bem resultante da obra.

Figura mais recente é a do chamado contrato de gestão, trazido ao ambiente jurídico-administrativo em meio à chamada reforma administrativa. A expressão "contrato de gestão" é ambígua, pois tanto pode significar uma determinada espécie de tutela administrativa da administração central sobre entidades da administração indireta ou descentralizada, quanto pode se referir a um contrato celebrado com particulares que exercem atividades paralelas às da Administração Pública. Por esse contrato, particulares, entidades sem fins lucrativos, executam tarefas que seriam do Poder Público nas áreas de educação, saúde e assistência social, recebendo da Administração Pública meios e instrumentos que devem ser utilizados para o atingimento de determinados objetivos de interesse público.

Para os fins deste estudo, o que nos interessa especialmente é a modalidade de transferência, a particulares, da prerrogativa de executar trabalhos inerentes ao Poder Público, designada como credenciamento.

A licitação mencionada na formulação da consulta, visa, exatamente, selecionar particulares para colaborar com a Administração Pública na execução de trabalhos técnicos, necessários e preliminares ao exercício da polícia administrativa, mas que com esta não se confunde.

O detalhe importante na delegação de competência executiva (não jurídica) mediante credenciamento está em que o credenciado deve ser remunerado pelos próprios particulares interessados em arcar com esse ônus, mas isso não pode levar a uma confusão com a prestação de serviço público mediante concessão.

O credenciamento é apenas a delegação a um particular de uma atividade técnica meramente instrumental. Não é delegação de poder de polícia, nem, muito menos, de serviço público.

Ao credenciar uma empresa para executar determinado serviço técnico instrumental, a Administração Pública está afirmando que acreditará, dará crédito, confiará, no trabalho feito pela empresa por ela credenciada, como se ele tivesse sido feito por um segmento da própria entidade pública competente para exercer a polícia administrativa.

IV – Considerações jurídicas sobre a licitação pretendida

A licitação destinada a selecionar particulares que deverão ser credenciados para executar serviços auxiliares e instrumentais ao exercício da polícia administrativa pelos DETRANs deve observar os preceitos da legislação estadual pertinente e, também, as normas gerais de licitações contidas na Lei 8.666, de 21.6.93, em sua redação atual.

Não é o caso, neste estudo, de se apresentar uma minuta-padrão de edital, até porque o edital deve ser sempre ajustado às particularidades do objeto contratado e, também, as circunstâncias decorrentes do tempo e local em que a licitação será levada a efeito.

O que aqui se pretende fazer é delinear os traços principais de um edital destinado a selecionar credenciados, com as condicionantes explicitadas na consulta, inclusive apresentando alternativas.

Credenciar é acreditar, é confiar em que o trabalho executado pelo particular pode efetivamente servir como ponto de referência para a prática do ato jurídico de polícia do qual ele é instrumento.

Tal particularidade não permite uma simples escolha pelo menor preço, como critério único e exclusivo de classificação. O procedimento licitatório deve conter elementos que possibilitem um exame mais aprofundado tanto daquele que pretende credenciar-se, quanto do serviço que ele se dispõe a executar.

A necessidade de acompanhamento e fiscalização da execução dos serviços delegados é incompatível com um número demasiado grande de credenciados (o que, além disso, tornaria o credenciamento economicamente inviável, pela pulverização das receitas), assim como com sua disseminação em um vasto espaço territorial.

É forçoso, portanto, limitar o número de credenciados e delimitar a área geográfica de sua atuação. Cada DETRAN deverá estabelecer essas limitações de acordo com as peculiaridades de sua área de jurisdição.

Em qualquer hipótese, o edital deverá ser muito preciso com relação aos critérios de verificação da idoneidade técnica do postulante.

O art. 30 da Lei 8.666/93 disciplina esse assunto e, em seu inc. II, permite exatamente essa adequação às peculiaridades do credenciamento pretendido, na medida em que autoriza exigir comprovantes de desempenho anterior de "atividade pertinente e compatível, em características, quantidades e prazos, com o objeto da licitação".

Quando se tratar de credenciamento para desempenho de trabalhos que exijam uma organização empresarial, uma especial capacidade de gestão, é perfeitamente possível exigir comprovação de capacidade técnico-operacional, inclusive com a "indicação das instalações e do aparelhamento e do pessoal técnico adequados e disponíveis para a realização do objeto da licitação".

Esta específica questão, da comprovação de capacidade técnico-operacional, exige uma pequena digressão, dada sua importância para certos credenciamentos que não se restringem ao trabalho pessoal de algum profissional, mas, sim, requerem a participação de equipes multidisciplinares.

O tema da licitude ou ilicitude da exigência de demonstração da capacidade técnico-operacional, mediante a apresentação de atestados em nome da empresa licitante é controvertido, mas não é novo. Já tivemos oportunidade de enfrentá-lo, até com certa amplitude, em nossos *Aspectos Jurídicos da Licitação*, pedindo vênia para aqui reproduzir o que lá já foi dito:

"É certo que a preocupação em ampliar o universo de proponentes e facilitar a habilitação é bastante louvável, mas não pode ir ao ponto de comprometer a garantia de boa execução do futuro contrato.

"Isso quase foi feito pelo (felizmente) canhestro veto do Presidente da República no dispositivo da Lei 8.666/93 (art. 30, § 1º, II) que cuidava da capacitação técnico-operacional como requisito de qualificação técnica.

"A justificativa do famigerado veto deixa perfeitamente claro que a intenção era proibir a exigência de requisitos comprobatórios da capacitação técnico-operacional, mas o que se fez, na realidade, foi apenas suprimir as limitações expressas a tais exigências, as quais foram mantidas, apenas com as limitações implícitas, conforme consta do *caput* desse mesmo artigo (inc. II) que se refere a 'indicação das instalações do aparelhamento e do pessoal técnico adequados', ou seja, 'em quantidades e qualificações compatíveis com o objeto do futuro contrato'.

"Cabe aqui apenas relembrar que a Constituição Federal autoriza e determina o estabelecimento de condições voltadas ao asseguramento da efetiva e integral execução do contrato. Nada existe de inconstitucional ou de despropositado na exigência de comprovação de capacitação técnico-operacional para empresas executantes de obras públicas de grande vulto, de considerável complexidade técnica, para as quais é insuficiente a simples capacitação profissional do pessoal técnico.

"Cabe esclarecer que não se pode confundir a experiência técnica do profissional, com a capacidade gerencial da empresa.

"Uma obra pública de vulto não é um serviço puramente técnico, prestado por um profissional habilitado, mas, sim, um serviço altamente complexo, envolvendo mão-de-obra de diversas qualificações, desde a mais elevada à mais simples, envolvendo a aplicação de materiais e o uso de sofisticados equipamentos.

"Assemelha-se a uma cirurgia de alto risco, na qual, por certo, existe um cirurgião principal, que comanda a equipe e toma as principais decisões. Muitas vezes tais decisões se referem a áreas que não de sua especialidade nem de seu completo domínio, mas são tomadas diante de conselhos e informações obtidas junto a outros membros da equipe, quer sejam médicos de outras especialidades, quer sejam até mesmo técnicos de nível médio, detentores de conhecimentos aprofundados sobre específicos e determinados aspectos do problema.

"Uma obra pública de grande vulto exige a participação necessária de uma equipe de profissionais de engenharia especializados em diversas áreas de atuação profissional, além de profissionais e técnicos de outras áreas do conhecimento, em razão das inúmeras implicações e interferências de toda ordem que normalmente afetam o trabalho de engenharia.

"Problemas econômicos, fiscais e administrativos, ligados ao fluxo de recursos disponíveis ou à liberação de áreas, definição de prioridades de atendimento, problemas estruturais do órgão ou entidade estatal, e, também (por que não dizer?) problemas políticos, mostram que não há como fazer abstração da necessária presença e atuação de profissionais dotados de capacidade gerencial suficiente para conciliar todas essas implicações sem comprometer a segurança e a funcionalidade.

"Há quase vinte anos, o renomado mestre Geraldo Ataliba publicou estudo no qual, afirmando que a engenharia moderna não se compadece com conceitos individualistas, e que não mais é possível que um profissional sozinho possa se desincumbir de certas tarefas, consignou textualmente o seguinte: 'A engenharia, modernamente, não é mais, em regra, realizada por engenheiros e sim por empresas de engenharia. Predomina a organização empresarial, a mentalidade empresarial com todos os requisitos e características dessa forma de atuação. Hoje, a empresa de engenharia é uma entidade produtora de utilidades, igualada no mercado econômico-financeiro às demais empresas produtoras de utilidades em outros setores. A realização de obras públicas, atualmente, requer não só a técnica e a arte – peculiares ao exercício de engenharia – mas também um suporte empresarial compatível com as sofisticadas exigências do mundo moderno. Não basta, portanto, um quadro de profissionais, para realização de uma obra de engenharia. Há necessidade de que o trabalho – na forma do estilo exigido pelas organizações modernas – seja cooperativo. Isto quer dizer que se haverão de combinar os trabalhos de diversos profissionais, de variadas áreas para, somados, produzirem o resultado final da obra e, no nosso caso, obras públicas'.

"Diante dessa realidade, é inquestionável a razoabilidade da exigência da comprovação da capacitação técnico-operacional, que, conforme o demonstrado, não colide nem com a Constituição nem com a Lei 8.666/93, tal como foi promulgada"

(Adílson Abreu Dallari, *Aspectos Jurídicos da Licitação*, Saraiva, 4ª ed., 1997, pp. 119 a 121).

É certo, portanto, que a exigibilidade de demonstração da capacidade *operacional* perdura no contexto do art. 30, especialmente em seu inc. II, quando menciona o aparelhamento (que não se confunde com equipamento) e o pessoal técnico (que contém a idéia de grupo ou equipe, e não de profissionais isolados).

A lei obviamente permite a exigência de demonstração de experiência anterior, embora o faça com um lamentável erro de redação. Conforme registramos à página 9 de nossa obra *supra* referida, o art. 30, II, fala em comprovação de aptidão para desempenho (no futuro), onde deveria dizer comprovação de aptidão (para fazer aquilo que se pretende contratar), pelo desempenho (anterior, no passado) de algo semelhante. O bom-senso não briga com o Direito.

No Direito Administrativo brasileiro dificilmente alguém conseguirá superar a objetividade e o bom-senso que sempre caracterizaram o pranteado Hely Lopes Meirelles, que, quanto à questão especificamente em debate, assim se manifestou: "A comprovação da capacidade técnico-operacional continua sendo exigível não obstante o veto oposto à letra *b* do § 1º do art. 30. Na verdade, o dispositivo vetado impunha limitações a essa exigência, e sua retirada do texto legal deixou a critério da entidade licitante estabelecer, em cada caso, as exigências indispensáveis à garantia do cumprimento das obrigações – exigências essas que devem ser pertinentes e compatíveis com o objeto da licitação (*Licitação e Contrato Administrativo*, Malheiros Editores, 11ª ed., 1996, p. 118).

Destaque-se, porém, que nem sempre é possível exigir demonstração de capacidade técnico-operacional; isso somente faz sentido quando a execução do serviço efetivamente depender do funcionamento harmônico de toda uma organização.

Quando tal exigência for razoável, ela é autorizada pelo legislador, conforme também entende um dos mais categorizados Conselheiros do Tribunal de Contas do Estado de São Paulo: "O administrador há de encontrar, para cada caso concreto, uma maneira objetiva de aferir a capacidade técnico-operacional dos interessados, de forma a garantir a possibilidade de participação daqueles que tenham real capacidade potencial para desenvolver obras ou serviços com a segurança que o interesse público requer, mesmo que ainda não tenham feito, principalmente no que se refere aos quantitativos" (Antônio Roque Citadini, *Comentários e Jurisprudência sobre a Lei de Licitações Públicas*, Max Limonad, 2ª ed., 1997, p. 231).

Nota-se claramente nesse entendimento, em primeiro lugar, que a exigência de comprovação de capacidade técnico-operacional em si mesma nada tem de ilícito, devendo o administrador, em cada caso concreto, cuidar para que essa verificação se faça de maneira objetiva e sem exorbitância.

Quem tem ou pode ter capacidade técnico-operacional é a empresa, e não o profissional isolado. Demostrada a licitude da exigência de comprovação de capacidade técnico-operacional é inquestionável que atestados comprobatórios dessa específica aptidão somente podem referir-se a empresas (pessoas jurídicas), sendo certo que a realização anterior de algo semelhante é um indicativo dessa aptidão.

Fechando a discussão sobre essa específica questão e voltando ao problema mais amplo da licitação para fins de credenciamento, resta repetir que o edital deve ser o mais completo possível (sem ser excessivamente restritivo – pois restritivo *sempre* será) ao dispor sobre os critérios de comprovação da idoneidade técnica do *proponente*.

Isso entretanto, pode não ser suficiente; em certos casos é essencial, também, que se cuide de verificar, quando pertinente, a idoneidade técnica da proposta, o que se fará na fase de classificação.

Desde que sejam indicados os parâmetros para aferição, é possível examinar a consistência, a coerência, a exeqüibilidade e até mesmo a eficiência da proposta técnica, da metodologia com a qual o proponente se pretende executar o trabalho delegado.

Aqui se abre um leque de alternativas.

É possível até mesmo estabelecer o menor preço como critério de julgamento, desde que seja fixada uma pontuação mínima como critério de suficiência da proposta. A proposta técnica que se enquadrar abaixo dessa nota de corte, estará desclassificada, procedendo-se à classificação das demais.

Também é possível, conforme autoriza o art. 46 da Lei 8.666/93, a utilização dos critérios de "técnica e preço" ou de "melhor técnica", quando o credenciamento se referir a trabalhos predominantemente intelectuais ou a qualquer das outras hipóteses previstas no mencionado artigo.

Na eventual utilização do critério de técnica e preço será necessário estabelecer uma ponderação referente as notas técnicas e à proposta comercial, de acordo com as peculiaridades do específico credenciamento.

Optando-se pelo critério da melhor técnica, será necessário fixar previamente o preço a ser pago pelo usuário do serviço objeto do credenciamento e descrever, com a maior objetividade possível, os critérios de aferição das qualidades técnicas das propostas.

Seja permitido anotar que a redação do texto da Lei 8.666/93, inclusive e especialmente quanto aos critérios de julgamento das propostas, está marcadamente voltada para a celebração de contratos administrativos tradicionais, especialmente de obras públicas. Disso decorrem, ao mesmo tempo, a necessidade e a possibilidade de sua adaptação a relações jurídicas diversas, como é o caso do credenciamento.

Uma dessas necessárias adaptações diz respeito ao número de vencedores do certame. Normalmente, a licitação serve para selecionar um único futuro contratante. No caso de credenciamento, pode-se selecionar um ou mais credenciados, de acordo com as particularidades do específico trabalho a ser executado.

Pode, portanto, haver adjudicação a uma pluralidade de ofertantes, desde que isso esteja estipulado no edital, que deverá, também, deixar bem claras as condições do credenciamento, procurando evitar tratamentos diferenciados entre os diversos credenciados, sempre que possível.

Por outro lado, também sempre que possível, é importante deixar ao consumidor a possibilidade de escolher entre credenciados, de maneira a que estes sejam estimulados a se esmerar na execução do trabalho delegado.

V – Conclusões

Em face de tudo quanto foi exposto, resta apenas dizer, respondendo ao que foi expressamente perguntado, que é juridicamente possível, na seleção de credenciados, mediante procedimento licitatório, estabelecer no edital um zoneamento de locais de execução de serviços e adotar uma pontuação para a classificação das propostas.

São Paulo, 8 de dezembro de 1998

DIREITO DO LICITANTE VENCEDOR À ADJUDICAÇÃO E CONTRATAÇÃO

TOSHIO MUKAI
Doutor em Direito da USP
(Direito Público: Administrativo, Urbanístico e Ambiental)

Consulta

O ilustre advogado, Dr. Luiz Antonio Stamatis de Arruda Sampaio, na condição de patrono da Cia. Construtora Radial e da MBJ – Projetos e Obras Ltda. componentes do Consórcio Radial/MBJ, participante da Concorrência Pública 001/98, levada a efeito pela DERSA-Desenvolvimento Rodoviário S/A, submete à nossa apreciação e solicita-nos parecer jurídico conclusivo sobre o seguinte:

O Consórcio Radial/MBJ apresentou-se como concorrente na licitação sob a modalidade de Concorrência Pública, de n. 001/98, aberta pela DERSA-Desenvolvimento Rodoviário S/A, para a contratação de obras e serviços de execução de 6 (seis) lotes que compõem o trecho oeste do Rodoanel Metropolitano de São Paulo.

Ocorre que a Comissão Especial de Licitação inabilitou o referido Consórcio, em 26.2.98, tendo o mesmo apresentado o competente recurso contra tal decisão, nos termos e modos da legislação aplicável à espécie.

O recurso baseou-se na falta de motivação da decisão. Em 21 de março de 1998, o Sr. Presidente da DERSA fez publicar no *DOE* despacho mantendo a decisão de inabilitação do Consórcio, com o que, viu-se o mesmo compelido a impetrar mandado de segurança contra a referida inabilitação.

O referido *writ* foi distribuído à 10ª Vara da Fazenda Pública, com concessão de liminar, que, entretanto, veio a se tornar superada em razão de a sentença de mérito ter sido pela denegação do *mandamus*.

Impetrou então o Consórcio, mandado de segurança contra tal sentença, que foi indeferido pelo exmo. Sr. Desembargador 4º Vice-Presidente do Tribunal de Justiça.

Em seguida o Consórcio impetrou novo mandado de segurança contra esse ato de indeferimento, do 4º Vice-Presidente, e obteve, junto ao 1º Vice-Presidente, liminar que lhe permitiu estar participando do certame.

Em razão dessa liminar, a DERSA, dando cumprimento à decisão judicial, levou em consideração a proposta do Consórcio e esta foi considerada a mais vantajosa, e, após explicações e avaliações, declarada, *sem ressalvas*, vencedora do lote III do Trecho Oeste do Rodoanel, conforme Edital publicado no *DOE* em 18.8.98.

Entretanto, homologados e adjudicados os lotes I, II, IV, V e VI, a autoridade competente entendeu de não homologar e adjudicar o lote III, "por a matéria encontrar-se *sub-judice*, perante o Tribunal de Justiça de São Paulo, através do agravo de instrumento 078.758.5/2" (isto em 29.9.98, despacho publicado em 1.10.98).

Observe-se que o despacho concessivo da liminar, da lavra do eminente 1º Vice-Presidente do Tribunal de Justiça do Estado, Desembargador Amador da Cunha Bueno Netto, tem o seguinte comando: "Defiro, portanto, a liminar concedida *para permitir às impetrantes prosseguir na licitação até o julgamento deste 'writ'*".

Diante desses fatos, consultamos V. Sa. sobre o seguinte:

a) Tendo em vista que o Consórcio Radial/MBJ foi proclamado vencedor do certame em relação ao lote III, e, ainda assim, pelo fato de haver mandado de segurança no qual se discute a legitimidade da participação do referido Consórcio na Concorrência 001/98, e, ainda, considerando-se o teor da decisão liminar que dá guarida à participação do Consórcio no referido certame, o despacho do Presidente da DERSA que deixou de homologar e adjudicar o lote III ao Consórcio é legal?

b) Tem o Consórcio Radial/MBJ direito subjetivo à adjudicação do objeto da licitação? Tem, da mesma forma, no caso, o Consórcio, direito a ver homologada a decisão da Comissão?

c) Igualmente, se afirmativas as respostas às questões anteriores, tem o Consórcio referido, direito subjetivo à sua contratação pela DERSA?

Em face da urgência manifestada pelo consulente nas respostas a tais indagações, dispensamo-nos de efetuar considerações preliminares de natureza doutrinária e/ou jurisprudencial, fazendo-o no decorrer do desenvolvimento das respostas aos quesitos que nos foram formulados.

É o que faremos em seguida.

Parecer

Respostas aos quesitos:

1º quesito

A decisão estampada no *DOE* de 1.10.98, da lavra do engenheiro Antonio Jamil Cury, Diretor Presidente da DERSA, tem a seguinte redação: "(...) relativamente ao lote 3, por ora deixo de proceder a homologação e respectiva adjudicação, por a matéria encontrar-se *sub-judice*, perante o Tribunal de Justiça de São Paulo, através do agravo de instrumento 078.758.5/2. São Paulo, 29.9.98".

Uma primeira questão que vem à tona é o de se saber se o Sr. Presidente da DERSA poderia ter dado tratamento isolado ao lote III, quando, em relação aos demais lotes, deu-lhes tratamento conjunto, homologando e adjudicando os respectivos vencedores dos lotes I, II, IV, V e VI.

Nesse sentido, verifica-se que o Edital da Concorrência 001/98, da DERSA, previu que o objeto da licitação seria a execução de obras e serviços de construção do trecho oeste do Rodoanel Metropolitano de São Paulo, entre as Rodovias Régis Bittencourt e Av. Raimundo Pereira de Magalhães (Estrada Velha de Campinas SP-332), compreendendo 6 (seis) lotes.

Exigiu o Edital que os capitais integralizados e registrados fossem comprovados até determinados montantes, para cada lote (condições para participação). Previu que as licitantes deveriam apresentar documentos de habilitação por lote (*subitem 3.1.2*).

No *subitem 9.1.1* disse o Edital que, para cada licitante pré-qualificado, será entregue um exemplar da Proposta de Preços a ser valorado, *para cada lote*.

No *subitem 10.13*, o Edital dispôs que "o julgamento pela Comissão de Licitação das propostas apresentadas seria para cada lote".

Tais disposições do Edital indicam que a Concorrência 001/98 foi por lote (ou por item), e, assim, considerou cada lote como objeto de uma licitação distinta em face dos demais.

Destarte, o tratamento isolado que foi dado ao lote III não se constitui em ilegalidade. Entretanto, esse mesmo fato obriga que a DERSA, conforme demonstraremos na resposta ao quesito n. 2, considerando o lote III como um objeto isolado da licitação, adjudique-o ao Consórcio Radial/MBJ.

Entretanto, o ponto central do presente quesito é o de se saber se, pelo fato de se estar discutindo em Juízo a legitimidade ou não de o Consórcio referido poder continuar a participar do mencionado certame, seria razão justificadora legal e procedente para a não homologação e adjudicação.

Antes, porém, chamamos a atenção para o fato de que há na doutrina discussões sobre quem deve adjudicar o objeto da licitação: se a autoridade superior ou se a Comissão. Com relação à Lei 8.666/93 já tivemos oportunidade de demonstrar (em artigo específico) que quem adjudica é a Comissão de Julgamento. Outros autores entendem que quem deve efetuar a adjudicação é a autoridade superiora.

Entretanto, no âmbito do Governo do Estado de São Paulo, sabe-se que a tese vencedora é aquela que dá à autoridade superiora a atribuição de adjudicar, após homologar o procedimento.

Com efeito, o Parecer PA-3-309/95 praticamente se tornou de natureza normativa para os órgãos e/ou entidades do Governo do Estado de São Paulo, tendo em vista despacho pela ampla ciência, prolatado pelo Sr. Procurador-Geral do Estado; nesse parecer ficou assentado que "é da competência da mesma autoridade responsável pela homologação do procedimento licitatório, o ato de adjudicação".

É por essa razão que o Edital da Concorrência 001/98 da DERSA rezou, expressamente que o último procedimento seria: "10.1.5 *Homologação e adjudicação do objeto pela autoridade competente da DERSA, após o decurso do prazo de 5 (cinco) dias úteis para interposição de recurso ou após desistência expressa das demais **licitantes**, ou após julgamento dos recursos interpostos*".

Quanto ao fundamento invocado pelo Sr. Presidente da DERSA para deixar de efetuar a homologação e a adjudicação do lote III (estar a matéria, ou seja, a questão da legitimidade da participação do Consórcio Radial/MBJ, *sub-judice*), à evidência, não tem jurisdicidade nenhuma. Na verdade, se, como previu o Edital da Concorrência 001/98, os procedimentos do certame se encerrariam com as providências suso transcritas, consubstanciadas no *subitem 10.1.5*, não havia como o Sr. Presidente da DERSA deixar de efetuar a homologação e a adjudicação do lote III, posto que a medida liminar obtida pelo Consórcio Radial/MBJ no bojo do mandado de segurança 085.109.5/8 impetrado contra o exmo. Sr. Desembargador 4º Vice-Presidente do Tribunal de Justiça, da lavra do eminente 1º Vice-Presidente do mesmo Tribunal, foi expressa no seguinte sentido: "Defiro, portanto, a liminar concedida, para permitir às impetrantes prosseguir na licitação até o julgamento deste *writ*".

Ora, trata-se de uma decisão judicial que estará em vigor até a decisão do mérito do *writ*, que não pode ser descumprida sob qualquer argumento, mormente sob aquele invocado. O Sr. Presidente da DERSA, diante desse despacho liminar tinha a obrigação de ultimar o procedimento em relação ao lote III, homologando o procedimento e adjudicando o referido objeto licitatório ao Consórcio Radial/MBJ, pois aquela assegurou a sua participação no certame até o julgamento do *writ* mencionado. A sua omissão e a sua recusa em não dar cumprimento à liminar, como se sabe, configura crime de desobediência a ordem judicial.

E acresça-se, o seu argumento para descumprir a liminar é órfão de jurisdicidade, pois como disse o prof. Carlos Ari Sundfeld, "(...) concluído o julgamento com a solução dos recursos, nada resta à Comissão senão adjudicar o objeto do certame ao licitante que formulou a proposta melhor classificada".

E observa esse autor, neste ponto, em nota de rodapé: "E ilegítima a *recusa de adjudicar baseada na simples existência de mandado de segurança, sem liminar, em que se discute a validade de licitação* (sentença em *RDP* 4/274)".

Nessa decisão judicial, da 4ª Vara Federal de São Paulo, o M.M. Juiz sentenciante asseverou:

"No mérito, assiste razão à impetrante, sem necessidade de maiores indagações, em vista dos esclarecimentos prestados pela autoridade coatora que, reconhecendo o seu direito, *só não lhe adjudicou o objeto da concorrência porque outro candidato se insurgiu contra ela, tentando anulá-la por via de mandado de segurança.*

"Ora, se a concorrência obedeceu aos preceitos legais e se a autoridade coatora reconhece a pretensão da impetrante, como declara a fls. estava ela obrigada a adjudicar-lhe a locação reclamada, sem nenhuma pertinência ao embaraço criado por outro candidato que não checou a obter, do Judiciário, o sobrestamento daquela concorrência.

"Em face do exposto, *concedo a segurança para ordenar que se adjudique à impetrante a locação obtida em concorrência regular, outorgando-lhe o respectivo contrato nas condições do edital publicado* (...)."

Portanto, o fato de estar *sub-judice* algum aspecto do procedimento licitatório não é motivo válido para não se dar continuidade ao procedimento, sendo, assim, ilegítima a decisão do Sr. Presidente da DERSA de não homologar e adjudicar o lote III ao Consórcio vencedor, sob invocação daquele argumento. Somente se houvesse uma liminar ou decisão judicial que houvesse sobrestado o certame é que o Sr. Presidente da DERSA teria razão.

Em decorrência disso, o despacho do Sr. Presidente da DERSA, que adiou a homologação e a adjudicação do lote III, é nulo de pleno direito, eis que o motivo apresentado pelo Presidente para esse adiamento foi ilegal, indevido e falso.

Ora, o motivo é um dos elementos fundamentais para a própria regularidade e existência do ato administrativo. Se ele inexiste ou for falso, o próprio ato é nulo de pleno direito.

No dizer de Maria Sylvia Zanella Di Pietro (*Direito Administrativo*, Atlas, 1989, p. 160), "a ausência de motivo ou a indicação de motivo falso invalidam o ato administrativo".

E, adiante, assevera a autora: "Ainda relacionada com o motivo, há a *teoria dos motivos determinantes, em consonância com o qual a validade do ato se veicula aos motivos indicados como seu fundamento, de tal modo que, se inexistentes ou falsos, implicam a sua nulidade*" (ob. cit., p. 160).

Portanto, no caso, o simples fato de haver questão relacionada com o certame sendo discutida em Juízo, não sendo fundamento legítimo para o adiamento da homologação e da adjudicação do lote III, o despacho referido é nulo, devendo assim ser declarado, se solicitado, pelo Poder Judiciário.

2º quesito

O presente quesito só pode ter resposta positiva. E isto porque, um dos princípios específicos da licitação, como sabemos, é o da *adjudicação compulsória ao vencedor*, assim analisado pelo saudoso mestre Hely Lopes Meirelles (*Licitação e Contrato Administrativo*, 11ª ed., p. 33): "A adjudicação compulsória do objeto da licitação ao vencedor é também princípio irrelegável no procedimento licitatório. Vencida a licitação, *nasce para o vencedor o direito subjetivo à adjudicação, isto é, a atribuição de seu objeto a quem foi classificado em primeiro lugar*. E essa adjudicação é obrigatória, não podendo a Administração atribuir o objeto da licitação a outrem que não o vencedor (...)" (nesse sentido, em nota de rodapé, o autor indica diversas decisões judiciais: STF, *RTJ* 121/1.142; TJSP, *RT* 284/183, 374/171, 394/158; *RF* 227/163; *Bol. Jur. ADCOAS*, verbete 77.241) (grifamos).

E mais adiante: "*O que se assinala neste tópico é a compulsoriedade* da adjudicação ao vencedor, como princípio inerente a toda licitação".

O já citado Carlos Ari Sundfeld (ob. cit., p. 169) assim se refere à adjudicação: "É inteiramente vinculada. Tendo sido a proposta considerada aceitável e, por isso mesmo, incluída no rol das classificadas, não mais cabe à Comissão, ao final do procedimento, recusá-la. Demais disso, se, aplicado o critério de julgamento, foi considerada a melhor, não pode ser preterida em favor de outra".

Lucia Valle Figueiredo (*Direitos dos Licitantes*, 4ª ed., p. 65), após asseverar que "(...) partindo do objeto imediato da licitação, podemos dizer que a adjudicação é obrigatória" (p. 64), insiste: "Dissemos que se poderia até afirmar a existência da adjudicação obrigatória (não do contrato, obviamente) e, agora, devemos insistir: *a adjudicação, por ser uma fase da licitação, deve ser levada avante como qualquer outra fase de procedimentos administrativos*".

E mais adiante, assevera a ilustre Juíza (p. 71): "*Ora, em face do exposto, como conseqüência lógica, a conclusão é que o proponente, classificado em primeiro lugar, tem o direito à adjudicação e à homologação* (para Dallari, à 'integração do procedimento', que será a aprovação)".

Adílson Abreu Dallari (*Aspectos Jurídicos de Licitação*, Saraiva, 4ª ed., 1997, pp. 150-151), indaga: 1) É ou não obrigatória a adjudicação ao licitante classificado em primeiro lugar? 2) Com a adjudicação aperfeiçoa-se ou não um vínculo contratual?

E responde: "Quanto à primeira questão, Seabra Fagundes procede a um cuidadoso exame da doutrina estrangeira, verificando que em apoio ao entendimento de que o primeiro classificado tem direito à adjudicação encontram-se as manifestações (que ele transcreve) de Oviedo, Velasco Calvo, Zanobini, Bielsa, Duez e Debeyre, Bonnard, Jèze e Laubadére, este último afirmando o automatismo absoluto da adjudicação, dizendo que o proponente cuja oferta foi considerada a mais vantajosa deve ser obrigatoriamente proclamado adjudicatário. Para Seabra Fagundes não anula esse entendimento a concordância geral da doutrina francesa (expressa nas opiniões de Berthélemy, Hauriou, Waline e também Jèze) no sentido de que a Administração pode desistir de entregar em adjudicação o objeto da licitação" (p. 151).

E acrescenta Adílson Dallari: "Conclui ele que o fato de ser possível ao administrador *anular a concorrência* em seu todo, como medida de caráter geral – admissível apenas se houver justa causa, exposta em despacho motivado –, '*longe de excluir, como regra, o deferimento necessário da adjudicação ao licitante de melhor proposta, vem corroborá-lo. Se somente razões de interesse público autorizam a anular a concorrência é que, na generalidade dos casos, o licitante classificado em primeiro lugar tem direito à adjudicação*' (cf. M. Seabra Fagundes, in *RDA* 34/404 e ss.)".

O prof. Adílson Dallari, de sua vez, é peremptório: "(...) entendemos que *a comissão julgadora*, que supostamente já verificou a conformidade da proposta com o edital, sua viabilidade, exequibilidade e aceitabilidade (em face dos termos do edital), *deve obrigatoriamente adjudicar o objeto posto em disputa* ao licitante autor da proposta classificada em primeiro lugar" (ob. cit., p. 152).

E mais: "Entendemos que a adjudicação não é um ato discricionário, que a autoridade encarregada de proceder ao julgamento da licitação possa praticar ou não, segundo razões de conveniência e oportunidade. Não há, portanto, para a comissão julgadora, liberdade de adjudicar ou deixar de adjudicar. Ao contrário, tem ela a obrigatoriedade de atribuir necessariamente o objeto de licitação a alguém, desde que haja, pelo menos um classificado.

"O licitante classificado em primeiro lugar assume perante a Administração uma qualidade que não pode ser desprezada e que efetivamente gera direitos que precisam ser respeitados.

"Em síntese, a adjudicação é um ato vinculado tanto no tocante à prática quanto ao seu conteúdo" (ob. cit., pp. 152-153).

Ao final Adílson Abreu Dallari conclui: "Resumindo tudo o que foi dito, concluímos que a comissão julgadora, desde que haja pelo menos uma proposta classificada, *tem o dever de praticar o ato de adjudicação em favor do licitante cuja proposta foi considerada a mais favorável*" (ob. cit., p. 157).

Finalmente, cabe-nos ainda trazer à colação o posicionamento restritivo a respeito do direito à adjudicação de Celso Antônio Bandeira de Mello, que assim se manifesta a respeito (in *Licitação*, 1ª ed., 2ª tir., Ed. RT, p. 81): "Já o direito à adjudicação pode ou não existir. Os termos do edital em alguns casos compõem situação em que a proposta melhor classificada resulta ser necessariamente satisfatória por uma decorrência implícita das condições estipuladas. Se assim suceder, o autor da melhor proposta terá direito à adjudicação. Inversamente, as normas do edital podem não gerar as mesmas conseqüências, descabendo, então, exigir a adjudicação".

E aponta, o autor, um exemplo em que a adjudicação será de rigor: "Se o edital *fixa limite máximo para o valor das ofertas, em certame que se decida pelo preço, todos os classificados haverão apresentado propostas satisfatórias por definição*, pois se contiveram dentro de uma *faixa predefinida como conveniente*. Segue-se que em tal caso a primeira classificada não é apenas a melhor proposta. *Ademais de melhor, é também satisfatória, donde assistir ao proponente direito à adjudicação*" (ob. cit., p. 82).

No presente caso, sem dúvida que assiste ao Consórcio Radial/MBJ o direito à adjudicação do lote III, por todas as citas mencionadas, e, ainda, dentro da tese restritiva de Celso Antônio.

Isto porque, o Edital da Concorrência 001/98, no *subitem 11.2*, dispôs que seriam desclassificadas as propostas comerciais que: "11.2.1 (*omissis*). 11.2.2 se mostrarem manifestamente inexeqüíveis ou com *valores globais superiores aos limites estabelecidos pela DERSA, para cada um dos lotes constantes do Anexo I – Planilha de Orçamentos de Serviços e Preços Estimativos DERSA – lotes I a IV*".

E, realmente, o Anexo I traz o "Orçamento Estimativo de Serviços e Preços", em especial, para o lote III – fixando os limites máximos mencionados de preços, referidos pelo *subitem 11.2.2* do Edital.

Portanto, a proposta de preços do Consórcio Radial/MBJ, não tendo sido desclassificada pela Comissão de Licitação, foi considerada satisfatória, e, em conseqüência, o Consórcio tem direito pleno à adjudicação do lote III, ainda que dentro do referido posicionamento restritivo de Celso Antônio.

Para arrematar, traz-se aqui, à colação, o decidido sobre o assunto pelo E. Supremo Tribunal Federal, no RE 107.525-0-DF, rel. Min. Francisco Rezek (*DJ* 5.6.87, col. de jurisprudência *Licitações e Contratos Administrativos*, 2ª ed., Ed. Esplanada, pp. 20-37), verdadeiro *leasing-case* sobre o tema, com a seguinte ementa:

"Mandado de segurança. Pressuposto. Direito subjetivo. Interesse legítimo. Critérios distintivos. Licitação. Direito à adjudicação.

"Adjudicar não é contratar. Não se confunde o direito à adjudicação com o eventual direito de contratar.

"O vencedor da concorrência, em hipótese onde sua proposta reponta, segundo os critérios do edital, a um só tempo como a mais vantajosa e a mais satisfatória, tem direito à adjudicação e não apenas interesse legítimo.

"Recurso extraordinário não conhecido" (2ª Turma do STF).

É assaz oportuno que transcrevamos a parte final do voto do Ministro relator, posto que se verifica aí que a hipótese examinada na referida decisão era em tudo semelhante ao caso presente.

Eis essa passagem do voto:

"Vale observar que a circunstância de fixar o edital os limites de razoabilidade para as propostas encontra-se no presente caso. O aresto impugnado destacou *que o edital apontou critério objetivo para o valor da obra. Tanto assim que estabeleceu o preço-base de Cr$ 3 bilhões e 100 milhões admitindo variação máxima de 10% a mais – patamar que, ultrapassado, implicaria eliminação da proposta (fls. 334).* Anoto que o critério de escolha lastreava-se no preço, desde que exeqüível a proposta.

"Tal o quadro dos fatos; parece-me seguro que, nos termos do edital, a proposta vencedora repontou corretamente ante as instâncias ordinárias como sendo, a um só tempo, a mais vantajosa e a mais satisfatória. *Portanto, quer para a doutrina que proclama o direito à adjudicação ao melhor classificado, quer para os que sustentam que, a par de melhor, a proposta vencedora deve ser a mais satisfatória, há de resultar reconhecido, na espécie, o direito da impetrante à adjudicação.*"

Veja-se que tais assertivas caem como luva ao caso presente, onde também o Edital da Concorrência 001/98 contempla, no seu Anexo I, preços máximos, que, tendo sido observados pelo Consórcio Radial/MBJ, fizeram da sua proposta não só a mais vantajosa, mas também, satisfatória.

Destarte, também no presente caso, o Consórcio tem direito subjetivo à adjudicação do lote III previsto no certame em causa.

Quanto à segunda parte do presente quesito, respondemos também afirmativamente, ou seja, no caso, há obrigatoriedade do Sr. Presidente da DERSA de efetuar a homologação do procedimento.

Com efeito, na doutrina, Adílson Abreu Dallari (ob. cit., p. 157): "A adjudicação obriga a Administração à uma outra manifestação, que, então, será definitiva e dará eficácia concreta a essa atribuição, salvo se o conteúdo dessa decisão final for negativo *(anulação ou revogação)*".

E completa: "O adjudicatário não tem direito ao contrato, mas apenas o direito de não ser preterido e, além disso, de exigir da Administração a integração do procedimento licitatório" (ob. cit., p. 157).

Essa integração, para o autor, se dá através de um ato externo, de controle indispensável para dar eficácia ao procedimento licitatório, e, após denominar de ato de "aprovação" o que comumente a legislação denomina de homologação, adianta ele: "Desde já cabe assinalar que é inadmissível entender que a Administração tenha iguais faculdades para aprovar ou não aprovar o procedimento. A licitação é feita visando a celebração de um contrato. O vencedor do certame tem mais do que uma simples expectativa de direito ao contrato; *tem, isso sim, um direito ao contrato* ao qual apenas falta eficácia. *Por isso, a frustração do contrato implica supressão de um direito, motivo* pelo qual deve ser necessariamente precedida da oferta de oportunidade, do exercício do contraditório e da ampla defesa prévia ao ato decisório (...)".

E adiante: "O procedimento *deve ser aprovado* quando não tiver ocorrido qualquer vício, em qualquer de suas fases, e quando a aceitação da proposta formulada pelo adjudicatário for oportuna e conveniente" (ob. cit., p. 167), ou seja: "Somente em situações absolutamente excepcionais e diante de uma prova cabal da impossibilidade da assinatura do contrato, pela existência de vício insanável ou defeito irremediável, é que se poderá deixar de aprovar o procedimento" (ob. cit., p. 168).

Hely Lopes Meirelles ("O procedimento da licitação", in *Estudos sobre a Lei Paulista n. 10.395/70*, p. 39), assevera que a adjudicação homologada produz o efeito de, dentre outros, criar "a aquisição do direito de contratar com a Administração nos termos em que o adjudicatário venceu a licitação".

Carlos Ari Sundfeld (ob. cit., p. 173) diz: "Se, chegada a fase de aprovação, constatar-se não ter havido qualquer alteração relevante na situação fática existente à época da abertura do certame, *prevalecerá a decisão de contratar então tomada. Em conseqüência, a adjudicação deverá ser necessariamente homologada. Inexistirá qualquer juízo discricionário a exercitar*".

Lucia Valle Figueiredo (ob. cit., p. 71) também tem o mesmo entendimento: "Ora, em face do exposto, como conseqüência lógica, a conclusão é *que o proponente, classificado em primeiro lugar, tem o direito à adjudicação e à homologação* (para Dallari, à 'integração do procedimento', que será a aprovação)".

Portanto, para a doutrina, a homologação, desde que não seja caso de revogação, nem de anulação do procedimento licitatório, é obrigatória.

No caso presente, a certeza dessa obrigatoriedade ainda é mais saliente, posto que o próprio Edital da Concorrência Pública 001/98 da DERSA, em consonância com o Parecer PA-3-309/95 da Procuradoria-Geral do Estado de São Paulo, no seu *subitem 10.1.5*, prescreve que a autoridade superiora antes de adjudicar deverá homologar o procedimento.

Ora, se, como vimos, a adjudicação é obrigatória, e vem depois da homologação, obviamente esta também será obrigatória, pois, se a autoridade entendesse de não homologar (aprovar) o procedimento *ipso-facto*, estaria negando o direito à adjudicação ao vencedor, o que, como vimos é ilegal e ilegítimo.

Destarte, a resposta à segunda parte do 2º quesito é afirmativa, ou seja, a homologação, no presente caso, é obrigatória.

Aliás, sobre este ponto, tanto a adjudicação como a homologação que a antecede são obrigatórias por força do próprio Edital, que naquele mesmo *subitem 10.1.5*, manda que em 5 (cinco) dias úteis, a autoridade competente (no caso o Sr. Diretor Presidente da DERSA) promova a homologação e a adjudicação do objeto (no caso o lote III) da licitação.

Em não o fazendo, o Sr. Diretor Presidente da DERSA violou o princípio da vinculação ao instrumento convocatório expresso no art. 3º da Lei 8.666/93, posto que descumpriu e descumpre aquele subitem do Edital.

Por outro lado, por isso mesmo, o Consórcio Radial/MBJ tem direito à homologação e adjudicação do lote III mencionado, por todas as razões doutrinárias e jurisprudências indicadas, e além disso, em razão do disposto no art. 4º da Lei 8.666/93, que reza: "Todos quantos participem de licitação promovida pelos órgãos ou entidades a que se refere o art. 1º *têm direito público subjetivo à fiel observância do pertinente procedimento, estabelecido nesta Lei* (...)".

O procedimento referido prevê, no art. 38, VII, o ato de adjudicação e da sua homologação, e no art. 43, VI, a homologação e a adjudicação como atos obrigatórios para a Administração.

3º quesito

Aqui, a nossa resposta é também positiva, não obstante encontrarmos na doutrina algumas vozes (não todas) que entendem inexistir direito ao contrato para o vencedor da licitação.

Entretanto, tais vozes poderiam obter guarida antes do Decreto-lei 2.300, de 1986, pois, a partir desse diploma legal, a revogação da licitação passou a ser ato vinculado, uma vez que o art. 39 desse Estatuto passou a dispor que a revogação da licitação somente poderia ser efetuada por interesse público. Antes, a revogação era ato inteiramente discricionário, dependente apenas de critérios de conveniência e oportunidade do administrador público. Daí o adjudicatário não poder pretender ter direito ao contrato, pois a licitação poderia ser revogada sem mais.

E era por isso que, por exemplo, Celso Antônio Bandeira de Mello dizia: "Portanto, a adjudicação não acarreta para o licitador obrigação de contratar. Ao adjudicatário desassiste exigir o contrato, salvo se a recusa administrativa em travar o ajuste revelar desvio de poder demonstrável pelo adjudicatário ou se a Administração propuser-se a contratar com terceiro" (ob. cit., p. 85, 1ª ed. *de 1985*).

Entretanto, autores como Hely Lopes Meirelles, já antes do Decreto-lei 2.300/86 entendiam que a adjudicação, após homologada pela autoridade competente, teria como um dos seus efeitos jurídicos, "*a aquisição do direito de contratar com a Administração nos termos em que o adjudicatário venceu a licitação*" ("O procedimento da licitação", in *Estudos sobre a Lei Paulista n. 10.395/70*, p. 39).

Diógenes Gasparini também indica como um dos efeitos de adjudicação "a aquisição, pelo vencedor do certame, do direito de contratar com a pessoa licitante, se houver contratação" (*Direito Administrativo*, Saraiva, p. 359).

Hely Lopes Meirelles, na sua consagrada obra *Licitação e Contrato Administrativo*, 11ª ed., 1996, assevera:

"Realmente, o vencedor da licitação adquire o direito de contratar com a Administração desde o momento em que lhe é adjudicado o objeto da licitação. Mas, mesmo adquirido o direito de contratar, seu exercício fica em suspenso até o momento em que a Administração entende conveniente e oportuno formalizar o contrato. É um direito subjetivo individual, subordinado ao interesse público na realização da obra ou do serviço, na efetivação de compra ou de alienação postos em licitação. Esse direito confere ao adjudicatário não só a faculdade de contratar o objeto licitado, como o de impedir a contratação com terceiro ou de obter indenização dos prejuízos causados pela conduta ilícita de Administração. Repetimos, entretanto, que, enquanto a Administração não manifestar o desejo de contratar, a só adjudicação ao vencedor não autoriza qualquer procedimento judicial para compeli-la a formalizar o ajuste ou para haver indenização de prejuízos.

"*Somente quando se caracterizar o abuso ou desvio de poder da Administração é que o adjudicatário preterido poderá* exercitar seu direito ao contrato ou à indenização correspondente" (p. 138).

Ora, no caso presente, tendo sido contratados os lotes I, II, IV, V e VI do Rodoanel e não contratado apenas o lote III sob o argumento inidôneo e ilegal da existência de litígio judicial sobre o assunto, está caracteriza, sem dúvida nenhuma, a preterição e/ou o abuso de poder. Daí ser legitimo que, desde já, o Consórcio pleiteie a sua imediata contratação, após a homologação e adjudicação correspondentes.

Além disso, há uma obrigatoriedade da referida contratação fixada para a DERSA, no próprio Edital da Concorrência 001/98, que a impede de prolongar, além do razoável (e essa razoabilidade encontra na data da contratação dos demais lotes o ponto de partida e de avaliação), a referida contratação do lote III.

Com efeito, no *item 13 – Contrato*, o referido Edital dispõe no *subitem 13.1*:

"Para cada lote a licitante vencedora será convocada para assinatura do contrato no prazo de 5 (cinco) dias, contados do recebimento da convocação".

Ora, se tal convocação se prolongar além do razoável, nas condições antes indicadas, o Consórcio tem o direito subjetivo de pleitear judicialmente a sua imediata contratação pelo fato de que, neste caso, estará havendo abuso de poder.

A não contratação, no caso, para ser legítima, somente poderia ocorrer se a DERSA pudesse revogar a licitação (o que é altamente improvável, posto que, então, o traçado do Rodoanel ficaria com uma lacuna, prejudicando a sua continuidade, com a falta da execução do lote III; além disso, as condições jurídicas impostas pela Lei 8.666/93, no art. 49, para a revogação de uma licitação são de difícil e excepcional possibilidade de ocorrência). Não podendo fazê-lo, cabe, sem dúvida, a contratação.

Com efeito, o art. 49 reza que "a autoridade competente para a aprovação do procedimento *somente poderá revogar a licitação por razões de interesse público*, decorrentes de fato superveniente devidamente *comprovado, pertinente e suficiente para justificar tal conduta* (...)", o que demonstra que a revogação é ato vinculado a duas condições jurídicas de difícil caracterização, razão porque a revogação é ato de excepcional ocorrência.

Daí porque podemos dizer que, em princípio, o adjudicatário tem direito a ser contratado.

Isto porque, como diz Carlos Ari Sundfeld (ob. cit., p. 174): "Resta indagar por que a revogação só será legítima se ocorrido fato superveniente. O problema tem a ver com a teoria geral da revogabilidade dos atos administrativos".

E explica: "O ato administrativo, mesmo originalmente praticado com base em competência discricionária torna-se irretratável, desde que mantidas todas as condições que o produzirem. A competência de que o agente dispõe em concreto se exaure com seu exercício".

Daí se explicar que, chegado ao seu termo o procedimento licitatório, a contratação será obrigatória, só não se concretizando a mesma se, em caráter excepcional (nos termos do art. 49 da Lei 8.666/93), for possível a revogação do certame como um todo.

Conclui-se, pois, que, em princípio, no caso da Consulta, o Consórcio Radial/MBJ tem direito de ser contratado pela DERSA, sob pena de estar ela praticando abuso de poder.

É o nosso parecer,

S.M.J.

São Paulo, 28 de dezembro de 1998

ESTUDOS & COMENTÁRIOS

O CONTROLE DIRETO DE CONSTITUCIONALIDADE DE LEIS E ATOS NORMATIVOS MUNICIPAIS POR VULNERAÇÃO À CONSTITUIÇÃO FEDERAL

CLÓVIS BEZNOS
Professor da Faculdade de Direito
da Pontifícia Universidade Católica de São Paulo

A questão que nos propomos a examinar, sintetiza-se na indagação quanto à possibilidade de controle constitucional direto de Lei Municipal, vulneradora da Constituição Federal.

Como se sabe, a Constituição do Estado de São Paulo, no seu art. 74, inc. XI, estabeleceu a competência do Tribunal de Justiça para processar e julgar originariamente a representação de inconstitucionalidade de lei ou ato normativo municipal, contestados em face da Constituição Federal.

De outra parte, o art. 144, da Constituição do Estado de São Paulo, ao preconizar aos Municípios a *autonomia*, no que tange à auto-organização política, legislativa, administrativa e financeira, pela edição de Lei Orgânica, cogentemente fixa que tal autonomia existe, *condicionada* todavia ao *atendimento aos princípios fixados na Constituição Federal, e na Constituição Estadual*.

Significa isso que ainda que a Lei Orgânica Municipal não arrole os preceitos vinculantes da Constituição Federal, encontram-se os mesmos implícitos nesse Diploma a tornar imperativa a sua obediência.

Além disso, o art. 25 da Constituição Federal, ao preconizar que os Estados Federados se regem pelas Constituições e leis, pelos mesmos adotadas, impõe-lhes a observância dos princípios insculpidos na Constituição Federal.

Quer isso dizer que ainda que as Constituições Estaduais não contenham esses princípios expressamente, implicitamente os contém.

Emerge, pois, a obrigatoriedade dos Municípios a todos os princípios preconizados pela Constituição Federal, não podendo dispor em sentido contrário porque, ao fazê-lo, estão vulnerando os princípios que se reputam implícitos na Constituição dos Estados e que, quanto à de São Paulo, por disposição expressa no art. 144, devem obediência.

O Egrégio Tribunal de Justiça de São Paulo, ao exame da Ação Direta de Inconstitucionalidade n. 11.838-0, teve a oportunidade de examinar a questão, tangente à possibilidade da argüição de inconstitucionalidade de Lei Municipal, face à Constituição Federal, culminando por acolher essa possibilidade, com fulcro no disposto no art. 74, inc. XI, da Constituição do Estado de São Paulo, *verbis*:

"Como bem salientado pelo ínclito Procurador-Geral de Justiça, o Estado federado, no exercício de sua autonomia pode, legitimamente, instituir mecanismos próprios de controle judicial da constitucionalidade de Lei Municipal, na esteira do modelo da Carta Magna e em harmonia com seus princípios. Assim se posicionam, entre outros, Celso Ribeiro Bastos, em 'O controle judicial da inconstitucionalidade das leis e atos normativos municipais' (*Revista da Procuradoria-Geral do Estado de São Paulo*, junho/77), Galeno Lacerda (mesma *Revista*, n. 16, junho/80), José Afonso da Silva, Dalmo Dallari, Ana Cândida da Cunha Ferraz (coletânea *Ação Direta de Controle da Constitucionalidade de Leis Municipais em Tese*, publicada pelo Centro de Estudos da Procuradoria-Geral de Justiça).

"E a Constituição do Estado de São Pauto, em seu art. 74, XI, dispõe, expressamente, que compete ao Tribunal de Justiça julgar originariamente 'a representação de inconstitucionalidade de lei ou ato normativo, contestados em face da Constituição Federal'.

"Fica, destarte, repelida a segunda preliminar, levantada pela requerida, de inadmissibilidade de argüição de inconstitucionalidade, em tese, de Lei Municipal através ação direta."

Esse mui respeitável entendimento, todavia, não levou em consideração o fato de que o Pretório Excelso, ao julgamento da ADIn n. 347-0, de São Paulo, suspendeu, em decisão liminar, pelo seu órgão Plenário, até julgamento final, até hoje não ocorrido, a vigência da expressão "federal", constante do inc. XI, do art. 74, da Constituição do Estado de São Paulo.

Tal fato, todavia, no julgamento *supra* mencionado, não escapou ao ilustre Desembargador Carlos Ortiz, que se posicionou, com a seguinte declaração de voto:

"Embora rejeitando a segunda preliminar argüida pelo Presidente da Câmara Municipal de Jabuticabal, não concordo com o entendimento de que cabe ação direta de inconstitucionalidade de lei ou ato normativo municipais perante a justiça estadual paulista, mesmo porque o colendo STF em ADInconst movida pelo Procurador-Geral da República, n. 347, em julgado de 15.8.90, rel. Min. Moreira Alves, suspendeu, até o julgamento final, a vigência da expressão 'Federal' constante do inc. XI do art. 74 da Constituição do Estado de São Paulo.

"Mas rejeitei a preliminar referida porque, ao alegarem a inconstitucionalidade do inc. I do art., 13 da Lei Orgânica do Município de Jabuticabal, em face do disposto no art. 29, IV, *a*, da CF, com relação ao número de vereadores do mesmo Município, os postulantes, na realidade e implicitamente, apontaram infringência ao art. 144 da Constituição paulista, que determina aos Municípios, com autonomia política, legislativa, administrativa e financeira, a auto-organização por Lei Orgânica, atendidos os princípios estabelecidos nas Constituições Federal e estadual.

"Nesse sentido, já me pronunciei como relator em julgado na ReprInconst 11.250-06 e já se tornou iterativo no C. Órgão Especial, como se vê em outros julgados, como os prolatados nas Repr. 11.881-0/5, relator o Des. Torres de Carvalho; 11.882-0/0J, relator o Des. Sabino Neto e 12.199-0/0, relator o Des. Marino Falcão" (in *Revista dos Tribunais* 671/78).

Evidencia-se, pois, desse voto do ilustre Desembargador Carlos Ortiz, á posição pacificada do Colendo Órgão Especial no sentido de que, quando a Lei Municipal vulnera a Constituição Federal, vulnera *ipso facto* o art. 144, da Constituição do Estado de São Paulo.

Inexistisse tal entendimento, e diante da posição do Supremo Tribunal Federal, retirando a possibilidade do controle direto da inconstitucionalidade de Lei Municipal, face à Constituição Federal, estar-se-ia criando um verdadeiro caos, com a franquia ao legislador municipal para vulnerar os preceitos magnos da Constituição Federal, simplesmente pela falta de expressa previsão na Constituição do Estado, o que certamente por ninguém é desejado.

MANDADO DE SEGURANÇA: UMA PROPOSTA DE INTERPRETAÇÃO

José Sérgio Monte Alegre
Professor da Universidade Tiradentes
e ex-Professor da Universidade Federal de Sergipe

É de Celso Agrícola Barbi a seguinte e categórica afirmação: "Entende-se, pacificamente, na doutrina brasileira, que o mandado de segurança só será remédio adequado se o ato lesivo ou ameaçador *tiver sido praticado pelo Estado como Poder Público, excluídos, assim, os atos em que tenha agido como pessoa privada*, pois nestes casos estará sujeito apenas aos remédios comuns das leis processuais" (*Do Mandado de Segurança*, 8ª ed., Forense, p. 92, sem o itálico no original).

Que seja. No entanto, creio que o tema comporta nova investigação, como de resto todos os demais que povoam o universo do Direito. É sugestiva, neste particular, a doutrina de Kelsen: "Sendo assim, a interpretação de uma lei não deve necessariamente conduzir a uma única solução como sendo a única correta, mas possivelmente a várias soluções que (...) têm igual valor, se bem que apenas uma delas se torne direito positivo no acto do órgão aplicador do Direito – no ato do tribunal, especialmente" (*Teoria Pura do Direito*, 3ª ed., Coimbra, p. 467).

Pois bem.

Está escrito na Constituição de outubro de 1988: "Conceder-se-á mandado de segurança para proteger direito líquido e certo, não amparado por *habeas corpus* ou *habeas data*, quando o responsável rela ilegalidade ou abuso de poder for autoridade pública ou agente de pessoa jurídica no exercício de atribuições do Poder Público" (art. 5º, inc. LXIX).

Por ora, não resisto à tentação de anotar que o uso de expressões latinas, do tipo *habeas corpus* e *habeas data* é adotado no mesmo texto que proclama, com ar grave e solene, que a língua portuguesa é o idioma oficial da República Federativa do Brasil. E o artigo da proclamação está na vizinhança, embora não seja lindeiro (art. 13). Porém, impotente para evitar exceções, ou desavisada de si mesma, a Constituição vai mais adiante e, assim, como cesteiro que faz um cesto, faz um cento, retoma o latim com *ad nutum* (art. 235, VIII); *de cujus* (art. 155, § 1º, III, *b*); *ad referendum* (art. 231, § 5º); *inter vivos* (art. 156, II); *mortis causa* (art. 155, I); *caput* (art. 153, § 5º e outros). Todavia, nada de muito sério a censurar. Pior é aludir a sanções *judiciais*, como se a sanção não fosse reserva de lei (art. 52, parágrafo único); ou a Erário *Público*, na ausência de Erário Privado (art. 71, II); ou a sentença judicial, induzindo o leitor à suposição de outra há que seja administrativa (art. 95, I); ou a emprego *remunerado*, como se algum houvesse que não o fosse, como se a remuneração não comparecesse como elemento conceitual da relação empregatícia (art. 54, I, *b*). E isso só à guisa de amostragem.

Entretanto, e superado o desvio de rota, o que nos preocupa no artigo constitucional é a cláusula *no exercício de atribuições do Poder Público* (e não atribuições *de* Poder Público) com que se encerra o inciso reportado ao mandado de segurança. Realmente. *O quê significa, no texto? Ou no contexto?* Ou cabe ao legislador ordinário delimitar o conteúdo da expressão e, então, significará o que lhe convier, isso por força de que compete ao Congresso Nacional, com a sanção do Presidente da República, dispor sobre todas as matérias de competência da União, inclusive as de natureza processual?

Tenho que se trata de fraseado antecipadamente esclarecido pela própria Constituição, *insuscetível de retomada ampliativa ou restritiva por agente normativo de inferior hierarquia*. Senão, vejamos.

Ninguém duvida que a Constituição contempla dois blocos de atividades, uma desenvolvida pelo setor público e outra alocada na iniciativa privada, isso nada obstante não se cuide, salvo em certos casos, de separação rígida, insuperável, de fronteiras de ultrapassagem definitivamente proibida. Assim, tanto o setor público pode atuar nos domínios do privado, quanto os particulares são admitidos a pisar em chão qualificado como público. Em decorrência, temos que o Poder Publico, no Brasil, exercita não uma atividade pública e somente esta, *senão que também protagoniza ações nos domínios onde de ordinário incide a iniciativa privada, em regime de liberdade*, para as quais Celso Antônio propõe a denominação serviços governamentais (*Curso de Direito Administrativo*, 10ª ed., p. 454). Ora, se assim é, não creio em dissensões sérias a esse respeito, então há que se admitir que ambas atividades, receptivas ao desempenho do Poder Público, *são suas atribuições*, apanhada a expressão como cometimentos, tarefas, misteres, ou competências. Com razão, Cirne Lima já averbara, em síntese admirável: "Nem toda a atividade, já o dissemos, exercitada pelo Estado se inclui *eo ipso* na noção de serviço público" (*RDP* 59-60/132). Deveras, como dizer que fomentar a iniciativa privada, direcionando-a para um determinado sentido, não é *atribuição* do Poder Público? Como afirmar que a planificação da economia, inobstante meramente indicativa para o setor privado, não é *atribuição* dele? Ou como excluir desse mesmo Poder a exploração direta de atividade econômica? Ou o incentivo à prática desportiva? Ou o incentivo ao desenvolvimento científico, à pesquisa e à capacitação tecnológica? Todas lhe são franqueadas pela própria Constituição (arts. 172; 174, §§ 1º, 2º, 3º e 4º; 173; 187, incs. I e III; 205; 215; 217 e 218, dentre outros). Mais tecnicamente, bem se poderia dizer que não é de franquia que se cuida e sim de competências e, pois, de exercício obrigatório, expressivo que é da idéia de função, como a entende Celso Antônio Bandeira de Mello: "Tem-se função apenas quando alguém está assujeitado ao dever de buscar, no interesse de outrem, o atendimento de certa finalidade" (*Curso de Direito Administrativo*, 10ª ed., p. 56).

Posto que todas são atribuições do Poder Público, *e não só o serviço público*; posto que o mandado de segurança tem a compostura de garantia constitucional eficaz, obsequiosa e reverente ao resguardo do indivíduo contra eventuais delírios do poder, *exigente, portanto, de apreensão tecnicamente ajustada aos fins que o justificam sob pena de mutilação deformante*, a interpretação que se der àquela expressão só pode ser no sentido desejado pela Lei Republicana e não em sentido contrário, até em reverência ao princípio da interpretação conforme à Constituição de todo o ordenamento. *E a Constituição é expressiva de uma concepção jurídica inspirada no sadio propósito não de realizar o es-*

plendor do Estado, e, sim, no de assegurar a liberdade do cidadão, elevado da sua primitiva condição de mero súdito a quem cumpria somente o dever de obediência. Veja-se, desde logo, embora o tema possa ser retomado mais adiante, que desde o momento em que se teve como boa, firme e valiosa a teoria de que os poderes do Estado são meras *expressões orgânicas* da personalidade residente naquele – o Estado –, que se teve de aceitar, por exemplo, a Administração Pública como uma *função do Estado* e não de um dos seus Poderes. Pelo que, quando o texto constitucional se refere a atribuições do Poder Público, é manifesto que não se está referindo ao Poder Executivo, ou aos demais, *e sim a atividade do Estado*, a cometimento que lhe é atribuído por decisão política soberana do titular único do poder: o povo. E, repare-se, que não há no texto referência mínima e breve que seja *ao regime jurídico sob o qual a atividade é exercida, se público ou privado. Trata-se de indiferente jurídico. O essencial é que a atribuição seja da pessoa política, não interessando qual, nem que ato a expresse, se de direito público ou se direito privado, se reforçado de prerrogativas ou delas destituído, sobretudo quando se tem a lembrança de que em nenhuma circunstância o Poder Público age como se fora particular, exclusivamente debaixo de normas de direito privado.* Sequer se diz ali, como o fez o Decreto-lei 200/67 ao definir autarquia, que essas atribuições seriam *típicas* da Administração Pública. Diz-se, apenas, *atribuições do Poder Público*, o que não é o mesmo que serviço público, apenas. O mais é excesso ausente do dispositivo e indevidamente nele enxertado.

Aliás, Poder Público, reportado ao mandado de segurança, tem idêntico significado que Poder Público referido a serviços públicos, no art. 175 da Constituição. Nem mais, nem menos. A propósito, e sob a vigência da Carta de 1967/69, escreveu Carlos Britto, ao discorrer sobre "Os sentidos do vocábulo 'poder' na Constituição" (*RDP* 61/63): "Poder, no sentido de Estado, ou pessoa pública política de base territorial – Por derradeiro, é de se registrar que o vocábulo 'poder', sobretudo quando constitutivo da locução 'poder público', é também utilizado pela Constituição como equivalente a 'Estado'. Estado, diga-se, de modo compreensivo de qualquer dos entes federativos, neles incluídos os Municípios. É o caso do art. 175, que assegura à família a proteção dos 'poderes públicos'. Também assim, o parágrafo único do art. 179, que obriga o 'poder público' a incentivar a pesquisa e o ensino científico e tecnológico. Ora, salta à evidência que a locução 'poder público', nos citados dispositivos, não assume nenhum dos três sentidos anteriormente expressos neste ensaio, porém uma acepção inteiramente nova, que somente se compadece com a figura mesma das pessoas políticas territoriais".

Aprofundemos a questão, depois de visto que atribuições do Poder Público são atividades de pessoa política, definidas mediante opção fundamental ao depois juridicizada, tal como ocorre com a idéia de Estado de Direito veiculada no art. 1º da Lei Republicana. Assim, e na seqüência, seriam atribuições *típicas*? Por oposição a atribuições *atípicas*? Qual a base para o discrímen? Sem dúvida que há. Deveras, e tendo como certo que a Constituição não deve ser interpretada à luz da legislação ordinária, pois é o contrário que sucede até pela natureza das coisas, é visível que a atividade econômica assume, na Constituição, caráter de anormalidade e pois de atipicidade, porquanto somente explorável diretamente pelo Estado quando presentes razões de segurança nacional ou de relevante interesse público, como tais definidas em lei. A excepcionalidade é manifesta, literal. Sequer haveria diferença substancial se o dispositivo estivesse redigido em termos de proibição, com a ressalva posterior. Ou seja: o Estado não explorará diretamente a atividade econômica, salvo para atender a imperativos de segurança nacional ou a relevante interesse público. Porém, *conquanto atípica*, a conter-se dentro de quadro de comedimento, ninguém pode recusar *que é atribuição do Poder Público*! Imprópria, até aí se deve consentir. Anormal, também. Porém, em todo caso, atribuição é. Nem que essa atribuição é desempenhada por pessoas jurídicas, atuando por seus agentes, em relação de organicidade. Ou, se preferirem: *cuida-se de agentes de pessoas jurídicas no exercício de atribuição do Poder Público*. O que significa que sociedades de economia mista, empresas públicas e outras entidades, quando exploram atividades econômicas, o fazem como *agentes de pessoas políticas, no cumprimento de atribuições que lhes são irrogadas pela Constituição*! Daí, então, como excluir os atos que pratiquem com ilegalidade, ou abuso de poder, do controle expedito por via do mandado de segurança?

Enfim, e só para argumentar, se o dispositivo diz com atribuições do Poder Público: se havendo no texto constitucional variedade de atribuições desse Poder, o constituinte não *qualifica* tais atribuições, separando umas de outras, para só admitir o mandando de segurança para uma classe e não também para a outras, então por que o intérprete haverá de fazê-lo, *sobremodo quando a distinção diminui o alcance da garantia?* E quando se faça a objeção de que sociedades de economia mista, empresas públicas e outras entidades exploradoras de atividades econômicas, obedecem a regime de direito privado, mesmo assim o panorama não se altera. Sim, porque sobre essas criaturas, tanto no tocante ao direito de organização como ao do funcionamento, incidem normas de direito público. O que é suficiente para recusar o exclusivismo do direito privado na sua regência. Demais disso, o mandado de segurança é, como visto, salvo-conduto do indivíduo nas suas relações com o Poder Público, *em suas diversas expressões*. O que se quer é a sua disponibilidade para a prevenção ou repressão de ilegalidades emanadas não de outros indivíduos, *mas do Poder Público. É de garantia específica que se cogita*. E quem há de dizer que sociedades de economia mista e sua parentela não são *formas de atuar do Poder Público*? Não são suas emanações? A própria lei que autoriza a criação delas é expressão pura e formal do exercício de um poder não radicado em qualquer administrado. É ato de poder, *contra cujos descomedimentos a Constituição provê o indivíduo exatamente do mandado de segurança.*

Por derradeiro, um registro. É preciso cuidar-se para não incorrer na tentação de viajar de volta ao passado e desempoeirar a distinção entre atos de império e atos de gestão, dominante durante quase todo o século XIX e que entrou em crise no final dele, segundo depoimento de Eduardo García de Enterría e Tomás-Ramón Fernández (*Curso de Direito Administrativo*, Ed. RT, p. 56). Aliás, a Constituição de 1988 sequer fala em *ato de autoridade*, ao contrário da Constituição de 1934 (art. 113, n. 33), nem em *funções delegadas do Poder Público*, que é utilizada pela Lei 1.533/51, no § 1º do art. 1º. Se é para continuar fazendo uso da locução ato de autoridade, que entre nós fez fortuna desde a Lei 191/36, então o melhor talvez seja compreendê-la por oposição à de agente de execução (Hely Lopes Meirelles, no seu *Mandado de Segurança*, Malheiros Editores, 14ª ed., p. 23). Não como ato praticado no exercício de prerrogativas de Poder Público, pois isso é incluir no texto constitucional o que nele verdadeiramente não se contém.

Ao fim e ao cabo, o que se cuida nestas breves reflexões é de interpretar a Constituição de modo a imprimir a *máxima efetividade às suas garantias*, senão por outras razões, ao menos pela sua filiação histórica à longa e penosa luta dos indivíduos na busca de resguardo contra os freqüentes descomedimentos no exercício do poder. E nessa linha afina-se com o ser a República

Federativa do Brasil um Estado de Direito, obediente às leis e submetido ao controle do juiz, à instância do interessado. Assim, parece evidente que, entre duas interpretações possíveis, há de preferir-se aquela que melhormente homenageia o princípio, concebido sob a inspiração de que nunca houve necessidade de Constituição escrita para pôr limites à liberdade, *senão unicamente para conter o poder*. Sem dúvida, não se pode esquecer que o Judiciário, *como órgão do Estado*, não se pode evadir do cumprimento dos seus fins e nem escapar dos seus fundamentos, nomeadamente da responsabilidade de empenhar-se na melhoria da qualidade da vida do povo brasileiro, irredutível a uma vida qualquer, inclusive a severina. *É de vida digna que se cuida.* Vida qualificada (art. 1º, inc. III c/c o art. 5º, *caput*, e o art. 170, *caput*). E tanto mais protegida do abuso, mais digna é esta vida. Afinal, a razão parece estar com a Constituição espanhola e talvez tudo se possa resumir à interdição do arbítrio, especialmente o do Poder Público.

Aí está. Não custa revisitar o tema, para confirmar o que se vem dizendo, ou para dizer algo contrário e melhor. Ao menos, para nós, indivíduos.

AS AGÊNCIAS REGULADORAS NO DIREITO BRASILEIRO: ORIGEM, NATUREZA E FUNÇÃO

MARCOS AUGUSTO PEREZ
Advogado

1. A origem histórica das agências reguladoras. 2. As agências reguladoras como instituições típicas do "wellfare state". 3. O papel das agências reguladoras no contexto da reforma da Administração Pública. 4. As agências reguladoras no Direito Positivo brasileiro. 5. Conclusão.

1. A origem histórica das agências reguladoras

A Administração Pública no Brasil está se alterando? O Direito Administrativo brasileiro está se transformando? A Administração Pública e o Direito Administrativo no Brasil estão mudando para melhor?

Essas indagações estão sendo feitas hoje por todos os operadores do Direito Administrativo, no Brasil, certamente com alguma desconfiança e, até mesmo, certa perplexidade. Desconfiança, pois já nos acostumamos à pragmaticidade leopardiana de nossos reformadores – de tempos em tempos, é necessário que algo mude para que tudo continue exatamente como sempre esteve. Perplexidade, porque o reformador viu por bem trazer para os trópicos, desta feita, o que poderíamos chamar de um "novo dialeto" do Direito Administrativo, fazendo que, da noite para o dia, passássemos a falar em reengenharia, clientela, parcerias, eficiência, organizações sociais, contratos de gestão, agências etc., com animação que faz lembrar nossos primitivos antepassados que, há cerca de quinhentos anos, receberam espelhos e miçangas como grandes novidades vindas do mundo civilizado.

É fato, nesse contexto, que a onda global nos trouxe as chamadas *agências reguladoras*. A expressão é absolutamente nova entre nós e cumpre-nos, em primeira aproximação com o tema, sondar o seu verdadeiro significado em nosso sistema jurídico, perscrutando, como já indicado no título deste artigo, suas origens, sua natureza jurídica e sua função.

Ao que nos parece as agências reguladoras de nosso Direito têm como musa inspiradora a "agency" do Direito Administrativo norte-americano. As "administrative agencies" começaram a ser concebidas em meados do século passado pelos nossos irmãos do norte, inicialmente sem forma ou nome definidos, através da indicação de fiscais de navios à vapor, visando coibir os acidentes com caldeiras, então muito freqüentes. A instituição formal da primeira agência, nos Estados Unidos da América, data de 1887, com a criação da ICC (*Interstate Commerce Commission*),[1] mas a proliferação das mesmas deu-se realmente com o crescente intervencionismo estatal na economia, já no presente século, com o "new deal" de Roosevelt.[2]

A importância dessas entidades é fulcral nó contexto norte-americano, tanto assim que os doutrinadores costumam dizer que o estudo do Direito Administrativo dos Estados Unidos da América pode ser visto como a análise dos limites impostos ao exercício de poderes pelas agências administrativas.[3]

De fato, as "agencies" foram concebidas como organismos independentes e autônomos em relação à estrutura tripartite de poderes estatais. Para elas se delegavam funções de cunho legislativo (função reguladora), judicial (função contenciosa) e administrativo (função de fiscalização). A idéia que presidiu a criação dessas entidades era dotar o Estado de órgãos que possuíssem *agilidade*, *especialidade* e *conhecimento técnico* suficientes para o direcionamento de determinados setores da atividade econômica, segmentos estes que potencialmente representariam uma fonte de constantes problemas sociais.

Grosso modo, pode-se afirmar que as "agencies" aproximam-se, no tocante aos seus objetivos, de algumas *autarquias* encontradas na história do Direito brasileiro, formadas com a missão de coordenar a atuação do Estado na intervenção em determinados setores da economia nacional (p. ex., o Instituto do Açúcar e do Álcool; o Instituto Nacional do Mate; o Instituto Nacional do Sal, o Instituto Brasileiro do Café criados entre as décadas de trinta e quarenta deste século, com a missão específica de regular a produção e distribuição dos respectivos produtos agrícolas[4]), embora diferenças existam entre elas, e muitas, relativamente ao seu regime jurídico, em especial no que pertine ao *processo de decisão*, objeto central da atenção dos norte-americanos e assunto solenemente ignorado entre nós, por muito tempo.

2. *As agências reguladoras como instituições típicas do "wellfare state"*

Como se pode deduzir deste intróito, as agências reguladoras são, em essência, organismos típicos do "estado de bem-estar", voltados à monitorar a intervenção da Administração no domínio econômico, atividade que realizam através do poder regulamentar que lhes é atribuído, mas também através de função contenciosa e de fiscalização, conforme brevemente dissertamos.

Justamente pela nítida ligação entre suas funções e o "estado de bem-estar", as agências foram objeto de contundente questionamento por parte dos "neoliberais", avessos em princípio às amarras que a regulamentação estatal imporia sobre o mercado. Tanto assim que uma das conhecidas fórmulas de privatização levava a rubrica genérica de "desregulamentação",[5] ou seja, abolição gradativa das normas administrativo-burocráticas de condicionamento das atividades econômicas à luz do interesse geral.

Fábio Nusdeo, ilustre professor da Faculdade de Direito da Universidade de São Paulo, chega a mencionar que alguns autores, "em evidente exagero" passaram a falar em uma verdadeira "crise do processo

1. Cf. J. L. Mashaw, R. A. Merrill, e P. M. Shane, *Administrative Law. The American Public Law System*, 1992, p. 4.

2. Cf. E. Gellhorn e R. M. Levin, *Administrative Law and Process*, 1990, p. 1.

3. Idem, p. 8.

4. Cf. Themistocles Brandão Cavalcanti, *Tratado de Direito Administrativo*, 1956, pp. 215 e ss., v. 2. V. tb., à propósito, a definição de autarquia econômica de José Cretella Jr., in *Administração Indireta Brasileira*, 1980, p. 153.

5. Cf. Marcos Augusto Perez, "Privatização e reforma do Estado", in *Genesis – Revista de Direito Administrativo Aplicado* 5/358, 1995.

regulatório da economia" que estaria a proporcionar "a falência do *Wellfare State*".[6] A hegemonia das idéias econômicas liberais, a partir da década de oitenta do corrente século, conduziria outros autores, ainda, a identificar uma tendência de abandono do poder regulamentador, como instrumento do intervencionismo estatal, salientando a perspectiva de "auto-regulação" da economia.[7]

3. *O papel das agências reguladoras no contexto da reforma da Administração Pública*

Ao que nos parece, entretanto, a onda global de reforma da Administração Pública não tende a abolir a atividade regulamentar do Estado, mas, muito ao contrário, tende a reafirmá-la, reforçando, conseqüentemente, o papel das agências reguladoras.

Com efeito, no contexto da reforma administrativa do Estado, acaba por se dar um fenômeno chamado por alguns de re-regulamentação.[8] Melhor dizendo, uma nova regulamentação toma o lugar da velha regulamentação. A regulamentação estatal da economia se altera em quantidade e em qualidade. O irracional emaranhado normativo, somente conhecido por alguns tecnocratas, dá lugar à regulamentação do procedimento administrativo, racional e garantidor da transparência da atuação estatal. O controle prévio, eminentemente formal e cartorial, dá lugar à proteção da competição no mercado, impedindo a formação de cartéis e monopólios.

O exemplo brasileiro somente reforça nossa posição. O conhecido documento de divulgação da reforma administrativa, patrocinada pelos atuais mandatários do governo federal, o chamado "Plano Diretor da Reforma do Estado", expõe a relevância do papel regulador da Administração, na atualidade, dizendo: "A reforma do Estado deve ser entendida dentro do contexto da redefinição do papel do Estado, que deixa de ser responsável pelo desenvolvimento econômico e social pela via da produção de bens e serviços, *para fortalecer-se na função de promotor e regulador desse desenvolvimento* (...) o Estado reduz seu papel de executor ou prestador direto de serviços, *mantendo-se entretanto no papel de regulador e provedor ou promotor destes*" (grifamos).

4. *As agências reguladoras no Direito Positivo brasileiro*

Dessa forma, a recente introdução das agências reguladoras no Direito Positivo brasileiro prende-se ao conjunto de idéias acima enunciado. A função básica das agências reguladoras é a intervenção do Estado no domínio econômico, ou ainda, a promoção do desenvolvimento econômico, objetivo típico do "wellfare state", tudo sob o prisma do fortalecimento da competição no setor privado da economia e da criação de procedimentos de controle absolutamente racionais e hialinos.

Ao tempo em que escrevemos, os exemplos mais importantes do processo de introdução das agências reguladoras em nosso ordenamento positivo são a Agência Nacional de Telecomunicações (Anatel), criada pela Lei 9.472, de 16.7.97 e a Agência Nacional de Energia Elétrica (Aneel), criada pela lei 9.427, de 26.12.96.[9]

No caso da Aneel, a legislação fixa precisamente sua natureza jurídica autárquica; seu regime jurídico de especial autonomia gerencial (seus dirigentes têm mandato e

6. Cf. Fábio Nusdeo, *Curso de Economia*, 1997, p. 253.

7. Cf. Gunther Teubner, *O Direito como Sistema Autopoiético*, 1989, p. 135.

8. Cf. Jacques Chevallier, "Les enjeux de la déreglementation", in *Revue du Droit Public*, 1987, p. 285.

9. Essa agência somente ganhou perfil definitivo com a edição da Lei 9.648, de 27.5.98, que alterou em boa parte as disposições do citado diploma legal.

não podem ser livremente exonerados pelo chefe do Executivo, após 4 (quatro) meses de sua posse, exceto no caso de infração penal, improbidade ou descumprimento do contrato de gestão) e suas atribuições dentre as quais podemos destacar:

• regular e fiscalizar a produção, transmissão, distribuição e comercialização de energia elétrica;

• dirimir divergências entre as prestadoras de serviço público, os produtores independentes e seus consumidores;

• estabelecer limites para a atuação no setor de grupos empresariais, para a transferência de ações e para o comércio jurídico das concessões, permissões ou autorizações, com vistas à preservação da concorrência e impedir a concentração econômica;

• zelar pelo cumprimento da legislação da concorrência no setor.

Observe-se que, em traços gerais, o perfil da agência analisada não foge do esboço das "agencies" acima traçado: ela tem relativa independência técnica e gerencial; além de regular e fiscalizar, ela exerce função contenciosa ao dirimir divergências entre os prestadores do serviço, os produtores e seus respectivos consumidores; busca-se a preservação da competitividade no mercado, valendo-se da crença de que a concorrência proporcionará maior qualidade a um menor custo para o cidadão, alçado à condição de consumidor de serviços públicos.

É na Anatel – Agência Nacional de Telecomunicações, entretanto, que encontraremos o mais completo e perfeito parâmetro de organização de uma agência reguladora, em nosso Direito, não resta dúvida. A Lei 9.472, de 16.7.97, forneceu efetivamente as bases para que a universalização dos serviços de telecomunicação se desse através do incremento das "forças do mercado", ao constituir um "órgão regulador independente", apto a dotar-se da competência técnica e da especialidade necessárias para a preservação da competição no setor, para a defesa dos usuários do serviço e, enfim, para "estimular investimentos privados".[10]

O art. 8º da Lei 9.472, de 16.7.97, foi muito além da legislação que timidamente regulou a Aneel. Esclarece, primeiramente, o regime autárquico especial que subordina a agência reguladora estabelecendo no § 2º, do art. 8º que: "A natureza de autarquia especial conferida à Agência é caracterizada por *independência administrativa*, *ausência de subordinação hierárquica*, *mandato fixo* e estabilidade de seus dirigentes e *autonomia financeira*".

Mas não é só: o art. 19 da Lei 9.472, de 16.7.97, estabelece um largo leque de atribuições para a agência reguladora, fixando ampla margem de atuação tanto na esfera do exercício de poder regulamentar como em relação ao poder de fiscalização e sancionatório. Ainda tratando do referido artigo, dentre as funções contenciosas destacam-se as regradas pelo inc. XVI (interpretar a legislação de telecomunicações), inc. XVII (compor administrativamente conflitos de interesses entre prestadoras de serviço de telecomunicações) e a do inc. XVIII (reprimir infrações dos direitos dos usuários).

O art. 38, da Lei 9.472, de 16.7.97, faz referência expressa aos princípios jurídicos que regem a atividade de controle efetuada pela agência, destacando-se o princípio do *devido processo legal*, importantíssimo, como vimos, para a racionalização do processo de tomada de decisões e para a transparência das atividades da agência. O art. 44, ademais, estabelece outro importante meio de participação nas atividades da agência, o amplo *direito de petição*, acompanhado pelo direito de recurso administrativo contra as decisões da agência.

10. Cf. Rosoléa Miranda Folgosi, "O órgão regulador das telecomunicações brasileiras", in *ILC – Informativo de Licitações e Contratos*, suplemento especial, 1997, p. 29.

Enfim, pode-se afirmar que com o advento da Lei 9.472/97, o Brasil incorporou ao seu Direito Administrativo um instrumento bastante moderno e, ao que tudo indica, muito eficiente, de intervenção na economia: a agência reguladora. A ela a Administração delega o poder de produzir a nova regulamentação dos setores relevantes da economia nacional, voltada à preservação do interesse público em. A ela se delegam poderes de fiscalização e controle de atividades desenvolvidas pelos atores privados da economia, de modo a impedir o abuso do poder econômico que coloque em risco a saúde pública, o meio ambiente e o acesso universal dos cidadãos aos serviços públicos. A ela se delegam poderes quase jurisdicionais, a procura de um caminho mais curto para a solução de litígios que envolvam prestadores e usuários de serviços públicos.

Por outro lado, às agências reguladoras se impõe a obrigação de preservação da competição no mercado, como alavanca do desenvolvimento econômico. Impondo-se, também, a elas, a adoção do "devido processo legal" como modo de atuação, ou, mais precisamente, como princípio reitor do processo de tomada de decisão da Administração Pública, instrumento que tende a tornar cada vez mais racionais e transparentes as decisões administrativas.

5. *Conclusão*

Concluindo, podemos resumir nosso entendimento da seguinte forma:

(1) as agências reguladoras do Direito brasileiro foram inspiradas no modelo das "administrative agencies" do Direito norte-americano;

(2) as agências reguladoras, no Direito brasileiro, são autarquias de regime especial, ou seja, pessoas jurídicas de direito público, criadas por lei e com autonomia gerencial, administrativa e financeira, ampliada em relação às autarquias comuns;

(3) as agências reguladoras, no Direito brasileiro, possuem independência hierárquica em relação à Administração direta, independência assegurada em razão de seus dirigentes possuírem mandato e estabilidade na função;

(4) as agências, no Direito brasileiro, acumulam funções de regulamentação, de fiscalização, sancionatórias e contenciosas;

(5) a finalidade das agências, em nosso Direito, é coordenar a intervenção estatal em um determinado setor da economia, preservando a competição entre os particulares e fiscalizando a execução de serviços públicos executados pela iniciativa privada;

(6) é essencial às agências, e nosso Direito contempla regras nesse sentido, a fixação de um processo racional e transparente de tomada de decisões.

Em que pese as indagações que fizemos ao início do presente estudo, resta claro que muito nos anima a adoção das agências reguladoras pelo Direito pátrio. Cremos que a consagração do modelo ditado pela Lei 9.472/97, como paradigma para a criação de novas agências reguladoras no Brasil é essencial para que, uma vez constituídas, essas entidades atendam aos objetivos a que se destinam. Afinal, se as agências reguladoras cumprirem o seu destino, preservando a competição entre os atores privados da economia, aperfeiçoando a prestação dos serviços públicos e possibilitando maior participação e transparência no processo de decisão da Administração, é bem possível que tenhamos começado realmente a escrever um novo capítulo em nosso Direito Administrativo.

Julho de 1998

ESTUDOS & COMENTÁRIOS

VENCIMENTOS DE PREFEITOS E VEREADORES À LUZ DA EMENDA CONSTITUCIONAL 19/98

FÁBIO MEDINA OSÓRIO
Promotor de Justiça no Rio Grande do Sul – Mestre em Direito Público pela Universidade Federal do Rio Grande do Sul – Professor na Faculdade de Direito da Pontifícia Universidade Católica do Rio Grande do Sul

Introdução

Sabe-se que a interpretação das leis e normas constitucionais exige, do operador jurídico, conhecimento e vontade.

Conhecimento se faz necessário para entender os diversos caminhos hermenêuticos, suas bases teóricas e suas conseqüências práticas. O estudo da jurisprudência e da doutrina, aqui, revelam-se inafastáveis, de imperiosa realização.

De outro lado, forçoso que o lidador do Direito revele vontade de cumprir os comandos constitucionais e legais. O elemento volitivo não pode ser desprezado, porque, não raro, o intérprete se depara com múltiplos caminhos possíveis e igualmente razoáveis na leitura de normas jurídicas. A escolha por um ou outro caminho exige uma vontade de realizar determinados valores. Isto é inevitável, até por força da própria natureza da atividade humana. Não se olvide dos fatores metajurídicos que influenciam fortemente a vontade humana e determinam a opção por uma ou outra via hermenêutica.

Não se trata, aqui, de propugnar pela adoção de critérios subjetivistas na interpretação das normas jurídicas, pois já é possível reconhecer um mínimo de objetividade nos valores que devem nortear os intérpretes.[1]

1. V. Luis Recasens Siches, *Tratado General de Filosofía del Derecho*, 11ª ed., 1995, Editorial Porrúa, pp. 59-60, 63 e 65. "Exponiendo algunas de las críticas que cabe dirigir contra la doctrina subjetivista, que reduce los valores a manifestación del agrado o a proyección del deseo, el eminente filósofo argentino Rizieri Frondizi escribe: 'Nuestro deber no puede identificarse com lo placentero; de lo contrario, todo el mundo cumpliría con su deber. El mérito de la honestidad radica en su capacidad de sobreponerse a los reclamos de nuestros placeres, apetitos y conveniencias. El placer se mueve en un plano bajo de nuestra personalidad, y no podemos sacrificar lo más alto – como son los valores morales – a lo más bajo. Pero aun en el plano del placer y del agrado hay que distinguir entre lo que nos agrada y lo que reconocemos como agradable. Distinguimos con frecuencia lo agradable de lo que nos agrada por razones personales o circunstancias. Aún me agrada escuchar un viejo vals que me emocionaba en la adolescencia, y, sin embargo, no admito que sea más agradable que la Sinfonía Inconclusa de Schubert, por ejemplo. Lo mismo sucede con el deseo, donde hay que separar también lo deseado y lo deseable. El hecho de que la gente desee una cosa non la convierte en deseable' (...). En primer lugar, creo que debe señalarse el hecho de los que se sienten atados todavía a una concepción subjetivista, psicologista, de los valores, tien-

Desde a promulgação da famosa reforma administrativa, através da Emenda Constitucional 19/98, constata-se uma chuva de aumentos de vencimentos de Prefeitos e Vereadores, os quais, sob o pretexto de se ajustarem à ordem constitucional, legislam em causa própria. Os patamares dos aumentos estariam limitados, segundo a opinião de alguns juristas, apenas pelo teto de 75% dos vencimentos dos Deputados Estaduais e 5% da receita do Município. Nada poderia ser feito se os aumentos estivessem dentro desses elásticos patamares da CF/88.

Creio que é hora de aprofundar o debate, resgatando uma visão interpretativa comprometida com os anseios sociais e com o sistema jurídico vigente.

1. Da inaplicabilidade automática da reforma constitucional-administrativa e da ausência de lei fixando os subsídios dos Ministros do STF

A Administração Pública direta, indireta ou fundacional, de qualquer dos Poderes da União, dos Estados, do Distrito Federal e dos Municípios obedecerá aos princípios de legalidade, impessoalidade, moralidade, publicidade e eficiência administrativas (art. 37, *caput*, da CF/88).

A reforma administrativa, iniciada com a EC 19/98, teve por principal objetivo contenção de gastos públicos. Esse o sentido teleológico da reforma e esse haverá de ser o caminho do intérprete preocupado em cumprir as finalidades das normas constitucionais instituidoras da reforma administrativa.

Consoante afirma Fernando Baptista Bolzoni, "a preocupação com o comprometimento de recursos com o pagamento de pessoal é um dos mais importantes vetores da reforma administrativa", sendo que "doravante, ninguém mais poderá perceber dos cofres públicos valor superior ao subsídio de Ministro do Supremo Tribunal federal, mesmo que resultantes da soma dos vencimentos de mais de um cargo, emprego ou função".[2]

den a buscar ejemplos de anárquicas discrepancias de opinión, que induzcan a creer que se trata tan sólo de expresiones personales, en el campo del Arte y de las preferencias estéticas. Mas ocurre que en ese tipo de argumento se encierram varios, equívocos. Uno de esos equívocos es olvidar que el conocimiento de los valores es un problema de conocimiento, ni más ni menos que el conocimiento de cualquier otro objeto, real o ideal. Y el conocimiento preciso y rigoroso no le es dado al hombre gratuitamente; antes bien, constituye las más de las veces el resultado de penosos esfuerzos. Que los valores sean ideas objetivas no quiere decir que todos los hombres, ni siquiera unos pocos, tengan sobre todos ellos un conocimiento enteramente logrado. También tienen el carácter de evidientes los conocimientos sobre las conexiones matemáticas y sin embargo, han hecho falta muchas vigilias para irlos logrando (...). Es conveniente que fijemos la aténcion en esto, porque nos servirá muy pronto para entender una peculiaridad de la vida humana y de las obras en ellas producídas, que consiste en algo análogo a lo que ocurre con los valores, a saber: que la vida humana y sus obras tienen un ser susceptible de gradaciones jerárquicas. Y esas gradaciones jerárquicas tienen dos fuentes o dimensiones, a saber: el rango de los diversos valores y el grado de mayor o menor realización de cada uno de los valores. Lo cual nos pondrá certeramente sobre la pista de las relaciones de la estructura de lo humano con la estructura de lo estimativo. Unas páginas más adelante desarrollaré este tema. Y posiblemente a la luz del mismo conseguiré unas directrices para orientar una cuestión que había sido olvidada por el pensamiento contemporáneo, y que es urgente abordar. La vida humana, y sus actos y obras, tiene, a diferencia del mundo de la naturaleza, perspectivas de rango y de jerarquía. Mientras que la naturaleza pura, como concatenación de fenómenos, desconoce toda jerarquía, las realidades humanas, en cambio, presentan una doble dimensíon jerarquíca: de un lado, la que deriva de la jerarquía de los valores en ella cumplidos; de otro lado, la que, respecto de un mismo valor, deriva del grado de mayor o menor realización de él en la obra humana. Esto último trae consigo que haya grados de realización en las tareas humanas; arte que es más arte que otro, amores que son más amores que otros, filosofía que es más filosofía que otra, etc. (...). Hay valores que sirven de fundamento a otros, es decir, que funcionan como condición para que otros valores puedan realizarse. No puede darse la realización del valor fundado sin que se dé la realización del valor fundante".

2. Fernando Baptista Bolzoni, *Análise da Emenda Constitucional 19/98 (Reforma Administrativa)*,

Um dos pilares, portanto, da reforma administrativa, consubstanciada na EC 19/98, é o teto máximo dos vencimentos dos Ministros do STF, e, nesse sentido, não há, em qualquer esfera dos Poderes da República ou da Administração Pública direta ou indireta, e mesmo no âmbito das empresas públicas, sociedades de economia mista e "sociedades controladas, direta ou indiretamente, pelo Poder Público" (fl. 84), possibilidade de se ultrapassar tal teto, por ocasião da fixação dos subsídios.

Deve-se registrar que, quando da fixação dos subsídios, a partir do teto do STF, é possível que algumas carreiras, *v.g.*, membros do Ministério Público, Tribunal de Contas e do Poder Judiciário, além dos Procuradores de entidades públicas, nas suas bases, tenham algum aumento de vencimentos. É que, consoante assinala corretamente Fernando Baptista Bolzoni, Procurador da Assembléia Legislativa do Estado do Rio Grande do Sul, a aplicação prática do art. 29 da EC 19/98 pode suscitar algumas perplexidades em face dos conceitos de direito adquirido e irredutibilidade de vencimentos. Daí que os valores de subsídios podem ser fixados com algum acréscimo em relação aos vencimentos do início da carreira, de modo que o servidor não sofra perdas. "Na prática, portanto, a Administração Pública deverá preparar-se para, como efeito imediato da reforma administrativa, despender valores um pouco superiores ao atualmente gastos com as carreiras que passarão a ser remuneradas mediante subsídio, com a expectativa de absorção desse custo, em curto período de tempo, pela cessação do deferimento de novas vantagens temporais. Negando-se a aceitar esse custo extra, a Administração Pública deverá defender-se em juizo (sob o patrocínio de Procuradores também atingidos pelas medidas impugnadas) de ações propostas por milhares de servidores prejudicados".[3]

O STF há de fixar seu teto para que as demais categorias e os demais agentes políticos disponham de um parâmetro para fixação de seus subsídios. Sem o teto dos Ministros STF, *data venia*, outras categorias não possuem parâmetro adequado para fixação de subsídios.

É claro que os vencimentos dos Ministros do STF até poderiam, desde logo, servir de parâmetro para controle dos patamares remuneratórios atuais de agentes públicos e políticos, mas tal conclusão envolveria debate acerca da própria auto-aplicabilidade da norma constitucional, além das garantias de irredutibilidade de vencimentos e direito adquirido.

Ocorre que não foi essa a orientação do próprio STF, ou seja, de que o teto da remuneração de seus Ministros valeria, desde logo, como teto geral, eis que já decidiu a Suprema Corte, em sessão administrativa, que prevalece, enquanto não editada lei federal, o sistema de tetos anteriormente fixado, ou seja, o sistema anterior à EC 19/98.

O certo é que para a fixação dos subsídios propriamente ditos, em relação a todas as carreiras públicas *lato sensu*, agentes públicos e políticos, mostra-se imprescindível o teto dos Ministros do STF, que é o parâmetro constitucional máximo de remuneração *lato sensu*.

E tanto é necessária a fixação dos subsídios dos Ministros da Suprema Corte que, como se sabe, até os Estados estão parados, certamente no aguardo da lei a ser editada no plano federal.

Em realidade, diga-se que os Ministros do STF reuniram-se em 24.6.98, em sessão administrativa, e deliberaram, por sete votos a quatro, no sentido de que "não são auto-aplicáveis as normas inscritas no art.

palestra proferida em 19.12.97. Saliento que o autor é Procurador da Assembléia Legislativa do Rio Grande do Sul.

3. Fernando Baptista Bolzoni, idem.

37, XI, e no art. 39, § 4º, da Constituição da República, na redação dada pela Emenda Constitucional 19/98. Em decorrência dessa orientação, o STF não teve por auto-aplicável o preceito consubstanciado no art. 29 da Emenda Constitucional 19/98, por depender de lei formal a fixação do subsídio mensal a ser pago a Ministro desta Suprema Corte".

Repito, portanto, que, na decisão administrativa, os Ministros do STF deliberaram no sentido de que "não são auto-aplicáveis as normas do art. 37, XI, e 39, § 4º, da Constituição, na redação que lhes deram os arts. 3º e 5º, respectivamente, da Emenda Constitucional 19, de 4 de junho de 1998, porque a fixação do subsídio mensal, em espécie, de Ministro do STF – que servirá de teto – nos termos do art. 48, XV, da Constituição, na redação do art. 17 da referida Emenda Constitucional 19, depende de lei formal, de iniciativa conjunta dos Presidentes da República, da Câmara dos Deputados, do Senado Federal e do STF (...); deliberou-se, também, que, até que se edite a lei definidora do subsídio mensal a ser pago a Ministro do STF, prevalecerão os tetos estabelecidos para os três Poderes da República, no art. 37, XI, da Constituição, na redação anterior à que lhe foi dada pela EC 19/98, vale dizer, no Poder Executivo da União, o teto corresponderá à remuneração paga a Ministro de Estado; no Poder Legislativo, da União, o teto corresponderá à remuneração paga aos Membros do Congresso Nacional; e no Poder Judiciário, o teto corresponderá à remuneração paga, atualmente, a Ministro do STF".

Quando o STF decidiu que as normas previstas no art. 37, inc. XI, art. 39, § 4º, da CF/88, com a redação da EC 19/98, e que o art. 29 da mesma EC 19/98 não são auto-aplicáveis, sufragou entendimento de que prevalece o sistema anterior, até que se modifiquem as legislações federais, estaduais e municipais pertinentes. Assim, permanecem válidas e perfeitamente legais as gratificações, os prêmios, abonos, adicionais referidos no art. 39, § 4º, da CF/88, dado o princípio da continuidade da Administração Pública e a conclusão de não auto-aplicabilidade da norma constitucional. Essa modificação das leis infraconstitucionais, há de atender, por seu turno, o devido processo legislativo. Uma Lei Municipal ordinária não pode revogar, por exemplo, a Constituição Estadual ou a Lei Orgânica do Município.

É de se conferir a redação dada pela EC 19/98 às normas do art. 37, XI, art. 39, § 4º e 29 da Constituição Federal de 1988.

Reza o art. 37 da CF/88, com a nova redação que "a Administração Pública direta e indireta de qualquer dos Poderes da União, dos Estados, do Distrito Federal e dos Municípios obedecerá aos princípios de legalidade, impessoalidade, moralidade, publicidade e eficiência e, também, ao seguinte: (...)

"X – a remuneração dos serviços públicos e o subsídio de que trata o § 4º do art. 39 somente poderão ser fixados ou alterados por lei específica, observada a iniciativa privativa em cada caso, assegurada revisão geral anual, sempre na mesma data e sem distinção de índices;

"XI – *a remuneração e o subsídio dos ocupantes de cargo, funções e empregos públicos da Administração direta, autárquica e fundacional, dos membros de qualquer dos Poderes da União, dos Estados, do Distrito Federal e dos Municípios, dos detentores de mandado eletivo e dos demais agentes políticos e os proventos, pensões ou outra espécie remuneratória, percebidos cumulativamente ou não, incluídas as vantagens pessoais ou de qualquer outra natureza, não poderão exceder o subsídio mensal, em espécie, dos Ministros do STF.*"

Confira-se, ainda, o art. 39 da CF/88, com a redação da EC 19/98:

"Art. 39. A União, os Estados, o Distrito Federal e os Municípios instituirão conselho de política de administração e remuneração de pessoal, integrado por servidores designados pelos respectivos Poderes: (...)

"§ 4º. *O membro de Poder, o detentor de mandato eletivo, os Ministros de Estado e os Secretários Estaduais e Municipais serão remunerados exclusivamente por subsídio fixado em parcela única, vedado o acréscimo de qualquer gratificação, adicional, abono, prêmio, verba de representação ou outra espécie remuneratória, obedecido, em qualquer caso, o disposto no art. 37, X e XI.*[4]

"§ 5º. Lei da União, dos Estados, do Distrito Federal e dos Municípios poderá estabelecer a relação entre a maior e a menor remuneração dos servidores públicos, obedecido, em qualquer caso, o disposto no art. 37, XI."

Já o art. 48 da CF/88, com a nova redação, reza que "cabe ao Congresso Nacional, com a sanção do Presidente da república, não exigida esta para o especificado nos arts. 49, 51 e 52, dispor sobre todas as matérias de competência da União, especialmente sobre: (...)

"XV – fixação do subsídio dos Ministros do STF, por lei de iniciativa conjunta dos Presidentes da República, da Câmara dos Deputados, do Senado Federal e do STF, observado o que dispõem os arts. 39, § 4º, 150, II, 153, III, e 153, § 2º, I."

Finalmente, leia-se o art. 29, incs. V e VI, da CF/88, com a redação vigente a partir da EC 19/98, quando reza o seguinte: "(...)

"V – *subsídios do Prefeito, do Vice-Prefeito e dos Secretários Municipais fixados por lei de iniciativa da Câmara Municipal observado o que dispõem os arts. 37, XI, 39, § 4º, 150, II, 153, § 2º, I;*

"VI – *subsídios dos Vereadores fixado por lei de iniciativa da Câmara Municipal, na razão de, no máximo, setenta e cinco por cento daquele estabelecido, em espécie, para os Deputados Estaduais, observado o que dispõem os arts. 39, § 4º, 57, § 7º, 150, II, 153, III, e 153, § 2º, I.*"

Segue-se, *data venia*, que a não auto-aplicabilidade das normas constitucionais impede, antes da lei federal dispondo sobre os subsídios dos Ministros do STF, que os Vereadores disponham sobre "subsídios", pois os subsídios destes estão atrelados, em última *ratio*, ao teto daqueles. Não há falar-se, ainda, em subsídios, por ausência de aplicabilidade direta do disposto no art. 39, § 4º, da CF/88, com a redação da EC 19/98.

Em outras palavras, vale dizer, então, que o art. 29, VI, está amarrado ao art. 37, XI e art. 39, § 4º, todos da CF/88, com a redação da EC 19/98, pelo que, ausente a lei federal dispondo sobre subsídios dos Ministros do STF, não há que se falar em "subsídios" de Vereadores.

Com efeito, é inegável que o art. 29, V, está amarrado aos arts. 37, XI e 39, § 4º, todos da CF/88, com a redação que lhes deu a EC 19/98, tudo a compor quadro de inquestionável precipitação, para dizer o mínimo, da FAMURS e da Câmara de Vereadores, notadamente porque o STF já havia decidido no sentido da não auto-aplicabilidade dos arts. 37, XI, e 39, § 4º, ambos da CF/88. Se esses dispositivos não são auto-aplicáveis, como o seria o art. 29, V, da CF/88, se este depende daqueles? Por evidente e óbvio que a conduta dos Vereadores visou atingir objetivos pessoais de legislação em causa própria, enriquecimento ilícito em detrimento do erário municipal, situação que merece pronto repúdio do Poder Judiciário.

O campo de ação dos Vereadores, diante do princípio federativo, ficaria restrito, no máximo, ao poder de modificação e aumento de seus vencimentos, por ausente, no plano da CF/88 (art. 29, V com a redação dada pela EC 19/98, que derrogou o primitivo art. 29, V, da CF/88), o princípio constitucional da anterioridade, *respeita-*

4. Redação dada pela EC 19/98.

dos, de qualquer modo, o teto dos membros do Poder Legislativo Estadual (arts. 27, § 2º, 29, VI, CF/88 c/c a EC 19/98), que estão atrelados ao teto do Poder Legislativo Federal e estes ao teto dos Ministros do STF, bem como observados os ditames da Constituição Estadual e da respectiva Lei Orgânica do Município, limites sempre reputados cabíveis e vigentes, dada a prevalência de todo o sistema anterior (art. 29, "caput", CF/88).

Em suma, não há, até que se edite lei federal, que se falar em fixação de subsídios, eis que os Ministros do STF devem fixar seus próprios subsídios.

2. *Do princípio da anterioridade dos vencimentos no sistema federativo*

As Constituições Estaduais, à luz do sistema federativo, são as Leis Maiores dos Estados, podendo disciplinar, dentro de sua esfera de competência, os vencimentos dos Prefeitos e Vereadores, na forma que reputarem cabível, desde que não afrontem o texto da Constituição Federal.

Com a reforma administrativa – que foi tida, na questão dos subsídios, por não auto-aplicável, em face de entendimento notório do STF, consoante ata da sessão administrativa trazida aos autos –, instituída pela EC 19/98, estaria derrogado, sem dúvida, o art. 29, V, da CF/88.

Confira-se o primitivo art. 29, V, CF/88: "a remuneração do Prefeito, do Vice-Prefeito e dos Vereadores fixada pela Câmara Municipal em cada legislatura, para a subseqüente, observado o que dispõem os arts. 37, XI, 150, II, 153, III, e 153, § 2º, I".

A reforma administrativa vazada na EC 19/98 modificou o art. 25, V, da CF/88, dando-lhe, agora, repito, a seguinte redação:

"Art. 29.·(...)

"V – *subsídios do Prefeito, do Vice-Prefeito e dos Secretários Municipais fixados por lei de iniciativa da Câmara Municipal observado o que dispõem os arts. 37, XI, 39, § 4º, 150, II, 153, III e 153, § 2º, I.*"

O que fez o constituinte revisor? Suprimiu a exigência constitucional federal de que os Vereadores fixassem os seus subsídios e os dos Prefeitos Municipais apenas para a legislatura subseqüente.

Nesse sentido, o constituinte revisor criou uma faculdade (art. 29, V, CF/88 e EC 19/98 – norma tida por não auto-aplicável pelo STF) de as Câmaras Municipais fixarem seus subsídios, por lei, na mesma legislatura, observado o teto máximo dos Deputados Estaduais, os quais, por seu turno, estariam vinculados aos Deputados Federais e estes ao teto dos Ministros do STF (art. 37, XI, CF/88 c/c EC 19/98), vedados os acréscimos de gratificações, adicionais, abonos, prêmios, verbas de representação ou outras espécies remuneratórias (art. 39, § 4º, CF/88 c/c a EC 19/98 – norma tida por não auto-aplicável pelo STF). Essa faculdade, dentro do sistema constitucional e observado o princípio federativo, há de ser exercida, ainda, nos limites das Constituições Estaduais.

Ora, se o constituinte revisor, através da EC 19/98, efetivamente suprimiu a *exigência* de que os Vereadores fixassem seus subsídios para a legislatura subseqüente, nada impediria, *data maxima venia*, a persistência de semelhante exigência no plano das Constituições Estaduais e Leis Orgânicas dos Municípios, dado o alcance do princípio federativo, que permite aos Estados e Municípios a escolha por um tratamento mais rigoroso na fixação dos subsídios e vencimentos de seus agentes públicos e na proteção da moralidade administrativa (art. 37, *caput*, da CF/88).

A Constituição do Estado do Rio Grande do Sul, por exemplo, em seu art. 11, dispõe que "a remuneração do Prefeito, Vice-Prefeito e dos Vereadores será fixada pela Câmara Municipal, em cada legislatura para a subseqüente, em data anterior à realização das eleições para os respectivos cargos, observado o que dispõe a Constituição Federal".

Permanece em pleno vigor esse art. 11 da Constituição do Estado do Rio Grande do Sul, visto que não é incompatível com o disposto no 29, V com a redação da EC 19/98, da CF/88.

Se é certo que a EC 19/98 suprimiu a exigência anterior de que a remuneração dos agentes políticos municipais somente fosse fixada para a legislatura subseqüente, *exigência que obrigatoriamente vinculava as Leis Orgânicas dos Municípios*, daí não decorre que essa mesma exigência não pudesse ser erigida à categoria de norma constitucional estadual, observado o princípio federativo. A supressão da exigência anterior apenas liberou os Estados e os Municípios para a fixação dos subsídios de seus agentes políticos, desde que reformem as respectivas legislações, dada a não auto-aplicabilidade das normas previstas na EC 19/98, com relação a esse assunto.

Permite-se aos Estados um tratamento mais rigoroso da moralidade administrativa, com restrições soberanas ao sistema remuneratório dos agentes políticos municipais.

Confira-se o art. 27, § 2º, da CF/88 com a redação da EC 19/98: "(...)

"§ 2º. O subsídio dos Deputados Estaduais será fixado por lei de iniciativa da Assembléia Legislativa, na razão de, no máximo, setenta e cinco por cento daquele estabelecido, em espécie, para os Deputados Federais, observado o que dispõem os arts. 39, § 4º, 57, § 7º, 150, II, 153, III e 153, § 2º, I."

Essas normas foram tidas como dependentes da lei a ser elaborada para fixação dos subsídios dos Ministros do STF.

Também está em pleno vigor, p. ex., o art. 53, XXXI, da Constituição do Estado do Rio Grande do Sul, que permite à Assembléia Legislativa "fixar a remuneração de seus membros, do Governador e do Vice-Governador, em data anterior às eleições para os respectivos cargos, bem como, na mesma época, a dos Secretários de Estado, observadas as regras da Constituição Federal e desta".

A CF/88, a partir da EC 19/98, em nenhum momento vedou a possibilidade de os Estados e mesmo os Municípios criarem exigência de que os integrantes de seus Poderes Executivos e Legislativos tivessem seus vencimentos fixados apenas para a "legislatura subseqüente".

Nem o art. 22, § 2º, nem o art. 28, § 2º, ou o art. 29, V, todos da CF/88, com as novas redações da EC 19/98, proíbem o acréscimo, por legislações estaduais ou municipais, da exigência da anterioridade da fixação dos vencimentos.

Apenas dizem as normas constitucionais vigentes que os "subsídios" serão fixados por leis, ora de iniciativa da Assembléia, quando se tratar dos Deputados Estaduais, Governadores, Vice-Governadores e Secretários Estaduais (arts. 22, § 2º, 28, § 2º, CF/88 c/c a EC 19/98), ora de iniciativa da Câmara Municipal, quando se tratar dos subsídios dos Prefeitos, Vice-Prefeitos e dos Secretários Municipais (art. 29, V, CF/88 c/c a EC 19/98), suprimindo a inarredável exigência da anterioridade, derrogando, nesse passo, apenas as primitivas redações dos arts. 27, § 2º e 29, V, ambos da CF/88.

A melhor leitura que se pode fazer do art. 29, V, da CF/88, com a atual redação dada pela EC 19/98, é que existe uma faculdade de as Câmaras Municipais fixarem seus próprios subsídios, para a própria legislatura, desde que inexista semelhante vedação no plano das normas estaduais e municipais pertinentes.

Não se trata de visualizar e equiparar a *ausência de exigência* (art. 29, V, CF/88 c/c a EC 19/98) como uma *exigência a "contrario sensu" de que não se proceda a fixação dos subsídios para a legislatura subseqüente*. Aqui, cabe lembrar a autonomia dos Estados federados e dos próprios Municípios, princípio constitucional explícito que restaria francamente vulnerado (arts. 1º, *caput* e 18, *caput*, da CF/88). Mais ainda, cabe recordar que os princípios norteadores da Administração Pública, *v.g.*, legalidade, moralidade e impessoalidade administrativas estão em pleno vigor (art. 37, *caput*, CF/88).

Veja-se que, no plano interno dos Estados, dentro de cada Poder, nada impediria uma criação de tetos remuneratórios inferiores àqueles estabelecidos na CF. O Poder Executivo pode estabelecer tetos próprios para os Secretários Estaduais, aquém do limite máximo de 75% do que recebem os Parlamentares Federais. Trata-se de autonomia do Poder Executivo. A CF/88 estabelece apenas o teto máximo.

De igual sorte, as Leis Orgânicas dos Municípios podem, soberanamente, fixar tetos legais de remuneração ou de subsídios para os Vereadores, Prefeitos, Vice-Prefeitos e Secretários Municipais, desde que os tetos não ultrapassem o limite máximo de 75% dos vencimentos dos Deputados Estaduais e nem ofendam o limite de 5% da receita do Município (art. 29, VII, acrescentado pela EC 1, de 6.4.92). A CF/88 estabelece tetos e não "pisos".

Por evidente que o Poder Judiciário e o Ministério Público, nos Estados, não estão sujeitos a outro teto salarial que não o limite dos subsídios dos Ministros do STF, mas isso porque os Poderes Executivo e Legislativo Estaduais não teriam ingerência sobre instituições que não lhes dizem respeito, salvo na soberana apreciação da lei fixadora dos patamares remuneratórios. Essa questão, de qualquer sorte, não está em debate. Trata-se de preservar o autogoverno de instituições que não estão submetidas ao império de outros Poderes da República.

Há que se proceder uma interpretação sistemática dos dispositivos constitucionais, partindo, por evidente, da própria leitura gramatical da norma, seu sentido teleológico e seu sentido em face de outras normas integrantes do sistema.

No plano gramatical estritamente considerado, veja-se que uma restrição à autonomia dos entes federativos deveria vir expressa na norma constitucional. Não foi o que ocorreu. Quisesse o constituinte revisor proibir que os Estados Federados e os Municípios deliberassem no sentido de fixar os vencimentos dos Governadores, Vice-Governadores, Secretários Estaduais, Deputados Estaduais, Prefeitos, Vice-Prefeitos, Secretários Municipais e Vereadores para a legislatura subseqüente, te-lo-ía dito expressamente. Não o disse e tampouco seria coerente que o fizesse, pois equivaleria tal ordem a um comando insensato de desprezo pelos princípios constitucionais da moralidade e impessoalidade administrativas (art. 37, *caput*, CF/88).

O art. 29, V e VI, da CF/88, com a redação em comento, não proíbe, modo inequívoco e expresso, que as Câmaras de Vereadores sejam obrigadas, pelas Constituições Estaduais, a fixar os vencimentos ou subsídios de seus membros, dos Prefeitos, Vice-Prefeitos e Secretários Municipais para a legislatura subseqüente. Apenas autoriza que se fixem tais subsídios por "lei de iniciativa da Câmara Municipal", suprimindo exigência anteriormente prevista no primitivo art. 25, V, do mesmo diploma normativo.

De uma autorização não decorre, automaticamente, uma proibição. A autorização de que a Câmara Municipal fixe seus vencimentos na própria legislatura significa que não há inconstitucionalidade alguma em se permitir tal possibilidade nos planos estadual e municipal. Não quer dizer que os legisladores estaduais ou municipais não possam instituir o tratamento de anterioridade na fixação dos subsídios. O destinatário do art. 29, V e VI, da CF/88, com a atual redação, é o legislador municipal, o qual, por seu turno, está condicionado pelo legislador ou constituinte estadual. A faculdade de fixação dos subsídios dentro da própria legislatura dirige-se aos legisladores estaduais e municipais. Se é uma faculdade, não se trata de uma atividade obrigatória. Se o legislador pode suprimir a anterioridade, pode, também, consagrá-la.

No caso, a proibição de que os Vereadores disponham sobre seus vencimentos, para a própria legislatura, pode estar expressa em leis infraconstitucionais e ditadas para atendimento de princípios constitucionais que regem a Administração Pública.

O constituinte revisor autorizou as Assembléias Legislativas e as Câmaras de Vereadores à edição de leis específicas para fixação dos subsídios dos agentes políticos integrantes dos Poderes Executivos e Legislativos Estaduais e Municipais. Já não proíbe que se faça essa fixação para a mesma legislatura. Tampouco proíbe, todavia, que haja restrição semelhante no campo soberano das legislações estaduais e municipais. A autorização do art. 29, V e VI, da CF/88, está endereçada aos legisladores municipais, os quais devem, por seu turno, observar os princípios das Constituições Estaduais. Não se trata de autorização absoluta, mas sim de uma faculdade passível de exercício pelas vias legais.

A vedação de que o legislador municipal discipline o tratamento de seus vencimentos para a próxima legislatura, nesse caso, deveria estar expressa na norma constitucional, por várias razões.

Primeiro, o princípio federativo pode, é certo, sofrer cortes na própria Constituição Federal. Esses cortes devem ser expressos. Não se deve presumi-los ou inventá-los, pena de violência ao sistema federativo. A soberana atuação dos Poderes Legislativos Estaduais e Municipais pode, por critérios próprios, estabelecer parâmetros mais rígidos e severos no tratamento da política remuneratória de seus agentes públicos. Essa decisão não pode nem deve ser adotada, de modo radical, pela União, dada a diversidade de realidades a tutelar. Quantos Municípios, neste imenso Brasil, agora deverão enfrentar essa questão? Não parece prudente, para dizer o mínimo, aceitar a idéia de que a CF/88 derrogou todas as legislações estaduais e municipais existentes no País, praticamente incentivando a uma revisão completa das remunerações dos agentes políticos, antes mesmo de o STF fixar os subsídios de seus Ministros.

Segundo, a própria CF/88 prevê princípios regentes da Administração Pública, princípios que orientam a atividade do Estado em sentido amplo. Esses princípios devem orientar o caminho do intérprete. Se uma determinada interpretação satisfaz em maior grau os princípios da Administração Pública, é essa interpretação que deve prevalecer, pois atende as finalidades da Administração Pública. Veja-se, por exemplo, que o art. 11, da Constituição do Estado do Rio Grande do Sul, longe de afrontar o disposto no art. 29, V, da CF/88, com a nova redação, se ajusta e atende, de forma bastante eficaz, os princípios constitucionais da moralidade e impessoalidade administrativas (art. 37, *caput*, da CF/88).

Caso de despesa pública imoral ocorria quando agentes políticos fixavam seus vencimentos ao arrepio das exigências constitucionais. Era a Câmara Municipal, por exemplo, que, segundo orientação pretérita do STF, deveria fixar os vencimentos de Prefeito e Vereadores, mas sempre para a legislatura subseqüente, pois do contrário, ou seja, fixando os Vereadores sua própria remuneração, estaria agredido o princípio da moralidade administrativa, mostrando-se inconstitucional o ato lesivo ao "patrimônio moral da sociedade", legitimando-se o cidadão ao ajuizamento de ação popular, forte no art. 5º, inc. LXXIII.[5]

Veja-se caso em que os Vereadores fixaram sua própria remuneração, em deso-

5. RE 206.889-MG, STF, rel. Min. Carlos Velloso, 2ª T., j. em 25.3.97.

bediência ao comando do art. 29, V, da Carta de 1988, com o que praticaram ato inconstitucional e lesivo "não só ao patrimônio material do Poder Público, como à moralidade administrativa, que constitui patrimônio moral da sociedade".[6] Era essa a linha interpretativa do STF. Será que, agora, com a nova redação do art. 29, V e VI, da CF/88, entenderia aquela Corte que os Estados e Municípios estariam obrigados a abolirem o princípio da anterioridade? Creio que não.

O sentido teleológico de toda a reforma administrativa foi a contenção de gastos públicos. Seria incoerente supor, presumir ou concluir que o art. 29, V e VI, da CF/88, com a redação da EC 19/98, estaria ordenando que as Câmaras Municipais fixassem seus subsídios sem limites outros que não o teto de 75% dos subsídios dos Deputados Estaduais e os 5% da receita do Município. Fosse assim, haveria um inequívoco incentivo aos gastos públicos em patamares ainda mais elevados do que os atuais, pois bastaria a existência de uma boa arrecadação dos Municípios para que a "farra" fosse promovida. Ninguém teria como controlar os soberanos legisladores em causa própria. Nenhum órgão poderia questionar aumentos abusivos e irracionais, desde que tais aumentos ficassem nesses elásticos patamares de 75% dos subsídios dos Deputados Estaduais e 5% da receita dos Municípios! Que economia haveria para os cofres públicos, a longo ou médio prazos, considerando que tais agentes públicos não integram carreira alguma?

Bem diferente seria a hipótese de aparentes aumentos de subsídios em carreiras jurídicas, quando da fixação do patamar inicial, dado que poderia haver, com a supressão das demais vantagens temporais, economia aos cofres públicos, a médio prazo.

Já para os Vereadores, forçoso concluir que nenhuma economia haveria para o erário municipal, a curto, médio ou longo prazo. Há, sim, além do aumento de custos sociais, abertura de perigoso precedente. A tendência será consagrar a idéia de aproximação dos subsídios do teto de 75% dos subsídios dos Deputados Estaduais, bastando que o Município arrecade bem. Há que se ter cautela com semelhante possibilidade, mormente considerando a quantidade de Municípios em todo o País.

A EC 19/98 não revogou expressamente dispositivos que contemplassem o princípio da anterioridade. Apenas autorizou que, examinado caso a caso, dentro da discricionária apreciação dos Estados e dos Municípios, os respectivos legisladores suprimissem a anterioridade na fixação dos subsídios, especialmente diante da possibilidade de os Ministros do STF terem seus subsídios devidamente estipulados e fixados em lei federal de iniciativa conjunta dos chefes dos Poderes da República.

Pelo *princípio da presunção de constitucionalidade das leis*, é de se considerar em pleno vigor o princípio da anterioridade previsto em Constituições Estaduais.

A Lei Orgânica de um Município possui quórum constitucional e regime especial de aprovação em dois turnos (art. 29, *caput*, da CF/88). Trata-se da suprema lei do Município, dentro de sua esfera de competência. Daí que, no silêncio do constituinte estadual, nada impede que o princípio da anterioridade esteja consagrado em Lei Orgânica do Município.

3. Da lei federal fixadora de subsídios e sua aplicação no tempo

Não se poderia deixar de externar breves observações a respeito dos efeitos da lei federal fixadora dos subsídios dos Ministros do STF.

Parece-me que os aumentos de vencimentos de Vereadores e Prefeitos, ocorridos antes do advento de legislação municipal ajustada à lei federal que estipula os

6. Ver RE 206.889-6–MG, STF, 2ª T., j. em 25.3.97, rel. Min. Carlos Velloso.

subsídios considerados como teto de toda a Administração Pública, são ilegais e inconstitucionais, vícios que jamais resultariam sanados pelo advento de nova legislação.

Nesse passo, se a lei municipal estabelecesse efeitos retroativos, a fim de regularizar a situação ilegal e inconstitucional anterior, estaria, por seu turno, incorrendo no vício de inconstitucionalidade.

Não se poderia admitir, de fato, que o legislador municipal legislasse em causa própria. Assim, a fixação dos subsídios há de ser feita a partir da data em que lei federal autoriza semelhante procedimento, jamais podendo ser anterior a ela. Além disso, se a lei municipal pudesse retroagir, como ficariam os vencimentos percebidos à luz do sistema anterior? Vale dizer, as gratificações, os prêmios, as verbas de representação, estariam anuladas, retroativamente, pela nova legislação? Creio que a resposta é negativa, pois a nova legislação há de operar seus efeitos para o presente e futuro, não para o passado.

Anote-se, portanto, que o advento de legislação municipal, na esteira de lei federal e do regramento estadual pertinente, não inibe o andamento de ações civis públicas ou ações populares ajuizadas para repressão de atitudes pretéritas abusivas, ilegais e inconstitucionais. Tampouco os Vereadores ou Prefeitos ficariam isentos de devolverem aos cofres públicos os valores indevidamente percebidos, ou de responderem ante os rigores da Lei 8.429/92, caso configurados os pressupostos de responsabilidade, dado que a ilegalidade e inconstitucionalidade anterior se consumaram à luz da ordem jurídica.

Considerações finais

Creio que a interpretação da chamada reforma administrativa há de estar pautada por salutar bom-senso e pelos princípios constitucionais que presidem a Administração Pública.

Os julgadores e os intérpretes, na aplicação e compreensão das leis, devem estar atentos às necessidades da vida real e aos modernos métodos hermenêuticos.

É possível, nesse contexto, falar-se em interpretação teleológica, quando se buscar o bem jurídico tutelado pela norma, isto é, atentar-se para o fim que a norma busca alcançar. "A conclusão interpretativa deve estar afeiçoada à preservação desse valor *bem jurídico*, o que extrapassa o âmbito da lógica formal para introduzir no método jurídico um elemento material. Pode ser incluída, aqui, ainda, a corrente que se preocupa com os efeitos da decisão, fazendo reflexão sobre as conseqüências".[7]

Os princípios constitucionais constituem fontes formais do Direito Administrativo, havendo prevalência das normas constitucionais em relação ao restante da ordem jurídica, dada sua supremacia, juridicidade e imperatividade, não sendo viável olvidar que as leis e os atos administrativos devem respeitar os limites dos princípios constitucionais.[8]

Ao efeito da interpretação da EC 19/98 e seu impacto na CF/88 e nas leis infraconstitucionais, considera-se regras e princípios no âmbito da categoria geral de normas. Tanto as regras como os princípios expressam dever-ser. São dois tipos de normas, entre as quais há diferenças de grau e qualidade. Os princípios são normas que ordenam que algo deve ser realizado na maior medida possível, dentro das possibilidades jurídicas e reais existentes, constituindo mandados de otimização. Os princípios podem ser cumpridos em graus diversos, sendo que a medida de seu atendimento depende de possibilidades reais e jurídicas. O âmbito das possibilidades jurídicas é determinado pelos princípios e re-

7. Ruy Rosado de Aguiar Júnior, "Interpretação", in *AJURIS* 45/13.

8. Ver Agustín A. Gordillo, *Introducción al Derecho Administrativo*, 2ª ed., Ed. Abeledo-Perrot, 1966, Buenos Aires, 171/175.

gras opostos. As regras, ao contrário, são normas que podem ser cumpridas ou não. Se é ela válida – a norma –, há que se cumpri-la. Constituem as regras verdadeiras determinações.[9]

No conflito de regras, a solução advém da introdução de uma cláusula de exceção em uma delas ou da eliminação de uma das regras. Duas regras antagônicas não podem valer simultaneamente. Na colisão de princípios, um cede diante do outro, mas isso não implica sua invalidade e tampouco que haja sido introduzida uma cláusula de exceção. Essas colisões ocorrem no campo do peso, sendo resolvidas pela ponderação dos bens ou interesses opostos. A solução é formulada à luz do caso concreto. A solução da colisão consiste em levar em linha de conta as peculiaridades do caso concreto para estabelecer entre os princípios uma relação de precedência condicionada. Indicam-se, em determinado caso, as condições que fazem com que um princípio preceda outro. Havendo mudança das condições, a questão da precedência pode ser solucionada inversamente.[10]

É correto sustentar que as condições debaixo das quais um princípio precede a outro constituem o suporte fático de uma regra que expressa a conseqüência jurídica do princípio precedente.[11] Um princípio não tem força absoluta, *a priori*, para derrogar outro. Os princípios convivem harmonicamente no sistema constitucional.

Sabe-se que há princípios que se referem a bens coletivos. Os princípios não estão ligados à idéia de direitos individuais.[12]

Os princípios constitucionais que presidem a Administração Pública foram agasalhados pela EC 19/98, seja pela sua manutenção no art. 37, *caput*, da CF/88, com o acréscimo do princípio da eficiência, seja pelo conteúdo finalístico da reforma, a qual busca reduzir os gastos públicos, atendendo, em mais larga medida, os princípios da economicidade e legitimidade dos gastos públicos.

Finalmente, veja-se que eventual modificação das Constituições Estaduais e Leis Orgânicas dos Municípios não retiraria o caráter ilícito dos aumentos efetivados sob a égide do princípio da anterioridade. Inexistiria retroatividade. Os aumentos permaneceriam sendo abusivos e ilegais, sujeitando seus autores e beneficiários aos rigores de ações populares e ações civis públicas, com perspectivas de ressarcimentos e demais sanções legais, inclusive aquelas previstas na Lei 8.429/92.

Com essas ponderações, entendo que é possível e razoável interpretar a reforma administrativa da EC 19/98 de forma coerente com o art. 37, *caput*, da CF/88, concluindo no sentido de que aos legisladores municipais não foram outorgados poderes absolutos e sim poderes compatíveis com o princípio federativo e com os princípios constitucionais da legalidade, moralidade e impessoalidade administrativas, todos vinculantes ao intérprete e aos operadores jurídicos.

9. Robert Alexy, *Teoría de los Derechos Fundamentales*, Centro de Estudios Constitucionales, Madrid, 1997, pp. 82-87. As cláusulas de exceção não são teoricamente enumeráveis, pois sempre pode surgir outra, p. 100. De outro lado, o autor reconhece que há princípios destituídos de qualquer validade no âmbito do sistema constitucional. Tal seria o caso, na Alemanha, e, acrescento, no Brasil, do princípio da discriminação racial, p. 105. Aqui, todavia, há uma espécie distinta de contradição de normas em sentido amplo, em que se busca identificar o que deve ficar de fora ou dentro do ordenamento jurídico.

10. Cf. Robert Alexy, ci., pp. 91-92.

11. Idem, p. 94.

12. Ibidem, p. 111.

ESTUDOS & COMENTÁRIOS

SITUAÇÃO ATUAL E PERSPECTIVAS DA DESREGULAMENTAÇÃO DA ATIVIDADE SEGURADORA NA ALEMANHA*

JÜRGEN BASEDOW, LL.M.

(tradução de AMADEU CARVALHAES RIBEIRO)

I – Desregulamentação – Termo e conceituação

O termo *desregulamentação*, quando comparado com outras expressões usuais do vocabulário político-econômico, costuma ser visto com maus olhos. Essa constatação é patentemente contraditória com a avaliação sempre positiva que se faz das medidas destinadas à desregulamentação. Escolher entre dez variados canais de televisão, viajar no fim de semana à Roma ou Copenhague a tarifas reduzidas, fazer compras na quinta-feira à noite ou firmar uma apólice inglesa de seguro de vida, transferível e com elevada remuneração de juros, são exemplos de ampliação de nosso universo de consumo, que há dez anos ainda nos eram vedados pela regulamentação es-

* *Nota introdutória do tradutor*: O Prof. Dr. Basedow é Diretor do Instituto Max-Planck para Direito Privado Estrangeiro e Direito Internacional Privado, em Hamburgo, Alemanha. É estudioso do direito econômico, ramo em que vem produzindo trabalhos jurídicos com enfoque sobre o direito concorrencial e a regulamentação estatal de mercados específicos, em especial o mercado de seguros.

O texto ora apresentado retrata sucintamente o estágio alcançado até 1994 na abertura do mercado de seguros alemão aos demais países da União Européia. Cremos que sua importância está no grau elevado de preocupação política com os efeitos concorrenciais da regulamentação do mercado de seguros. Tal preocupação se reflete em dois pontos principais.

Primeiramente, o processo de internacionalização do mercado de seguros alemão obedece a um jogo de forças complexo. Nesse contexto, seus atores devem procurar manter o equilíbrio entre os princípios da ordem econômica, evitando que um deles seja mais valorizado que os outros, e especialmente que a defesa da concorrência seja relegada a segundo plano.

Em segundo lugar, o autor é minucioso ao narrar as formas de concretização dos princípios da ordem econômica alemã no mercado de seguros, reconhecendo o papel determinante da Administração nessa tarefa. Não é necessário indagar se a regulamentação estatal exclui esse mercado do controle concorrencial. O que é importante notar é que os agentes reguladores devem se preocupar em efetivar, na medida do possível, os princípios econômicos vigentes.

Equilíbrio e *efetivação* dos princípios regentes da ordem econômica. Eis os dois pontos que o texto, a nosso ver, expõe de forma interessante, mostrando quão aguda é a consciência política alemã em torno da questão da abertura e internacionalização do mercado de seguros.

No Brasil, podemos estabelecer um paralelo entre a questão abordada pelo texto e a abertura do mercado de resseguro após seis décadas de monopólio estatal, que provocará igualmente a revisão da legislação e regulamentação aplicáveis à espécie. A expectativa é que se saiba aproveitar a ocasião para criar normas estimulantes à concorrência, sem que se percam de vista os demais princípios constitucionais da ordem econômica.

Obs. do tradutor: todas as referências bibliográficas permaneceram como no texto original em alemão, e foram aqui transcritas em itálico.

tatal. Hoje os vemos como parte do quotidiano e notamos que a opinião pública lhes é sempre favorável. No entanto, quem desejar implementar politicamente tais medidas, fará bem em não falar de desregulamentação, e sim de modernização, de adequação às necessidades do mercado interno europeu, de aclaramento ou simplificação do direito econômico. O fato de, para definir objetos idênticos, utilizarmos termos que sejam vistos ora positiva, ora negativamente, demonstra a fraqueza desses termos, marcados mais pela emoção que pela razão. A política, e em especial a política econômica, carece porém de um discurso racional, e por isso precisamos nos voltar para a substância das coisas.

O que é *desregulamentação*? Em discussões públicas, o termo corresponde normalmente ao simples corte e à diminuição de normas jurídicas. À primeira vista, essa compreensão parece correta, porém é na verdade excessivamente formal e não finalística. Não se aplica às evidentes medidas desregulamentadoras dos últimos anos. Seja a autorização a emissoras de televisão privadas[1] ou a introdução do horário noturno de serviços na lei de fechamento do comércio,[2] sejam os céus abertos da Europa[3] ou a abertura dos mercados de seguro,[4] todas essas evidentes medidas desregulamentadoras não levaram à diminuição, e sim ao aumento de disposições legais. Tal aumento por vezes não pode ser afastado, pois a expansão da liberdade econômica traz consigo o risco de desenvolvimento falho, que o legislador deve corrigir por meio de medidas apropriadas. Isso fica evidente quando tomamos o exemplo do seguro obrigatório do proprietário de um veículo de carga ou de um profissional liberal. Ao introduzir o seguro obrigatório, o legislador objetiva proteger terceiros. Quem sofre danos no tráfego das ruas não deve depender da capacidade econômica de quem os causou. Esse objetivo estaria facilmente prejudicado, se o proprietário do veículo de carga pudesse segurar sua responsabilidade pessoal a baixos prêmios no exterior com uma seguradora que, mesmo confirmando a emissão da apólice, não dispusesse tecnicamente de provisões suficientes. A nova liberdade de adquirir proteção securitária no exterior precisa, pois, ser completada por regras que assegurem o cumprimento dos contratos. Eis que a desregulamentação pode tornar as leis mais extensas, ao invés de encurtá-las. A compreensão finalística do termo é, portanto, uma compreensão material, voltada para os objetivos da política concorrencial. Se entendermos a regulamentação como restrição estatal à concorrência e aos campos em que há liberdade econômica, isto é, como correlata às limitações privadas à concorrência, tornar-se-á a desregulamentação um termo que guarda positiva correspondência com o Direito Concorrencial. Assim como o Direito Concorrencial se volta contra as restrições concorrenciais privadas, é tarefa da política de desregulamentação eliminar restrições concorrenciais estatais. Nessa conceituação de desregulamentação incluem-se também medidas reformadoras que, em conjunto, aumentam as liberdades econômicas de ofertantes e consumidores, sem que, no entanto, conduzam à simplificação do ordenamento jurídico e tornem mais fácil sua compreensão. Simplificação jurídica e desregulamentação são, portanto, coi-

1. Sobre a abertura do mercado europeu, v., sobretudo, a diretriz de 3.10.1989 (*89/552/EWG*) do Conselho para a coordenação de certas disposições legais e administrativas dos Estados-membros sobre o exercício da atividade televisiva, *ABl. EG 1989 L 298/23*; mais sobre o tema: *Engel, Handbuch des EG-Wirtschaftsrechts, hrsg. von Dauses (1993) E V Rdnr. 36 ff.*

2. Lei sobre a introdução do horário noturno de serviços de 10.7.1989, *BGBl. I 1382*; v. *VOGT, Langer Donnerstag – Das Gesetz zur Einführung eines Dienstleistungsabends: NJW 1989, 2376 f.*

3. Veja o comentário sobre a medida em *Basedow/Dolfen, Handbuch des EG-Wirtschaftsrechts, hrsg. von Dauses (1993) L Rdnr. 299 ff.*

4. Para ter uma visão geral sobre as variadas medidas, v. *Hübner, in Handbuch des EG-Wirtschaftsrechts, hrsg. von Dauses (1993) E I V Rdnr. 41, 52 ff.*

sas distintas. A desregulamentação traduz-se freqüentemente numa reformulação, com tendência liberalizante, da regulamentação.

II – O curso da política de desregulamentação

A profunda transformação no pensamento em diversas áreas da vida econômica, que tem resultado em espetaculares medidas desregulamentadoras, possui variados fundamentos: a política concorrencial nacional, a implementação do direito de livre circulação contido no Tratado da Comunidade Econômica Européia – em especial a liberdade de circulação de serviços assegurada pelo Tribunal Europeu –, e a política da Comunidade Européia direcionada ao estabelecimento definitivo de um mercado interno comum. Nesse contexto, torna-se difícil distinguir as três influências entre si. A política concorrencial nacional, a política comunitária e a jurisprudência do Tribunal são elementos que parecem inúmeras vezes adentrar uma espécie de debate, no qual vagarosamente se constituem conceitos de organização política. A realização de tais conceitos caberá respectivamente ao elemento que melhor estiver habilitado, em sua esfera de atuação, a derrubar a resistência dos interesses de grupos organizados.

Na esfera nacional, os esforços desregulamentadores datam de 1984, ano em que o Ministro da Economia confiou ao Instituto de Kiel para a Economia Mundial a tarefa de elaborar um parecer sobre "Potencialidades na Desregulamentação Alemã".[5] O parecer abriu espaço para a constituição, no início de 1988, de uma comissão independente de especialistas voltada para o desfazimento de regulamentações contrárias ao mercado. A chamada Comissão de Desregulamentação foi incumbida de "apresentar sugestões concretas ao desfazimento de restrições à entrada e saída do mercado, bem como às regulações de preços e quantidades".[6] A Comissão se constituiu em março de 1988, apresentando o primeiro relatório ao governo federal no início de 1990. Ao lado de considerações programáticas gerais, o relatório continha sugestões específicas à desregulamentação dos setores de seguros e transportes. O relatório final veio no início de 1991, trazendo propostas de desregulamentação extensivas a outros setores da economia. Os relatórios de 1990 e 1991 foram publicados conjuntamente em 1991 na forma de livro, intitulado *Marktöffnung und Weattbewer*[7] (trad.: *Abertura de Mercado e Concorrência*).

Após o término dos debates da Comissão, os partidos da coalizão criaram um grupo de trabalho de seis deputados federais, que foi incumbido de verificar a possibilidade de implementação política das cem sugestões apresentadas pela Comissão de Desregulamentação. O grupo de trabalho da coalizão, assim denominado "Desregulamentação", aprovou um terço das propostas da Comissão, recomendando-as ao gabinete responsável pelos atos de encaminhamento de sua conversão em leis concretas.[8] Entre tais propostas não estavam aquelas relativas à desregulamentação do setor de seguros. Nesse particular, o grupo de trabalho da coalizão sustentou a posição de que algumas sugestões da Comissão de Desregulamentação já estariam resolvidas, ou viriam a se resolver nos próximos meses, por conta de decisões da Comunidade Européia. O desenvolvimento estaria tão fortemente acelerado pela política da Comunidade, que não haveria mais espaço para a desregulamentação nacional.

5. *Soltwedel et al., Deregulierungspotentiale in der Bundesrepublik (1986).*

6. Vide o mandato da Comissão *in Deregulierungskommission, Marktöffnung und Wettbewerb – Berichte 1990 und 1991 (1991) S.V.*

7. V. *Deregulierungskommission.*

8. V. *Umsetzung der Beschlüsse der Koalitionsarbeitsgruppe Deregulierung": EuZW 1992, 542*, com nota introdutória de *Basedow*.

Foi assim que se delineou a contribuição da Comunidade Européia à desregulamentação do setor de seguros. Entretanto, cabe aqui distinguir o desenvolvimento político através da Comissão daquele promovido juridicamente pela jurisprudência do Tribunal Europeu. A esta última temos que agradecer pelos decisivos passos que deu em direção à abertura dos mercados de seguros nacionais, até então essencialmente fechados. O maior passo foi dado pelo Tribunal, em 1986, ao reconhecer que a liberdade de prestação de serviços é norma diretamente aplicável ao setor de seguros,[9] embora admitindo que certas exigências relativas ao interesse comum pudessem justificar a necessidade de procedimentos de autorização, e que os países-membros tivessem a possibilidade de impor padrões nacionais a seguradoras estrangeiras no setor de seguros populares. Simultaneamente, contudo, o Tribunal abriu o ramo de seguros industriais à concorrência européia, e reinaugurou as discussões sobre as medidas propostas pela Comissão da Comunidade Européia à integração dos mercados de seguros. Logo após, no ano de 1987, confirmou ainda o Tribunal a irrestrita aplicação dos arts. 85 e 86 do Tratado da Comunidade Econômica Européia à indústria securitária, frustrando os esforços que objetivavam construir uma espécie de exceção em sua aplicação aos seguros, por meio do art. 90, § 2º, do mesmo Tratado.[10]

Ambas as decisões do Tribunal modificaram fundamentalmente o jogo de forças políticas. É sabido que as empresas da indústria de seguros sempre dispuseram de uma ampla rede nacional de contatos com políticos. Ao expor as práticas anticoncorrenciais destas empresas e suas associações – em especial as recomendações de prêmios brutos – ao controle do Direito Concorrencial europeu, bem como ao abrir o mercado de seguros industriais, até então limitado ao plano nacional, a concorrentes de outros Estados da Comunidade Européia, o Tribunal Europeu explicitou ao setor de seguros a importância diminuta da capacidade de influenciar decisões políticas nacionais. Se este setor desejasse manter futuramente a estrutura de mercado antiga, isso só seria possível se buscasse influência sobre a Comissão da Comunidade Européia. A indústria de seguros transformou-se em pedinte da Comunidade. Com vistas a alcançar seus objetivos, isto é, uma aplicação restrita do Direito Concorrencial europeu, ela teve que procurar outros meios de enfrentar a política da Comissão, integracionista e favorável à concorrência.

No ambiente modificado de forças políticas, foram publicadas as diretrizes de seguros da segunda e terceira geração. A primeira geração assegurou às empresas seguradoras, já em 1973, a liberdade de constituição de filiais,[11] sendo seguida pelas diretrizes da segunda geração (1988 a 1990), que assentaram os principais fundamentos da liberdade de prestação de serviços.[12] A seguir, um passo essencial foi dado

9. *EuGH 4.12.1986 Rs. 205/84 (Kommission./.Bundesrepublik Deutschland) Slg. 1986, 3755, 3793 = JZ 1987, 345*; v., comparativamente, *Hübner, Die Dienstleistungsfreiheit und ihre Grenzen: JZ 1987, 330-335; Schwintowski, Europäisierung der Versicherungsmärkte im Lichte der Rechtsprechung des EuGH: NJW 1987, 521-526.*

10. *EuGH 27.1.1987 Rs. 45/85 (Verband der Sachversicherer./. Kommission), S1g. 1987, 405 = VersR 1987, 169.*

11. Primeira diretriz do Conselho (*73/239/EWG*), de 24.7.1973: coordenação das prescrições legais e administrativas relativas à autorização e ao exercício da atividade seguradora direta (com exceção ao seguro de vida), *ABl. EG 1973 L 228/3*. Diretriz do Conselho de 24.7.1973 (*73/240/EWG*): término das restrições à liberdade de constituição de filiais no setor de seguro direto, exceção feita ao seguro de vida, *EG ABl.1973 L 228/20*. Primeira diretriz do Conselho (*79/267/EWG*), de 5.3.1979: coordenação das prescrições legais e administrativas relativas à autorização e ao exercício da atividade seguradora direta (seguro de vida), *ABl. EG 1979 L 63/1*.

12. Segunda diretriz do Conselho (*88/357/EWG*), de 22.6.1988: coordenação das prescrições legais e administrativas relativas à autorização e ao exercício da atividade seguradora direta (com exceção ao seguro de vida); facilitação do efetivo exercício da li-

pelas diretrizes da terceira geração (1992 a 1993) rumo à integração de mercado, ao estabelecer o princípio da permissão única para todo o mercado interno.[13]

III – O atual estágio da liberalização

As diretrizes da segunda e terceira geração concretizaram sugestões fundamentais da Comissão de Desregulamentação. Em primeiro lugar, deve-se pensar nas propostas de extinção da obrigatoriedade de aprovação de prêmios e no abandono do princípio uniformizador das condições gerais de apólices por setor securitário.[14] De acordo com o art. 29 da terceira diretriz "Danos Materiais", é proibido aos países-membros futuramente introduzir ou manter normas que exijam das companhias seguradoras a prévia aprovação ou a informação periódica das condições gerais e especiais de seguros e de tarifas em geral. Assim, assegurou-se a possibilidade de concorrência nos preços e nas condições gerais. Trata-se de princípio fundamental no controle material do Estado sobre preço e produto, diferenciando o controle prévio do mau controle, constantemente utilizado para fins errôneos. Ainda de acordo com o art. 29, os países-membros podem futuramente exigir o controle não sistemático das condições gerais de seguros, com a finalidade de apreciar sua conformidade ao Direito Contratual nacional. Excepcionalmente, pode ser exigida a prévia e sistemática informação de condições gerais de seguros nos casos de seguros obrigatórios e seguros médicos que substituam o seguro médico social, na conformidade da legislação sobre seguridade social de cada país.[15]

Outras duas propostas da Comissão de Desregulamentação, ambas destinadas a intensificar a concorrência, foram aproximadas da concretização por meio das diretrizes da terceira geração. Isso é parcialmente válido no que diz respeito à recomendação de ampliar o campo de atuação de companhias seguradoras estrangeiras, e vale principalmente com relação ao pedido de extinção do direito de monopólio de seguradoras públicas.[16] De acordo com o art. 3º da terceira diretriz "Danos Materiais", deveriam os países-membros executar todas as medidas necessárias a pôr termo aos direitos de monopólio de seguradoras públicas até 1º de julho de 1994. A diretriz está no plano do direito comunitário, sendo que igual previsão decorre dos arts. 59 e 90 do Tratado da Comunidade Econômica Européia, com igual clareza. Os seguradores monopolistas alemães, atuantes especialmente no setor de seguro contra fogo em edifícios, pretendiam se voltar judicialmente contra a extinção de seu monopólio,[17] porém parecem ter desistido de tal intento. O governo acabou reconhecendo que

vre prestação de serviços; modificação da diretriz *73/239/EWG, ABl. EG 1988 L 172/1*. Segunda diretriz do Conselho (*90/619/EWG*), de 8.11.1990: coordenação das prescrições legais e administrativas relativas à autorização e ao exercício da atividade seguradora direta (seguro de vida); facilitação do efetivo exercício da livre prestação de serviços; modificação da diretriz *79/267/EWG, ABl. EG 1990 L 330/50*.

13. Diretriz do Conselho (*92/49/EWG*), de 18.6.1992: coordenação das prescrições legais e administrativas relativas à autorização e ao exercício da atividade seguradora direta (com exceção ao seguro de vida); modificação das diretrizes *73/239/EWG* e *88/357/EWG* (terceira diretriz – seguro contra danos), *ABl. EG 1992 L 228/1*. Diretriz do Conselho (*92/96/EWG*), de 10.11.1992: coordenação das prescrições legais e administrativas relativas à autorização e ao exercício da atividade seguradora direta (seguro de vida); modificação das diretrizes *79/267/EWG* e *90/619/EWG* (terceira diretriz – seguro de vida), *ABl. EG 1992 L 360/1*.

14. V. *Deregulierungskommission* (acima, n. 6), propostas ns. 1 e 4.

15. Comparação do art. 30, § 2º, e 54, § 1º, da terceira diretriz ("Danos Materiais"), v. n. 13 acima.

16. V. *Deregulierungskommission* (acima, n. 6), propostas ns. 12 e 13.

17. V., a respeito, o parecer de *Hailbronner, Rechtstellung und Tätigkeitsbereich der öffentlich-rechtlichen Pflicht- und Monopolversicherungsanstalten in der Europäischen Gemeinschaft – unter besonderer Berücksichtigung der Dienstleistungsfreiheit im Versicherungswesen (1991)*, criticado por *Basedow in JZ 1993, 509 f.*

essas empresas estatais perderam muito de seu brilho numa época de cofres vazios, e que apelar ao art. 90, §§ 1º e 2º, do Tratado da Comunidade Econômica Européia, não seria convincente, ao menos não após a privatização.

IV – Medidas complementares

Conforme já explanado, a expansão de áreas de livre atuação traz consigo o perigo do uso indevido e do desenvolvimento falho, que o legislador previdente deve evitar com o auxílio de medidas complementares. A Comissão de Desregulamentação apresentou, em seu relatório de 1990, uma série de medidas complementares como sugestão, que até hoje tiveram êxito bastante restrito. Após a Comissão ter entregue seu relatório ao governo federal, direcionou-se o debate público inteiramente às propostas fundamentais de liberalização, isto é, à desregulamentação de prêmios e condições. A maioria se manifestou contra essa liberalização, sem se dar conta de que a Comissão de Desregulamentação havia simultaneamente criado diversas barreiras de proteção atrás do controle estatal. Mais tarde, quando se tomou claro que Bruxelas havia assumido a função de ditar a cartilha da política econômica, não se percebeu que a iniciativa da Comunidade se centrou sobremaneira na integração de mercados nacionais e em sua liberalização, deixando de lado a conceituação equilibrada de elementos concorrenciais e de proteção ao consumidor. Como conseqüência, a avaliação do grupo de trabalho da coalizão foi errada, pois entendeu que Bruxelas teria superado os esforços desregulamentadores de Bonn, de modo que se pudesse deixar a desregulamentação do setor de seguros inteiramente a cargo da Comunidade Européia.[18]

A intensificação da competição em prêmios e condições gerais aumenta o risco de insolvência das seguradoras. Se estamos preparados para conviver com o risco de falência das pessoas com quem contratamos, ninguém está preparado para tal risco quando a outra parte contratual é uma seguradora. A concepção de seguro é absolutamente incompatível com o risco de insolvência da empresa seguradora. Para estancar o problema, a Comissão de Desregulamentação sugeriu a introdução de um fundo de proteção aos segurados contratantes de seguros populares, que deveria exercer função semelhante a de um fundo bancário no caso de insolvência empresarial. Tal fundo seria separado das empresas seguradoras que dele participassem.[19] Essa proposta esbarrou em maciças críticas da indústria de seguros.[20] O maior argumento contrário foi de que se o sistema fosse concebido com base nela, as empresas cuidadosas teriam de pagar pela ousadia irresponsável de empresas não sólidas. A comparação com a fábula da cigarra e da formiga de Lafontaine veio à tona: seria contrário à moral dos negócios impor à formiga que, em tempos difíceis, alimentasse a musical e viva, porém preguiçosa, cigarra. Com essa crítica, ignorou-se o fato de que o fundo de proteção aos segurados, tal como sugerido pela Comissão de Desregulamentação, resguardava os interesses destes, sem impedir que a empresa seguradora descuidada viesse a perder seu patrimônio. Se se concretizarem os planos do governo federal de introduzir um fundo nesses moldes, ao menos para o ramo de seguro de responsabilidade patrimonial para veículos de carga, ter-se-á a oportunidade de colher experiências com ele, o que permitirá futuramente uma discussão menos dogmática em torno do modelo proposto.

18. V. n. 8 acima.

19. V. *Deregulierungskommission* (acima, n. 6), propostas ns. 8 a 10.

20. V. *Wienstein, Günstige Rahmenbedingungen für HUKR-Versicherer: VersWirt 1988, 1458-1464 (1460)*, a respeito das propostas da Comissão de Monopólio que tiveram continuidade; na mesma linha, v. tb., *Farny, Über Regulierung und Deregulierung von Versicherungsmärkten: ZfB 57 (1987) 1001-1023 (1019 f.).*

Enquanto isso, a recusa categórica ao fundo de proteção aos segurados aumenta bastante a importância do reconhecimento prévio e profilático do estado de insolvência das seguradoras. De um lado, o órgão federal de controle do mercado de seguros terá de incrementar seus instrumentos.[21]

De outro lado, faz-se também necessário aumentar o grau de transparência das empresas seguradoras, permitindo a todos os interessados – concorrentes, intermediários, consultores, corretores e, *last not least*, os clientes –, reconhecer em tempo uma situação patrimonial precária.

Entre outros, presta-se ao aumento de transparência a diretriz de 1991 a respeito do balanço da empresa seguradora.[22] Em termos genéricos, a diretriz teve por efeito, pela primeira vez no ordenamento jurídico alemão, obrigar as companhias seguradoras a tornar públicas suas reservas ocultas, embora a redação da diretriz alemã, ao contrário da inglesa e da francesa, não seja tão clara a respeito da forma de publicação dos investimentos, isto é, se os valores atuais destes devem ser exibidos em uma simples soma total, ou se devem ser individualizados por tipo de investimento.[23] Maior ainda é a tensão com que se espera o texto que há de converter a diretriz alemã em lei. Um projeto recentemente apresentado pelo governo federal,[24] ao invés de diminuir a tensão, só a aumenta. Nele, assim como em sua exposição de motivos, simplesmente não se fala de reservas ocultas. Para completar, a referida previsão contida na diretriz não deverá ser convertida diretamente pelo legislador, e sim por meio de simples portaria, sem a anuência do Senado Federal.

Quem quer que tenha seguido o debate em torno da abertura das reservas ocultas nos últimos anos, sabe que ele representa para as empresas seguradoras uma questão das mais sensíveis. Deve-se ter inveja delas nesse ponto, em virtude da compreensão que lhes demonstra o governo federal. Aliás, este considera a questão tão delicada, que no seu entender nem o Parlamento, nem o Senado, deverão a seu respeito decidir. Cria-se dessa forma a expectativa para saber se os dois corpos legisladores efetivarão a bem intencionada proposta que resulta em sua autocastração. Se assim o fizerem, o governo federal provavelmente fixará, por portaria, que as reservas ocultas devem ser abertas apenas a nível global. Isso seria contrário não apenas à letra e ao espírito da diretriz sobre o balanço da empresa seguradora, como também prejudicial ao fisco alemão, que a longo prazo perderia somas consideráveis devidas a título de imposto sobre a herança.[25]

A intensificação da competição pelo produto exige ainda medidas capazes de aumentar a transparência das apólices de seguro. A Comissão de Desregulamentação havia proposto que os seguradores fossem obrigados a oferecer não somente a proteção securitária conforme as condições por eles livremente elaboradas, mas também aquela de acordo com as condições que fossem aprovadas pelo órgão controlador federal.[26] Por outro lado, após as diretrizes de terceira geração da Comunida-

21. A título comparativo: *Hohfeld, Was bleibt von der materiellen Versicherungsaufsicht nach Vollendung des Binnenmarkts? (1992, Münsteraner Reihe Heft 10) 17–19.*

22. Diretriz do Conselho (*91/674/EWG*) de 19.12.1991 sobre o fechamento do exercício anual e sobre o fechamento consolidado de empresas seguradoras *(Versicherungsbilanz-Richtlinie), ABl. EG 1991 L 374/7.*

23. V., para maiores detalhes, *Donath, die EG-Versicherungsbilanzrichtlinie 91/674/EWG: EuZW 1992, 719–726(723) m.w. Nachw.*

24. V. o projeto de lei para implementação da diretriz do Conselho da Comunidade Européia sobre o fechamento anual e o fechamento consolidado de empresas seguradoras *(Versicherungsbilanz-Richtlinie-Gesetz-VersBiRiliG), BR-Drs. 359/93 vom 9.7.1993.*

25. V., para maiores detalhes, *Donath, Erbschaftssteuer und stille Reserven der Lebensmittelversicherungsunternehmen: BB 1993, 1839 ff.*

26. V. *Deregulierungskommission* (acima, n. 6), proposta n. 3.

de Européia terem abolido a aprovação prévia de condições gerais de seguros, a possibilidade de implementar tal proposta parece ser duvidosa.[27] Não obstante, conceber uma apólice-modelo, de aplicação extensiva a todo um ramo determinado, ainda é uma tarefa realizável. Após ser baixado o decreto relativo à indústria de seguros de dezembro de 1992,[28] as companhias seguradoras e suas associações podem recomendar, sem caráter obrigatório, a utilização de modelos de condições gerais, sem violar a disposição concorrencial do art. 85 do Tratado da Comunidade Econômica Européia. Seria de imaginar a participação de associações de proteção ao consumidor e do órgão federal responsável pelo setor de seguros nas reuniões destinadas a debater tais condições gerais, com vistas a solidificar sua autoridade.

A competição cada vez mais intensa nos mercados de seguro aumentará futuramente a necessidade de neutralidade na consultoria aos segurados.[29] É, portanto, inevitável que a desregulamentação do setor securitário implique a regulamentação da atividade de intermediários. Nesse sentido, a Comissão de Desregulamentação pediu tratamento especial aos títulos profissionais "corretor de seguros" e "consultor de seguros",[30] o que constitui um objetivo ainda longe de ser alcançado. A Comissão da Comunidade Européia reconheceu a mesma necessidade, encaminhando, em dezembro de 1992, uma recomendação semelhante aos países-membros.[31] A seguir, a autorização para o exercício da profissão de intermediário passou a estar atrelada a qualificações profissionais vagas e imprecisas. Por outro lado, o intermediário passou a ter que expor ao segurado suas ligações jurídicas e econômicas com cada seguradora. Foi justamente essa obrigação de publicidade perante o segurado que reforçou a confiança na neutralidade do consultor, embora seja também ela que tenha causado muitos conflitos entre as partes. De acordo com sua natureza jurídica, a recomendação da Comissão não é obrigatória, podendo ser vista como um primeiro passo na regulamentação dos intermediários de seguros, ao qual se seguirão outros.

O fortalecimento da concorrência na indústria de seguros depende, fundamentalmente, de que um número suficiente de segurados esteja aberto a mudar de companhia seguradora. Até o momento, não se pode dizer que esse pressuposto se verifique nos ramos de seguros em que predominam contratos de longa duração, em especial contratos de dez anos. Tais contratos restringem a concorrência no mercado de seguros. Num ramo de seguros em que sejam celebrados exclusivamente contratos com prazo de duração de dez anos, a cada ano apenas um décimo dos clientes se libera para firmar novos contratos. É natural, portanto, que novas empresas, e especialmente as companhias seguradoras européias, encontrem dificuldades em entrar no mercado alemão.

À luz do Direito Concorrencial europeu, a validade jurídica dos contratos de

27. Na hipótese de implementação de tal regulamentação, haveria apenas algumas poucas disposições nucleares em apólices-modelo que atenderiam ao interesse comum na Alemanha; a título comparativo: *Reich, Dritte Richtlinie Schadensversicherung 92/49/EWG*, de 18.6.1992; *Lebensversicherung 92/96/EWG*, de 10.11.1992; e a proteção ao segurado privado *in VuR 1993, 10–30 (14 f.)*.

28. Decreto 3.932/92 da Comissão, de 21.12.1992, sobre a aplicação do art. 85, § 3º, do Tratado da Comunidade Econômica Européia, a grupos específicos de acordos, resoluções e comportamentos que indiquem cooperação estratégica no âmbito da indústria de seguros, *Abl. EG 1992 L 398/7*.

29. A título comparativo, *Finsinger/Schmid, Gebundener versus ungebundener Vertrieb: zfbf 45 (1993) 216–226(225): "Die Liberalisierung des deutschen Versicherungsmarktes ... wird den Marktanteil des gebundenen Vertriebs deutlich reduzieren ..."*; nesse sentido, *Reich* (acima, n. 27), VuR *1993, 26 ff.*

30. *Deregulierungskommission* (acima, n. 6), proposta n. 11.

31. Recomendação da Comissão (*92/48/EWG*) de 18.12.1991, a respeito de intermediários de seguros, *Abl. EG 1992 L 19/32*.

dez anos é duvidosa. Considerando que tais contratos são celebrados com consumidores, a proibição concorrencial do art. 85 do Tratado da Comunidade Econômica Européia não lhes pode ser aplicada diretamente, pois esse dispositivo, assim como o § 18 da Lei Contra Restrições Concorrenciais, objetiva apenas contratos entre empresas. Porém os acordos de cooperação entre concorrentes são proibidos, e o caso dos contratos de dez anos parece ser um exemplo dessa espécie de ação coordenada. Em favor dessa tese, milita sobretudo o fato de que as empresas fixem os prazos de duração de seus contratos no limite máximo do permitido pelo órgão federal de controle do setor securitário. Na medida em que esse órgão amplia os limites das aspirações naturais das empresas seguradoras a contratos de longa duração, é facilitado o trabalho destas para fixar um ponto comum de ação e estabelecer acordos de cooperação entre si. Por meio de sua prática, o órgão de controle securitário acaba por apoiar as restrições concorrenciais privadas, e assim colaborar com a permanência das seguradoras européias fora do mercado alemão. Contudo, conforme a reiterada jurisprudência do Tribunal Europeu, baseada nos arts. 5 e 85 do Tratado da Comunidade Econômica Européia, é vedado aos países-membros e seus órgãos administrativos autorizar expressamente práticas contrárias ao art. 85, facilitá-las ou mesmo contribuir para que seus efeitos sejam potencializados.[32]

De acordo com as constatações do órgão federal controlador, a nova redação do art. 8º, § 3º, da Lei Sobre Contratos de Seguro, criada em 1990 com vistas a sanar esse problema, não se mostrou muito eficiente. E a jurisprudência relativa à aplicação da Lei de Condições Gerais dos Contratos sobre a cláusula de dez anos, ainda oriunda de instâncias inferiores, não é uniforme.[33] Assim, deve ser recebida com entusiasmo a notícia de que o governo federal resolveu enfrentar novamente o problema dos longos prazos de duração dos contratos. Nas discussões sobre a alteração da Lei Sobre Contratos de Seguros, tem sido proposta uma nova regulamentação, segundo a qual é facultado ao segurado terminar o contrato após três anos de duração. Isso é tão importante não só porque a possibilidade de resilição contratual a curto prazo pode evitar que o segurado permaneça preso a um contrato desfavorável. O direito à resilição é também um complemento necessário ao Direito Concorrencial.

A extensa e complicada exceção feita à indústria securitária no § 102 da Lei Sobre Restrições Concorrenciais é justificada pelo sistema de controle material do órgão estatal. À base do raciocínio está o entendimento de que a atividade empresarial, que já é objeto de autorização por um órgão controlador especializado, não pode ainda estar sujeita ao controle do Direito Concorrencial e do órgão de controle concorrencial. Tal raciocínio perde suas premissas ante o fim da necessidade de autorização prévia de prêmios e condições, alcançado pela terceira diretriz "Danos Materiais". O § 102 da Lei Sobre Restrições Concorrenciais carece, portanto, de ser revisto e restringido.[34] Nesse ponto deverá o legislador levar em conta também o Decreto da Comunidade Européia de 1992[35] sobre a indústria securitária.

32. Para maiores detalhes, v., *Basedow, Die Selbstknebelung der Versicherungsnehmer: Handelsblatt Nr. 215*, 5.11.1992, p. B 6.

33. Para maiores detalhes, v., *Basedow in Münchener Kommentar zum Bürgerlichen Gesetzbuch 1 (3. Auflage 1993), § 23 AGBG Rdnr. 72–74 mit Nachweisen*; a título comparativo, v. *Wille, Der langjährige Versicherungsvertrag: VersR 1992, 129–142(I), 1172–1187(II)*.

34. *Deregulierungskommission* (acima, n. 6), proposta 14; a título comparativo, v. tb., *Markert, Die Anwendung des § 102 GWB auf die Versicherungswirtschaft vor dem Hintergrund des EuGH-Urteils im Fall "Feuerversicherung": VersR 1988, 101–104.*

35. V. acima n. 28.

V – Resumo

1. A desregulamentação se desenvolve num jogo coordenado por três fatores determinantes: a política nacional de desregulamentação; a formulação de normas, sobretudo européias, fixadoras de deveres desregulamentadores; e a política européia de desregulamentação.

2. Do ponto de vista formal, desregulamentação nada mais é que a diminuição de normas jurídicas; do ponto de vista material, mais adequado à compreensão da questão, trata-se da ampliação de campos de livre concorrência. O ponto nevrálgico da questão passa a ser, portanto, desenvolver alternativas às estruturas de mercado vigentes que objetivem diminuir as restrições às liberdades econômicas, evitando-se falhas grosseiras. Na verdade, a desregulamentação é por vezes uma mudança de regulamentação com tendência liberalizante.

3. As propostas apresentadas em 1988 pela Comissão de Desregulamentação criada pelo governo federal alemão, destinadas à liberação de prêmios e condições gerais de contratos, foram em larga medida concretizadas pelas diretrizes de terceira geração da Comunidade Européia. Assim, foram criados os pressupostos necessários à concorrência extensiva a prêmios e condições gerais. Também por meio do direito comunitário foi estabelecida a permissão de entrada de companhias seguradoras de outros países-membros da Comunidade Européia no mercado securitário alemão, bem como o término de monopólios em determinados ramos de seguros de acordo com o Direito nacional. Dessa forma, no que diz respeito à efetiva liberalização, as propostas da Comissão de Desregulamentação foram amplamente concretizadas, ou estão a caminho da concretização.

4. Menos positivo é o balanço que se faz das medidas complementares, necessárias a que o consumidor possa aproveitar as vantagens da livre concorrência, e que as falhas de desenvolvimento decorrentes da liberalização sejam evitadas.

5. A intensificação da concorrência em prêmios e condições gerais aumenta o risco de insolvência das companhias seguradoras. Como solução, a Comissão de Desregulamentação sugeriu a introdução de um fundo de proteção aos segurados em contratos de seguros populares, que se assemelharia ao fundo dos bancos. A recusa categórica a essa proposta aumenta a responsabilidade do órgão federal controlador, que terá que dispor de seu instrumental para promover o controle profilático de insolvência.

6. A liberação de condições gerais de contratos de seguro cria, por um lado, a concorrência entre produtos; por outro, pode levar à falta de transparência do mercado. A proposta da Comissão de Desregulamentação, no sentido de obrigar as seguradoras a oferecer proteção securitária não apenas de acordo com as condições gerais por elas livremente elaboradas (apólices "vermelhas"), mas também em conformidade às condições aprovadas pelo órgão federal controlador (apólices "verdes"), não será mais passível de realização, uma vez que as diretrizes da Comunidade Européia de terceira geração extinguiram a necessidade de aprovação prévia das condições gerais de contratos de seguro. Entretanto, considerando que a simples recomendação de condições gerais é permitida pelo Direito Concorrencial europeu, seria desejável que a indústria securitária, num trabalho conjunto com as associações de proteção ao consumidor, elaborasse apólices "verdes" a título de recomendação.

7. A livre concorrência no setor de seguros permanecerá mera teoria, enquanto os segurados de diversos ramos estiverem em peso atados a contratos de longa duração. Encurtar os prazos máximos de duração permitidos é também uma ordem do Direito Concorrencial europeu.

8. A intensificação da concorrência aumenta a necessidade dos segurados por uma consultoria neutra. É, pois, inevitável que a desregulamentação do setor de seguros seja acompanhada da regulamentação da atividade dos intermediários. Especialmente os títulos profissionais "corretor de seguros" e "consultor de seguros", que sinalizam independência em relação às companhias seguradoras, deverão ser objeto de proteção estatal. Liames jurídicos que houver entre estas e os intermediários deverão ser explicitados.

9. À luz da intensificação da livre concorrência na indústria securitária, a extensa e complicada exceção ao controle concorrencial, tal como prevista no § 102 da Lei Sobre Restrições Concorrenciais, está ultrapassada, devendo ser revista e restringida.

10. Concluindo, pode-se dizer que a desregulamentação do setor de seguros desenvolveu-se muito mais do que se esperava há cinco anos atrás, quando do início dos trabalhos da Comissão de Desregulamentação. Nesse contexto, foi decisiva a influência do programa da Comunidade Européia destinado ao mercado interno europeu. Todavia, percebe-se nessa conquista um claro desequilíbrio entre a ampla extensão da liberalização e a parca deliberação das chamadas medidas complementares. Sanar esse déficit deve ser uma tarefa central dos próximos anos.

São Paulo, 8 de março de 1999

PLANEJAMENTO COMO INSTRUMENTO DO DESENVOLVIMENTO URBANO

YARA PRADO FERNANDES FRANCISCO
Professora da Faculdade de Direito da Pontifícia Universidade Católica de São Paulo

I – Introdução

O Projeto de Lei que disciplina o uso do solo urbano, em tramitação no Congresso Nacional, considera textualmente a utilização do planejamento como instrumento do desenvolvimento urbano, trazendo novamente à tona uma questão que tem preocupado arquitetos, sociólogos, políticos e juristas nas duas últimas décadas – o que é planejamento?

Vivemos a era da planificação, dentro de um contexto administrativo que admite a direção racional das atividades com o objetivo de alcançar o máximo de bem-estar social. Nesse sentido, são crescentes as responsabilidades da Administração Pública, que visa a eliminação de suas deficiências estruturais pela redução dos desperdícios de material humano e de coisas. O Estado moderno torna-se cada vez mais o "Estado funcional", de acordo com a concepção de Burdeau, que sobrevive e se afirma – na medida em que possa atingir um alto grau de "funcionalidade", ou seja, de eficiência social (Georges Burdeau, *L'État*, Éditions du Seuil, Paris, 1970). Ao lado da função política, a única que explicava o ordenamento estatal até o século XIX, aparece na sociedade contemporânea, com contornos nítidos, a função administrativa. Isso significa que a partir da sua função clássica de organizador de poderes, o Estado passa, por razões sociológicas e não meramente ideológicas, a ser um organizador de serviços.

Essa natureza funcional se acentua com características próprias na esfera da Administração Municipal, pois o governo do Município é justamente aquele que cuida das necessidades imediatas das populações, com raízes profundas na comunidade básica. Nos países de grande dimensão, de tipo federal como o Brasil, um grande espaço se abre para o exercício da planificação municipal e da planificação regional, com base no exercício de ampla autonomia e descentralização.

Dentro de uma linha teórica adequada, podemos compreender a planificação como sendo o processo pelo qual uma organização considera seus objetivos à luz do que se sabe a respeito do futuro e faz sua opção dentre esses objetivos. É processo que pode ser encontrado em qualquer subsistema da sociedade, em qualquer nível de organização que possua um mínimo de autonomia na escolha de seus próprios objetivos. Podemos afirmar que, de acordo com o consenso dos especialistas, na medida em que a sociedade se complexifica, o planejamento deverá ser integrado; nesse caso passa a se chamar "planejamento social" ou "desenvolvimento".

A ação de planejamento envolve prazos definidos e escolha de atividades sociais com base em pesquisas apropriadas. Em qualquer tipo de planificação predomina um sentido lógico, que se traduz pelas técnicas de racionalização econômica e administrativa.

No Brasil, o esforço de planificação é recente, datando de aproximadamente 30 anos, estimulado pela "Campanha Municipalista" de 1950 (A. Delorenzo Neto, *A Planificação Municipal (Instrumentos Legais para o Estudo e Execução dos Planos)*, DASP, Rio de Janeiro, 1953). Como observação geral, a urbanização é um traço característico das sociedades industriais contemporâneas e a idéia de planificação urbana e a busca de novos meios de controle dos movimentos urbanos começaram a surgir após a segunda metade do século XIX.

Embora seja antiga a preocupação em fazer planos, a planificação é moderna – e planificação não é o mesmo que urbanismo. Planificação é meio de controle social da ordem urbana, não ciência normativa de formas urbanas ideais. Isso, evidentemente, não impede que consideremos como planificação urbana os mecanismos e processos através dos quais as diferentes atividades que contribuem para determinar o desenvolvimento das cidades, são jurídica e politicamente controladas. A planificação é o conjunto de meios que permitem dominar os fenômenos parciais integrando-os à totalidade urbana de tal forma que se possa dominar ou pelo menos controlar o futuro da cidade.

A planificação pode ser operacionalizada de diversas formas e se utilizar de instrumentos igualmente variáveis. Assim, o "plano de urbanismo" é apenas um dos instrumentos técnicos, um dos meios de que se vale a planificação.

A experiência comprovou que a organização de núcleos urbanos, de cidades ou mesmos dos "aglomerados urbanos", não podem ficar à disposição dos ajustamentos espontâneos ou de decisões políticas desordenadas e sem visão de conjunto. O uso adequado das possibilidades de ação técnica e científica trazida pela planificação exige eficaz direção política (vez que sem poder, capaz de organizar e reformar, esses meios permanecerão inertes), precisa regulamentação jurídica e perfeita e isenta atuação administrativa.

Os organismos de planificação urbana não se limitam à fabricação de planos preparados por urbanistas e adotados pela Administração – embora não se possa negar que quase sempre se reduz à isso.

"Ao mesmo tempo em que se verifica a concentração geográfica da economia em metrópoles e em 'pólos de crescimento', ocorre também um intenso processo de concentração na distribuição da renda, tanto ao nível regional quanto ao global da sociedade 'em desenvolvimento'. As tímidas tentativas do poder político central visando descentralizar os investimentos por meio de incentivos fiscais e tributários, não conseguiram diminuir a poderosa tendência à acumulação e concentração de capital e mão-de-obra nas áreas metropolitanas. Paradoxalmente são esses centros de crescimento e de 'progresso' que constituem o maior desafio e motivo de constante preocupação dos políticos e dos planejadores. À medida em que a dinâmica do sistema, espontâneo e não controlado, se impõe às intenções e propósitos dos legisladores, ficam evidentes as disfunções e as desvantagens da concentração urbano-industrial" (Henrique Rattner, *Planejamento Urbano e Regional*, Cia. Ed. Nacional, São Paulo, 1978).

No contexto metropolitano, onde a "qualidade de vida" em seu aspecto mais amplo continua a se deteriorar, a "modernização" da estrutura física das cidades devora o já exíguo e parco orçamento público.

Concebido inicialmente como uma técnica de intervenção racional na realidade, o plano deveria, por si mesmo, ser capaz de materializar as decisões do poder instituído, ou dos políticos, cujos reflexos incidiriam necessariamente na vida social. Entretanto, torna-se evidente a percepção de que existe um estreito vínculo entre a visão técnica dos planejadores, os recursos financeiros do poder público e os interesses econômicos dos particulares (infelizmente nem sempre voltados, no campo imobiliário, para a constitucional "função social da propriedade"), que traz como conseqüência imediata, empreendimentos de caráter altamente especulativo e cuja lucratividade significa, muitas vezes, a espoliação e a marginalização das camadas da população que mais necessitam da intervenção "racional" e protetora do poder público (Henrique Rattner, ob. cit.).

II – Uma concepção sociológica do planejamento

Mannheim foi o sociólogo que melhor compreendeu a necessidade social do planejamento. Observou que após a 1ª Grande Guerra Mundial e princípio da Segunda, desencadeou-se um processo de desintegração dos controles cooperativos.

Podemos admitir que em toda situação social há duas formas de controle de grupo: uma é o padrão autoritário de comando e de obediência; outra, o padrão do desenvolvimento e da orientação da ação por meio da cooperação. Todas as formas complexas de organização política e social em alto nível, são derivadas desses dois padrões primários.

Segundo Mannheim, existem apenas duas reações contra a desintegração:

I – o planejamento totalitário em suas duas variantes, o fascismo e o comunismo;

II – o planejamento democrático criado gradualmente pelas políticas progressistas das democracias.

A meta, portanto, será a prática da planificação democrática, como solução viável às necessidades de ordem numa sociedade livre. Afirma o sociólogo textualmente: "Nossa tarefa consiste em construir um sistema social mediante o planejamento, mas planejamento do tipo especial: tem que ser planejamento para a liberdade sujeito ao controle democrático; planejamento, mas não planejamento restricionista que favoreça os monopólios de grupos, sejam de homens de empresa ou de associações operárias, mas planejamento para a plenitude, isto é, pleno emprego e total exploração dos recursos; planejamento para padrões culturais, admitindo uma transição planejada, favorecendo o progresso, sem suprimir o que há de válido na tradição; planejamento que neutralize os perigos de uma sociedade de massas, coordenando os instrumentos de controle social, mas só interferindo nos casos de deterioração institucional ou moral, definidos por critérios coletivos; planejamento para o equilíbrio entre a centralização e a dispersão do poder; planejamento para a transformação da sociedade".

Nessa perspectiva, a filosofia do planejamento deverá preencher dois pré-requisitos:

1. o plano deve ser consistente;

2. o plano deve ser aceitável para a maioria.

A arbitragem da planificação, deverá tornar-se responsabilidade dos partidos políticos, sendo, portanto, essencial a formação de lideranças.

Sabemos que o Estado moderno é caracterizado pelo crescimento da função administrativa que por razões sociológicas está ligada ao crescimento demográfico. O atendimento das necessidades populacionais básicas exige imensa rede de serviços, mediante numerosos expedientes administrativos e jurídicos. E o Estado Democrático, tal qual o Estado totalitário, é chamado a atuar em todas as esferas da vida social. Para diferenciar-se, em termos dessa interferência totalizadora, o planejamento democrático, segundo a lição de Mannheim, deverá observar alguns axiomas, que inspirarão a política que ele denomina de "planejamento preventivo":

1. somente um governo forte e centralizado pode levar a efeito o planejamento;

2. a centralização é necessária, porque a coordenação das diversas medidas é essencial para o planejamento;

3. a centralização numa sociedade planificada é essencial apenas em certos assuntos de importância política básica;

4. numa sociedade democraticamente planificada, o governo e a comunidade são entidades integradas;

5. a interferência legítima do Estado na vida econômica, mediante sua organização e seu poder regulador, deve servir para manter uma produção máxima e controlar os monopólios arbitrários.

Essas concentrações de poder carecem de responsabilidade pública e deveriam ser controladas por meios adequados, conforme, a natureza de suas técnicas de organização e de direção. Deverá ser definida mediante normas claramente redigidas, de forma que permita o controle da economia. As quatro formas possíveis de controle são, a legislação, a administração, a representação e a participação. Ao aplicar o controle, a autoridade que intervêm deve ater-se ao conceito de "interesse público", cujo sentido exato deverá ser claramente definido, no sentido de não ser usado arbitrariamente. Num Estado Democrático, o Poder Legislativo cuidará de estabelecer os limites desse controle em benefício da comunidade.

"Entre fortes e fracos, é a lei que liberta e é a liberdade que escraviza" (Lacordaire). Parece a muitos, num mundo de regras e regulamentos, que qualquer controle produz efeitos negativos. Não podemos esquecer, porém, que essas normas funcionam como salvaguardas da liberdade. A intervenção do Estado deverá limitar-se a evitar os desajustes principais, cujos efeitos tendem a acumular-se na ausência de contra-medidas adequadas. Os controles modernos tendem realmente a realizar uma nova mudança social – não só estamos criando, deliberadamente um equilíbrio dos poderes políticos, mas também mobilizando a ajuda dos centros de poder em toda a sociedade. Dispomos, evidentemente, de certas técnicas de fomento representadas pelos métodos de tributação, pelas novas formas de regulamentar a propriedade e seus usos.

A análise da teoria de Mannheim reforça a justificativa da necessidade da adoção do planejamento na Administração Pública. Aliás, a importância dos argumentos apresentados é a de permitir integrar a teoria sociológica numa teoria administrativa, coerente com nossa estrutura política federal.

Os mecanismos do planejamento permitem priorizar estruturas e problemas. Cada área destacará as unidades que deverão ser objeto do respectivo planejamento e será essencial descentralizar ao máximo as responsabilidades, com autonomia no uso dos recursos e nas decisões.

III – Urbanismo, Direito e planejamento urbano

Tendo por objeto um segmento da organização e da atividade da Administração Pública, o Direito Urbanístico inicia sua caminhada na busca de independência em relação ao Direito Administrativo.

Louis Jacquignon, citado por Antonio Carceller Fernandez, diz que "el Derecho Urbanístico es el conjunto de reglas a través de las cuales la Administración, en nombre de la utilidad pública, y los titulares del derecho de propiedad, en nombre de la defensa de los intereses privados, deben coordinar sus posiciones y sus respectivas acciones con vistas a la ordenación del territorio" (*Instituciones de Derecho Urbanístico*, Editorial Montecorvo, Madrid, 1981).

Outros autores, como Martin Blanco, consideram inviável a possibilidade de se abstrair do Direito Urbanístico a idéia de Plano (ou *planning law*), cuja realização só é possível através de um conjunto de normas, bem como da realidade social que gira em torno do urbanismo.

Carceller, tendo em vista o ordenamento jurídico espanhol, delimita a legislação urbanística como "el conjunto de normas jurídicas que estructuran una rama de la Administración Pública, y, por si mismas o a través del planeamiento que regulan, definen el contenido de la propiedad según su calificación urbanística y disciplinan la actividad administrativa encaminada a la urbanización y la edificación" (ob. cit.).

Observações nesse sentido, como a de Fernando Fueyo Lanero, tem considerado o Direito Urbanístico como um ramo jurídico interdisciplinar e social, para o qual concorrem circunstâncias que a caracterizam como autônoma (método e sistematização científica próprias, autonomia legislativa – ordenamento próprio e orgânico, muitas vezes um código – e autonomia didática, em contraposição àqueles que preferem se posicionar no sentido de que a legislação urbanística constitui um dos modernos capítulos do Direito Administrativo, seja por estudiosos de Direito Administrativo especial, como pelos de Direito Urbanístico (Eugenio Pérez Botijas, Guaita e Nuñes Ruiz).

Na opinião de García de Enterría, o Direito Urbanístico pertence a uma parte especial do Direito Administrativo, ainda que não se possa expô-lo, nem compreendê-lo, sem um profundo conhecimento das instituições civis, especialmente o instituto da propriedade privada.

Se o Direito Urbanístico gira em torno do Urbanismo e este é compreendido como o conjunto de conhecimentos dirigidos ao estudo da criação, desenvolvimento, reforma de agrupamentos humanos, evidente se mostra sua ligação íntima com o planejamento, uma vez que ambos exigem conhecimento profundo da vida urbana e suas relações, da análise do nexo entre suas necessidades e das causas que a provocam.

"El urbanismo en la actualidad es, sencillamente, una perspectiva global e integradora de todo lo que se refiere a al relación del hombre con el medio en que se desenvuelve y que hace del suelo su eje operativo" (T. R. Fernandez).

O Plano é considerado no Direito Urbanístico como um meio para se ordenar as cidades ou outros agrupamentos urbanos. Embora tenha existido sempre, modernamente o Plano tem se revestido de sofisticadas características técnicas, com a finalidade de instrumentar a atividade pública nesse campo de atuação.

"El Plan urbanístico es, en sentido amplio y según nuestro Ordenamiento Jurídico, un acto del Poder Público que ordena el territorio, estableciendo previsiones sobre el emplazamiento de los centros de producción y de residencia; regula la ordenación y utilización del suelo urbano para su destino público y privado y, al hacerlo, define el contenido del derecho de propiedad, y programa el desarrolo de la gestión urbanística" (A. Carceller Fernandez, ob. cit.).

O planejamento, questão que há bem pouco tempo desembocava apenas na Sociologia (especialmente a "urbana"), tem merecido dos juristas maior atenção e estudo aprofundado em relação a seus múltiplos e importantes aspectos.

Não se pode negar, já que estão à evidência, que o processo de planejamento hoje se localiza especialmente no campo do Direito, como importante instrumento através do qual a Administração Pública executa sua atividade, de governo no sentido da realização do fim último do Estado, que é o alcance do bem-estar e do desenvolvimento social.

Conforme José Afonso da Silva, "a institucionalização do processo de planejamento importara em convertê-lo num tema de Direito, e de entidade basicamente técnica passara a ser uma instituição jurídica, sem perder suas características técnicas. Mesmo seus aspectos técnicos acabaram, em grande medida, juridicizando-se, deixando de ser regras puramente técnicas para se tornarem normas técnico-jurídicas" (*Direito Urbanístico Brasileiro*, Ed. RT, 1981).

Mencionado em diversas oportunidades, quer pela Constituição Federal, quer pela Constituição Estadual, o planejamento no Estado moderno já não se vincula tão estreitamente com a vontade daquele que exerce o governo – é antes e acima de tudo, "uma previsão constitucional e uma provisão legal" (J. A. da Silva, ob. cit.). O grande exemplo dessa afirmação é hoje o III Plano Nacional de Desenvolvimento. Aprovado pelo Legislativo, ultrapassa os planos o seu estado pré-jurídico, para adquirirem natureza legal.

Muitos e várias questões suscita o seu estudo, como aquelas quanto ao valor jurídico do plano, sua obrigatoriedade, a responsabilidade do Estado quanto às controvérsias jurídicas resultantes do planejamento.

Essa pré-juridicidade do plano ou do planejamento, se fosse uma situação definitiva, faria com que permanecessem como meras propostas técnicas, de forma a não operar qualquer modificação na realidade. Conseqüentemente não haveria inivação nem transformação na vida social, especialmente no sentido comum de desenvolvimento.

Planejamento, então, é atividade técnica instrumentada por planos, com objetivo de alterar a realidade em função dos objetivos anteriormente estabelecidos. Em Direito, "na medida em que esse processo tende a consubstanciar-se em planos é que permite afirmar que o planejamento urbanístico não é um simples fenômeno técnico, mas um verdadeiro processo de criação de normas jurídicas, que ocorre em duas fases: uma preparatória, que se manifesta em planos gerais normativos, e outra vinculante, que se realiza mediante planos de atuação concreta, de natureza executiva (...)".

Conclusões

Dentro dos limites previamente propostos para o presente trabalho, seria possível sintetizarmos as conclusões a que chegamos, nos seguintes tópicos:

1. Planificação ou planejamento é processo pelo qual uma organização (sendo o Estado a mais importante) considera seus objetivos à luz do que se sabe sobre o futuro e faz sua opção dentre esses objetivos – sempre baseados na realidade.

2. O Plano pode ser considerado como o instrumento do qual se vale o planejamento, para intervir técnica e racionalmente na realidade.

3. Existe um estreito vínculo entre a visão técnica dos planejadores, os recursos financeiros de que dispõe o Poder Público, a disponibilidade econômica dos particulares e o interesse da classe política dominante.

4. Os mecanismos de planejamento permitem priorizar estruturas e problemas.

5. O planejamento, abandonando sua fase pré-jurídica para ingressar no mundo das normas legais, como "um verdadeiro processo de criação de normas jurídicas", instrumentaliza e fundamenta a produção de atos de atuação concreta (no caso, atuação urbanística concreta).

6. A priorização dos interesses coletivo escapa à escolha ou determinação tanto de técnicos em planejamento, quanto de juristas. Instala-se, de forma absolutamente acentuada na classe política.

7. Configura-se o planejamento como o meio mais eficaz e racional na promoção do desenvolvimento urbano, em todos os seus múltiplos aspectos.

Essas poderiam ser mantidas, seguramente, como as mais importantes considerações trazidas pelo tema, sendo cada uma delas, de *per si*, razão bastante para o aprofundamento posterior de suas afirmações.

REGIÕES METROPOLITANAS

ANTONIO SAMPAIO AMARAL FILHO
Advogado em São Paulo

Apresentação. Histórico. 1. Origem e formação do Estado Federal brasileiro: 1.1 Os Estados-membros; 1.2 O Município; 1.3 As competências; 1.4 Autonomia municipal. 2. Região metropolitana: 2.1 História; 2.2 Constituição de 1967 e Emenda Constitucional 1, de 1969; 2.3 A Constituição de 1988. Conclusão. Bibliografia.

Apresentação

Por que o tema Região Metropolitana? Esta pergunta me perseguiu durante boa parte da execução do trabalho. Por que este, no meio de tantos temas? Fui racionalizando a resposta à medida que escrevia, afinal a escolha me pareceu como que intuitiva mas, na verdade, foi feita como um posicionamento muito racional de uma proposta política necessária e que está a exigir maiores debates jurídicos para que as questões legais não sejam colocadas como obstáculos intransponíveis ou como mera desculpa para políticos acomodados e retrógrados.

Em um país com total carência de recursos, é inadmissível não haver planejamento e operações conjugadas entre os Municípios e estes com o Estado Federado ou com a União. E esta integração deveria ser a mais ampla possível pois se em uma cidade houver museu metropolitano em outra poderá haver um teatro e quem sabe na terceira o conservatório e as oficinas de arte. Utopia?

Que seja, mas enquanto não lutarmos por ela, ficaremos presos aos nossos medos e mesquinharias e nós advogados ainda seremos instados a colaborar com o atraso e o jurista acomodado se desculpará por conta de um debate real mas com soluções jurídicas possíveis, desde que haja um mínimo de cooperação.

Histórico

O movimento campo/cidade e cidade/campo é pendular e se dá por conta de uma série de fatores; guerras, pestes, condições climáticas e questões econômico-financeiras. Desta forma, periodicamente, a história aponta a existência de grandes aglomerados urbanos. Assim foram Atenas, Cartago ou Roma, em priscas eras. Nos momentos de ouro destas civilizações, a capital do império era o centro absoluto das atenções, atuando como um imã na população em geral.

Quando ocorreu o declínio destas civilizações aconteceu um natural esvaziamento das cidades, voltando a predominar o campo. Surge o feudalismo, onde predomina o senhor feudal que organiza a agricultura e a defesa das populações que vivem em torno dos castelos. Épocas de grandes pestes, a cidade se torna perigosa, aumentando a concentração no campo.

Principalmente na Europa, ocorrem mudanças políticas que vão enfraquecendo os senhores feudais e, em contrapartida, cresce a importância dos reis. Mesmo esta reviravolta no centro do poder, não é suficiente para um grande renascimento das cidades pois estas ainda são pestilentas e a subsistência praticamente impossível pela ausência de alimentos e empregos.

A grande transformação ocorre com a chegada da Revolução Industrial, no século XVIII, quando se faz necessária uma grande alocação de mão-de-obra para fazer funcionar a máquina industrial. Diante desta enorme quantidade de pessoas, cresce a necessidade da produção de alimentos, agora não mais para a subsistência e pequenas trocas mas, sim, uma grande quantidade para suprir a fome dos grandes contingentes operários que se criam. Esta nova forma de produção acaba por exigir extensas áreas de cultivo, transformando também as relações de produção no campo, fazendo ressurgir com enorme força as correntes migratórias para a cidade. O mundo novamente mudou e agora de forma bastante radical.

O crescimento das cidades, a partir do século XIX, é enorme; porém, é no século XX que adquire proporções mega. Assim, antigos Municípios isolados vão crescendo e se tornando uma cidade só, as mega-cidades ou, mais modernamente, as regiões metropolitanas. A este processo de perda dos limites físicos das grandes cidades dá-se o nome de conurbação ("*Conurbação*. Conjunto formado por uma cidade e seus subúrbios, ou por cidades reunidas, que constituem uma seqüência, sem contudo se confundirem").[1]

Se do ponto de vista físico é confusa a distinção entre as cidades, do ponto de vista jurídico os limites são bastante claros, o que contribui para dificultar as soluções dos problemas que surgiram com essas enormes massas urbanas.

1. *Origem e formação do Estado Federal brasileiro*

1.1 *Os Estados-membros*

Após a descoberta do Brasil, uma certa estabilização de seus limites de fronteira e diante da grande extensão territorial, Portugal se viu na necessidade de descentralizar a Administração. Pode-se considerar esta descentralização como a base inicial do processo do Federalismo brasileiro.

Com o passar dos anos, a organização do país passou pelas Capitanias Hereditárias, as Províncias do Império e atualmente os Estados-membros da União.

As Capitanias Hereditárias, por sua independência administrativa e seus vínculos serem juntos à Coroa lusitana, não davam unicidade ao país, fato que começou a se alterar no período do Reino Unido (1815-1822) quando foram criadas 20 Províncias que formavam o Império brasileiro. Estas Províncias, quando do advento da República, foram transformadas nos Estados-membros, como os conhecemos hoje em dia, somente com algumas alterações.

1.2 *O Município*

Sendo o Brasil colônia portuguesa, nada mais natural que sua organização adviesse das leis de Portugal. As várias ordenações, Afonsina, Manuelina e Filipinas, deram os contornos básicos da estrutura administrativa do Município brasileiro. Ponto de aglomeração populacional, os Municípios vão se formando, tendo como base algum tipo de identidade econômica entre seus habitantes. O comércio, o ponto de partida para descobertas no interior do país ou mesmo centro de explorações de minerais são alguns dos motivos que deram origem e formaram os Municípios brasileiros.

1. *Novo Dicionário da Língua Portuguesa*, p. 176.

A autonomia dos Municípios no Brasil, por conta de mudanças legislativas aparece e desaparece durante os vários anos, por vezes possuindo Câmaras de legislação, por vezes totalmente dependentes do poder central ou do Império, ou das Províncias.

É na República que os Municípios começam, efetivamente, a se emoldurar como entes autônomos, apesar de somente em 1988 os Municípios adquirirem a competência de criar sua própria Lei Orgânica, diferentemente do passado quando cada Estado-membro, através de sua Assembléia Legislativa, "outorgava" aos Municípios uma Lei Orgânica geral, que servia a todos. É na República, entretanto, que começa a surgir a noção de *peculiar interesse municipal*, que persegue as competências locais por todo este século.

Grave revés se deu em 1937, quando cabia ao Estado-membro a indicação dos prefeitos, permanecendo somente as Câmaras Municipais. A partir da alteração constitucional de 1946, a autonomia do Município adquire contornos mais precisos até sua consagração na Constituição de 5 de outubro de 1988, fortemente municipalista.

O art. 1º da CF assim se expressa: "Art. 1º. A República Federativa do Brasil, formada pela união indissolúvel dos Estados e Municípios e do Distrito Federal constituiu-se em Estado Democrático de Direito e tem como fundamentos (...)".

1.3 As competências

O texto constitucional estabelece as várias competências dos entes políticos, reservando para cada um deles poderes específicos e algumas competências concorrentes, ou seja, legislações de níveis diferenciados que se complementam, guardadas as competências próprias.

Cabe aqui ressaltar que, embora positivado e, portanto, juridicamente inatacável, alguns doutrinadores entendem não deveria ter sido esta, a posição adotada. Esta é a posição de José Afonso da Silva[2] para quem o Município não passa de uma divisão política do Estado-membro, posição possivelmente advinda da visão norte-americana de Federação que se exprime pelo conjunto Estados Federados-União.

Intrigante esta posição, pois a história dos Municípios acompanha a do Brasil. É certo que coube ao Estado Federado dar garantias de autonomia aos Municípios e, inclusive, como já vimos, a formatação de sua Administração, mas é inegável a existência autônoma dos Municípios.

Quando se fala de competências municipais, não há dúvida que o conceito de peculiar interesse é contraditório, genérico e até mesmo confuso, porém não o suficiente para descaracterizar as competências municipais.

Hoje as competências estão estabelecidas nos arts. 21 a 32 da CF, porém, para este estudo, somente algumas destas serão colocadas em destaque (art. 21, incs. XII, *e*, XIV, XVIII, XIX e XX; arts. 23, 25 e 30, incs. IV a IX).

1.4 Autonomia municipal

Atualmente temos que a autonomia municipal advém por delegação constitucional e não mais por outorga estadual. Com isto chega-se a um patamar de isonomia entre os entes, pois possuem competências próprias, portanto, com determinações legislativas específicas e sem hierarquia entre elas, afinal, Lei Federal não é mais que Lei Estadual ou Municipal. Todas são leis de igual força.

Segundo José Afonso da Silva são quatro as capacidades do Município que dão origem a sua autonomia: ***auto-organização, auto-governo, normatização própria*** e ***auto-administração***.

2. *Apud*, Marcia Pelegrini, p. 46.

2. Região metropolitana

2.1 História

O processo de conurbação nas grandes capitais vem se acentuando no Brasil a partir da década de 50 no que, grosseiramente, poderemos chamar de nossa revolução industrial. Paralelamente a este crescimento demográfico, o planejamento administrativo, aqui entendido em sentido amplo, foi se tornando um método útil e necessário de bem gerir a coisa pública. Estes dois fatores, conurbação e necessidade de planejamento, deram origem ao conceito de Região Metropolitana, que ganha força na década de 60, sendo em nosso país positivado na CF de 1967 (art. 157, § 10) cuja redação foi mantida pela Emenda Constitucional 1, de 1969, em seu art. 164 ("Art. 164. A União, mediante Lei Complementar, poderá, para a realização de serviços comuns, estabelecer Regiões Metropolitanas, constituídas por Municípios que, independentemente de sua vinculação administrativa, façam parte da mesma comunidade sócio-econômica").

Tem-se notícia, como, por exemplo, a região de Belo Horizonte,[3] de que, a partir destes dispositivos constitucionais, começaram a se estabelecer convênios inter-municipais, que davam andamento às iniciativas relacionadas aos aglomerados urbanos. Estas iniciativas se deram basicamente pelo vazio institucional, que só veio a ser superado no ano de 1973, com a promulgação da Lei Complementar Federal 14, de 8 de junho. Esta Lei Complementar Federal criou as seguintes Regiões Metropolitanas: São Paulo, Belo Horizonte, Porto Alegre, Recife, Salvador, Curitiba, Belém e Fortaleza. A esta lista de regiões se soma a da cidade do Rio de Janeiro, criada pela Lei Complementar Federal 20 ,de 12 de julho de 1974.

Em nível federal, nesta época, é criada a Comissão Nacional de Regiões Metropolitanas e Política Urbana-CNPU, vinculada à Secretaria de Planejamento da Presidência da República.

Posteriormente, esta Comissão foi substituída pelo Conselho Nacional de Desenvolvimento Urbano-CNDU. Este Conselho, juntamente com a edição do Lei Federal 6.766/79, teve grande repercussão nos trabalhos de planejamento das Regiões Metropolitanas, porém, como veremos adiante, não foram suficientes para superar os problemas jurídicos criados pela própria legislação.

Finalmente, temos a CF de 5 de outubro de 1988, que modificou as competências relativas a criação de Regiões Metropolitanas, bem como ampliou as possibilidades de organização e planejamento para regiões conurbadas. Dispõe assim o art. 25, § 3º da Lei Magna: "Art. 25. Os Estados organizam-se e regem-se pelas Constituições e leis que adotarem, observados os princípios desta Constituição (...) § 3º. Os Estados poderão, mediante lei complementar, instituir Regiões Metropolitanas, aglomerações urbanas e microrregiões, constituídas por agrupamentos de Municípios limítrofes, para integrar a organização, o planejamento e a execução de funções públicas de interesse comum".

A partir deste novo comando legal, os Estados ou incluíram diretamente em suas Constituições Estaduais, como é o caso de São Paulo, que estabeleceu em sua Constituição, nos art. 153 a 158, disposição sobre a divisão do território estadual, total ou parcialmente, em unidades regionais, constituídas por agrupamentos de Municípios limítrofes, ou editaram Leis Complementares, como por exemplo, as do Estado de Minas Gerais – n. 26, de 14.1.93 – e do Estado do Espírito Santo – Lei Estadual Complementar 58, de 21.2.95.

2.2 Constituição de 1967 e Emenda Constitucional 1, de 1969

Cabe o destaque desta antiga normatização por ter sido ela ensejadora de

3. Texto "Viabilidade institucional e financeira", p. 1.

aguerridos debates doutrinários sobre uma série de questões que, de alguma forma, são mantidas na atual Constituição. Assim serão trazidas ao texto os problemas de competência, entidade gerenciadora da Região Metropolitana e outros.

A primeira questão que foi enfrentada pelos doutrinadores, foi a de quem caberia a institucionalização das Regiões Metropolitanas. Edésio Fernandes Júnior[4] faz algumas observações de caráter jurídico-político que podemos entender como sendo o pano de fundo do problema ora levantado. Para este autor, a Constituição de 1946 criou um federalismo cooperativo, onde os vários entes governamentais atuariam de forma conjunta para a solução de seus problemas. Esta cooperação se revelou através de dispositivos constitucionais que foram muito modificados pela Constituição de 1967 e pela Emenda Constitucional 1, de 1969, quando se observa uma grande centralização de competências no Executivo em detrimento dos outros Poderes – Legislativo e Judiciário. Dos pontos levantados pelo autor há que se destacar os seguintes: competência exclusiva do Poder Executivo em propor leis e emendas em matéria financeira, estendida às normas orçamentárias e tributárias, com o conseqüente esvaziamento do Poder Legislativo. Some-se a isto os atos de execução e a proibição de eleição de Prefeitos de Capitais.

O destaque há que ser dado a estes pontos para um entendimento da conjuntura política da época e por seus desdobramentos jurídicos. Adílson de Abreu Dallari[5] ao demonstrar ser a competência exclusiva, federal, aponta exatamente o fato de serem as normas financeiras, exclusivas do nível federal, o motivo de se constatar ser, à época, a competência de editar normas sobre Regiões Metropolitanas exclusivamente Federal. Cabe lembrar, como já foi abordado no texto, que haviam outros mecanismos de associação entre Municípios, como, por exemplo, os convênios ou consórcios. Mesmo para Municípios não componentes das Regiões Metropolitanas estas soluções se davam e, inclusive, foram incentivadas pelo Governo Federal que resultaram, por exemplo, no CODIVAP.[6]

Esclarecida a questão da competência em instituir a Região Metropolitana e as Leis Complementares ns. 14 e 20 editadas, apresentou-se um problema mais grave, que está a perdurar mesmo com a legislação atual, qual seja, o das competências entre os Estados-membros e os Municípios na normatização dos serviços comuns e mesmo no que seriam ou a quem caberiam estes serviços comuns. A dificuldade está em como harmonizar o poder e competência do Estado-membro e a autonomia municipal.

Sinteticamente, Adílson de Abreu Dallari[7] resumiu assim as competências: "A distribuição de competências entre as esferas de governo foi estabelecida na Carta Constitucional basicamente da seguinte maneira: compete à União tudo aquilo que expressa ou implicitamente lhe esteja reservado na própria Carta; compete ao Município tudo aquilo que diga respeito ao seu peculiar interesse; compete ao Estado tudo aquilo que não lhe seja expressamente vedado pela Carta e que não se enquadre na competência da União e do Município".

A partir deste resumo, sobressaem-se dois conceitos fundamentais pertinentes à discussão do problema: competência residual do Estado e peculiar interesse do Município, sendo este último o mais complexo a se desenvolver. Gutemberg da Mota e Silva[8] faz uma coletânea de opiniões a res-

4. *RDP* 72/264.

5. Ob. cit., n. 14/285.

6. Ob. cit., n. 41-2/244.

7. Ob. cit., n. 14/289.

8. Ob. cit., n. 80/131-32. Editada a Lei Complementar 14, Eros Roberto Grau não hesitou em apontar a competência do Estado, argumentando que as entidades metropolitanas deveriam estar "sujeitas a direção estadual, visto que as funções governamen-

peito do tema onde demonstra, inclusive através de mudança de posições de um mesmo doutrinador, a diversidade de entendimento sobre o tema.

Basicamente, o debate se coloca entre interesse, se municipal ou regional, a equiparação entre regional e metropolitano e as competências delineadas pela Constituição. O autor concluiu que sendo a matéria residual pois não explícita como federal e não podendo ser definido como peculiar interesse do Município a competência somente pode ser do Estado-membro.

Este posicionamento, apesar de bastante lógico, é contaminado pela dinamicidade da premissa relativa ao peculiar interesse municipal, apontada por Hely Lopes Meirelles[9] e por José Afonso da Silva.[10] Estes autores são categóricos em afirmar que o peculiar interesse municipal está intrinsecamente ligado a interesses do Estado-membro e da União e, se assim não o fosse, o isolamento municipal seria de tal ordem que até o conceito de Federação estaria sendo posto em xeque. A reflexão também se dá inversamente. Hely Lopes Meirelles, no texto anteriormente citado, fala em predominância mas, mais uma vez, fica patente ser um interesse dinâmico.

Por último, há que se observar de que forma se dá a operacionalização da Região Metropolitana que, por força das Leis Complementares, caberia ao Estado organizar. Qual é o meio para se concretizar as ações provenientes destes vários interesses.

Sobre o tema, há o estudo realizado por Ada Pellegrini Grinnover e Darci Fernandes Pimentel.[11] Por esta tese, escrita para o II Congresso Brasileiro de Direito Administrativo, os autores chegam a conclusão

tais metropolitanas dirão respeito a interesse predominantemente regional". Argumentava que, tendo a Lei Complementar definido os serviços comuns como de "interesse metropolitano, ou seja, como de interesse regional", deixaram eles de ser de interesse local. "Conseqüentemente – é indiscutível a conclusão – definem-se como de competência estadual".

Posteriormente, Grau reviu a posição no seu primeiro livro, "texto que hoje recuso". Reexaminando o art. 164 da CF, passou a entender serem os Municípios os titulares do interesse metropolitano. Baseando-se, dentre outros, no argumento de que as Regiões Metropolitanas são "regiões de serviço" (e não "regiões de desenvolvimento"), sustenta a circunstância de não ser determinado serviço de interesse local, por envolver mais de um Município, "não significa que seja ele, necessariamente, de interesse estadual ou federal", havendo de se entender como sendo "do concomitante interesse de tais municípios, como de interesse interlocal". E acrescenta: "Em vista disso, observada sempre a disposição do art. 164 da EC 1/69, que repito – não autoriza a conclusão de que se dirige ele também aos Estados-membros, pode-se concluir que se define o interesse metropolitano como interlocal, ou melhor, como intermunicipal". Daí por que defende que os serviços comuns metropolitanos sejam cumpridos sob uma "administração comum, de caráter intermunicipal".

José Afonso da Silva adere a essa formulação de Eros Grau; para ele, serviços comuns de interesse metropolitano são, essencialmente, "serviços locais que, por força da institucionalização da Região Metropolitana, se transformam em serviços interlocais, que, em hipótese alguma, se incluem na competência estadual, nem passam a ser de titularidade dos Estados por via da regionalização metropolitana". Com essa transformação, argumenta, a titularidade dos serviços, enquanto comuns, já não é mais de cada Município, mas da "entidade que necessariamente há de estruturar-se com a constituição compulsória dos Municípios em Região Metropolitana, que, *de lege lata*, só pode ser formada pelos governos municipais integrantes da região, ou seja, entidade metropolitana de caráter intermunicipal".

O art. 164, assegura Iris Araújo Silva, não transferiu competências, de modo explícito ou implícito, estando a Lei Complementar, por conseguinte, impedida de fixar qualquer critério para redistribuí-las. Observa a autora que "nem mesmo a figura do interesse metropolitano, utilizada pela doutrina como critério redistribuidor de competências, pode ser invocada nesse sentido", pois "a distribuição de competências é matéria constitucional". Se o peculiar interesse municipal é critério delimitador da competência do Município, não se poderia raciocinar da mesma forma quanto ao chamado interesse metropolitano, "transformando-o também numa fórmula definidora de atribuições metropolitanas", de vez que não existe, como no caso do interesse municipal, "pessoa jurídica de direito público que se tornaria titular jurídico do interesse metropolitano". Para a autora, a transformação do interesse metropolitano em interesse regional estadual é "um artifício jurídico".

9. *Apud*, Adilson de Abreu Dallari, ob. cit., n. 14/289.

10. Ibidem.

11. Ob. cit., n. 41-2/245.

de que a melhor forma de organização dos interesses de uma Região Metropolitana se daria pela criação de uma fundação privada intergovernamental, cujos instituidores seriam os Estados-membros e os respectivos Municípios interessados. Já Adílson de Abreu Dallari[12] discorda da posição, entendendo ser a melhor formatação jurídica da entidade a figura da autarquia.

A prática demonstrou terem sido várias as formas de organização efetuadas pelos Estados-membros e, além das já citadas, fundação privada e autarquia, foram criadas até mesmo departamentos em Secretarias Metropolitanas de Estado. Ressalte-se que em alguns Estados-membros ocorreram, no tempo, mais de uma forma de organização.

De todo este debate há, entretanto, um consenso entre os doutrinadores de que esta entidade, independentemente de sua forma, não poderia ser considerada como um ente político que se situaria entre o Município e o Estado; esta entidade, obrigatoriamente, deveria se ater única e exclusivamente às questões administrativas, sem nenhum tipo de competência normativa, atuando, portanto, somente como correia de transmissão dos Municípios e do Estado-membro, estes sim, plenos em competência, inclusive para legislar através de suas Câmaras e Assembléia Legislativa. Desta forma, foram as Leis promulgadas pelas esferas políticas que deram o contorno operacional de todas as ações metropolitanas que foram realizadas no país. Fato, entretanto, muito interessante, que fez a prática ser um pouco diferente destas assertivas jurídicas, reside no fato de que estes órgãos, entidades ou qualquer que tenha sido sua forma, acabaram por possuir enormes acúmulos de conhecimentos técnicos e, isto, somado ao quase sempre presente desinteresse dos alcaides, diante dos evidentes problemas políticos que são intrínsecos a problemática metropolitana, transformou muitos técnicos em agentes políticos e, estas entidades, se transformaram nas autoridades metropolitanas,[13] em um total desvirtuamento dos preceitos constitucionais estabelecedores de competência. Foi este vácuo político, aliado a forte presença econômica do Estado-membro, que possibilitou algumas ações práticas de caráter metropolitano, muitas destas no setor viário e de transporte e, também, foi este fato que muito inviabilizou ações de planejamento e execução mais ágeis e incisivas.

2.3 *A Constituição de 1988*

Nunca é demais repetir o parágrafo do art. 25 da CF de 1988 que assegura a existência da Região Metropolitana em seu § 3º: "§ 3º. Os Estados poderão, mediante Lei Complementar, instituir regiões metropolitanas, aglomerações urbanas e microrregiões, constituídas por agrupamentos de Municípios limítrofes, para integrar a organização, o planejamento e a execução de funções públicas de interesse comum".

Fazendo comparações paralelas ao texto constitucional anterior verifica-se grandes mudanças, porém, será seguindo o mesmo caminho trilhado na análise do art. 164 da Constituição de 1967, no que for pertinente.

Primeiramente, há que se observar um deslocamento geográfico da norma estabelecedora da Região Metropolitana. Na Constituição anterior o dispositivo estava situado no título referente à Ordem Econômico-Social, o que dava coerência pois as questões econômicas-financeiras que eram prerrogativa da União e o próprio texto do art. 164 da Emenda Constitucional estabelecia a exigência de que as cidades fizessem parte da mesma comunidade sócio-econômica. Atualmente o art. 25, § 3º, da CF, que dispõe sobre regiões metropolita-

12. Ob. cit., n. 14/286.

13. Ob. cit., p. 13.

nas, se situa no Título II – da organização do Estado –, o que se, por um lado deixa claro não ser a Região Metropolitana um quarto nível de organização, entre o Município e o Estado-membro, por outro lado dá entender ser desejo do constituinte que a Federação-União, Estados e Municípios também busquem soluções conjuntas, principalmente nas chamadas funções públicas comuns.

Mas, como na Constituição anterior, não há dúvidas sobre quem deverá estabelecer a Região Metropolitana, agora não mais a Lei Complementar Federal e sim a Lei Complementar Estadual. Em relação a isto surge a primeira dúvida, pois se há autonomia municipal, como se pode incluir um Município em algo se ele, Município, não concordar? A resposta vem por conta de ser esta uma ordem Constitucional e, portanto, deve ser obedecida, pois autonomia é conceito diferente, para não dizer inferior, a soberania. Assim não há como um Município se insurgir contra sua inclusão em Região Metropolitana, entretanto, por ser um instrumento de colaboração, a participação fugiria do alcance constitucional. Até mesmo como reforço, várias Constituições Estaduais estabeleceram a possibilidade da criação das Regiões Metropolitanas.

Mantendo o paralelo, a entidade que organizará, ou melhor, que operacionalizará a Região Metropolitana, poderá ser palco dos mesmo debates. Assim, questões ligadas ao regime jurídico dos funcionários da entidade, ou mesmo se toda a Lei de Licitações ou somente os princípios licitatórios é que deverão ser obedecidos, estão presentes. Será autarquia ou fundação? Será Secretaria de Estado ou mero Departamento de uma Secretaria de Planejamento? Em Minas Gerais foi criada uma autarquia (Lei Complementar Estadual 26, de 14.1.93) que, ligada a Secretaria dos Negócios Metropolitanos, tem funções de assessoria à Assembléia Metropolitana, que é quem coordena e direciona os trabalhos.

Já no Espírito Santo, o setor de transportes, quando se trata da Região Metropolitana, é gerenciado pela Companhia de Transportes Urbanos da Grande Vitória – CETURB-GV –, empresa pública constituída como sociedade anônima, o que permite a participação das Prefeituras no capital da empresa; assim, busca-se contemplar a transferência das atividades de transportes coletivos, das Prefeituras para a nova gestora intermunicipal, sem perda por parte das Prefeituras, do poder decisório sobre a atividade de transporte.

Em São Paulo, através da Lei Complementar 7.450, de 16.7.91, é criada uma Secretaria de Estado dos Transportes Metropolitanos.

Da mesma forma que anteriormente, não há na doutrina nenhum defensor de ser uma Região Metropolitana um quarto nível de poder, porque continua tendo somente o poder de polícia administrativa, não possuindo nenhum tipo de poder legislador ou competências que tenham sido determinadas constitucionalmente. Assim, deverão as entidades metropolitanas trabalharem o conceito de função pública, como disposto na Constituição, mas sempre atentando a questão das competências.

A EMPLASA–Empresa Metropolitana de Planejamento da Grande São Paulo, através do Relatório Técnico 3, faz interessante comparativo de qual foi o entendimento do que seria função pública e, portanto, merecedora de tratamento regionalizado.

São elas:

1. *Minas Gerais* – Região Metropolitana de Belo Horizonte:

- transporte intermunicipal de passageiros;
- sistema viário e controle do trânsito;
- segurança pública;
- saneamento básico;
- uso do solo metropolitano;
- recursos hídricos;

• produção e distribuição de gás canalizado;

• cartografia e informações básicas;

• preservação e proteção do meio ambiente;

• habitação e

• planejamento integrado.

2. *Rio de Janeiro* – Região Metropolitana da Cidade do Rio de Janeiro:

• planejamento integrado (definição de política, fixação de diretrizes, uso do solo, recursos hídricos, controle da poluição e preservação do meio ambiente, preservação de bens culturais, produção e distribuição de gás canalizado);

• saneamento básico;

• transportes coletivos;

• habitação e

• cartografia e informações básicas para o planejamento metropolitano.

3. *Pernambuco* – Região Metropolitana do Recife:

• planejamento, a nível global ou setorial, das questões territoriais, ambientais, sociais, econômicas e institucionais;

• execução de obras e a implantação, operação e manutenção de obras e serviços, além de sua remuneração e recuperação de custos e

• supervisão controle e avaliação da eficácia da ação pública metropolitana.

As funções públicas acima mencionadas deverão ser exercidas nos seguintes campos de atuação:

• estabelecimento de políticas e diretrizes de desenvolvimento;

• orientação territorial das atividades;

• desenvolvimento econômico e social;

• infra-estrutura econômica relativa (rodovias, ferrovias, comunicações etc.);

• sistema viário, trânsito e transporte de passageiros;

• saneamento básico (abastecimento de água, rede de esgotos e limpeza pública);

• controle das enchentes;

• habitação;

• meio ambiente;

• educação;

• saúde e nutrição e

• abastecimento alimentar.

4. *Rio Grande do Sul* – Região Metropolitana de Porto Alegre:

Funções públicas de interesse comum não definidas na legislação.

5. *São Paulo* – Região Metropolitana da Grande São Paulo:

• planejamento e uso do solo;

• transporte e sistema viário regionais;

• habitação;

• saneamento básico;

• meio ambiente;

• desenvolvimento econômico e

• atendimento social.

Ao se discutirem as funções públicas de interesse comum, não é possível se esquecer das competências dos entes governamentais que comporão a Região Metropolitana e que estão elencadas na CF de 1988 e já destacadas neste texto. Assim, a solução do problema, se é que ele existe, é que, no mínimo, as competências comuns relativas a serviços deverão ser feitas buscando alternativas cooperadas de execução, caso assim o planejamento comum estabeleça.

Grande avanço para superar o problema político é a criação de Assembléias Metropolitanas, não mais com participação paritária do Estado-membro (apesar de ainda haver), equilibrando mais os poderes e também com a participação dos legislativos, fato que, acrescida a participação popular, vai dando mais legitimidade às decisões.

Cabe ainda destacar que muitas das questões aprovadas pelas Assembléias Metropolitanas acabam por ter papel de decisão independente (posto que a competência já foi dada aos representantes do Município) e somente algumas, principalmente as financeiras, são dependentes de confirmação por Assembléia Legislativa e Câmaras Municipais.

Conclusão

Das questões jurídicas levantadas, a que diz respeito a competência, sem dúvida, é a de maior complexidade e talvez não do ponto jurídico e, sim, político. Em uma Constituição com forte induzimento à cooperação, não há que se falar em autonomias municipais isolacionistas, afinal, é componente da Federação brasileira, a harmonia entre os entes federados. Da mesma forma que, em havendo uma Federação, não há que se falar em um Estado-membro que paire, como ente superior, sobre os Municípios.

O art. 23 da CF, e seus incisos, bem como alguns incisos dos arts. 21 e 25 e seu § 1º e, também, alguns incisos do art. 30 – todos apontados no corpo do trabalho –, dão recursos jurídicos de sobra para apoiar ações positivas dos dirigentes municipais e estaduais na organização, planejamento e a execução de funções públicas de interesse comum.

Grande avanço institucional, embora não citado no texto, é a maior participação dos Municípios nas decisões metropolitanas e a inclusão de representantes das Câmaras Municipais nestes processos decisórios e, também, uma embrionária participação popular, necessária para o bom encaminhamento dos problemas administrativos.

Bibliografia

Ante-projeto de Regimento Interno da Assembléia Metropolitana da Região Metropolitana de Belo Horizonte, 1993.

Constituição da República Federativa do Brasil, de 5.10.88. Org. de textos, notas remissivas e índices por Juarez de Oliveira, 8ª ed., Saraiva, 1993.

Constituição do Estado de São Paulo. Arts. 153 a 155.

DALLARI, Adílson de Abreu. "O uso do solo metropolitano", *RDP* 14, São Paulo, Ed. RT, 1970.

FERNANDES JR., Edésio. "O ordenamento jurídico institucional das regiões metropolitanas brasileiras", *RDP* 72, São Paulo, Ed. RT, 1984.

FERRAZ, Sérgio. "As regiões metropolitanas no Direito", *RDP* 37/38, São Paulo, Ed. RT, 1976.

GRINOVER, Ada Pellegrini e PIMENTEL, Darci Fernandes. "Regiões intra-estaduais. Proposta de Administração descentralizada inter-governamental (Estados e Municípios)", *RDP* 41/42, São Paulo, Ed. RT, 1977.

Lei Complementar Federal 14, de 8.6.73.

Lei Complementar do Estado de São Paulo 760, de 1.8.94.

Lei Complementar do Estado de São Paulo 815, de 30.7.96.

Lei Complementar do Estado de Minas Gerais 26, de 14.1.93.

Lei do Estado de São Paulo 7.450, de 16.7.91.

Lei do Estado de Minas Gerais 9.572, de 29.12.87.

MOTA E SILVA, Gutemberg. "Interesse metropolitano e Estado-membro", *RDP* 80, São Paulo, Ed. RT, 1986.

Novo Dicionário da Língua Portuguesa, Nova Fronteira, 1988, p. 176.

PELEGRINI, Márcia. *A Intervenção Estadual nos Municípios para Assegurar o Cumprimento de Ordem ou Decisão Judicial*, Dissertação de Mestrado PUC/SP, 1996.

Texto "Gestão de serviços públicos municipais de interesse comum aos Municípios metropolitanos", Centro de Estudos Econômicos, Fundação João Pinheiro, Minas Gerais, out. 1992.

Texto "Integração metropolitana do sistema de transporte intermunicipal da Grande Vitória", CETURB-GV, 1996.

Texto PLAMBEL. "Viabilidade institucional e financeira", Fundação João Pinheiro, nov. 1992.

Texto "Regionalização do Estado: regiões metropolitanas", Relatório Técnico n. 3, *Novo Modelo De Gestão Metropolitana*, EMPLASA-Empresa Metropolitana de Planejamento da Grande São Paulo S/A, 1996.

CONFERÊNCIAS & DEBATES

REFORMA ADMINISTRATIVA E CONTROLE DE CONTAS*

EDGARD CAMARGO RODRIGUES
Conselheiro do Tribunal de Contas do Estado de São Paulo

Para situar a evolução do controle de contas públicas, proponho, de início, que não se limite o entendimento do que seja a reforma administrativa às recentes alterações na Constituição ou na legislação ordinária.

Interessante, para delimitar a parcela de tempo que pertine especificamente à presente abordagem é recuar à Constituição de 1988 que, efetivamente, se pode considerar o marco fundamental para a reforma da administração, porque é a Constituição enfim que plasmou o modelo de gerenciamento administrativo e social do País.

Por isso que a reforma administrativa desde essa época depende muito menos de modificações na Constituição do que, na verdade, da produção de legislação infraconstitucional.

Tanto assim que as mais relevantes alterações nos procedimentos de gerenciamento do Estado têm-se dado a partir de medidas que já se encontravam previstas ou autorizadas na Constituição, de que são exemplo as parcerias, as terceirizações, as concessões e as privatizações.

A Constituição não instituiu nem determinou nenhum modelo de Administração, muito menos criou amarras ou empeços legais ao desenvolvimento do Estado. A Constituição é, e sempre deve ser, a garantidora da governabilidade, e a realidade assim o está demonstrando. O padrão de desenvolvimento que se desejar, segundo propostas de qualquer governo que se instale, conforme a filosofia ou ideologia que adotar, encontrará sempre na Constituição as garantias da sua consecução. Não se pode olvidar que o texto constitucional foi elaborado com absoluta legitimidade e inspirado em ideais plenamente democráticos. A lei fundamental abraça o pluralismo das idéias, conceitos, convicções e propósitos, todos a encontrar abrigo em seus princípios, que são perenes e estáveis.

De sorte que parece, desde logo, necessário precisar que a reforma administrativa deve abranger o processo de alteração ou aperfeiçoamento das normas jurídicas em harmonia com os princípios e re-

* Conferência proferida no evento *Jurídica 98 – Congresso Internacional*, que tratou da Reforma Administrativa, realizada em São Paulo nos dias 7 e 8 de outubro de 1998.

gras básicas da Constituição, sem o que lhes faltará legitimidade e juridicidade. Deve-se afastar, também, a ligação imediata que se faça entre o conceito de reforma administrativa e o conteúdo da recente Emenda Constitucional 19 (de 14.6.98); centrar a discussão em torno apenas desse aspecto parece circunstância limitadora do tema, mesmo porque a recente emenda, em si mesma, é limitada em seus objetivos, ao tratar preponderantemente de questões ligadas ao funcionalismo público e não ter representado nenhuma reforma de vulto. Situou-se, aliás, muito aquém de toda a celeuma gerada a seu respeito.

Desse modo, é nosso intuito abordar a reforma administrativa como um processo que tem suas balizas claramente delimitadas na Constituição da República e que compreende a produção jurídica e legislativa mais relevante a partir de sua edição, o que inclui alterações pontuais em seu texto, como é o caso da Emenda 19.

Tudo para situar, nesse universo, os mecanismos de controle externo da Administração Pública.

A Assembléia Nacional Constituinte buscou interpretar e transformar na lei básica da Nação a determinação do povo de instituir um Estado que privilegiasse a cidadania e que importasse também numa organização extremamente controlada. Talvez as agruras de um longo tempo sem liberdade tenham determinado que se estatuíssem fortes, claras e perenes garantias individuais, como núcleo e finalidade da sociedade organizada, moldando-se o Estado como o agente e executor das políticas e ações destinadas ao cumprimento daqueles direitos da cidadania. Este o modelo da Constituição, a sua face mais evidente. Nesse arquétipo não há lugar para os totalitarismos; o Estado é o que a vontade popular disse que ele é: um gerente do bem comum, a serviço do cidadão. Era pois natural e necessário fosse o Estado controlado por mecanismos que buscassem garantir permanente e eficaz fiscalização do patrimônio comum.

Esta índole de extremada valorização dos controles públicos já se expressa na abertura do Capítulo VII da CF, que dispõe sobre a Administração Pública. É a partir do *caput* do art. 37 que se desenvolve a estrutura determinante das ações de todo e qualquer agente público. Absorvendo temas da doutrina do Direito Administrativo, a Constituição elevou à categoria de princípios elementos que tradicionalmente compunham os requisitos ou condições do ato administrativo. Este, o ato administrativo, sobre obedecer às condições de validade de qualquer ato jurídico, há de obedecer aos princípios da legalidade, impessoalidade, moralidade e publicidade. A Emenda 19 acrescentou a eficiência.

A Constituição do Estado de São Paulo já havia acrescido, também como princípios, a razoabilidade, a finalidade, a motivação e o interesse público (art. 111), talvez até de maneira redundante, visto que até hoje se esforça a doutrina na tentativa de distinguir a finalidade da motivação, certo também que na motivação, se o ato é administrativo, necessária é a presença do interesse público.

Importa mais aqui que a crítica científica, porém, é explicitar a característica predominantemente controladora da CF no que se refere à Administração Pública, particularidade que se acentua no desdobramento do art. 37 em nada menos que 21 incisos reguladores da arregimentação de pessoal, das empresas públicas, sociedades de economia mista, autarquias e fundações, das contratações de obras, serviços compras e alienações, da publicidade dos atos administrativos, das conseqüências dos atos de improbidade administrativa e da responsabilidade objetiva do Estado.

Enfim, uma respeitável coleção de regras, genéricas ou específicas, estas minudentes, necessariamente burocratizantes e todas voltadas à segurança. Não do Estado, porque esta é aspiração totalitária, mas do cidadão, por ser ele o destinatário da Constituição.

Se todo poder emana do povo, quem o exerça em seu nome fa-lo-á controladamente.

E quais os mecanismos que a ordem constitucional prevê para buscar assegurar o cumprimento das suas determinações no que respeita à atividade administrativa?

Coerente com o rigor de sua arquitetura, a lei fundamental prestigia dois organismos integrantes da organização do Estado: o Ministério Público e o Tribunal de Contas. Àquele, sobre definir-lhe a essencialidade à função jurisdicional do Estado, incumbe a defesa dos interesses sociais e individuais indisponíveis, prevendo os mecanismos do inquérito e da ação civil públicos para a proteção do patrimônio público e social, do meio ambiente e de outros interesses difusos ou coletivos. A inovação, como se vê, titularizou o Ministério Público como senhor da ação civil em que o bem jurídico tutelado seja a integridade ou incolumidade do patrimônio público em situações em que este demande proteção e, substancialmente, por ação ou omissão de autoridade. Conquanto não se afaste em tese que o ato comissivo ou omissivo se origine de particular, certo é que predomina nas atividades do Ministério Público voltadas ao cumprimento dessa específica função a persecução a agentes da Administração.

Bem verdade que ainda não se consolidou, no trato judicial dessa questão, a exata definição do que seja interesse difuso para o fim de legitimar a ação civil pública. Quando se verifica ato de improbidade administrativa lesivo ao patrimônio de empresa pública, haverá interesse difuso ou coletivo na propositura da ação civil, ou haverá o interesse claro e preciso da empresa – vale dizer, dos acionistas – aparelhados pela lei comum a buscar justa e necessária reparação? Os interesses coexistem e se exercem independentes, do ponto de vista processual, ou se excluem? De qualquer modo foi significativo o impulso da Constituição na configuração do novo instituto destinado à proteção do patrimônio coletivo, a cargo do Ministério Público.

Esta breve incursão pela seara do Ministério Público teve o só intuito de fortificar o ponto de vista de que o modelo constitucional quer o controle do Estado como direito do cidadão. E permite que se aborde o tema central deste estudo, que é o sistema de controle externo não jurisdicional, mas técnico, administrativo e político, exercido pelo Poder Legislativo com o auxílio do Tribunal de Contas.

Com efeito, define o art. 70 da CF que a fiscalização contábil, financeira, orçamentária, operacional e patrimonial da União e das entidades da Administração direta e indireta, quanto à legalidade, legitimidade, economicidade, aplicação das subvenções e renuncia de receitas, será exercida pelo Congresso Nacional, mediante controle externo, e pelo sistema de controle interno de cada Poder. Prestará contas qualquer pessoa física ou jurídica, pública ou privada, que utilize, arrecade, guarde, gerencie ou administre dinheiro, bens e valores públicos ou pelos quais a União responda, ou que, em nome desta, assuma obrigações de natureza pecuniária. Em boa hora a Emenda 19 corrigiu defeituosa redação do art. 70 que não previa a obrigatoriedade da prestação de contas pelas pessoas jurídicas de direito privado, depositárias ou administradoras de bens e valores públicos. A omissão, contudo, já fora suprida pela Lei Orgânica do Tribunal de Contas da União (art. 5º, V). A Constituição de São Paulo, mais sábia nesse particular, já era explícita: "Prestará contas qualquer pessoa física ou jurídica, de direito público ou de direito privado, que utilize, arrecade, guarde, gerencie ou administre dinheiro, bens e valores públicos ou pelos quais o Estado responda ou que, em nome deste, assuma obrigações de natureza pecuniária" (parágrafo único do art. 32).

Como se vê, novamente se esmera a Constituição na minudência e na abrangência do que objetiva. No caso, prestam contas aos entes encarregados da fiscalização externa todos, pessoas físicas ou jurídicas, públicas ou privadas estas últimas, desde que detenham alguma responsabilidade gerencial, de coleta, de guarda, utilização ou administração não apenas de numerário, mas de quaisquer bens ou direitos do Estado ou pelos quais este responda.

Não é pequeno o alcance dessas disposições e, necessariamente, leva à reflexão quando se trate de aplicá-las às atividades estatais terceirizadas. As concessões que impliquem na utilização de equipamentos de propriedade do Estado devem ser fiscalizadas? Em que medida? As parcerias com entidades privadas que acarretem transferência de numerário ou de outros bens públicos provocam o controle externo, oficial e obrigatório nessas mesmas entidades?

O Tribunal de Contas atua basicamente mediante três modalidades de intervenção: uma, na avaliação das contas globais e anuais dos chefes do Poder Executivo; outra no exame individuado dos atos onerosos dos agentes públicos, ou seja, que tenham repercussão no patrimônio coletivo. Estas duas modalidades não se confundem, embora possam, eventualmente, se comunicar. Na avaliação dos demonstrativos anuais o Tribunal desenvolve apreciação técnica que subsidiará o julgamento pelo Poder Legislativo. Neste caso, o julgamento é eminentemente político porque essa é a índole da manifestação parlamentar; a função do Tribunal de Contas aqui é a de emitir parecer.

O TCU examina a prestação de contas do Presidente da República. Já no Estado de São Paulo, além das contas anuais do Governador, o Tribunal avalia os demonstrativos dos 644 Municípios. Aqueles são julgados pela Assembléia Legislativa e estes pelas respectivas Câmaras Municipais, com a distinção de que, nos Municípios, exige a Constituição quórum qualificado de dois terços dos Vereadores para que a manifestação do Tribunal eventualmente não prevaleça.

A terceira forma de intervenção se dá independentemente do Poder Legislativo. Cabe ao Tribunal de Contas julgar as contas anuais de todos os responsáveis pelas despesas e respectivos ordenadores, de todos os órgãos e entidades públicos, sejam as unidades orçamentárias da Administração direta (Ministérios ou Secretarias de Estado), sejam os integrantes da Administração indireta (autarquias, fundações e empresas). Este julgamento se faz autonomamente das contas do Chefe do Executivo, porque os responsáveis são individualizados e eventual julgamento desfavorável das contas destes não alcança as contas do Governador, do Presidente ou do Prefeito. Mesmo porque, na nossa organização administrativa, e salvo pelos Municípios que apresentam menor complexidade gerencial, o Chefe do Executivo dificilmente será ordenador de despesa ou responsável direto pelo gasto, havendo sempre uma autoridade que deva responder pelo ato e assim submetida ao julgamento do Tribunal de Contas.

Desse modo, é tarefa do Tribunal o exame de todo e qualquer ato da Administração que importe em alteração patrimonial, seja pelo dispêndio de numerário, seja pela alienação de bens ou direitos ou renúncia de receitas. Examinam-se pois os contratos firmados pela Administração direta e indireta, visando à aquisição de bens ou serviços, alienações de bens ou direitos, concessões de auxílios, subvenções e convênios, bem assim os atos de admissão de pessoal e concessão de sua aposentadoria.

Esta rotina abrange, no Tribunal de Contas do Estado, o exame das contas anuais de 33 Secretarias de Estado, 20 autarquias, 36 fundações e 31 empresas estaduais; 200 autarquias, 91 fundações e 109 empresas públicas municipais. Tal universo implicou, no exercício de 1997, no exame de mais de 20.700 processos e expedientes.

Esses números caracterizam um controle externo cada vez mais abrangente e rigoroso, para o que tem contribuído em larga escala a legislação que veio se seguindo à Constituição e que tem criado novas hipóteses de atuação ou intervenção dos Tribunais de Contas, com vistas a torná-los, inclusive, mais acessíveis ao cidadão.

No Estado de São Paulo, o art. 35, § 2º, da Constituição Estadual legitima qualquer cidadão a apresentar, perante o Tribunal de Contas, denúncia sobre irregularidades.

O art. 113 da Lei 8.666/93, conhecida como Lei Federal das Licitações, concede a qualquer interessado a oportunidade de representar ao Tribunal de Contas, contra irregularidades na aplicação da lei, para o fim do controle das despesas decorrentes dos contratos e demais instrumentos por ela regidos. Tem sido comum a apresentação, perante o Tribunal, de impugnações a termos de editais de licitação pública e este, em diversas oportunidades, tem determinado a paralisação do certame e a correção do edital. A utilização desse expediente tem trazido resultados animadores, eis que antecipa o exame do ato de despesa, que é verificado na sua origem, evitando-se por vezes danos à lei e ao patrimônio, ordinariamente de difícil ou impossível reparação.

Recentemente, o Tribunal de Contas do Estado examinando representação contra Edital de Concorrência do Detran, cuja paralisação determinara, concluiu por apurar – e nem era essa a pretensão do representante – que o Departamento, já de algum tempo e sem autorização legal, vinha deixando de arrecadar determinada taxa, pois que decidira transferi-la a terceiros sob a forma de preço público, pretensamente remuneratório de serviços e por valor menor.

Também é recente decisão que determinou o cancelamento de concorrência que pretendia a concessão do Complexo Rodoviário Anhanguera-Bandeirantes, tendo o Tribunal entendido que as garantias exigidas pelo Estado, porque excedentes daquelas autorizadas em lei, em tese prejudicavam a competitividade ao afastar concorrentes que eventualmente não as pudessem prestar. Neste caso, o Tribunal agiu por denuncia apresentada por Deputados Estaduais.

De inegável utilidade, esses instrumentos que permitem ao cidadão acionar o Tribunal de Contas exigem, contudo, extremado critério nas decisões. Porque é óbvio que podem passar, em alguns casos, a servir de instrumentos de simples emulação, vinganças políticas ou de satisfação de interesses pessoais ou econômicos. Não se pode olvidar que os Tribunais de Contas julgam, administrativamente, agentes públicos, pessoas que pela natureza do trabalho que exercem sujeitam-se, diversamente do cidadão comum, a toda sorte de injunções políticas e a uma rigorosa fiscalização da opinião pública. Tais circunstâncias que, como se disse exigem dos Tribunais de Contas o delicadíssimo mister de pronunciar-se com absoluta justiça, determinaram por isso mesmo o desenvolvimento de uma processualística própria, destinada à garantia dos direitos do Estado e também dos individuais, especialmente do direito de defesa.

Há três instâncias de julgamento no Tribunal de Contas do Estado segundo a natureza ou alçada e todas as decisões, mesmo as interlocutórias, submetem-se a duplo grau de jurisdição.

Observam-se os ritos da publicidade dos atos processuais, tudo segundo o que dispõem a Lei Complementar Estadual 709/93 e o Regimento Interno. É assegurada a capacidade recursal ao terceiro interessado e a possibilidade de ações específicas de rescisão ou revisão de julgado.

Tais mecanismos de processo são hoje, e no atual perfil dos Tribunais de Contas, absolutamente necessários tanto para a Fazenda Pública, que age por intermédio dos seus procuradores, como para os assim chamados jurisdicionados, que têm seus atos apreciados; e para terceiros, cujos interesses possam ser alcançados pelas decisões.

Observe-se que conquanto não tenham força de sentenças judiciais, as decisões dos Tribunais de Contas fazem coisa julgada administrativa. Têm caráter definitivo no âmbito da Administração Pública e não se esgotam em si mesmas, operando efeitos externos de repercussão. Tanto que, em alguns casos, constituem título executivo a favor da Fazenda e não são, no seu mérito, suscetíveis de reapreciação judicial. Também assim quando declarem a inidoneidade de pessoa física ou jurídica para contratar com a Administração; quando inabilitem funcionário para o exercício de função pública; quando neguem registro à admissão ou aposentadoria de servidor ou quando determinem restituição de auxílio ou subvenção mal aplicados.

Por isso, têm acesso também ao Tribunal os contratados pela Administração, para postular a higidez de avenças questionadas, visto que o pronunciamento desfavorável pode gerar-lhes conseqüências econômicas ou pessoais indesejáveis.

Enfim, os Tribunais de Contas hoje, na Administração brasileira, são organismos vivos que a lei quer cada vez mais presentes no acompanhamento da atividade pública. Tudo, como já enfatizado, resultante de uma estrutura constitucional que deseja e impõe o controle rígido do Estado.

Nesse diapasão não faltou na Constituição, a ditar ou inspirar, regras limitadoras da liberdade de governar, ou de dispor das verbas públicas.

Assim é a obrigatoriedade de aplicação pela União, Estados e Municípios de percentual mínimo de suas receitas no desenvolvimento da educação, da qual se originou, como instrumento para melhor distribuição desses recursos, a Lei Federal 9.424/96, que instituiu o fundo para manutenção e desenvolvimento do ensino fundamental, mais conhecido como "Fundão". Nessa linha hermética, também são limitadas, por determinação constitucional, as despesas com pessoal que, na União, Estados e Municípios, não podem exceder a 60% (sessenta por cento) das receitas líquidas de cada qual e em cada exercício, segundo o que dispõe a Lei Complementar Federal 82/95 (Lei Camata).

Esses aspectos têm sido fundamentais na apreciação das contas anuais dos agentes políticos. No exercício de 1995, as contas de 316 Municípios paulistas receberam parecer desfavorável do Tribunal: 27,22% por problemas com aplicação no ensino, 47,28% por déficits orçamentários elevados e 25% por razões contábeis e outras.

No exercício de 1996, contas que são apreciadas neste ano, pelo andar da carruagem o número de demonstrativos rejeitados deve ser ainda maior, porque vêm alcançando peso considerável na apreciação pelo Tribunal também a inversão da ordem dos pagamentos, vedada pelo art. 5º da Lei 8.666, as operações por antecipação de receita, as irregularidades na emissão de títulos da dívida pública para honrar precatórios judiciais e também a apropriação pelos executivos de numerário destinado a fundos previdenciários próprios.

O déficit orçamentário vem recebendo especial consideração no Tribunal de Contas do Estado, o que só se tornou possível após a estabilização da economia, visto que, antes, o descontrole inflacionário inviabilizava qualquer avaliação racional e objetiva quer dos números estampados no orçamento quer da sua execução. Hoje, o equilíbrio orçamentário não só é desejável como é possível e deve ser a todo custo buscado pelo administrador público competente e bem intencionado.

É preciso considerar que o equilíbrio nas contas públicas interessa à Nação como um todo e deve ser perseguido, especialmente, onde o gerenciamento orçamentário e financeiro apresente menor complexidade e maiores condições de êxito. Na nossa organização política, pelas responsabilidades que detêm, são os Municípios que apresentam, em face dos Estados e da União, características mais confortáveis de administração das contas. Basta lembrar que as vinculações obrigatórias de despesas ou de transferências de recursos, que constituem o pesadelo dos economistas oficiais limitam-se, nos Municípios, às verbas da educação.

Nos outros entes políticos as vinculações e transferências tornam dificílimo o manejo de contas quando se trate de equilibrar sistemas deficitários. As práticas ortodoxas de incrementar receitas e cortar despesas submetem-se a esforço muito maior, já que à simplicidade da equação se opõem as contrapartidas vinculadas. O Governo que obtenha um acréscimo de receita necessariamente ganhará, na mesma proporção, o incremento da despesa ou da transferência, seja ou não seja ela necessária ou oportuna.

O fenômeno tem impacto especial nos orçamentos e contas da União à vista da própria complexidade das relações que administra, e em menor grau nos Municípios. Por isso que não mais se toleram, no Tribunal de Contas, deficiências que não se tenham originado de eventos extraordinários ou que resultem de aventuras orçamentárias, marcadas pela abertura de créditos adicionais sem a correspondente cobertura de recursos. Desatinos financeiros de fim de mandato, que acarretam desequilíbrio de caixa ou excesso de compromissos para o exercício subseqüente; operações financeiras ruinosas, de curto ou longo prazo, destinadas a mascarar déficit, restos a pagar em excesso legados a exercícios futuros, tudo tem sido coibido com extremo rigor, pelo controle externo, sempre atento a que o destinatário de todo esse controle é o cidadão que, no final, é quem paga a conta.

Isso tudo nos leva à reforma administrativa, quando agora a situemos nas mais recentes e relevantes medidas governamentais, legislativas ou de comportamento.

Estabelecido que o modelo constitucional é o de controle rigoroso do Estado, importa verificar se a denominada reforma administrativa acompanha esse espírito ou procura romper com ele.

A análise não é fácil e nada, acredito, pode ser estatuído neste momento de forma cabal. Algumas questões fundamentais não estão claras.

O projeto de modernização do Estado consubstanciado no documento denominado Plano Diretor da Reforma do Aparelho do Estado, do Ministério da Administração Federal e Reforma do Estado (aprovado pela Câmara da Reforma do Estado, em 21.9.95), não deixa de ser um projeto ambicioso e pode vir a implementar alterações significativas nas formas pelas quais o Estado cumpre ou tenta cumprir suas obrigações.

No entanto, esse mesmo documento considera que a Constituição teria propiciado um "retrocesso burocrático sem precedentes. "Sem que houvesse maior debate público" – prossegue – "o Congresso Constituinte promoveu um surpreendente engessamento do aparelho estatal, ao estender para os serviços do Estado e para as próprias empresas estatais praticamente as mesmas regras burocráticas rígidas adotadas no núcleo estratégico do Estado".

Mais adiante: "O modelo burocrático tradicional, que a Constituição de 1988 e todo o sistema do Direito Administrativo brasileiro privilegiam, está baseado no formalismo, no excesso de normas e na rigidez dos procedimentos (...) as exigências excessivas de controles no processo de compras e o detalhismo dos orçamentos são exemplos dessa perspectiva burocrática implantada na lei brasileira, que dificultam de forma extraordinária o bom funcionamento da Administração Pública" (!)

A partir dessas premissas parece patente que o plano visa a substituir a primazia do controle legal pelo predomínio exclusivo do Poder Executivo na gestão da coisa pública, de preferência sem os controles burocráticos tradicionais.

Nessa medida, propõe-se, como um dos objetivos globais, limitar as ações do Estado àquelas funções que lhes são próprias, reservando, em princípio, os serviços não exclusivos para a propriedade pública não estatal, e a produção de bens e serviços para o mercado, para a iniciativa privada.

Definir já de início o que seja ou não atribuição do Estado é uma questão puramente política pois, como já dito, a Constituição Federal contempla largo espectro de possibilidades, proclamando, no seu art. 173, o não intervencionismo do Estado na economia e o prestígio à livre iniciativa.

Houve momento na história em que a manutenção e a exploração das atividades estratégicas, como as de energia, comunicações, metalurgia e transportes, foram assumidas como obrigações do Estado, ao argumento de que se ele não as assumisse, ninguém o faria. Daí a encampação de antigas concessionárias seguida de monumentais investimentos. Desenvolveram-se os setores assim estatizados para torná-los modernos, prontos e aparelhados, lucrativos, e se os transferem de novo para o setor privado, agora ao argumento de que o Estado exauriu sua capacidade de investimento necessária à manutenção ou ampliação dos serviços.

São dois momentos, distintos pelas circunstâncias é verdade, mas que se diferenciam antes por uma postura política ou até ideológica. As opções, contudo, válidas e democráticas, devem ater-se exclusivamente à perspectiva do bem comum e evitar a tendência aos excessos; e aí o que vale é o controle social ou político, porque nenhum outro é possível. Recorda-se que, há alguns anos, quando se iniciou o processo, necessário à época, de desmonte dos excessos estatizantes, descobriu-se que a União figurava como acionista, entre outros empreendimentos igualmente improváveis, de uma fábrica de instrumentos musicais. Consta que o governo chinês tem interesses societários em restaurantes de São Paulo... E para demonstrar que, nessa matéria, nada é absoluto, registre-se como curiosidade, que entre os vencedores da concorrência que alienou o controle acionário da Eletropaulo Distribuidora, figurou uma estatal francesa. E, mais recentemente, uma estatal portuguesa. Isto a significar que não há posturas rígidas nem modelos internacionais que devam ditar comportamentos quando se trate de gerenciar o Estado.

No atual processo denominado modernização da Administração Pública, o que parece faltar é uma clara definição ou pelo menos uma advertência, do limite a ser atingido. Até que ponto o Estado pretende abrir mão das suas responsabilidades ou da sua presença? As medidas são anunciadas como fatos consumados, às vezes com um determinismo que autoriza a conjectura de que talvez a privatização constitua um fim em si mesma, antes que meio de alavancar o desenvolvimento e promover o bem-estar.

Determinado partido político assumiu como objetivo próximo a extinção total do sistema previdenciário público, para alegria, provavelmente, de grupos financeiros privados, brasileiros e estrangeiros; já se avisa também que estão na mira das privatizações as empresas de saneamento básico que, assim como as telefônicas e energéticas, têm clientela cativa, permanente e crescente. Um negócio pronto e sem riscos. Nessa linha, inicia-se a implantação do primeiro órgão regulador dedicado exclusivamente aos serviços de saneamento básico no Estado de São Paulo.

Aparentemente contando com o apoio e com a confiança dos cidadãos, o processo organizado de desestatização, na verdade, tem seu marco na Lei Federal 8.031, de 1990, que instituiu o Programa Nacional de Desestatização, lei recentemente substituída pela de n. 9.491, de 9.9.97.

São objetivos do programa:

• reordenar a posição estratégica do Estado na economia, transferindo à iniciativa privada atividades indevidamente exploradas pelo setor público;

• contribuir para a reestruturação econômica do setor público, especialmente por meio da melhoria do perfil e da redução da dívida pública líquida;

• permitir a retomada de investimentos nas empresas e atividades que vierem a ser transferidas à iniciativa privada;

• contribuir para a reestruturação econômica do setor privado, especialmente para a modernização da infra-estrutura e do parque industrial do País, ampliando sua competitividade e reforçando a capacidade empresarial nos diversos setores da economia, inclusive por meio de concessão de crédito;

• permitir que a Administração Pública concentre seus esforços nas atividades em que a presença do Estado seja fundamental para a consecução das prioridades nacionais;

• contribuir para o fortalecimento do mercado de capitais, por intermédio do acréscimo da oferta de valores mobiliários e da democratização da propriedade do capital das empresas que integrarem o programa.

Definindo as formas da ação governamental para a desestatização, consistentes na alienação do controle acionário das empresas ou transferência da execução dos serviços por meio de concessões, permissões ou autorizações, deixa a lei, contudo, ampla liberdade para as decisões a respeito do que pode ou que deva ser privatizado. A referência a atividades indevidamente exploradas pelo setor público é tão vaga quanto a prevista concentração de esforços nas atividades em que a presença do Estado seja fundamental.

É certo que a desestatização resulta da proibição do art. 173 da CF, que só permite a exploração direta de atividade econômica pelo Estado quando necessária aos imperativos da segurança nacional ou a relevante interesse coletivo, conforme definidos em lei.

Ocorre que esta lei não existe.

De sorte que, em princípio e exceto pelas atividades obviamente típicas do Estado, como a judiciária, a legislativa, a tributária, a educação fundamental e a segurança, tudo o mais é privatizável e pode se enquadrar na ampla generalização da Lei 9.491 segundo a discricionariedade do governo.

E o controle aí é puramente político.

Resta porém o controle de meios e este, nos processos de privatização e no âmbito federal, é exercido pelo TCU, conforme expressa previsão da Lei 9.491 que cria, para o gestor do Fundo Nacional de Desestatização, no caso o BNDES, a obrigação de submeter a documentação de cada processo ao crivo do Tribunal.

Em São Paulo, o Tribunal de Contas examina os processos de privatização em andamento, bem assim os de concessão ou permissão, segundo as questões que lhes sejam submetidas por quaisquer interessados. Houve problemas iniciais com a Anhanguera-Bandeirantes, resolvidos posteriormente com nova licitação; algumas impugnações na alienação da CPFL e da Eletropaulo foram julgadas improcedentes; o processo da Elektro transcorreu sem problemas. Independentemente, os processos completos de cada uma dessas ações estão sendo analisados pelo Tribunal, cuja atuação, evidentemente, se encerrará, quanto às empresas privatizadas, no exame dos respectivos atos de alienação.

Os contratos de concessão, regulados pela Lei Federal 8.987/95, especialmente os que combinem exploração de serviços com disposição de patrimônio público, demandarão específica verificação por parte do Tribunal de Contas no que se refere à sua execução, limitada evidentemente ao adimplemento das obrigações assumidas pela concessionária suscetíveis de valoração patrimonial. Fogem ao controle de contas, por essa ótica, a operacionalidade do ajuste, ou seja, os resultados, porque a opção e os riscos se inserem na órbita discricionária do Executivo. Demais disso, a tarefa de velar pelos interesses dos usuários cabe às denominadas agências controladoras, especialmente criadas para esse fim.

O contrato de concessão de serviços apresenta características peculiares para o controle externo, porque não cuida de redução patrimonial ou desembolso. Antes, é um contrato de receita.

Destarte, superado o exame da regularidade da outorga, envolvendo a necessária licitação, por força do art. 175 da CF, segue-se o acompanhamento da aferição das receitas pelo poder concedente, quando previstas, e bem assim o cumprimento das obrigações específicas assumidas com o Estado. É mister distinguir estas obrigações diretas assumidas com o Estado daquelas devidas aos usuários pois estas, insiste-se, são insuscetíveis de avaliação pelos Tribunais de Contas. Já aquelas constituirão direitos do Poder Público e como tais sujeitos à valoração econômica, cuja guarda cabe ao controle externo, *ex vi* do art. 70 da CF que se refere explicitamente à fiscalização patrimonial.

E por assim ser, será lícito aos Tribunais (de ofício ou mediante provocação de qualquer cidadão), fiscalizar a satisfação das obrigações da concessionária nas condições pactuadas com o Estado, mediante acompanhamento regular ou extraordinário sempre que as circunstâncias determinarem. Ressalte-se que não se trata de verificar elementos que componham a atividade negocial, protegidas pela natureza privada do concessionário; porém, podem os Tribunais de Contas dele exigir todas as informações necessárias para evidenciar a efetiva proteção dos direitos da Administração, o que poderá incluir, quando contrato com cláusula de receita vinculada a resultado, a auditoria operacional na própria concessionária, que não poderá eleger sua condição privada para eventualmente escapar ao exame, visto que o parágrafo único do art. 70 da CF assim a sujeita, de forma indisputável: prestará contas toda pessoa física ou jurídica, de direito público ou privado, que...

Dessa forma, a extensão da fiscalização externa nos contratos de concessão com entes privados dependerá essencialmente das características que cada um destes venha a apresentar. Não há, na prática dos Tribunais de Contas, uma tradição consolidada nesta matéria visto que, até recentemente, o fenômeno das concessões voltava-se quase que totalmente para o próprio Estado, por meio das suas entidades descentralizadas, numa peculiar "autoconcessão", que independia tanto de licitação como de formalização contratual, sem obrigações pactuadas ou oferecimento de garantias. As tarefas se desenvolviam dependentes exclusivamente da vontade política do poder concedente que, não raro, assumia também os encargos de investimentos e, por vezes, do próprio custeio.

Nesse modelo, a auditoria se fazia como se faz globalmente nas contas gerais da concessionária e no exame dos atos de despesas, como entidade de direito público. A concessão à pessoa de direito privado estabelece relação diversa, de terceirização e não mais de simples descentralização, na qual as obrigações contratuais ganham sua verdadeira relevância e passam a ser o núcleo da fiscalização externa. Agora é a relação entre as partes que interessa ao controle de contas e ambos os pólos são fiscalizados.

Como também em São Paulo os fenômenos são recentes e até agora limitados à concessão da exploração da malha rodoviária, não há precedentes de intercorrências que mereçam por ora registro. No entanto, pode-se adiantar que procedimentos iniciais do Tribunal de Contas do Estado no exame do contrato de concessão do Complexo Anhanguera-Bandeirantes já investigam eventuais dificuldades alegadas para o cumprimento do cronograma de implantação do prolongamento da rodovia e cobram do Executivo a efetiva organização da agência reguladora cujas funções até agora vem sendo desempenhadas por uma simples comissão da Secretaria dos Transportes, criada às instâncias do Tribunal.

E é evidente a necessidade da agência reguladora, imaginada exatamente para instituir o controle social sobre serviços e atividades de interesse coletivo que o Estado concede e confia à particulares. Estas agências não constituem exatamente novidade jurídica, bastando lembrar que são agências reguladoras a Comissão de Valores Mobiliários e a SUNAB, ambas autarquias federais. Mais recentemente instituíram-se, no âmbito federal, a Agência Nacional de Energia Elétrica, criada pela Lei 9.427, de 26.12.96, vinculada ao Ministério de Minas e Energia como sucessora da DNAEE, e a Agência Nacional de Telecomunicações, criada pela Lei 9.472, de 16.7.97, ambas autarquias sob regime especial, assim caracterizadas pela independência administrativa, ausência de subordinação hierárquica, mandato fixo e estabilidade de seus dirigentes e autonomia financeira, segundo definição do § 2º do art. 8º da Lei 9.472. Há também a Agência Nacional de Petróleo, criada pela Lei 9.478/97. Como órgãos de Administração indireta mantidos por verbas públicas, que também administram, sujeitam-se à fiscalização ordinária do Tribunal de Contas da União (à qual se acrescenta, na auditoria operacional, o exame do contrato de gestão com a Agência de Energia Elétrica, segundo art. 7º da Lei 9.427).

Conquanto tratem de fenômenos jurídicos semelhantes, as duas leis, apenas para tomarmos estes exemplos, apresentam fortes distinções. O contrato de gestão, que é previsto para a Agência de Energia Elétrica e serve de peça de referência para a auditoria operacional do TCU e elemento integrante na prestação de contas tanto da Agência quanto do Ministério de Minas e Energia, não é mencionado na Lei da ANATEL.

Em compensação, esta é mais criativa, se é que se pode chamar de criatividade a proliferação de conceitos jurídicos que se propõem novos e de novos títulos, nomes ou categorias de Direito Administrativo de resultados pouco práticos senão tumultuários.

O art. 38 da lei dispõe que a atividade da Agência será juridicamente condicionada pelos princípios da legalidade, celeridade, finalidade, razoabilidade, proporcionalidade, impessoalidade, igualdade, devido processo legal, publicidade e moralidade. A eficiência da Emenda 19 aqui foi esquecida...

A contratação de obras e serviços de engenharia civil, nos termos do art. 54, sujeita-se saudavelmente ao procedimento das licitações da Administração Pública. Porém, a contratação de todas as demais modalidades de obra ou serviço que não de engenharia civil, bem assim as compras e alienações, poderá utilizar modalidades denominadas consulta e pregão, cujas características principais, disciplinadas no art. 55, se permitem identificar alguns aspectos positivos quanto ao "princípio da celeridade", abrem largo campo para o "discrímen" do administrador, especialmente quando determina que as decisões ponderem o custo e o benefício de cada proposta considerando a qualificação do proponente (arts. 58 e ss.) ou quando utilize conceitos vagos como, p. ex., o de bens e serviços comuns licitáveis na modalidade de pregão (art. 56).

Não deixa de ser curioso observar a pouca preocupação do Governo com a racionalização das leis e do Direito Administrativo, bem assim a contradição entre o dizer e o fazer. De um lado o discurso que verbera a burocracia e, de outro, a pulverização de procedimentos legais e jurídicos, individualizados, de alcance específico, que só dificultam o controle eficaz da Administração. Se cada organismo que se criar tiver sua própria lei de licitações, em breve não se terá lei nenhuma. A complexidade e a responsabilidade do gerenciamento da Administração Pública exige institutos unificados, conceitos jurídicos precisos que garantam o direito tanto do Estado quanto daqueles que com ele mantenham relação obrigacional em qualquer nível e a qualquer tempo.

O Direito Administrativo brasileiro é ciência sábia, consolidada e de extrema riqueza, capaz de proporcionar os rumos corretos tanto para o administrador quanto para o legislador. Ciência que não é avessa à modernidade e à criatividade, mas que, evidentemente, não acolhe as aventuras da tecnocracia experimental e desavisada.

Esta breve reflexão nos remete aos laboratórios de experimentação do Ministério da Administração e Reforma do Estado, que são as denominadas Agências Autônomas ou Executivas. Lê-se no item 8.1.2 do Plano Diretor da Reforma que a responsabilização por resultados e a conseqüente autonomia de gestão inspiraram a formulação do projeto, que tem como objetivo a transformação de autarquias e de fundações que exerçam atividades exclusivas do Estado em agências autônomas, com foco na modernização da gestão.

O Projeto das Agências Autônomas – prossegue – desenvolver-se-á em duas dimensões. Em primeiro lugar, serão elaborados os instrumentos legais necessários à viabilização das transformações pretendidas, e um levantamento visando superar (*sic*) os obstáculos na legislação, normas e regulações existentes. Em paralelo, são aplicadas as novas abordagens em algumas autarquias selecionadas, que se transformarão em laboratórios de experimentação.

O texto não prima pela clareza, mas a leitura do item 6.3 lança alguma luz no que possam vir a ser as agências autônomas. Trata-se de transformar as autarquias e fundações que possuem poder de Estado em agências administradas segundo um contrato de gestão; o dirigente escolhido pelo Ministro segundo critérios rigorosamente profissionais, mas não necessariamente de dentro do Estado, terá ampla liberdade para administrar os recursos humanos, materiais e quantitativos (indicadores de desempenho) previamente acordados. Para tanto, substituirá a Administração Pública burocrática, rígida, voltada para o controle *a priori* dos processos, pela Administração Pública gerencial, baseada no controle *a posteriori* dos resultados e na competição administrada.

O que se pode concluir dessa proposta é que se pretende eliminar totalmente o controle de meios substituindo-o pela avaliação posterior de resultados. Assim, liberta-se a autarquia ou a fundação da observância das limitações aplicadas ao gerenciamento dos recursos públicos, que serão destinados à contratação de pessoal sem concurso ou seleção pública, com remuneração ilimitada, à contratação de obras, serviços e compras sem licitação, tudo segundo o arbítrio do administrador escolhido pessoalmente pelo Ministro, vinculado unicamente à apresentação de resultados previamente estabelecidos como meta.

A eficiência colocada na Constituição pela Emenda 19 passa a ser o único valor a ser perseguido, numa reedição institucional, talvez, da prática de que os fins justificam os meios.

A proposta não deixa de trazer algumas preocupações e também alguma perplexidade, que a experimentação laboratorial talvez e espera-se, afaste.

A perplexidade fica por conta de se tentar visualizar onde exatamente vai se situar o milagre. Sabido que a eficiência não é apenas meta mas obrigação do Poder Público, desde logo suprime-se a obrigação pelo ajuste de risco. Todo o aparato burocrático do controle apriorístico e de rigidez dos procedimentos com força e conseqüências da lei será substituído por um simples contrato de metas entre o Poder Público e uma pessoa física, o administrador.

Este, simplesmente porque liberto dos fiscais, operará o milagre de transformar o ruim em bom, o ineficaz em eficaz.

Os recursos de que disporão deverão ser, necessariamente, bem maiores que os ordinariamente creditados no orçamento da autarquia ou fundação já que o compromisso com a qualidade exige a contrapartida das verbas adequadas, sem o que se romperia a equação econômico-financeira do contrato de gestão. Os salários deverão ser bons, ao contrário daqueles que hoje remuneram o pessoal do serviço público; as aquisições buscarão sempre a qualidade e sem limite de preço. Enfim, o melhor dos mundos, baseado na liberdade de gastar verbas sempre asseguradas. Não há, portanto, milagre; bastam recursos que, gerenciados por qualquer administrador público competente, mesmo com as odiadas peias burocráticas ou obstáculos legais – como quer o Ministério da Administração –, se transformariam em excelente qualidade de serviços, com a vantagem da garantia da exação proporcionada pelo controle formal.

E é a garantia a outra preocupação que este modelo gera. As verbas administradas pelas agências autônomas, vultosas, serão confiadas sem nenhuma garantia à administração do responsável. Sem controles apriorísticos ou concomitantes, a higidez da sua aplicação será avaliada, portanto, pelo indicadores de desempenho; se estes frustrarem expectativas ou termos contratuais, como se reporão os prejuízos?

Embora não se deva antecipar a crítica a algo novo e que eventualmente pode ser bem sucedido, cabe observar que o modelo escolhido parece incompatibilizar-se com as características dos serviços, porque selecionado exatamente para atuar naqueles exclusivos do Estado. Ainda que o texto se refira à competição administrada, os serviços exclusivos não são competitivos; perseguir metas de qualidade em contrato de gestão parece típico de atividade que mensure a relação custo-benefício segundo uma valoração econômica. Daí difícil entender contrato de gestão de recursos a fundo perdido, destinados especialmente a custeio. De qualquer forma resta aguardar a anunciada experimentação laboratorial.

Não há dúvida de que esse novo instrumento exigirá a atenção e a presença dos Tribunais de Contas, até porque suas peculiaridades não afastam a regra do parágrafo único do art. 70 da CF, e a prestação de contas será obrigatória nos termos e condições que a lei possa permitir.

Também pretendendo a transferência da execução de serviços públicos para entidades privadas, criaram-se as denominadas organizações sociais, reguladas na Lei Federal 9.637/98 e em São Paulo pela Lei Complementar 846/98. Na verdade, estas organizações não constituem – a exemplo das agências executivas – entes jurídicos atípicos ou extravagantes daqueles conhecidos e já acolhidos no Direito brasileiro; são entidades privadas que recebem esse título, decorrente da relação que passam a manter com o Poder Público, como (entidades) delegadas ou contratadas e vinculadas a compromissos definidos nos denominados contratos de gestão.

A julgar pelos dois contratos até agora assinados pelo Governo de São Paulo, o modelo aqui adotado não guarda total semelhança com aquele da União. Pela Lei Federal, as organizações sociais passam a substituir órgãos da Administração, que são extintos após a formalização dos contratos de gestão, tal qual sucedeu com o Laboratório Nacional de Luz Sincroton e a Fundação Roquete Pinto. Em São Paulo, as organizações sociais conhecidas não substituíram nenhum órgão oficial, e os ajustes que firmaram aproximam-se bastante de contratos de prestação de serviços.

Na verdade, credenciaram-se a Associação Congregação de Santa Catarina e a Casa de Saúde Santa Marcelina para administrarem, respectivamente, o Hospital Geral de Pedreira e o Hospital Geral do Itaim Paulista, equipamentos recém-inaugurados e integrantes de um total de dez ou onze unidades hospitalares completas. Pelo contrato, o Governo do Estado transfere o uso e administração dos bens, tanto imóveis quanto móveis e mais a importância em dinheiro de R$ 31.700.000,00 para cada um, destinada a custeio. A meta é quantificada no contrato, obrigando-se as organizações sociais a prover o atendimento, nele fixado. Para tanto, terão autonomia para gerir os recursos mediante livre contratação de pessoal, aquisição de bens e serviços.

Novamente aqui, o ponto nodal aparente é contornar os rigores dos concursos e da lei das licitações públicas (elementos), considerados como obstáculos ao gerenciamento eficaz dos serviços públicos. E também aqui se coloca, porque pertinente, a curiosidade de se indagar por que razões estas entidades estariam melhor aparelhadas que o Estado para proporcionar serviços de qualidade e a custos honestos, especialmente quando para estes não haverá os limites da lei.

E estes limites, como a experiência tem demonstrado, são extremamente saudáveis no manejo dos recursos de propriedade social. Os concursos ou seleções públicos são instrumentos que asseguram não só a moralidade no recrutamento de pessoal como a qualidade profissional dos agentes públicos; as disputas são acirradas e em razão delas o Estado arregimenta o que há de melhor no mercado de trabalho.

Também não há registro, ao menos na experiência dos Tribunais de Contas, de qualquer prejuízo que a Lei de Licitações tenha acarretado à Administração Pública, conquanto de extremado rigor e minudência. A Lei 8.666/93, originária de projeto do Deputado Luiz Roberto Ponte, foi produzida pelo Congresso Nacional exatamente com o intuito de preservar a ética nas contratações públicas. Por isso, não deixa de ser preocupante as várias exceções à sua aplicação que a reforma administrativa vem abrindo, por legislação especial, como no caso das agências reguladoras e executivas e organizações sociais e, em futuro breve, com a lei que se prevê do art. 173, § 1º, da CF, com redação imposta pela Emenda 19. Nele se lê que lei específica estabelecerá o estatuto jurídico da empresa pública, da sociedade de economia mista e de suas subsidiárias que explorarem a atividade econômica de produção ou de comercialização de bens ou de prestação de serviços dispondo, entre outras coisas, sobre licitação e contratação de obras, serviços, compras e alienações. Acena-se, portanto, com a pulverização das regras pertinentes aos contratos públicos, o que evidentemente não contribuirá para o controle externo e tampouco para o exercício dos direitos dos que pretenderem estabelecer relações contratuais com a Administração.

As organizações sociais, como já dito, adotarão regulamentos específicos para suas contratações; já aqui os Tribunais de Contas velarão para que, pelo menos, sejam eles informados pelos princípios básicos da Administração. A fiscalização acompanhará também o desenvolvimento e a execução dos próprios contratos de gestão, eis que de contratos públicos se trata. Para tanto, expediu recentes instruções, aprovados pela Resolução 7, de 30.9.98, e segundo elas a fiscalização externa incidirá no exame da regularidade dos procedimentos desde o credenciamento das entidades até a aplicação, por estas, dos recursos repassados pelo Estado. Ainda que entes privados, é óbvio que estas organizações sociais enquadram-se com toda a clareza no parágrafo único do art. 32 da Constituição do Estado (parágrafo único do art. 70 da CF), submetendo-se ao controle público externo quanto ao patrimônio cuja guarda e administração detêm. E quando apliquem verbas públicas, não se hão de distanciar dos imperativos da moralidade, de razoabilidade e da economicidade, porque serão responsabilizadas tanto quanto aqueles que originariamente têm o dever de zelar por elas.

Na prática, se verá que modernização e controle são compatíveis, quando o objetivo seja o interesse público.

A extraordinária necessidade de atuação do controle externo, aliás, ficou bastante evidente com a própria promulgação da Emenda 19, festejada como a emenda da "reforma administrativa". É que, por razões até agora desconhecidas, decidiu-se romper com tradição centenária de nosso Direito Constitucional que sempre determinara que a remuneração dos membros do legislativo fosse fixada na legislatura para vigorar na subseqüente, preservando-se o princípio ético de que não se deve legislar em causa própria.

Também pelas mesmas razões e para prestigiar a independência entre os Poderes não se fazia depender de sanção do Chefe do Executivo a fixação dos seus próprios vencimentos ou da remuneração do vereadores.

A Emenda 19, ao colocar por terra essas cautelas morais, desencadeou, de norte a sul do País, um festival nunca visto de aumento de subsídio de Vereadores e Prefeitos, alguns até da ordem de 400% (Serra Negra). O fenômeno só se estancou graças à pronta intervenção do Tribunal de Contas do Estado de São Paulo.

O episódio é didático: mostra que em matéria de dinheiro público, o controle nunca é demais.

JURISPRUDÊNCIA

SUPREMO TRIBUNAL FEDERAL

ADIn 2-1/600-DF
Rel.: Ministro Paulo Brossard
Reqte.: Federação Nacional dos Estabelecimentos de Ensino-FENEN
Reqdo.: Presidente da República
j. 6.2.92
DJ 21.11.97

Ementa: Constituição. Lei anterior que a contrarie. Revogação. Inconstitucionalidade superveniente. Impossibilidade.

A lei ou é constitucional ou não é lei. Lei inconstitucional é uma contradição em si. A lei é constitucional quando fiel à Constituição; inconstitucional, na medida em que a desrespeita, dispondo sobre o que lhe era vedado. O vício da inconstitucionalidade é congênito à lei e há de ser apurado em face da Constituição vigente ao tempo de sua elaboração. Lei anterior não pode ser inconstitucional em relação à Constituição superveniente; nem o legislador poderia infringir Constituição futura. A Constituição sobrevinda não torna inconstitucionais leis anteriores com ela conflitantes: revoga-as. Pelo fato de ser superior, a Constituição não deixa de produzir efeitos revogatórios. Seria ilógico que a lei fundamental, por ser suprema, não revogasse, ao ser promulgada, leis ordinárias. A lei maior valeria menos que a lei ordinária.

Reafirmação da antiga jurisprudência do STF, mais que cinqüentenária.

Ação direta de que se não conhece por impossibilidade jurídica do pedido.

ACÓRDÃO

Vistos, relatados e discutidos estes autos, acordam os Ministros do Supremo Tribunal Federal, em sessão plenária, por maioria de votos e na conformidade da ata do julgamento e das notas taquigráficas, não conhecer da ação, por impugnar leis anteriores à Constituição de 1988 (impossibilidade jurídica do pedido), vencidos os Ministros Marco Aurélio, Sepúlveda Pertence e Néri da Silveira, que rejeitavam essa preliminar. O Relatório foi renovado para que os Ministros Ilmar Galvão, Marco Aurélio e Carlos Velloso, que à época do início do julgamento não integravam a Corte, pudessem tomar conhecimento da matéria, em razão de sua relevância.

Brasília, 6 de fevereiro de 1992. Sydney Sanches, Presidente. Paulo Brossard, Relator.

RELATÓRIO

O Senhor Ministro Paulo Brossard: A Federação Nacional de Estabelecimentos de Ensino-FENEN, que se qualifica como entidade sindical de âmbito nacional, propõe, com base nos artigos 5º, inciso XXI, 8º, inciso III, 102, inciso I, alínea "a" e seu parágrafo único e 103, inciso IX, da Constituição Federal, ação de inconstitucionalidade, com pedido de medida liminar, pleiteando que seja declarada a "inconstitucionalidade e inaplicabilidade" dos artigos 1º e 3º, do Decreto-lei n. 532, de 16 de abril de 1969, e 2º, 3º, 4º e 5º, do Decreto federal n. 95.921, de 14 de abril de 1988, que além de atribuírem competência aos Conselhos Estaduais de Educação para fixar e reajustar os preços dos serviços educacionais (mensalidades, taxas e contribuições) pagos aos estabelecimentos privados de ensino, dispõem sobre critérios, fórmulas, índices e tetos para a fixação desses preços.

2. Entende a autora que tais dispositivos legais e regulamentares, editados na vigência das anteriores constituições, infringem os artigos 173, § 4º, 174 e 209, *caput* e inciso I, da atual Constituição, que só autorizam a interferência do Estado, nessa matéria, para evitar o aumento arbitrário dos lucros. Diz, ainda, que a Constituição anterior permitia a intervenção do domínio econômico (art. 163) e submetiam as escolas privadas a todas as normas legais, inclusive de natureza econômica (art. 176), ao passo que a atual apenas autoriza o Estado a exercer a fiscalização sobre tal setor de atividade (art. 174) e só as sujeita às normas gerais da educação nacional (art. 209, inciso I).

3. Finalizando, após sustentar que "a fixação de preço com base nos custos mais margem de lucro estabelecida em lei constitui direito líquido e certo das escolas, defensável pela via do mandado de segurança, que pode ser coletivo", a requerente pede que a ação seja julgada procedente não só para declarar-se a inconstitucionalidade dos referidos dispositivos legais e regulamentares, mas também para condenar a União nas "custas e honorários advocatícios".

4. A medida liminar foi indeferida por ausência dos pressupostos necessários à sua concessão (fls. 45/63).

5. As informações prestadas pelo Excelentíssimo Senhor Presidente da República (fls. 68/73) e as manifestações da Procuradoria Geral da República às fls. 75/80, no exercício das funções previstas no artigo 103, § 3º, da Carta Constitucional, e às fls. 83/86, no exercício de suas próprias funções, são uniformes e assim podem ser resumidas:

- Preliminarmente não deve ser conhecido o pedido de inconstitucionalidade: a) seja pela ilegitimidade da requerente para formulá-lo, porque não sendo confederação sindical, não se enquadra no estatuído no inciso IX, do artigo 103, da Constituição, b) seja porque os dispositivos legais por ela acoimados de inconstitucionais, por terem sido editados antes da promulgação da atual Carta Política, não podem ser objeto de ação direta de inconstitucionalidade, pois não se admite a declaração de inconstitucionalidade superveniente, como reiteradamente tem decidido esta E. Corte.

- No mérito a ação deve ser julgada improcedente porque inexiste o apontado conflito entre as normas legais e regulamentares argüidas a Constituição vigente.

6. O Procurador-Geral da República, Dr. Aristides Junqueira Alvarenga, ao aprovar o parecer das fls. 83/86, ressalvou-a quanto à parte relativa à impossibilidade de Ação de Inconstitucionalidade atinente a ato normativo anterior à Constituição Federal.

Este é o relatório que, nos termos do artigo 172, do RI/STF, a Secretaria fará distribuir aos eminentes Ministros.

Brasília, 12 de dezembro de 1989. Ministro Paulo Brossard, Relator.

VOTO

O Senhor Ministro Paulo Brossard (Relator): Em face da Constituição de

1988, arts. 173 e seu § 4º, 174 e 209 e seu inciso I, a FENEN argüi a inconstitucionalidade dos arts. 1º e 3º do Decreto-lei 532, de 16 de abril de 1969, e dos arts. 2º, 3º, 4º e 5º do Decreto 95.921, de 14 de abril de 1988, que, aliás, regulamenta o Decreto-lei 2.335, de 12 de junho de 1987, nada alegando, no entanto, contra a norma regulamentada.

Segundo a FENEN os mencionados preceitos seriam conformes com a Constituição anterior; a argüida inconstitucionalidade derivaria da Constituição de 1988.

Pediu a citação da União nas pessoas do Procurador-Geral da República, do Advogado-Geral da União, do Consultor-Geral do Estado, e pediu ainda fossem remetidas cópias aos Ministros da Educação e da Fazenda, bem como ao Presidente do Conselho Federal de Educação. Não pediu a notificação do Presidente da República. O relator Ministro Djaci Falcão, determinou fosse notificado apenas o Chefe do Poder Executivo. A liminar requerida foi denegada em 20 de outubro de 1988. Solicitadas informações prestou-as o Presidente da República. Delas chamo a atenção para os seguintes tópicos:

> 06. Como se vê, quer a Autora, como se isso fosse possível, que se declare a inconstitucionalidade superveniente do Decreto-lei n. 532/69 que estaria conflitando com a Constituição de 1988. O referido Decreto-lei – note-se – foi editado com base no artigo 2º do Ato Institucional n. 5, de 13.12.68. Esse Ato Institucional vigorou (v. artigo 182 das Disposições Gerais e Transitórias da Emenda n. 1, de 17.10.69) até a Emenda n. 11, de 13.10.78, que, ao revogá-lo, ressalvou os efeitos dos atos baixados com base nele, excluindo-os até de apreciação judicial.
>
> 07. É cediço na doutrina, quanto na jurisprudência, que a inconstitucionalidade se afere em relação à Constituição contemporânea ao ato impugnado. A nova ordem constitucional revoga a norma por ela não recebida por motivo de incompatibilidade. Não torna, evidentemente, inconstitucional o que antes nascera sem esse vício. Inidônea, pois, a Ação Direta de Inconstitucionalidade para a declaração de incompatibilidade entre a norma editada na vigência da Constituição, anterior e a nova ordem constitucional superveniente, já que se trataria, na espécie, de revogação, matéria de que não se cogita na Ação Direta de Inconstitucionalidade.
>
> Em se tratando de leis anteriores à Constituição Federal vigente, não há que se cogitar – como tem entendido o STF – de inconstitucionalidade, mas, sim (e se for o caso), de revogação, matéria estranha à representação de inconstitucionalidade (*RTJ*, 95.993 e 95.980).
>
> 08. Doutra parte, postula-se a declaração de inconstitucionalidade dos artigos 2º ao 5º do Decreto n. 95.921/88. Saliente-se que esse Decreto regulamentou o Decreto-lei n. 2.335, de 12.06.87. E mais, que ambos foram baixados na vigência da Constituição de 1967.
>
> 09. Não fosse pelas razões acima já indicadas que demonstram o descabimento da Ação Direta de Inconstitucionalidade, na espécie, por tratar-se de revogação – se fosse o caso –, incabível seria a pretensão deduzida na inicial de ver declarada a inconstitucionalidade de decreto regulamentar sem a comprovação de sua infidelidade em relação ao texto regulamentado, infidelidade essa que implicasse usurpação de competência do Poder Legislativo, ou seja, a pretexto de regulamentar, o decreto passasse a regular, autonomamente, matéria reservada à lei.
>
> 10. A Autora sequer fez menção à lei regulamentada (Decreto-lei n. 2.335/87) ao argüir a inconstitucionalidade dos artigos 2º ao 5º do Decreto n. 95.921/88. Vale dizer, ao menos cuidou da ilegalidade na hipótese. Mas, ainda que ilegalidade houvesse, ainda assim, a Ação Direta de Inconstitucionalidade não seria a via própria para sua declaração. É a lição que se extrai do julgamento da Representação n. 1.266-2-DF, *verbis*:

Ementa: – Representação de inconstitucionalidade. Conflito entre o Regulamento e a Lei. Descabimento.

O Decreto n. 90.922/85 consolida normas administrativas concernentes ao exercício dos técnicos de segundo grau, habilitados de conformidade com as Leis ns. 4.024/61, 5.692/71 e 7.044/82. O conflito entre disposições do decreto com essas leis não se alça ao nível da violação às normas da Constituição, configurando apenas ilegalidade, a ser examinada nos casos concretos e não na via da ação direta de declaração de inconstitucionalidade de leis.

Representação não conhecida.

Aliás, os votos dos Eminentes Ministros Carlos Madeira, Francisco Rezek e Moreira Alves, proferidos nesse julgamento, são bem elucidativos.

11. Nestas condições, quer pela inconstitucionalidade pretendida do Decreto-lei n. 532/69, seja pela dos artigos 2º ao 5º do Decreto n. 95.921/88, inviável é o conhecimento da presente Ação Direta de Inconstitucionalidade.

2. Entendem o Procurador-Geral da República e o Advogado-Geral da União que à requerente, por ser uma federação sindical, falece legitimidade para pleitear, em ação direta, a declaração de inconstitucionalidade. Ouso discordar dos doutos pareceres. Ela não é uma confederação, como quer a Constituição, art. 103, IX, mas é uma federação sindical de caráter nacional e não existe confederação específica. A sua carta sindical, de 12 de março de 1948, reconhece à Federação Nacional dos Estabelecimentos de Ensino "como associação sindical de 2º grau, coordenadora das categorias compreendidas no 1º Grupo de Plano de Confederação Nacional de Educação e Cultura, previsto no quadro a que se refere o art. 577 da referida Consolidação na base territorial nacional". Se a federação em causa não tem a qualificação legal para provocar do Supremo Tribunal Federal a apreciação de inconstitucionalidade em tese através de ação direta, ainda que as federações, como as confederações, sejam associações sindicais de grau superior, a teor do que dispõe a CLT, art. 533, reguladas respectivamente nos arts. 534 e 535, do mesmo diploma, ela estaria habilitada a ajuizar a presente ação com base na cláusula final do aludido inciso IX do art. 103, da Constituição, uma vez que não deixa de ser uma "entidade de classe de âmbito nacional".

3. Com estes fundamentos, rejeito a preliminar de ilegitimidade de parte.

4. Tanto nas informações presidenciais, como nos pareceres de fls. e fls. foi sustentado que a ação em causa não pode ter curso, dado que as normas, cuja constitucionalidade é questionada, são anteriores à Constituição. Aceita esta tese, bem se vê, prejudicadas estarão as demais. Eu a aceito, sem restrições, pelas razões que passo a expor.

Jurisprudência do STF

5. É neste sentido a jurisprudência do Supremo Tribunal Federal.

6. Publicando, em 1943, a "Teoria e Prática do Poder Judiciário", escreveu o saudoso Ministro Castro Nunes:

> Tem-se dito – e é essa a opinião generalizada, quer na exposição do nosso direito constitucional, quer na jurisprudência – que as leis preexistentes e havidas como incompatíveis com a Constituição são leis *revogadas*, que escapam ao tratamento da declaração da inconstitucionalidade. Tendo divergido desse entendimento assentado de longa data pelo Supremo Tribunal (pp. 600 e 601).

"Assentado de longa data pelo Supremo Tribunal", por conseguinte, essa jurisprudência tem mais, muito mais de meio século.

7. Na sucessão de acórdãos a respeito, todos coerentes e harmônicos, há uma nota discrepante. Foi no RE 17.961, de São Paulo. Nesse caso, a 2ª Turma, por maioria, 2 a 1, relator o saudoso Ministro Orozimbo Nonato, sem julgar o recurso, mandou que o Tribunal de Justiça de São Paulo apreciasse a espécie com observância do art. 200 da Constituição, maioria absoluta do Tribunal. Foi isto em 22 de junho de 1952.

Em outro julgado, porém, de 14 de setembro de 1949, o sábio magistrado deixou expresso:

> a revogação tácita não se presume, mas somente ocorre quando as leis sucessivas mostram inconciliabilidade manifesta e palpável. Desde que ocorre possibilidade de conciliar as leis, domina o princípio da continuidade, ainda através de vários regimes políticos (*RF*, v. 180, p.).

Tratava-se de conferir o Decreto-lei n. 431, de 1938, com a Constituição de 1946.

8. De outro lado, por esse tempo, 19 de junho de 1952, em duas decisões unânimes, nos REs 19.656 e 19.887, ambos de São Paulo, relator o saudoso Ministro Luiz Gallotti, a 1ª Turma manteve o fio tradicional da jurisprudência desta Corte, asseverando:

> o problema da derrogação da lei por dispositivo constitucional superveniente não chega a configurar propriamente uma argüição de inconstitucionalidade de lei; basta considerar que a derrogação pela lei nova, se incompatível, com a velha, se daria, quer fosse ou não de categoria constitucional a disposição superveniente (*RT*, v. 231, p. 665).

E desde então não conheço decisão que discrepe dessa linha, que é a de longa data a jurisprudência do Supremo Tribunal. Mais recentemente, há diversos julgados nesse sentido.

Com efeito, aos 9 de outubro de 1974, o Supremo Tribunal, em sessão plenária, deu provimento ao RE 78.984-RJ. Seu relator foi o Ministro Cordeiro Guerra. Enquanto o Ministro Thompson Flores entendia que o art. 58, I, da Lei 4.881-A, de 1965, estava revogado pela Constituição de 1967, nos termos da Lei de Introdução ao Código Civil, o relator entendia não haver dificuldade "em se aplicar aquela lei que não foi revogada", "não vejo que esteja realmente revogado o art. 58, I, da Lei 4.881-A, de 1965". E o Ministro Rodrigues Alckmin: "não se declara inconstitucional uma norma emitida de acordo com a Constituição que vigia anteriormente" (*RTJ*, v. 71, pp. 291 a 293).

A 22 de agosto de 1975, a 1ª Turma do Supremo Tribunal apreciou o RE 78.486-DF. Relator o Ministro Rodrigues Alckmin. A ementa do julgado diz tudo:

> Funcionário Público. Diplomata. Possibilidade legal da aposentadoria compulsória em idade inferior a setenta anos, nos termos da Lei 4.415/64, que não foi revogada pela Constituição Federal em vigor (*RTJ*, v. 76, p. 538).

Na Representação 946-DF, relator o Ministro Xavier de Albuquerque, em 12 de maio de 1977, à unanimidade, o Supremo Tribunal reiterou a tese consagrada. Discutia-se a validade do art. 902, § 1º, da Consolidação das Leis do Trabalho, que é de 1943. Diz a ementa:

> Não constituindo ato normativo – dado que o art. 902, § 1º, da CLT, que lhe atribuiu tal caráter, foi revogado pela Constituição de 1946 – não pode ser objeto de representação por inconstitucionalidade (*RTJ*, v. 82, p. 44).

Sendo relator o Ministro Moreira Alves, ao julgar as Representações 1.012 e 1.016, ambas de São Paulo, por unanimidade, decidiu esta Corte, em 20 e 27 de setembro de 1979:

> em se tratando de leis anteriores à Constituição Federal vigente, não há de se cogitar – como tem entendido o STF – de inconstitucionalidade, mas, sim (e se for o caso), de revogação, matéria estranha à representação de inconstitucionalidade (*RTJ*, v. 95, pp. 980 e 993).

Na Representação n. 969, do DF, em 21 de maio de 1981, o Ministro Antônio Neder, em decisão unânime, afirmou o Supremo Tribunal:

> O § 1º, do art. 75, da Lei n. 1.341, de 30.01.51 (Lei Orgânica do Ministério Público da União), e o § 1º, do art. 27, da Lei n. 4.737, de 15.7.65 (Código Eleitoral) estão revogados pelo art. 125 da Constituição de 1946, que lhes é posterior. Portanto, não podem ser considerados inconstitucionais, nem por contrariarem a citada norma constitucional, nem por contrariar o art. 94 da Constituição de 1967, com a Emenda n. 1. Representação de inconstitucionalidade a que o STF nega conhecimento em sessão plenária e em julgamento unânime (*RTJ*, v. 99, p. 544).

A 9 de dezembro de 1981, em tribunal pleno, o Supremo Tribunal negou provimento ao RE 91.604-BA. Relator o Ministro Néri da Silveira. No que importa, eis o que enuncia a ementa:

> Se, dessa maneira, não mais é viável, por lei complementar, após a Emenda Constitucional n. 1, de 1969, dispor sobre aposentadoria compulsória com menos de 70 anos de idade, força é reconhecer estar revogado o art. 58, I, da Lei 4.881-A, de 1965, em face de sua incompatibilidade com o regime da Emenda Constitucional n. 1, de 1967 (*RTJ*, v. 116, p. 652).

No RE 100.596-DF, relator o Ministro Rafael Mayer, em 23 de novembro de 1983, à unanimidade de votos, o Supremo Tribunal Federal, reafirmou sua velha jurisprudência:

> 2. A legislação ordinária pretérita, institutiva de aposentadorias especiais, reduzindo o limite de idade para a aposentação, compulsória ou voluntária, está implicitamente revogada, a partir da vigência do texto constitucional inserto na Emenda Constitucional n. 1, porque com ele incompatível (*RTJ*, v. 109, p. 1.220).

Em 1º de junho de 1986 o Supremo Tribunal Federal, em tribunal pleno, apreciou a Representação 1303-1-DF, o Ministro Octávio Gallotti foi seu relator. No que interessa, sua ementa, diz assim:

> Representação de que não se conhece, em face do entendimento, já firmado pelo Supremo Tribunal, no sentido de não ter cabimento, a Representação, para obter-se a declaração de inconstitucionalidade de leis anteriores à Constituição vigente.

A 6 de maio de 1987 o Supremo Tribunal julgou, e ainda por unanimidade, a Representação 1.334, do Paraná. Seu relator foi o Ministro Carlos Madeira. Eis a ementa do acórdão:

> Representação de inconstitucionalidade. A incompatibilidade entre a lei e o texto constitucional superveniente, importa sua revogação. Precedentes do STF. Representação não conhecida (*RTJ*. v. 124, p. 415).

Desta forma, desde os acórdãos relatados pelo saudoso Ministro Luiz Gallotti, em 1952, até os julgados dos Ministros Octávio Gallotti, em 1986, e Carlos Madeira, em 1987, transcorrem 35 anos. Ao longo de um terço de século, em uma dúzia de decisões, o Supremo Tribunal Federal se manteve fiel à sua jurisprudência, à jurisprudência que, "de longa data", assentara esta Corte, bem antes de 1943. São verdadeiros arestos, *res perpetuo similiter judicata* (Rui, *Obras Completas*, XXV, 1898, IV, p. 288; Macedo Soares, voto em HC 1.073, acórdão de 16 de abril de 1898, in Rui, loc. cit., pp. 347 a 349).

Jurisprudência estadual

9. Mas não é apenas do STF. Do antigo Tribunal de Justiça do então Distrito Federal contam-se diversos acórdãos com igual orientação. Assim, a 2 de janeiro de 1947, relator o Des. Nem de Vasconcelos, reitera a doutrina consagrada ao asseverar:

Não há falar em inconstitucionalidade de lei anterior à Constituição. Quando em dispositivo legal, anterior à Constituição, com ela conflita, opera-se a sua revogação. O problema é de intertemporalidade, não da inconstitucionalidade. Compete às Câmaras isoladas o conhecimento, a solução das questões da revogação da lei ou sua intertemporalidade (*RF*, v. 121, p. 493).

Em acórdão de 17 de janeiro de 1947, relator o Des. Serpa Lopes, o mesmo Tribunal consagrou igual entendimento:

a inconstitucionalidade de lei ocorre quando se mostra contrária a preceito constitucional vigente ao tempo de sua promulgação. Se a prescrição constitucional em conflito com a lei ordinária é posterior a este, o que se tem é questão de direito intertemporal e não de inconstitucionalidade (*RF*, v. 112, p. 125).

Novamente em 16 de setembro de 1947, relator o Des. Sá e Benevides:

a constitucionalidade da lei somente se afere em face da Constituição vigorante à época de sua promulgação (*RF*, v. 125, p. 499).

No mesmo sentido o acórdão de 21 de outubro de 1959, relator o Des. Francisco Baldessarini:

a lei anterior, incompatível com a Constituição, por ela fica revogada, mas não se trata de declaração de inconstitucionalidade (*RDA*, v. 65, p. 67).

10. Também o Tribunal de Justiça de São Paulo consagrou o entendimento tradicional. Em 26 de janeiro de 1949, em Tribunal Pleno, relator o Des. Mário Masagão, decidiu que:

o vício de inconstitucionalidade só pode inquinar leis posteriores à Constituição e, assim, tratando-se de lei anterior, a competência para declará-la subsistente ou não, em face de Constituição nova, é da Câmara e não do Tribunal Pleno (*RT*, v. 179, p. 922 e *RF*, v. 123, p. 176).

Assim também o acórdão de 17 de maio de 1950:

Lei – Dispositivo anterior à Constituição Federal – Incompatibilidade com esta – Revogação. Considera-se revogado o dispositivo de lei anterior a Constituição Federal, que com esta for incompatível (*RT*, v. 188, p. 853).

Da mesma forma o acórdão de 20 de dezembro de 1951:

Lei – Dispositivo anterior à Constituição Federal – Incompatibilidade com esta – Revogação. Considera-se revogado dispositivo de lei anterior à Constituição Federal, que com esta for incompatível (*RT*, v. 197, p. 406).

Também o acórdão de 17 de dezembro de 1952:

Inconstitucionalidade de lei – Anterioridade desta à Constituição – Ocorrência de revogação da lei – Apreciação da matéria. Tecnicamente uma lei que seja contrária a Constituição posterior representa a revogação da primeira e não a sua inconstitucionalidade (*RT*, v. 208, p. 197).

Igualmente o acórdão de 18 de maio de 1973:

Quando a Constituição diz coisa diferente da lei ordinária anterior, dá-se a revogação desta. A partir da vigência da Constituição do Brasil de 1967 ocorreu a derrogação tácita da Lei n. 1.380, de 1965, de São Bernardo do Campo (*RT*, v. 458, p. 77).

11. Pelo exposto, não hesito em declarar que esta é a jurisprudência a respeito da tese em exame, tanto do STF, como de ilustres tribunais locais. Jurisprudência tranqüila.

Assim, se há 46 anos o Ministro Castro Nunes podia dizer que era esse o "entendimento assentado de longa data pelo Supremo Tribunal", pode-se dizer, sem deslize, que nesse mesmo sentido tem sido a jurisprudência do STF nos 45 anos passados desde o aparecimento da "Teoria e Prática do Poder Judiciário".

12. De modo que o STF pode mudar de orientação acerca da tese, mas se o fizer estará abandonando antiga e numerosa jurisprudência.

Doutrina

13. Contudo, esta jurisprudência não vale apenas por ser antiga e numerosa, mas por sua irretocável fundamentação teórica.

A questão foi superiormente examinada pelo arguto espírito do saudoso Ministro Víctor Nunes Leal:

> 11. Ainda no que respeita a leis existentes, mas que ficaram parcialmente revogadas pela Constituição, ou não se inspiram na mesma orientação doutrinária, cumpre recordar uma controvérsia doutrinária sobre o problema de vigência. No caso de colisão entre o texto constitucional e leis preexistentes, é evidente que estas não podem ser aplicadas. Mas a questão doutrinária consiste em saber se, no caso, a lei incompatível com a Constituição deve ser declarada inconstitucional, ou se apenas deve ser tida como revogada.
>
> O problema não é bizantino, porque a Constituição exige maioria qualificada para a declaração de inconstitucionalidade pelos tribunais (art. 200) e permite que o Senado suspenda, no todo ou em parte, a execução de lei ou decreto declarados inconstitucionais por decisão definitiva do Supremo Tribunal Federal (art. 64). Se se tratar, porém, de mera revogação no caso em que a lei anterior colidir com o texto constitucional, nem se exige maioria especial para que a lei deixe de ser aplicada pelos órgãos judiciários, nem tampouco pode o Senado suspender a sua execução. Nesta hipótese, portanto, mesmo que o Supremo Tribunal dê pela colisão entre a norma legal anterior e os preceitos constitucionais, qualquer juiz poderá ulteriormente, decidir que a lei continua válida por não existir a alegada incompatibilidade. É, pois, uma questão aparentemente de somenos importância, mas que tem relevantes conseqüências práticas.
>
> Parece-nos mais acertada a corrente que vê na incompatibilidade entre a lei anterior e a Constituição nova um simples caso de revogação e não de inconstitucionalidade. Em primeiro lugar, porque o conflito que aí se abre é tipicamente um conflito de normas no tempo: a norma anterior considera-se revogada pela promulgação da norma posterior com ela incompatível.
>
> Pouco importa que, na hipótese, a norma posterior não tenha apenas este caráter de norma posterior, mas seja também uma norma superior do ponto de vista hierárquico. A razão parece clara. O vício de inconstitucionalidade importa nulidade da lei. A lei que ofende a Constituição é como se não existisse, e a sua nulidade resulta da incompetência do órgão que a editou, já que o legislador ordinário não tem poder para emendar a Constituição. Mas, se a norma constitucional, com a qual a norma legal é incompatível, for posterior a esta, então não era incompetente o órgão que promulgou a norma legal, porque ao tempo de sua promulgação o legislador ordinário não exorbitara de sua competência: como a norma questionada não era incompatível com a Constituição vigente na época, não pertencia ela à competência do legislador constituinte, mas justamente à competência do legislador ordinário que a decretou.
>
> Nessas condições, como é possível considerar que uma lei seja válida até o momento da promulgação do novo texto constitucional e daí por diante se considere nula ou inexistente? Se nulidade houvesse, essa nulidade atingiria a lei desde o seu nascimento, e conseqüentemente deveriam ser desfeitas todas as relações jurídicas constituídas sob a sua égide. Mas tal não acontece. As relações jurídicas que se constituíram ao amparo

da norma em questão até o momento de ser promulgado o novo texto constitucional com ela incompatível, são plenamente válidas e subsistentes. Desse momento em diante é que a lei deixa de operar, mas não por motivo de nulidade. E sempre que uma lei opere validamente até determinado momento e daí por diante deixe de operar em virtude da expedição de uma norma nova, o fenômeno jurídico que temos é o da revogação, pouco importando que a norma nova seja de categoria igual ou superior à da norma anterior revogada. O mesmo fenômeno se passa quando uma lei nova é incompatível com uma norma regulamentar anterior, expedida legitimamente nos limites do poder regulamentar. A norma do regulamento, no caso, não se tornou ilegal em virtude da norma legal nova, mas simplesmente foi revogada.

As Constituições de 1934 e 1937 consagravam implicitamente essa doutrina, quando dispunham, respectivamente nos arts. 187 a 183, que continuavam "em vigor", enquanto não revogadas, as leis que explícita ou implicitamente não contrariassem as disposições constitucionais. Semelhantes eram os termos do art. 83 da Constituição de 1891. *A contrario sensu*, portanto, as leis incompatíveis com a Constituição, não continuariam em vigor, isto é, seriam tidas por ab-rogadas, já que a expressão "em vigor" traduz um problema de vigência, um problema de conflito de leis no tempo, e não um conflito de leis de valor hierárquico diverso (*Revista de Direito Administrativo*, VII, pp. 389 a 391).

À lição do saudoso Ministro Víctor Nunes Leal, se soma a do Ministro Celso de Mello. Na sua obra *Constituição Federal Anotada*, doutrina o eminente publicista:

Lei anterior incompatível com Constituição posterior.

A incompatibilidade entre uma lei anterior e uma Constituição posterior resolve-se, tecnicamente, pela *revogação* da lei. Nesse sentido: *RT* 179:922, 197:406, 208:197, 231:665, 188:853, 458:77. O STF tem reiteradamente proclamado que, "em se tratando de leis anteriores à Constituição Federal vigente, não há que se cogitar – como tem entendido o STF – de inconstitucionalidade, mas, sim (e se for o caso), de revogação, matéria estranha à representação de inconstitucionalidade" (*RTJ*, 95:993, 95:980). A constitucionalidade ou não, de uma lei deve ser aferida em relação à Constituição vigente à época em que essa mesma lei foi editada.

(...)

Lei anterior incompatível com Constituição superveniente.

Se a lei dada como inconstitucional é anterior à Constituição, não cabe a argüição de inconstitucionalidade, mas a simples verificação sobre se ela foi, ou não, revogada pela mesma Constituição" (*RF*, 221:167). No mesmo sentido: *RTJ* 95:980, 95:993, 99:544, *Constituição Federal Anotada*, 1986, pp. 197 e 346.

Não falta o magistério de Pontes de Miranda:

Se com a nova Constituição forem inconciliáveis, implícita ou explicitamente, todas as regras, escritas ou não, do direito anterior, todas elas deixarão de vigorar no instante mesmo que se iniciou a vigência da nova Constituição (*Comentários à Constituição de 1946*, 3ª ed., VI, p. 395; *Comentários à Constituição de 1967 e 69*, 2ª ed., III, p. 595).

Eis a lição de Francisco Campos:

Todas as leis anteriores incompatíveis com a Constituição encontram-se tacitamente revogadas, havendo, assim, incidido em revogação constitucional o Decreto-lei n. 9.125, de 4 de abril de 1946 (*Direito Constitucional*, 1956, II, p. 103).

Na mesma linha a lição de Washington de Barros Monteiro:

Tecnicamente, uma lei contrária à Constituição posterior representa a revogação da primeira e não da sua inconstitucionalidade (*Direito Civil*, Parte Geral, 1973, 12ª ed., p. 29).

Legislação preexistente

14. Sobrevindo uma Constituição, a legislação existente (a) ou com ela é compatível e continuará em vigor ou (b) com ela é incompatível e por ela será revogada.

No primeiro caso, a legislação continua em vigor independente de cláusula expressa, como o fez a Constituição de 1891, em seu art. 83,

> continuam em vigor, enquanto não revogadas, as leis do antigo regime, no que explícita ou implicitamente não for contrário ao sistema de governo firmado na Constituição e aos princípios nela estabelecidos.

Esta cláusula mereceu de Rui Barbosa o seguinte comentário:

> não se havia mister de que a Constituição formalmente o declarasse, para se ver ou saber que não repudiava as leis e instituições anteriores, com ela compatíveis, ou dela complementares. Em todas as Constituições, está subentendida essa disposição (Rui, *Comentários*, 1934, v. VI, p. 406).

No segundo caso, em havendo incompatibilidade entre a legislação preexistente e a Constituição superveniente, quer dizer, quando a Constituição sucede à lei, não se pode falar em inconstitucionalidade desta, mas em sua revogação.

> mesmo sem ela (a regra do art. 83), escreveu Barbalho, ficaria revogada toda a legislação avessa aos princípios e preceitos da Constituição (*Constituição Federal Brasileira*, 1902, p. 356).

Comentando o art. 187 da Constituição de 1934, segundo o qual:

> continuam em vigor enquanto não revogadas, as leis que, explícita ou implicitamente, não contrariarem as disposições desta Constituição.

Pontes de Miranda fez esta observação:

> À Constituição têm de amoldar-se as leis, assim as leis a serem feitas, as leis futuras, como as leis já promulgadas. Mas a noção da constitucionalidade é juridicamente, a partir do momento em que começa a ter vigor a Constituição; todo o material legislativo, que existe, considera-se revogado, no que contrariar os preceitos constitucionais.

E mais adiante:

> Quando uma lei anterior à Constituição é contrária a essa, a Constituição revogou-a a 16 de julho de 1934; quer dizer: a 16 de julho de 1934 já não incide nos fatos que ocorreram a 16 de julho de 1934 ou depois. É uma lei revogada pelo art. 187 da Constituição de 1934 (*Comentário à Constituição do Brasil*, II, pp. 559 e 563).

Inconstitucionalidade

15. A tese segundo a qual as leis anteriores à Constituição quando inconciliáveis com esta não são revogadas, mas são inconstitucionais e assim devem ser declaradas através do procedimento adequado, subverte a noção da inconstitucionalidade.

Com efeito, que vem a ser uma lei inconstitucional? A lei que contraria a Constituição. Por isto ela pode ser definida como uma lei que o Congresso fez, sem poder fazer. Por que não podia fazê-la? Porque não estava em sua competência, porque escapava de suas atribuições, competência fixada pela Constituição, atribuições por ela demarcadas. E porque fez a lei que não podia fazer, agiu *ultra vires*, além dos seus poderes, fora de suas atribuições, ao arrepio de sua competência. Contrariando a Constituição.

Agindo assim, fora de sua competência, além de suas atribuições, o Poder Legislativo agiu como se fosse soberano, como se os seus poderes fossem ilimitados, quando eles são limitados pela Constituição, que é a lei que delimita o espaço no qual pode agir e expandir-se legalmente o Poder Legislativo.

A lei que o Poder Legislativo haja elaborado além desses limites, gizados pela Constituição, será ilegal; por ser ilegal, de lei tem apenas a aparência, pois lei não é, e não o é exatamente porque o Legislativo para fazê-la transpôs as fronteiras de sua competência constitucional, e abusivamente fez o que lhe não era permitido fazer. Fruto ilícito de um abuso de poder ou de um procedimento ilegal, a lei nascida nessas circunstâncias tem o mesmo vício de origem; é uma "lei ilegal", ou "lei inconstitucional", expressões que se equivalem e em contradição nos seus próprios termos.

Ao ultrapassar os limites fixados pela Constituição o Poder Legislativo passa a exercer poderes que não tem, invade uma competência que lhe não pertence e o que fizer terá a marca desse vício fatal, *nullus est major defectus quam defectus potestatis*.

Mas que Constituição será esta que limita e legitima a competência do Poder Legislativo ao fazer a lei? Não pode ser outra senão a Constituição em vigor.

16. A teoria da inconstitucionalidade das leis supõe uma Constituição como lei suprema, hierarquicamente superior às demais leis, que lhe devem fidelidade e nela encontraram a origem de sua validade; supõe que os Poderes do Estado estejam sujeitos a essa lei maior, com atribuições por ela definidas e competência por ela limitada.

Por que na Grã-Bretanha não há lei inconstitucional? Porque nela o parlamento é soberano, não sofre limitação de nenhuma lei constitucional, de modo que, não tendo limitação ao seu poder de legislar, tudo quanto ele fizer será legal,... salvo transformar um homem em uma mulher e uma mulher em um homem, segundo a pitoresca e sugestiva sentença de De Lolme. Naquele país não existe Constituição no sentido do direito continental e americano, como lei hierarquicamente superior, a limitar o poder do Poder Legislativo, ainda que a "constituição" histórica e orgânica da Grã-Bretanha tenha mais rigidez e solidez que muita Constituição rígida e formal de outros países.

Se há algo que tenha a intangibilidade do dogma em matéria constitucional é a noção da inconstitucionalidade da lei presa necessária e indissoluvelmente à existência de uma Constituição anterior, na qual o Poder Legislativo encontra o molde da sua própria existência e a medida de sua competência, a Constituição sob cujo império a lei ilegal foi feita, num autêntico abuso de poder do Poder Legislativo, com ou sem a sanção do Poder Executivo.

Presunção de constitucionalidade

17. Segundo axioma incontroverso, a lei se presume constitucional.

A lei se presume constitucional, porque elaborada pelo Poder Legislativo e sancionada pelo Poder Executivo, isto é, por dois dos três Poderes, situados no mesmo plano que o Judiciário. Como este, eles têm o encargo de aplicar a Constituição nas respectivas áreas de competência, e, por conseguinte, de interpretá-la, dado que é a lei que marca e delimita os poderes e atribuições de cada um dos três Poderes.

Assim, como não ter por bom, em princípio, o entendimento constitucional adotado pelos Poderes Legislativo e Executivo? Os legisladores, como os juízes, devem obediência à Constituição, e por isso há de entender-se que eles avaliam criteriosamente a regularidade constitucional dos atos que praticam e elaboram. Outrossim, ao Presidente da República compete vetar os projetos de lei, no todo ou em parte, se entender que eles, em parte ou no todo, ofendem a Constituição; a sanção importa na concordância do Executivo com a deliberação legislativa, na ausência de mácula constitucional.

Esta a primeira razão por que a lei se presume constitucional e por que não se presume a sua inconstitucionalidade.

18. Do axioma, a presunção de constitucionalidade de lei, decorrem algumas conseqüências.

(1) Se a lei se presume constitucional, (2) se em caso de dúvida acerca de sua constitucionalidade decide-se em favor da lei, (3) se o conflito entre a lei e a Constituição deve ser acima de toda dúvida razoável, (4) se entre duas interpretações possíveis deve-se preferir a que torne possível conciliação entre a lei e a Constituição, (5) segue-se que somente pelo voto da maioria absoluta dos seus membros os tribunais declaram a inconstitucionalidade da lei.

Pois se a tese da inconstitucionalidade não logra obter o voto da maioria absoluta do tribunal é que o conflito alegado entre a lei e a Constituição não é manifesto, que a dúvida é razoável, e, por conseguinte, a presunção de validade deve prevalecer.

Por que a presunção?

19. Ora, como e por que uma lei anterior à Constituição haveria de ter por si a presunção de constitucionalidade em face de Constituição superveniente?

À clara inteligência e ao alto saber do Ministro Castro Nunes não escaparam as incongruências que fluem da posição por ele defendida.

Assim, ele reconhece que a lei anterior à Constituição não goza da presunção de constitucionalidade, "sendo antes de presumi-las contrárias à nova ordem implantada pela Constituição", ob. cit., p. 601.

É a primeira vez que se proclama que uma lei não tem em seu favor a presunção de inconstitucionalidade, E não tem... porque não poderia ter, pela mais óbvia das razões. Ao ser elaborada no âmbito do Poder Legislativo, ao receber a sanção do Poder Executivo, nenhum dos dois poderes a conferiu, nem poderia fazê-lo, com a Constituição que, ao tempo, não existia, e só depois dessa suposta lei veio a ser promulgada.

A lei em causa teria sido contrastada, obviamente, com a Constituição vigente ao tempo da sua elaboração parlamentar e da sanção presidencial. Não poderia ser comparada com uma Constituição inexistente.

Também aqui o absurdo da conclusão se encarrega de mostrar a inaceitabilidade da tese. Haveriam leis presumidamente constitucionais e leis presumidamente inconstitucionais?

Por que 2/3 do Tribunal?

20. Mas se a lei anterior à Constituição não tem por si o benefício da presunção da constitucionalidade, como não poderia ter, como exigir-se o voto da maioria absoluta do tribunal para a declaração da suposta inconstitucionalidade, quando essa exigência não é mais que o expediente para, nos julgamentos coletivos, fazer valer praticamente as regras da hermenêutica que o Juiz singular deve levar em conta ao enfrentar a questão da alegada inconstitucionalidade?

Concessão reveladora

21. É tamanha a força da evidência que o laureado escritor terminou por reconhecer que: "algumas vezes o texto constitucional repele tão explicitamente o texto legal que o caso assume as proporções de uma revogação expressa, o que impressiona em tais casos é a flagrância da incompatibilidade", ob. cit., p. 602.

22. A proposição é inaceitável.

Aceitá-la importaria em afirmar que quando o conflito entre a lei velha e a Constituição nova for flagrante, tratar-se-ia de revogação, quando o antagonismo não se revelasse com a mesma evidência, tratar-se-ia de inconstitucionalidade. A todas as luzes, a proposição é inaceitável.

O fato de a antinomia entre as duas normas não ser indubitável não exclui a sua possível revogação, nem transporta o problema do terreno da intertemporalidade para o da inconstitucionalidade. Dependendo do exame acurado entre as duas normas o seu exegeta há de concluir pela conciliabilidade deles ou pelo seu antagonismo.

23. A proposição em exame faz lembrar, *mutatis mutandis*, o aforisma *interpretatio cessat in claris* que, em verdade, envolve uma petição de princípio. Diz-se que a lei clara dispensa interpretação. Mas, que vem a ser lei clara? Quantas vezes o que é obscuro para o noviço nos estudos jurídicos não é claro para o jurista consumado, experiente e culto? A claridade de lei é variável na medida da sabedoria ou mediania do intérprete. A propósito, notou Rui Barbosa:

> *Interpretatio cessat in claris*. Seja. Mas, quem é o juiz da clareza, senão o da aplicabilidade da lei ao caso controverso? E esse exame da aplicabilidade da lei ao caso em litígio que vem ele a ser, senão um juízo sobre a clareza dos textos? Há nada mais relativo do que a clareza? A sua transparência não variará conforme as discrepâncias da normalidade na visão intelectual do apreciador (*Obras Completas*, XXIII, 1896, II, p. 168).

24. Aliás, o mesmo problema existe quando a revogação é feita de maneira genérica "revogam-se as disposições em contrário", ficando a cargo do intérprete verificar, caso a caso, o eventual conflito com lei ou leis anteriores e sua conseqüente revogação.

O caráter menos flagrante da antinomia entre a lei velha e a Constituição nova é que não poderia jamais gerar a inconstitucionalidade. Esta é sempre congênita, e nunca superveniente.

Constituição vigente

25. A inconstitucionalidade é uma ilegalidade em grau superlativo. "A inconstitucionalidade não é mais do que espécie – a espécie mais conspícua – da ilegalidade", conforme Pontes de Miranda (*Comentários à Constituição de 1946*, v. II, p. 155).

Por isto lei inconstitucional seria o mesmo que lei ilegal, ambas as expressões contraditórias consigo mesmo.

Pergunta-se agora, como uma lei pode ser inconstitucional ou ilegal senão contrastada com a Constituição vigente ao tempo em que a lei foi elaborada? Como poderia ser inconstitucional ou ilegal em função de uma Constituição inexistente ao tempo em que foi editada?

É de uma evidência solar que a inconstitucionalidade somente pode ocorrer em relação à lei maior vigente e em caso algum em relação a uma lei futura, de cujos termos e preceitos nem o legislador poderia ter ciência para poder ser-lhe obediente.

26. A teoria da inconstitucionalidade de lei supõe a existência de uma Constituição que delimite os poderes dos Poderes do Estado, que fixe as suas atribuições e demarque as suas competências. Se o Poder que faz a lei ultrapassa esses limites, fixados na Constituição, ele procede *ultra vires*, fora de suas atribuições legais, e por isto a lei que fizer será ilegal, quer dizer, inconstitucional.

Que Constituição? Evidentemente, a Constituição vigente ao tempo em que o Legislativo elaborar a lei, a Constituição a que está sujeito o mencionado Poder, a Constituição que define e delimita a competência desse Poder.

Não poderia ser a Constituição anterior, porque deixara de ser Constituição, para transformar-se em documento histórico, nem poderia ser em relação a uma Constituição que viesse a ser promulgada, pela simples razão de que era inexistente; o legislador não é adivinho e quando tivesse o dom de adivinhar nada lhe autorizava a descumprir a Constituição vigente para afeiçoar-se a uma lei por ser feita.

27. Uma lei promulgada e sancionada em 1950 não poderia ter a sua constitucionalidade questionada à luz da Constituição de 1891 ou de 1934, porque, ambas regovadas, tinham deixado de ser Constituições, da mesma forma que não poderia ter questionada a sua constitucionalidade em face da Constituição de 1967 ou da Constituição de 1988 porque nenhuma delas havia tido ingresso no mundo jurídico, mais, no próprio mundo das realidades, jurídicas e não jurídicas.

Lei de 1950 só poderia ter a sua constitucionalidade questionada em relação à Constituição de 1946, vigente ao tempo de sua elaboração.

E se ela era perfeitamente constitucional em face da Constituição sob cujo império agiu o Poder Legislativo, ela não poderia converter-se em inconstitucional pelo advento da Constituição de 1967 ou de 1988, uma vez que a inconstitucionalidade é congênita à lei ou não existe.

Se existir, porém, conflito entre a lei de 1950 e a Constituição de 1967 ou de 1988, é claro, que a lei anterior terá sido pela posterior revogada.

Leis de igual categoria

28. Por fim, o escritor reconhece: "Não contesto que a incompatibilidade se resolve numa *revogação*, o que resulta da *anterioridade* da norma. Mas perde-se de vista o outro elemento, a diversidade hierárquica das normas. A teoria da ab-rogação das leis supõe normas da mesma autoridade" (ob. cit., p. 603).

Data máxima vênia, "da mesma autoridade ou de autoridade superior".

29. Alega-se que a lei constitucional não revoga a lei ordinária por ser de categoria superior a ela e a revogação supor leis da mesma hierarquia.

Em primeiro lugar, não há princípio segundo o qual a lei maior valha menos que a lei menor e que os efeitos da lei maior sejam menores do que os efeitos normais da lei menor.

Não se admite, obviamente, que lei inferior revogue lei superior; a recíproca, porém, não é verdadeira. E não haveria razão alguma, de ordem lógica ou de natureza jurídica, para que uma lei de hierarquia superior não pudesse revogar lei a ela inferior. De resto, a experiência é de todos os dias.

A lei complementar não é revogável por lei ordinária, mas a lei complementar revoga a lei ordinária, e, por sua vez, será revogável por lei constitucional a ela superveniente.

Efeitos contraditórios

30. Sustentar que a Constituição superveniente não revoga a lei anterior, porque de hierarquia superior, importaria em sustentar que a lei constitucional vale menos que a lei ordinária ou que a lei complementar, o que seria rematado absurdo.

Em verdade, a Constituição superveniente revoga a lei ordinária existente não por ser lei constitucional, mas por ser lei, e lei posterior, independente de sua superioridade hierárquica.

31. Não fora assim e a lei comum valeria mais do que a lei constitucional. A lei revoga as leis a ela anteriores na medida em que dispuser de maneira contrária a elas; para se concluir que se deu a revogação basta uma operação mental; a lei constitucional para prevalecer sobre a ordinária, com ela conflitante, teria de sujeitar-se a um processo especial e os tribunais somente pela maioria absoluta dos seus membros poderiam proclamar a incompatibilidade.

32. Chegar-se-ia a este absurdo. Promulgada a Lei 5.000 diria ela no seu artigo final, "revogadas as disposições em contrário, esta lei entrará em vigor na data de sua publicação". O Juiz ou o tribunal, entendendo que a Lei 5.000 continha dispositivos inovadores em relação a lei anterior, a Lei 4.000, por suposição, deixa de aplicar esta para aplicar aquela, dado que a Lei 5.000 revogara, em todo ou em parte, a Lei 4.000. Para isto, basta o entendimento do juiz, da Comarca ou de Turma. Não há necessidade de levar o caso ao tribunal pleno a fim de, pelo voto de maioria absoluta dos seus membros, reconhecer que a Lei 4.000 foi derrogada ou revogada pela Lei 5.000.

Se em vez da Lei 5.000 se tratar de lei constitucional superveniente, a lei maior, a lei suprema, não apagaria, pela revogação, a lei menor, e não a revogaria exatamente por ser maior, por ser suprema, por ser hierarquicamente superior.

A lei constitucional teria menos força e menor eficácia do que a lei ordinária. A lei ordinária teria um efeito maior, mais direto, mais eficaz, do que a lei constitucional, o que é absurdo.

A última concessão

33. O saudoso Ministro Castro Nunes, cuja opinião é invocada por quantos sustentam que a tisna da inconstitucionalidade se estenda à legislação anterior à Constituição, com estas reflexões, encerra sua apreciação da matéria.

> Dir-se-á, por aplicação das regras comuns, que a lei anterior incompatível, ainda que implicitamente, com a posterior, é lei tacitamente revogada. Assim é (ob. cit., p. 602).

Mas adianta:

> Não contesto que a incompatibilidade se resolve numa revogação, o que resulta da anterioridade da norma. Mas perde-se de vista o outro elemento, a diversidade hierárquica das normas.
>
> A teoria da ab-rogação das leis supõe normas da mesma autoridade. Quando se diz que a lei posterior revoga, ainda que tacitamente, a anterior, supõem-se no cotejo leis do mesmo nível. Mas se a questão está em saber se uma norma pode continuar a viger em face das regras ou princípios de uma Constituição, a solução negativa só é revogação por efeito daquela anterioridade; mas tem uma designação peculiar a esse desnível das normas, chama-se declaração de inconstitucionalidade (ob. cit., p. 603).

O eminente publicista foi obrigado a conceder e a ceder, mas ainda resiste ao asseverar que a revogação em tais casos "tem uma designação peculiar... chama-se declaração de inconstitucionalidade" – p. 603.

É a designação peculiar que se trata do conflito entre a Constituição anterior e a lei posterior. Quando se trata, porém, de lei anterior e Constituição posterior, incompatíveis, a questão é de direito intertemporal e nada mais. E por isto de simples revogação.

O Tribunal de Justiça de São Paulo, em acórdão de 17 de setembro de 1952, depois de aludir a acórdão de que foi relator o Des. Mário Masagão, onde foi dito que:

> Não ocorre inconstitucionalidade de lei em sentido técnico quando se cuida de apreciar texto legal anterior à Constituição: aí se trata então de saber se o primeiro subsiste em face da segunda, ou se foi por esta revogado,

enfrenta a solução defendida pelo tratadista:

> O argumento do eminente Sr. Castro Nunes é o de que a antinomia entre a lei e a Constituição embora posterior, tem tecnicamente, a denominação de inconstitucionalidade. Mas a esse argumento pode-se, também responder que a insubsistência de uma lei anterior, diante da outra posterior, tem, tecnicamente, a denominação de revogação. Assim dispõe o art. 2º, § 1º da Lei de Introdução ao Código Civil. Lei posterior revoga a anterior quando seja ela incompatível. A Constituição atual não tem, como as anteriores, um dispositivo genérico revogando as leis com ela conflitantes (art. 83 da Constituição Federal de 1891 – art. 187 da Constituição Federal de 1934 – art. 183 da Constituição de 1937); mas assim o fez considerando que se trata de uma disposição inútil e pois dispensável, em face do princípio de ab-rogação tácita das leis

(cf. Ruy Barbosa – *Trabalhos do Código Civil no Senado*, v. 1, p. 24 e nota – comentários à Constituição 6/406). Planiol criticando precaução semelhante do Código Civil Francês, tachou-a de inútil, acrescentando que "C'est parler pour ne rien dire" (*Droit Civil*, v. 1, n. 228). E razões lógicas acodem em favor desta solução. É que a lei já existente na data da promulgação da Constituição não poderia contrariar esta; não poderia desconhecê-la nem violá-la, tornando-se destarte anticonstitucional.

O que ocorreu com o advento da lei maior foi a ineficácia da lei anterior; o problema é de revogação, de aniquilamento da lei menor pela de maior graduação, diferente do problema, já mais grave, de uma lei posterior que atenta contra a Constituição, que lhe afronta a hierarquia, tornando-se inconstitucional, incorrendo por isto mesmo em nulidade, no caso concreto (*RT*, v. 208, p. 198).

Efeitos "ex tunc" e "ex nunc"

34. A defeituosa colocação do problema leva a sucessivos absurdos e, segundo velha lição, a interpretação que leva ao absurdo não deve ser acolhida.

35. Não é só. Segundo doutrina consagrada, é *ex-tunc* o efeito da declaração de inconstitucionalidade. Por que ela é congênita à lei, ela preexiste à declaração judicial. O julgado não muda a lei, fazendo-a nula quando era válida, apenas declara o vício preexistente. A Corte verifica e anuncia a nulidade, como o joalheiro pode afirmar, depois de examiná-lo, que aquilo que se supunha ser um diamante, não é diamante, mas um produto sintético. O joalheiro não fez a pasta sintética, apenas verificou que o era.

Também a decisão judicial não muda a natureza da lei, como o joalheiro não mudou a natureza do suposto diamante.

Ela nunca foi lei, ele nunca foi diamante. Aquilo que se supunha ser um diamante e que o perito verificou ser um produto sintético, não deixou de ser diamante a partir da verificação do joalheiro, mas *ab initio* não passava de produto sintético.

Também a lei inconstitucional. O Judiciário não a fez inconstitucional, apenas verificou e declarou que o era. Por isso o seu efeito é *ex tunc*.

Como poderia falar em efeito *ex tunc* da declaração de inconstitucionalidade da lei anterior à Constituição, se ele coubesse, se ele não fosse, como é, um contra-senso? Ou teria de ser *ex nunc*?

36. Teria de admitir-se dois tipos de inconstitucionalidade, um a produzir efeitos *ex tunc* outro a produzir efeitos *ex nunc*.

37. Um exemplo mostra, à evidência, esta realidade. Suponhamos que a Lei 5.000 tenha sido elaborada sob a Constituição de 1967. Ela se ajustava perfeitamente às regras constitucionais vigentes quando de sua elaboração. Sobreveio a Constituição de 1988 e entre ela e a Constituição posterior se nota irredutível antagonismo.

Se não se reconhecesse que o caso é de revogação, se se quisesse que a lei em causa, de n. 5.000, fosse inconstitucional à luz da Constituição de 1988, ter-se-ia que da data de sua promulgação até o advento da Constituição de 88 ela era constitucional, e passaria a ser inconstitucional a partir da nova Constituição de 88 e por causa desta. A mesma Lei n. 5.000 seria sucessivamente constitucional e inconstitucional. Mas se ela fosse rigorosamente constitucional até 5 de outubro de 1988, e tivesse se tornado inconstitucional a partir dessa data, ou seja, quando promulgada a vigente Constituição, o efeito da declaração de inconstitucionalidade não poderia ser *ex tunc*, teria de ser *ex nunc*.

A posição em causa, que pretende sustentar que a lei anterior à Constituição e com ela incompatível, não é revogada pela Constituição superveniente, mas é inconstitucional em relação a ela, leva a absurdos sucessivos.

Exemplo convincente

38. Se Ruy tinha razão em afirmar que "em contravindo a Constituição, o ato legislativo não é lei; porque, transpondo a Constituição, o legislador exorbita do seu mandato, destrói a origem de seu poder, falseia a delegação da sua autoridade", como se pode acoimar de inconstitucional a lei, não porque tenha ofendido a Constituição sob cujo império foi ela elaborada, mas porque veio a revelar-se incompatível com a Constituição inexistente ao tempo em que foi editada, eis que a ela superveniente?

Como poderia o legislador observar constituição inexistente no tempo em que elaborou a lei, como poderia quebrantar normas constitucionais que só mais tarde viriam a ser promulgadas?

Mesmo que o legislador fosse vidente, e tivesse a antevisão do que iria acontecer, e de antemão soubesse que uma Constituição com tais ou quais preceitos viria a ser promulgada, mesmo assim não lhe poderia obedecer, por estar sujeito aos preceitos termos da Constituição vigente, à qual devia fidelidade, não podendo transpor os limites traçados à sua ação, visto que: " a lei tem os seus poderes confinados pela Constituição" (Ruy, *Comentários*, 1933, v. I, p. 20).

39. A lei inconstitucional não é lei exatamente por contrariar a Constituição que é a lei das leis.

Caso contrário a lei que contrariasse a Constituição em vez de ser írrita, tê-la-ia alterado e reformado sem a observância dos preceitos reguladores da sua reforma, ou seja, de maneira ilegal.

À toda evidência o conflito de inconstitucionalidade só se dá em face da Constituição vigente.

Pedido inviável

40. A teoria da inconstitucionalidade supõe, sempre e necessariamente, que a legislação, sobre cuja constitucionalidade se questiona, seja posterior à Constituição. Porque tudo estará em saber se o legislador ordinário agiu dentro de sua esfera de competência ou fora dela, se era competente ou incompetente para editar a lei que tenha editado.

Quando se trata de antagonismo existente entre Constituição e lei a ela anterior, a questão é de distinta natureza; obviamente não é de hierarquia de leis; não é nem pode ser exatamente porque a lei maior é posterior à lei menor e, por conseguinte, não poderia limitar a competência do Poder Legislativo, que a editou. Num caso o problema será de direito constitucional, noutro de direito intertemporal. Se a lei anterior é contrariada pela lei posterior, tratar-se-á de revogação, pouco importando que a lei posterior seja ordinária, complementar ou constitucional.

Em síntese, a lei posterior à Constituição, se a contrariar, será inconstitucional; a lei anterior à Constituição se a contrariar será por ela revogada, como aconteceria com qualquer lei que a sucedesse. Como ficou dito e vale ser repetido, num caso, o problema é de direito constitucional, noutro é de direito intertemporal.

41. A ação ajuizada é inviável. Pretende que o Supremo Tribunal, em ação direta de inconstitucionalidade, declare a inconstitucionalidade de leis e regulamentos anteriores à Constituição, quando, por serem anteriores não podem ser inconstitucionais, dado que o legislador não estava vinculado a uma constituição inexistente ao tempo em que as ditas leis (e regulamentos) foram editados. Saliente-se, aliás, que para a autora eram eles perfeitamente constitucionais em face do Código de 69, e teriam se tornado inconstitucionais com o advento da Constituição de 1988 porque com ela incompatível.

O Tribunal não pode dar curso a uma ação direta de inconstitucionalidade para declarar a inconstitucionalidade de normas que podem estar revogadas, mas não são inconstitucionais.

A presente ação direta de inconstitucionalidade não tem como prosperar. O pedido é juridicamente impossível. A ação direta é para declarar a inconstitucionalidade de lei ou ato normativo, não para declarar revogada tal ou qual lei por força da Constituição superveniente. Ou, como observa Ronaldo Poletti: "a ação direta de inconstitucionalidade, em caso de lei revogada pela Constituição, não é sequer conhecida" (*Controle da Constitucionalidade das Leis, 1985*, p. 165).

A ação não tem como prosperar. Sem julgamento do mérito, nego-lhe seguimento.

Extrato de Ata

ADIn 2-1

Origem: Distrito Federal

Rel. Min. Paulo Brossard

Reqte.: Federação Nacional dos Estabelecimentos de Ensino – FENEN

Adv.: Roberto Geraldo de Paiva Dornas e outro

Reqdo.: Presidente da República

Decisão: Por unanimidade o Tribunal reconheceu a legitimidade ativa da autora. No mérito, após o voto do Sr. Ministro-Relator que negava seguimento à Ação por considerar impossível juridicamente o pedido; o julgamento foi adiado em virtude do pedido de vista do Sr. Ministro Celso de Mello. Ausente, justificadamente, o Senhor Ministro Célio Borja. Plenário, 14.9.89.

Presidência do Senhor Ministro Néri da Silveira. Presentes à sessão os Senhores Ministros Moreira Alves, Aldir Passarinho, Francisco Rezek, Sydney Sanches, Octávio Gallotti, Carlos Madeira, Paulo Brossard, Sepúlveda Pertence e Celso de Mello.

Procurador-Geral da República, Dr. Affonso Henrique Prates Correira, substituto. Hércelus Bonifácio Ferreira, Secretário.

PEDIDO DE DESISTÊNCIA

O Senhor Ministro Paulo Brossard (Relator): Sr. Presidente, a autora, Federação Nacional dos Estabelecimentos de Ensino-FENEM – formulou a esta Corte pedido de desistência da ação nos seguintes termos: "Federação Nacional dos Estabelecimentos de Ensino-FENEM –, já devidamente qualificada nos autos do processo em epígrafe, vem com o respeito devido, à presença de V. Exa., requerer a desistência da presente demanda, tendo em vista que a presente ação perdeu seu objeto, com a edição da anexa Portaria".

Indefiro o pedido.

VOTO (VISTA)

O Senhor Ministro Celso de Mello: O excelente voto do eminente Relator, Ministro Paulo Brossard, tornaria dispensáveis maiores observações em torno da questão da inconstitucionalidade superveniente. Bastaria, por isso mesmo, adotar as razões eruditamente desenvolvidas por S. Exa., que, acertadamente, concluiu pela absoluta inviabilidade da presente ação direta.

A inegável relevância jurídica do tema, no entanto, levou-me a pedir vista deste processo.

Trata-se de ação direta de inconstitucionalidade, com pedido de medida cautelar, em que se postula o reconhecimento da ilegitimidade constitucional de atos estatais de caráter normativo editados antes da promulgação e vigência da nova Constituição do Brasil.

Entendo que o controle normativo abstrato – precisamente por configurar instrumento de preservação da integridade jurídica da ordem constitucional vigente – não pode ter por objeto a fiscalização concentrada de leis ou atos normativos pré-constitucionais.

Com efeito, a ação direta, enquanto instrumento formal de controle abstrato, traduz um dos mecanismos mais expressivos de defesa objetiva da Constituição e de preservação da ordem normativa nela plasmada. A ação direta, por isso mesmo, representa meio de ativação da jurisdição constitucional concentrada que enseja ao Supremo Tribunal Federal o desempenho de típica função política ou de governo, no processo de verificação em abstrato da compatibilidade de normas estatais em face da Constituição da República.

O controle concentrado de constitucionalidade, por isso mesmo, transforma o Supremo Tribunal Federal em verdadeiro legislador negativo, posto que a decisão que desta Corte emana – ao declarar a ilegitimidade constitucional de lei ou ato normativo federal ou estadual – opera a exclusão, do sistema de direito positivo, dos atos estatais eivados de inconstitucionalidade.

Esse entendimento – que tem suporte em autorizado magistério doutrinário (Celso Ribeiro Bastos, *Curso de Direito Constitucional*, p. 59, 1978, Saraiva) e que se reflete, por igual, na orientação jurisprudencial firmada por esta Suprema Corte (*RT* 631/227) – permite qualificar o Supremo Tribunal Federal como órgão de defesa da Constituição relativamente ao legislador e às demais instituições estatais, agindo, nessa específica condição institucional, "como órgão de garantia da hierarquia normativa da ordem constitucional" (J. J. Gomes Canotilho, *Direito Constitucional*, p. 809, 4ª ed., 1987, Almedina, Coimbra).

Torna-se necessário enfatizar, no entanto, que se qualificam como objeto de controle concentrado, perante o Supremo Tribunal Federal, unicamente as leis e os atos normativos emanados da União, dos Estados-membros e do Distrito Federal, que tenham sido editados sob a égide de Constituição ainda vigente. O controle por via de ação, que reflete um processo objetivo no qual inexiste litígio referente a situações jurídicas concretas ou individuais, mostra-se indiferente a ordens normativas inscritas em textos constitucionais anteriores já revogados, consoante diretriz jurisprudencial prevalecente nesta Suprema Corte:

> Em se tratando de leis anteriores à Constituição Federal vigente, não há que se cogitar – como tem entendido o STF – de inconstitucionalidade, mas, sim (e se for o caso), de revogação, matéria estranha à representação de inconstitucionalidade.
>
> É incabível a representação com o fito de obter-se declaração de inconstitucionalidade de lei em abstrato em face de Constituição já revogada ao tempo da propositura dessa ação (*RTJ* 95/993, rel. Min. Moreira Alves).

Sabemos que a Constituição, nas diversas classes de preceitos que contém, encerra uma unidade sistemática, normativa e lógico-racional. É no texto da Carta Política que se realiza, instrumentalmente, o princípio da racionalização do poder.

Todos os atos estatais devem guardar relação de conformidade com o texto constitucional, cuja irrecusável supremacia jurídica condiciona o próprio processo de positivação formal do direito objetivo. A relação de incompatibilidade vertical entre o ato fundante (a Constituição) e os atos editados pelos poderes estatais meramente constituídos (as leis e outras espécies normativas) gera imediata sanção produzida pelo ordenamento jurídico, que afeta a própria validade e eficácia dos atos revestidos de menor grau hierárquico-normativo. É desse vínculo de necessária subordinação normativa que decorre o princípio da supremacia da ordem constitucional.

Para efeito de viabilizar-se, em nosso sistema jurídico, o controle normativo abstrato, torna-se necessário também considerar a existência de um vínculo de ordem temporal, que supõe a ocorrência de relação de contemporaneidade entre o texto, ainda em vigor, da Constituição, de um lado, e a gênese das espécies normativas hierarquicamente inferiores, de outro.

É dessa relação de caráter histórico-temporal que exsurge, para o específico efeito de fiscalização abstrata de constitucionalidade, a possibilidade de identificação do parâmetro de controle referível a atos estatais revestidos de menor positividade jurídica.

O juízo de ilegitimidade constitucional, no plano estrito do controle abstrato de constitucionalidade, deriva da situação de incongruência normativa de ato estatal dotado de menor positividade jurídica, desde que o respectivo parâmetro de aferição – a Constituição que lhe presidiu a formação – ainda mantenha atualidade de vigência.

A situação de inconstitucionalidade, além de supor um conceito de relação normativa incoincidente, conduz à necessária formulação de um juízo de desvalor incidente sobre a regra estatal hostil ao texto da Constituição.

A ocorrência dessa antinomia jurídica é resolvida pelo próprio ordenamento positivo cuja estrutura escalonada permite a superação do conflito a partir do reconhecimento da precedência das espécies normativas de grau superior sobre aquelas de natureza hierarquicamente inferior.

A teoria da graduação da positividade jurídica, ao reconhecer a pluralidade de fontes institucionais, hierarquiza, numa clara relação de verticalidade, as regras estatais de menor hierarquia normativa, subordinando-as à autoridade incontrastável do texto da Constituição.

O problema do conflito de regras dentro de uma ordem normativa, por isso mesmo, para ser resolvido sistemicamente, impõe distinção preliminar quanto à graduação de sua positividade jurídica.

Tratando-se de normas situadas em planos desiguais de validade e eficácia, resolve-se, a incompatibilidade vertical, pelo prevalecimento da regra de maior hierarquia.

Daí a advertência de José Afonso da Silva, que, ao destacar a supremacia das normas constitucionais peculiar aos Estados que possuem Constituições rígidas, observa: "E é desse princípio de supremacia que decorre a posição de superioridade hierárquica das normas constitucionais..." (*Aplicabilidade das Normas Constitucionais*, pp. 196 e ss., 1ª ed., Ed. RT). Identicamente, Pinto Ferreira (*Princípios Gerais do Direito Constitucional Moderno*, v. I, p. 132, 5ª ed., Ed. RT).

A legitimidade jurídica dos atos estatais regula-se pelo ordenamento constitucional vigente ao tempo de sua formação. O tema da inconstitucionalidade, por essa razão, envolve uma questão de validade, cuja aferição deve ser examinada, originariamente, em face do ordenamento constitucional sob cuja égide foi produzido o ato estatal posto sob contraste.

A incompatibilidade superveniente de normas ordinárias anteriores, cotejadas em face de um novo ordenamento constitucional, quando ocorrente, produz a imediata revogação dos atos hierarquicamente inferiores. Esse é o pensamento dominante na doutrina constitucional brasileira (Celso Ribeiro Bastos, *Curso de Direito Constitucional*, p. 116, 11ª ed., 1989, Saraiva; Marcelo Neves, *Teoria da Inconstitucionalidade das Leis*, p. 96, 1988, Saraiva; Pontes de Miranda, *Comentários à Constituição de 1946*, t. VI, p. 395, 3ª ed., 1960, Borsoi).

Essa percepção do fenômeno político-jurídico da inconstitucionalidade torna inextensíves, ao direito pré-constitucional, as normas de controle concentrado, posto que cogitável, apenas, em nosso direito, o vício da inconstitucionalidade originária.

Admitir a inconstitucionalidade superveniente significaria generalizar, em caráter ordinário, a possibilidade de nulificação, também superveniente, de todos os atos estatais anteriores a uma nova Constituição, não obstante a sua plena e originária conformidade com a Lei Fundamental vigente à época de sua formação. Como sabemos, o fenômeno jurídico da nulidade superveniente desconstitui, ainda que com eficácia *ex nunc*, situações jurídicas definitivamente estabelecidas.

Essa situação, é preciso acentuar, decorreria, necessariamente, da tese que nega eficácia derrogatória – pura e simples eficácia derrogatória – a uma nova Constituição.

Trata-se de conseqüência extremamente prejudicial à própria estabilidade e segurança dos atos jurídicos, os quais, muito embora ostentando estrita compatibilidade com a Carta Política sob cuja égide foram aperfeiçoados, estariam expostos ao permanente risco de se desfazerem a qualquer instante, tornando-se írritos e nulos. É certo que esse efeito poderá sempre ocorrer, desde que o legislador constituinte, no entanto, ao promulgar uma nova Constituição, assim o disponha, proclamando, de modo expresso, tal conseqüência desintegradora dos atos jurídicos anteriormente praticados e celebrados. Trata-se, contudo, de providência que, sobre exigir explícita previsão constitucional, reveste-se de excepcionalidade absoluta.

Por isso mesmo, e por ser excepcional, a nulidade superveniente – que alcança, afeta e desconstitui, prospectivamente, situações jurídicas já consolidadas – foi contemplada, sempre em caráter limitado, por algumas Constituições brasileiras, como a que ora vigora entre nós, cujo art. 231, § 6º considera nulos, extintos e desprovidos de eficácia os atos e negócios jurídicos (mesmo os anteriormente celebrados) concernentes à ocupação, ao domínio e à posse das terras tradicionalmente ocupadas pelos índios.

O Supremo Tribunal Federal, no julgamento da RP n. 1.016-SP, Rel. Min. Moreira Alves, proclamou a inadmissibilidade de ação direta ajuizada "com o fito de obter-se declaração de inconstitucionalidade de lei em abstrato em face da Constituição já revogada ..." (*RTJ* 95/993).

O eminente Ministro Moreira Alves, Relator, deixou consignado, em seu voto vencedor, o argumento central que substanciou o *dictum* desta Suprema Corte:

> Por outro lado, também, se me afigura incabível a representação com o fito de obter-se declaração de inconstitucionalidade de lei em abstrato em face da Constituição já revogada ao tempo da propositura da ação direta. *A representação de inconstitucionalidade, por sua própria natureza, se destina tão-somente à defesa da Constituição vigente quando de sua propositura. Trata-se*, em verdade, *de ação de caráter excepcional* com acentuada feição política pelo fato de visar ao julgamento, não de uma relação jurídica concreta, mas da validade de lei em tese (...). Tais características estão a mostrar que não é ela uma simples ação declaratória de nulidade, como qualquer outra, mas, ao contrário, um instrumento especialíssimo de defesa da ordem jurídica vigente estruturada com base no respeito a princípios constitucionais vigentes. *Não se destina à tutela de Constituições já revogadas*, até porque a observância delas pelas leis ordinárias elaboradas sob seu império é questão que interessa exclusivamente à disciplina das relações jurídicas concretas – e, portanto, matéria de conteúdo estritamente jurídico –, e não à harmonia da ordem jurídica vigente, pois a lei ordinária anterior, ainda que em choque com a Constituição vigorante quando de sua promulgação, ou está em conformidade com a Constituição atual, e, portanto, não está em desarmonia com a ordem jurídica vigente, ou se encontra revogada pela Constituição em vigor, se com ela é também incompatível (...) (*RTJ* 95/999 – grifei).

Como pude enfatizar anteriormente, a ação direta, em sua função instrumental, destina-se a ensejar a discussão, em tese (*in abstracto*), da compatibilidade de leis ou atos normativos federais ou estaduais com uma Constituição ainda vigente, sob cujo domínio normativo desenvolveu-se o processo de formação e de criação dessas regras estatais de menor hierarquia jurídica.

O nosso sistema de jurisdição concentrada, que legitima o controle abstrato de constitucionalidade, tem por objetivo exclusivo permitir a fiscalização de norma estatal posterior à Constituição, produzida em desconformidade com as regras e os princípios adotados pelo estatuto fundamental.

Se é verdade, como ensina Jorge Miranda (*Manual de Direito Constitucional*, t. II, pp. 273/274, item n. 69, 2ª ed., Coimbra Editora, Limitada), que "constitucionalidade e inconstitucionalidade designam conceitos de relação: a relação que se estabelece entre uma coisa – a Constituição – e outra coisa – um comportamento – que lhe está ou não conforme, que com ela é ou não compatível, que cabe ou não cabe no sentido", não é menos exato que o parâmetro de contraste há de ser o texto constitucional vigente no momento da emanação do ato inferior – relação de contemporaneidade –, posto que a constitucionalidade, ou não, de uma lei deve ser aferida originariamente em relação à Constituição existente à época em que o ato legislativo foi editado. Mas a aferição, para ser efetivada em sede jurisdicional concentrada, supõe o estado de vigência da Constituição alegadamente vulnerada, eis que deve existir, para efeito desse controle abstrato, uma necessária relação de atualidade entre os atos postos em contraste.

Não há que falar, portanto, em inconstitucionalidade superveniente. A incompatibilidade material entre uma lei anterior e uma Constituição posterior resolve-se pela revogação da lei ou do ato estatal de menor hierarquia jurídica. Nesse sentido, orienta-se a jurisprudência de nossos Tribunais, notadamente a do Supremo Tribunal Federal: *RT* 179/922 – *RT* 188/77 – *RT* 197/406 – *RT* 208/197 – *RT* 231/665. Esse entendimento jurisprudencial adverte que "Se a lei dada como inconstitucional é anterior à Constituição, não cabe a argüição de inconstitucionalidade, mas a simples verificação sobre se ela foi, ou não, revogada pela mesma Constituição" (*RF* 221/167).

É que, "Em se tratando de leis anteriores à Constituição Federal vigente, não há que se cogitar – como tem entendido o STF – de inconstitucionalidade, mas sim (e se for o caso) de revogação, matéria estranha à representação de inconstitucionalidade" (*RTJ* 95/993 – *RTJ* 95/980 – *RTJ* 99/544).

Maria Isabel Gallotti, em valioso trabalho jurídico ("A declaração de inconstitucionalidade das leis e seus efeitos", in *RDA* 170/18-40, 38/39), versou o tema da inconstitucionalidade superveniente, onde deixou consignadas as seguintes e esclarecedoras observações, *verbis*:

> "Diz-se *superveniente* a inconstitucionalidade quando uma lei, *perfeitamente compatível* com a *Constituição vigente à época de sua edição*, entra em confronto com ordem constitucional *posterior*.
>
> Não há acordo na doutrina quanto à natureza desse tipo de conflito de normas e ao procedimento a ser adotado para solucioná-lo.
>
> *Diversos constitucionalistas* sustentam que, na hipótese, *não há* inconstitucionalidade, *mas simples revogação*, decorrente do princípio geral de que a lei posterior derroga a anterior com ela incompatível.
>
> Castro Nunes não compartilha essa opinião, por entender não ter pertinência com a espécie a teoria da ab-rogação das leis:
>
> > A teoria da ab-rogação das leis supõe normas da mesma autoridade. Quando se diz que a lei posterior revoga, ainda que tacitamente, a anterior, supõem-se no cotejo leis do mesmo nível. Mas se a questão está em saber se uma norma deve continuar a viger em face das regras ou princípios de uma Constituição, a solução negativa só é revogação por efeito daquela anterioridade. Mas tem uma designação peculiar a esse desnível de normas, chama-se declaração de inconstitucionalidade.
>
> Lúcio Bittencourt admite a ocorrência da revogação, mas assinala que esta é

efeito de declaração de inconstitucionalidade, não se tratando, pois, de revogação pura e simples como a que se verifica em virtude de conflito intertemporal de leis da mesma hierarquia:

A inconstitucionalidade é um estado – estado de conflito entre a lei e a Constituição – e a revogação é o efeito desse estado. O tribunal declara a inconstitucionalidade e, em conseqüência desta, reconhece a revogação da lei.

Seguindo essa linha de raciocínio, conclui Lúcio Bittencourt que a declaração de inconstitucionalidade de lei, em face da Constituição que lhe é posterior, deve obedecer às normas gerais que regem a matéria, a saber, necessidade do voto da maioria absoluta dos membros do tribunal e suspensão da execução da lei pelo Senado Federal.

O Supremo Tribunal Federal, a princípio, endossava essa posição, compreendendo que o tratamento de uma lei elaborada em desacordo com a Constituição e o de uma norma incompatível com o novo regime constitucional são um problema substancialmente idêntico e devem receber o mesmo desate.

Atualmente, contudo, a *jurisprudência* do Supremo Tribunal *orienta-se* no sentido de que *a lei, constitucional em sua origem*, mas conflitante com a Constituição superveniente, *não merece ser havida por inconstitucional*, mas simplesmente como revogada.

A lei revogada por Constituição, *não sendo inconstitucional*, não pode constituir objeto de ação direta de inconstitucionalidade. A representação do Procurador-Geral da República nessa hipótese não é sequer conhecida.

O reconhecimento da revogação do ato normativo por Constituição está sujeito, por conseguinte, no direito brasileiro, à mesma disciplina que a verificação da revogação do ato por norma de igual nível hierárquico; prescinde da maioria absoluta dos membros do tribunal, bem como da suspensão de sua execução pelo Senado (...) (grifei).

Devo registrar que a sucessão de uma ordem constitucional por outra provoca, necessariamente, a análise entre o direito constitucional novo e o direito ordinário anterior, cujas relações normativas são presididas pelo princípio da recepção que reconhece como unicamente subsistentes as normas infraconstitucionais que se revelem compatíveis, no plano material, com a nova Constituição, tendo por revogadas aquelas que não ostentem esse perfil.

Essa é a razão fundamental pela qual se torna incogitável, em nosso sistema jurídico, o fenômeno da inconstitucionalidade superveniente, pois, ou a lei anterior é compatível com o novo ordenamento constitucional – e por este será recebida –, ou manifesta-se entre ambos insuperável conflito de ordem material, a determinar a revogação do ato inferior, o que traduz situação insuscetível de apreciação, em abstrato, no âmbito da ação direta de inconstitucionalidade.

O fenômeno da recepção assegura a preservação do ordenamento jurídico infraconstitucional existente anteriormente à vigência do novo texto fundamental, desde que com este não mantenha conflito antinômico e com ele guarde relação de estrita fidelidade no plano jurídico-material.

O ordenamento normativo, anterior e inferior ao estatuto fundamental, uma vez recebido pela nova Constituição, passa a ter, nela, o seu novo fundamento de validade e de eficácia, desde que ausente, entre ambos, qualquer conflito de natureza material.

O fenômeno da recepção garante a prevalência do princípio da continuidade do direito, pois, conforme decidiu o Supremo Tribunal Federal, "a Constituição, por si só, não prejudica a vigência das leis anteriores (...), desde que não conflitantes com o texto constitucional ..." (*RTJ* 71/289-293).

Esta Suprema Corte, fazendo aplicação do postulado da recepção, proclamou permanecer válida e eficaz a lei ordinária anterior à Constituição, "desde que não contrastante com os seus princípios e normas, ou com o seu espírito" (*RTJ* 77/657-659).

O magistério da doutrina, por sua vez, também perfilha igual orientação:

> (...) Na verdade, o que ocorre, sempre, é que, salvo incompatibilidade entre a legislação ordinária anterior e as normas da nova Constituição, se considera que essas normas ordinárias anteriores persistem válidas e eficazes (...). Mas, se havendo texto expresso, como era o caso da Carta de 1937, plenamente está justificada a permanência da legislação anterior, essa permanência também é aceita no silêncio da Constituição nova (...). Ocorre, portanto, segundo Kelsen, uma recepção do direito anterior, não incompatível com a nova Constituição. A legislação anterior permanece em vigor, mas com um novo fundamento, que é a nova Constituição (Manoel Gonçalves Ferreira Filho, *Direito Constitucional Comparado – I – O Poder Constituinte*, pp. 116/118, itens 77 e 79, 1974, Bushatsky-Edusp).

A teoria da recepção, em última análise, objetiva resolver a questão referente à aplicação das normas jurídicas no tempo, em face da superveniência de um novo ordenamento constitucional.

Na problematização desse tema, torna-se essencial ter presente a relação entre o direito ordinário anterior e a ordem jurídico-constitucional superveniente.

Essa relação, que é de caráter normativo e de índole histórico-temporal, para legitimar a subsistência do direito ordinário pré-constitucional, depende, necessariamente, da congruência material das normas infraconstitucionais com o novo estatuto fundamental.

A perspectiva da Constituição nova representa, nesse tema, o único critério a orientar o intérprete na investigação e análise do fenômeno da recepção, para que os conflitos do direito ordinário pré-constitucional com o novo estatuto fundamental sejam dirimidos pelo reconhecimento, em tal específica situação, da ocorrência de revogação pura e simples dos atos revestidos de menor grau de positividade jurídica.

Desse modo, torna-se inadmissível reconhecer, em nosso sistema normativo, a tese da inconstitucionalidade superveniente, pois esse entendimento conduziria a um inaceitável paradoxo: o de que o postulado da supremacia constitucional encontraria incompreensível limitação jurídica na legislação ordinária anterior, cuja ab-rogação seria incapaz de operar.

A superioridade formal e material das Constituições rígidas traduz o mais expressivo atributo desses estatutos fundamentais. A força, a eficácia e a autoridade normativas das Constituições rígidas revelam-se juridicamente insuperáveis e irresistíveis.

As leis que se formam em desacordo com o estatuto fundamental apresentam-se eivadas do mais grave defeito jurídico que pode afetar a validade e a eficácia de qualquer ato estatal: o vício da inconstitucionalidade.

Esse radical vício de natureza jurídica deve ser analisado e identificado em face da Carta Política vigente no momento da edição do ato estatal reputado incompatível com o texto da Lei Fundamental. É esse texto constitucional, vigente no instante mesmo de instauração da ordem normativa inferior, que deve representar o parâmetro de aferição da constitucionalidade dos atos revestidos de menor hierarquia jurídica.

As leis constituem espécies normativas essencialmente revogáveis. Não possuem o atributo da inalterabilidade. O legislador não pode consignar, no texto dos diplomas legislativos, a proibição de modificá-los. A função legislativa reveste-se de índole constitucional. Possui extração constitucional. É que a competência para exercer essa atividade político-jurídica radica-se na própria Constituição. Por isso mesmo, não pode o legislador ordinário interditar-se o direito de ab-rogar os atos legislativos que editou, imobilizando, dessa forma, as legislaturas subseqüentes.

A revogabilidade das leis, portanto, é de sua essência. Essa característica, no entanto, que é típica e inerente aos diplomas legais – e até mesmo às Constituições –, ter-se-ia por suprimida nas hipóteses de superveniência de ordem constitucional incompatível com o direito ordinário anterior, tornado paradoxalmente imune à eficácia derrogatória da Lei Fundamental.

O reconhecimento da supremacia da Constituição traduz efeito conseqüencial, imediato decorrente de sua promulgação e vigência. Nela repousa o fundamento de validade e de eficácia do ordenamento positivo do Estado. Os atos de menor hierarquia normativa extrairão, do estatuto fundamental, o pressuposto de sua existência, validade e eficácia. Se forem posteriores à Constituição – e com ela não mantiverem relação de conformidade –, reputar-se-ão inconstitucionais. Se lhe forem anteriores – e com a nova ordem constitucional não guardarem relação de compatibilidade material –, considerar-se-ão revogados, pelo fato de não haverem sido recebidos pelo novo estatuto fundamental.

Com a recepção do direito ordinário pré-constitucional, que não vulnere os princípios e valores da nova Constituição, as antigas leis passam a ter, nela, o novo fundamento de sua validade e eficácia.

A incompatibilidade vertical superveniente de leis ordinárias anteriores, resultante de sua colidência com o novo ordenamento constitucional, gera a imediata revogação dos atos hierarquicamente inferiores.

Devo assinalar que, em Portugal – cuja Constituição admite, expressamente, o fenômeno da inconstitucionalidade superveniente –, elaborou-se, de maneira absolutamente coerente com essa tese, formulação doutrinária no sentido de que é irrecusável a subsistência do direito ordinário anterior à nova Constituição, desde que com esta materialmente compatível, ainda que se cuide de legislação inconstitucional sob a égide da Constituição revogada.

Nesse sentido, cabe registrar o magistério do eminente constitucionalista português, Professor Jorge Miranda, da Universidade de Lisboa (*Manual de Direito Constitucional*, t. II, p. 245, 2ª ed., 1988, Coimbra Editora), para quem: "A subsistência de quaisquer normas ordinárias anteriores à nova Constituição depende de um único requisito: que não sejam desconformes com ela (...). Por isso, o único juízo a estabelecer é o juízo da conformidade (ou da compatibilidade) material com a nova Constituição, a Constituição 'actual'. Não é qualquer outro: (...), nem, muito menos, qualquer juízo sobre o seu conteúdo ou sobre a sua formação de acordo com as antigas normas constitucionais. Não importa que as leis fossem inconstitucionais material, orgânica ou formalmente antes da entrada em vigor da Constituição. Importa apenas que não disponham contra essa (...)".

A Comissão Constitucional – órgão que antecedeu ao Tribunal Constitucional português –, em decisão proferida em 1980 (para referir somente uma), reconheceu, nessa mesma linha de entendimento, que a única fonte de legitimação constitucional é a Constituição atualmente vigente, que se converte em padrão de confronto para verificação da constitucionalidade do próprio direito ordinário positivo anterior. Por tal razão, aquele órgão constitucional decidiu que, *"na apreciação da constitucionalidade do direito ordinário anterior, não há que se averiguar se os diplomas legais respeitaram a lei constitucional vigente à data da sua formação e publicação*, nem a sua desconformidade do ponto de vista orgânico e formal face à Constituição de 1933, *mas tão-só a desconformidade substancial com o novo ordenamento constitucional*" (grifei).

Esse entendimento doutrinário e jurisprudencial, contudo, somente se justifica, como já acentuado, porque a Lei Fundamental da República Portuguesa expressamente admitiu o fenômeno da inconstitucionalidade superveniente, o que explica – considerada a estrita perspectiva do modelo português – a possibilidade de fiscalização constitucional de regras estatais componentes do direito ordinário anterior, tendo-se como único parâmetro de aferição a realidade normativa emergente da nova Carta Política.

Esse, porém – e tal como precedentemente já exposto neste voto – não é o sistema vigente no direito constitucional positivo brasileiro.

Lapidar, sob a perspectiva do nosso sistema jurídico, a lição ministrada por Maria Helena Diniz (*Norma Constitucional e seus Efeitos*, pp. 42/43, 1989, Saraiva), que, fundada no magistério de Luiz Gonzaga Nascimento e Silva (*Efeito ab-rogativo das Constituições*, in *RF* 159/63) e com inteiro rigor científico, acentua:

> As leis e atos normativos anteriores à nova Constituição Federal teriam, com sua promulgação, validade? Perderiam, ou não, sua eficácia?
>
> Com a implantação da nova Carta, ante sua supremacia, ter-se-á a subordinação da ordem jurídica aos novos preceitos.
>
> Deve haver compatibilidade de um dispositivo legal com a norma constitucional. Havendo contradição entre qualquer norma preexistente e preceito constitucional, esta deve, dentro do sistema, ser aferida com rigor, pois é indubitável o efeito ab-rogativo da Constituição Federal sobre todas as normas e atos normativos que com ela conflitarem. As normas conflitantes ficam imediatamente revogadas na data da promulgação da nova Carta. Não sendo nem mesmo necessárias quaisquer cláusulas expressas de revogação. Tal ocorre porque, com a promulgação da Lei Maior, cria-se uma nova ordem jurídica, à qual devem ajustar-se todas as normas, sejam elas gerais ou individuais. Essa incompatibilidade entre a legislação ou atos normativos e a nova Carta pode dar-se mesmo apenas relativamente às normas programáticas, já que são constitucionais também e produzem seus efeitos, por não serem destituídas de eficácia. Nítido é o efeito ab-rogativo da norma constitucional no que concerne às normas que com ela conflitarem. A cessação da eficácia de normas anteriores incompatíveis com a Constituição é matéria pacífica, pouco importando a natureza desses preceitos, sejam outras normas constitucionais, sejam leis ordinárias, regulamentos, atos administrativos. A eficácia ab-rogativa das disposições constitucionais, que acarreta perda dos efeitos da legislação e atos normativos anteriores, é questão de direito intertemporal: aquelas normas preexistentes tinham validade em face da Constituição anterior; a promulgação de uma outra Carta é que as torna incompatíveis com os novos preceitos. É, portanto, problema da sucessão no tempo.
>
> Desde a promulgação das novas normas constitucionais, devem ser conformes a elas toda a legislação anterior e futura, todos os atos e negócios jurídicos, todas as sentenças, ante o princípio da hierarquia normativa e da supremacia da Constituição, do qual decorre a obrigatoriedade imediata de seus preceitos.
>
> Logo, está ínsita no sistema a regra de que a nova Constituição Federal não repudia as normas anteriores com ela compatíveis. A ordem normativa anterior à nova Carta só prevalecerá se for por ela, expressa ou tacitamente, admitida, verificando-se a segunda hipótese sempre que as normas antigas forem conformes com as novas disposições constitucionais.
>
> As normas e atos anteriores não conflitantes com a nova Constituição subsistem, não precisando ser renovados.
>
> O fenômeno da recepção da ordem normativa vigente sob a égide da antiga Carta, e compatível com a nova, dando-lhe nova roupagem ou fundamento de validade, tem por finalidade precípua dar continuidade às relações sociais sem necessidade de novas leis ordinárias, o que

seria, além de difícil, custoso, quase que impossível. (...)

As normas da nova Constituição, que entra em vigor, têm a propriedade de recepcionar, de modo automático, as normas anteriores infraconstitucionais, materialmente compatíveis com elas, confirmando sua vigência, eficácia e validade.

Concluo o meu pronunciamento, Sr. Presidente: por entender inexistente, em nosso sistema jurídico, o fenômeno da inconstitucionalidade superveniente ou sucessiva, não vejo como aceitá-lo, quer em função dos elementos expostos neste voto, quer à luz da orientação jurisprudencial já anteriormente firmada por esta própria Corte Suprema.

Assim sendo, e tendo em consideração que os atos normativos ora impugnados revelam-se anteriores à promulgação da vigente Constituição (atos de caráter pré-constitucional), não conheço da presente ação direta.

É o meu voto.

Extrato de ata

ADIn 2-1

Origem: Distrito Federal

Rel.: Min. Paulo Brossard

Reqte.: Federação Nacional dos Estabelecimentos de Ensino-FENEN

Adv.: Roberto Geraldo de Paiva Dornas e outro

Reqdo.: Presidente da República

Decisão: Por unanimidade o Tribunal reconheceu a legitimidade ativa da autora. No mérito, após o voto do Sr. Ministro-Relator que negava seguimento à Ação por considerar impossível juridicamente o pedido, o julgamento foi adiado em virtude do pedido de vista do Sr. Ministro Celso de Mello. Ausente, justificadamente, o Senhor Ministro Célio Borja. Plenário, 14.9.89.

Decisão: Anunciado o prosseguimento do julgamento, o Sr. Ministro-Relator trouxe à consideração do Tribunal requerimento da autora, desistindo da Ação. Por unanimidade, o Tribunal indeferiu o pedido de desistência. Prosseguindo-se no julgamento, após os votos dos Srs. Ministros Relator e Celso de Mello, que não conheciam da Ação por impossibilidade jurídica do pedido, o julgamento foi adiado em razão do pedido de vista do Sr. Ministro Sepúlveda Pertence. Ausente, ocasionalmente, o Sr. Ministro Francisco Rezek. Plenário, 4.10.89.

Presidência do Senhor Ministro Néri da Silveira. Presentes à sessão os Senhores Ministros Moreira Alves, Aldir Passarinho, Francisco Rezek, Sydney Sanches, Octávio Gallotti, Carlos Madeira, Célio Borja, Paulo Brossard, Sepúlveda Pertence e Celso de Mello.

Procurador-Geral da República, Dr. Aristides Junqueira Alvarenga. Hércelus Bonifácio Ferreira, Secretário.

VOTO
(NA RENOVAÇÃO DO JULGAMENTO)

O Senhor Ministro Paulo Brossard (Relator): Não diria um paradoxo se dissesse que a declaração da inconstitucionalidade das leis antecedeu à sua teoria. Antes que a doutrina a formulasse, Marshall desenvolveu-a em julgado imortal, Marbury V. Madison. Nele aparecem apenas os nomes de Blackstone e de Lord Mansfield, a propósito do "mandamus". Nada mais. Quanto à extraordinária construção, nenhum autor é citado, nenhum precedente invocado. Como a água que brota da fonte, o raciocínio do juiz se desenvolve nítido e claro; como o traço do pintor em tela virgem, ele vai se desdobrando e impondo pela sua poderosa força lógica e pela singela transparência dos seus argumentos, cuja simplicidade é modelar. Compete ao Poder Judiciário aplicar a lei ao caso que tiver de julgar. Mas para fazê-lo é preciso saber qual a lei aplicável. Assim, em havendo duas leis em tese aplicáveis à espécie, e sendo elas contraditórias, ao Judiciário cabe verificar qual delas deve ser aplicada. Se ambas fossem da mesma hierarquia ou da mesma natureza, é claro que a lei posterior preferiria a anterior. Mas se o antagonismo se verificar entre uma lei superior, como a lei constitucional, e uma lei inferior, como a lei ordinária, é óbvio que o Judiciário afastaria esta para aplicar aquela, embora a lei ordinária fosse posterior à lei constitucional, uma vez que, neste caso, a lei posterior não revoga a anterior, por ser-lhe superior; se a revogasse, não haveria diferença entre a lei constitucional e a lei ordinária. Ou para repetir as palavras do próprio Marshall:

> se duas leis se contrariam, aos tribunais incumbe definir-lhes o alcance respectivo. Estando uma lei em antagonismo com a Constituição, e aplicando-se à espécie a Constituição e a lei, de modo que o tribunal tenha de resolver a lide em conformidade com a lei, desatendendo à Constituição, ou de acordo com a Constituição, rejeitando a lei, inevitável será eleger, dentre os dois preceitos opostos, o que dominará o assunto. Isto é da essência do poder judicial (If two laws conflict with each other the courts must decide on the operation of each. So, if a law be in opposition to the Constitution; if both the law and the Constitution apply to a particular case, so that the court must either decide that case conformably to the law, disregarding the Constitution, or conformably to the Constitution, disregarding the law, the court must determine which of these confliting rules governs the case. This is of the very essence of judicial duty) (Marshall, *Complete Constitutional Decisions*, ed. Dillon, 1903, pp. 33 e 34).

A idéia nuclear do raciocínio reside na superioridade da lei constitucional em relação às demais leis. A Constituição é superior às leis por ser obra do poder constituinte; ela indica os poderes do Estado, através dos quais a nação se governa, e ainda marca e delimita as atribuições de cada um deles.

Do legislativo, inclusive. Tendo este a sua existência e a extensão dos seus poderes definidos na Constituição, nesta há de encontrar, com a enumeração de suas atribuições, a extensão delas. E na medida em que as exceder estará praticando atos não autorizados por ela. Procede à semelhança do mandatário que ultrapassa os poderes conferidos no mandato.

Assim, uma lei é inconstitucional se e quando o legislador dispõe sobre o que não tinha poder para fazê-lo, ou seja, quando excede os poderes a ele assinados pela Constituição, à qual todos os Poderes estão sujeitos.

Disse-se que a Constituição é a lei maior, ou a lei suprema, ou a lei fundamental, e assim se diz porque ela é superior à lei elaborada pelo poder constituído. Não fora assim e a lei a ela contrária, obviamente posterior, revogaria a Constituição sem a observância dos preceitos constitucionais que regulam sua alteração.

Decorre daí que a lei só poderá ser inconstitucional se estiver em litígio com a Constituição sob cujo pálio agiu o legislador. A correção do ato legislativo, ou sua incompatibilidade com a lei maior, que o macula, há de ser conferida com a Constituição que delimita os poderes do Poder Legislativo que elabora a lei, e a cujo império o legislador será sujeito. E em relação a nenhuma outra.

O legislador não deve obediência à Constituição antiga, já revogada, pois ela não existe mais. Existiu, deixou de existir. Muito menos a Constituição futura, inexistente, por conseguinte, por não existir ainda. De resto, só por adivinhação poderia obedecê-la, uma vez que futura e, por conseguinte, ainda inexistente.

É por esta singelíssima razão que as leis anteriores à Constituição não podem ser inconstitucionais em relação a ela, que veio a ter existência mais tarde. Se entre ambas houver inconciliabilidade, ocorrerá revogação, dado que, por outro princípio elementar, a lei posterior revoga a lei anterior com ela incompatível e a lei constitucional, como lei que é, revoga as leis anteriores que se lhe oponham.

Marshall extraiu esses princípios e deduziu essas conclusões da Constituição americana, que não tem uma palavra a respeito, e os enunciou com tal simplicidade, e com tamanha lógica, que não houve quem não os compreendesse. No entanto, a Europa levou mais de século para absorver, e ainda assim em parte, a teoria, que foi a grande contribuição do direito americano ao acervo universal da ciência jurídica. Aos juristas europeus custava aceitar que um juiz, no exercício da sua jurisdição, pudesse dizer que um ato saído do Parlamento e revestido das formalidades extrínsecas da lei, e devidamente sancionado, não era lei e, por isso, deixava de aplicá-la no caso em julgamento.

Discreta exceção constituiu a Noruega, (Rui Barbosa, *O Direito do Amazonas ao Acre Setentrional, Obras Completas*, XXXVII, 1910, V, p. 61, nota 173, p. 66, nota 189), bem como a Suíça, circunscrita às leis cantonais (Rui Barbosa, *Os Atos Inconstitucionais*, 1893, pp. 78 e 79; Dicey, *Introduction a l'Étude du Droit Constitutionnel*, 1902, p. 151; Werner, "La Constitution et le Régime Politique", Secretan, "Les recours contra la puissante publique", in *La Vie Juridique de Peuples*, Suisse, 1935, pp. 36 e 111; modernamente, Aubert, *Traité de Droit Constitutionnel Suisse*, 1967, I, ns. 443, 448, 449, 450, 459, 480, pp. 173 e ss.; Favre, *Droit Constitutionnel*, 1970, p. 460); só depois da primeira conflagração mundial, depois das Constituições de Weimar, da Áustria, da Tchecoeslováquia e da Espanha, aliás, todas de breve duração, na Europa foi admitido um corretivo no que concerne à legislação inconstitucional. Mas, ainda assim, não segundo o modelo norte-americano, já então mais que centenário, mas através de Cortes Constitucionais situadas fora do Poder Judiciário (Pedro Cruz Villabón, *La Formación del Sistema Europeo de Control de Constitucionalidad* (1918-1939), 1987, *passim*; Koenraad Lennerts, *Le Juge et la Constitution aux États-Unis d'Amerique et dans l'Ordre Juridique de Européen*, 1988, *passim*). A tentativa não foi feliz, mas com melhor êxito foi renovada depois da segunda conflagração; ainda agora, porém, o seu mecanismo é diferente do que a experiência norte-americana consagrara, e vários países americanos, como a Argentina, o México e o Brasil.

Por essas razões, sempre se entendeu que as leis anteriores à Constituição não eram nem podiam ser inconstitucionais em relação à Constituição superveniente e se conflitantes seriam simplesmente revogadas pela lei constitucional posterior, como o seriam pela lei ordinária posterior. A voz dissonante foi do saudoso Ministro Castro Nunes, em seu belo livro sobre o Poder Judiciário; mas ele não deixa de reconhecer que a jurisprudência do STF já então, e "de longa data", era adversa ao seu entendimento; se assim era em 1943, quando da edição do livro, e mesmo anteriormente, assim continuou a ser, sem exceções, como se pode ver da seguinte relação de julgados:

1952 RE 19.656, Relator Min. Luiz Gallotti *RT* 231-665

1952 RE 19.887, Relator Min. Luiz Gallotti *RT* 231-665

1974 RE 78.984, Relator Min. Cordeiro Guerra *RTJ* 71-291

1975 RE 78.486, Relator Min. Rodrigues Alckmin *RTJ* 76-538

1977 Rep. 946, Relator Min. Xavier de Albuquerque *RTJ* 82-44

1979 Rep. 1.012, Relator Min. Moreira Alves *RTJ* 95-980

1979 Rep. 1.016, Relator Min. Moreira Alves *RTJ* 95-993

1980 Rep. 765, Relator Min. Soares Muñoz *RTJ* 98-952

1981 Rep. 969, Relator Min. Antônio Neder *RTJ* 99.544

1981 RE 91.604, Relator Min. Néri da Silveira *RTJ* 116.652

1983 RE 100.596, Relator Min. Rafael Mayer *RTJ* 109-1220

1986 Rep. 1.303, Relator Min. Octávio Gallotti *DJ* 1.VIII.86

1987 Rep. 1.334, Relator Min. Carlos Madeira *RTJ* 124-415

É o que ainda agora, em notável monografia, assinala Gilmar Ferreira Mendes (*Controle de Constitucionalidade*, 1990, p. 336), e, não faz muito, em monografia igualmente valiosa, Marcelo Neves fazia notar (*Teoria de Inconstitucionalidade das Leis*, 1988, p. 96).

A respeito o Brasil também tem sua experiência, que, aliás, não se limitou a repetir os padrões norte-americanos, mas lhes introduziu contribuição original de vulto, primeiro no tocante a declaração de inconstitucionalidade *in thesi* de leis estaduais e apenas em relação aos princípios constitucionais de observância obrigatória, depois em relação a leis e atos normativos federais e estaduais, apreciando-os em abstrato, independente de direito individual lesado. Antes, conferira ao Senado poder para estender os efeitos de um julgado entre partes, ao suspender *erga omnes* a eficácia de lei declarada inconstitucional. Não me parece que a Corte deva deixar-se fascinar por elocubrações que conflitem com o instituto tal como concebido, implantado e enraizado no solo de direito nacional. E, de mais a mais, que se chocam com os pressupostos históricos e lógicos da teoria da inconstitucionalidade da lei.

Quanto ao mais, reporto-me ao voto que proferi quando se iniciou o julgamento.

VOTO VISTA

O Senhor Ministro Sepúlveda Pertence: Assinalo, de início, para deixar documentado o congestionamento temporal com que se debatem os trabalhos do Plenário da Corte, que este voto-vista aguarda chamada desde começos de 1990. Desde então não me cabe responsabilidade pelo retardamento que agora impõe a renovação integral do julgamento.

Cuida-se de preliminar de não conhecimento de ação direta de inconstitucionalidade dirigida contra dois decretos-leis e um decreto, editados sob o regime constitucional passado.

Acolheu-a o eminente Relator, Ministro Paulo Brossard: a desconformidade argüida entre a nova Constituição e atos normativos anteriores à sua promulgação, seria redutível, segundo S. Exa., à revogação destes, para a declaração da qual não seria idônea a ação direta.

Ao longo voto do Ministro Brossard não se pode negar grande força de persuasão, já pela constância da jurisprudência invocada, já pela autoridade dos doutores lembrados, já pelo brilho, característico dos trabalhos de sua lavra, transmitido aos argumentos da tese abraçada: tanta, que permitiu a S. Exa. tachar repetidamente de absurda a posição contrária.

Enfática e erudita, de seu turno, foi a adesão ao Relator do voto-vista do eminente Ministro Celso de Mello.

Não obstante, tenho a ousadia de dissentir, por força de uma firme convicção de que recusar a via da ação direta de inconstitucionalidade ao expurgo das leis velhas incompatíveis com a nova ordem constitucional, seria demitir-se, o Supremo Tribunal, de uma missão e de uma responsabilidade que são suas. Intransferivelmente suas.

Sintetizo, de logo, a minha posição.

Não nego a paridade de efeitos substanciais entre a concepção da inconstitucionalidade superveniente e a da ab-rogação pela Constituição nova do direito pré-constitucional ordinário, com ela incompatível.

Como observa Bobbio (*Teoria do Ordenamento Jurídico*, trad., UnB-Polis, 1989, p. 106), a incidência concomitante de mais de um dos critérios de solução de antinomias (o cronológico, o hierárquico e o de especialidade) "não causa particular dificuldade quando as duas normas são colocadas de maneira que, qualquer que seja o critério que se queira aplicar, a solução não muda: por exemplo, se de duas normas incompatíveis, uma é superior e subseqüente e a outra inferior e antecedente, tanto o critério hierárquico quanto o cronológico dão o mesmo resultado de fazer prevalecer a primeira".

Ora, essa é precisamente a equação entre a lei preexistente e a Constituição nova.

Certo, ainda com o notável pensador italiano (ob. cit., p. 108), estou em que "O critério cronológico vale como critério entre duas normas colocadas no mesmo plano" e, em contraposição, que "Quando duas normas são colocadas sobre dois planos diferentes, o critério natural de escolha é aquele que nasce da própria diferença de planos".

Por outro lado, pelas razões que adiante se minudenciarão, na esteira de Costantino Mortati ("Abrogazione Legislativa e Instaurazione di un Nuovo Ordinamento Constituzionale", de 1958, em *Raccolta di Scritti*, II/43, 68), penso que, além da diversidade de gradação hierárquica, na hipótese da inconstitucionalidade superveniente, também falta, para que se possa falar de revogação, que as normas cotejadas pertençam simultaneamente ao mesmo ordenamento positivo, o que, a rigor, não se dá na hipótese em que uma delas seja de lei anterior à Constituição.

Serão essas, no entanto, disceptações meramente teóricas se, a despeito delas, se puder chegar à mesma solução, que me parece relevantíssima, de afirmar-se o cabimento da ação direta de inconstitucionalidade.

Por isso, o que parece mais importante frisar é que qualificar de revogação o fenômeno questionado não é posição excludente, segundo penso, de que a relação de antinomia entre a lei anterior e a Constituição superveniente seja primariamente uma relação de inconstitucionalidade.

Se se quer chamar a hipótese de revogação, tudo bem. Não será, contudo, caso de simples revogação, supostamente idêntica àquela que resultaria da incompatibilidade entre normas de gradação ordinária, na constância de um mesmo ordenamento constitucional. Será, então, sim, revogação qualificada, porque derivada da inconstitucionalidade superveniente de lei anterior à Constituição.

Nessa perspectiva, como Lúcio Bittencourt, na obra clássica (*O Controle Jurisdicional da Constitucionalidade das Leis*, Forense, 1949, p. 131), admitiria, eu também, que o efeito jurídico do juízo de inconstitucionalidade não é unívoco: e, conforme o caso e o direito positivo considerado, que, da inconstitucionalidade, podem decorrer tanto a inexistência ou a nulidade quanto a anulabilidade, tanto a ineficácia *ab origine* quanto a revogação qualificada do ato inconstitucional.

E a Constituição não restringiu o cabimento da ação direta segundo os efeitos da inconstitucionalidade argüida, admito-a, não apenas quando, da declaração em tese da sua invalidez, deva resultar a inexistência ou a nulidade da norma questionada, mas também a sua revogação por inconstitucionalidade, sempre que a incompatibilidade derivar da vigência da Constituição sobrevinda.

Não me preocupa demonstrar, com pretensões de lógica jurídica pura, que seja essa a única solução correta; nem muito menos devolver à tese de meus amáveis contraditores a pecha da absurdez.

A mim me basta a convicção de que a tese da inconstitucionalidade superveniente – em qualquer das suas modalidades – além, *data venia*, de estar longe de ser absurda –, resiste, e resiste bem, às críticas mais ferozes que lhe têm sido assestadas.

E, sendo assim, prefiro-a àquela da simples revogação porque entendo que a conseqüência básica da sua adoção – o cabimento da ação direta –, é a que serve melhor às inspirações do sistema brasileiro de controle de constitucionalidade.

Reduzir o problema às dimensões da simples revogação da norma infraconstitucional pela norma constitucional posterior – se é alvitre que tem por si a sedução da aparente simplicidade –, redunda em fechar-lhe a via da ação direta. E deixar, em conseqüência, que o deslinde das controvérsias suscitadas flutue, durante anos, ao sabor dos dissídios entre juízes e tribunais de todo o País, até chegar, se chegar, à decisão da Alta Corte, ao fim de longa caminhada pelas vias freqüentemente tortuosas do sistema de recursos. De resto, nem a decisão do Supremo Tribunal despida de força vinculante *erga omnes*, encerrará as contradições. Perderão com tudo isso, inevitavelmente, não só a rapidez, mas a uniformização dos resultados da tarefa jurisdicional de conformação do direito velho às novas diretrizes da Lei Fundamental, com patente perda da efetividade desta e da segurança jurídica dos jurisdicionados.

Ao contrário, se se entende que o conflito cogitado se traduz em inconstitucionalidade superveniente – chame-se, embora, de revogação à sua conseqüência jurídica –, abre-se-lhe a via do controle abstrato, hoje, generosamente ampliada pela desconcentração da legitimidade ativa.

Certo, ao contrário das cortes constitucionais européias, ao Supremo Tribunal Federal restará, em qualquer hipótese, a possibilidade alternativa de conhecimento incidente da antinomia, se e quando lhe chegue o recurso extraordinário a respeito.

Ainda sob esse prisma, contudo, a tese da inconstitucionalidade sucessiva da lei antiga é mais útil que a da simples revogação.

Na Europa, com efeito, objetou-se – sobretudo, à vista de hipóteses de incompatibilidade frontal, manifesta e inequívoca entre a Constituição sobrevinda e a lei velha –, que convertê-la em problema de inconstitucionalidade, da competência privativa das cortes constitucionais, seria procrastinar desnecessariamente a imposição da norma superior.

No Brasil, porém, a coexistência do sistema difuso e incidente com o sistema concentrado e abstrato de controle da constitucionalidade das leis obvia o inconveniente: as vantagens de rapidez, uniformidade e definitividade da ação direta não prejudicarão que, nos casos concretos, em todos os escalões da estrutura judiciária, se imponha de imediato a prevalência da Constituição.

Para dar testemunho dessa minha profunda convicção, como é do meu dever, em questão de tanta relevância, é que peço a generosa atenção da Corte e, sobretudo, a paciência dos meus eminentes colegas.

II

Que não é absurdo divisar inconstitucionalidade na contradição material de lei antiga com a Constituição superveniente, prova-o, *data venia*, que seja esse o entendimento dominante no direito comparado.

A questão se tem posto, nos países europeus que adotaram o sistema concentrado de controle, a propósito de inserir-se, ou não, no monopólio das respectivas cortes constitucionais, o exame da incompatibilidade com as Constituições novas do direito infraconstitucional anterior: indagação a que obviamente se dará resposta afirmativa, se se qualifica a solução da antinomia de inconstitucionalidade superveniente ou sucessiva, e resposta negativa, se nela se enxergar mera revogação, de verificação entregue à competência difusa da magistratura ordinária.

Na Itália, a solução foi radical: é sabido que, depois de alguma polêmica doutrinária, a primeira sentença da Corte Constitucional afirmou cuidar da hipótese de ilegitimidade constitucional, e não de revogação: "é inegável que a relação entre leis ordinárias e leis constitucionais e o grau que a elas corresponde na hierarquia das fontes" – assentou a célebre sentença n. 1, de 1956 –, "absolutamente não se alteram, sejam as leis ordinárias anteriores, sejam posteriores às constitucionais (...) os dois institutos jurídicos da ab-rogação e da ilegitimidade constitucional das leis não são idênticos entre si, movem-se em planos diversos, com efeitos diversos e competências diversas. O campo da ab-rogação, além disso, é mais restrito em confronto com o da ilegitimidade constitucional, e os requisitos reclamados para que se tenha ab-rogação por incompatibilidade são muito mais limitados do que aqueles que possam autorizar a declaração de ilegitimidade constitucional de uma lei" (cf. *Giurisprudenza della Corte Costituzionale Italiana,* Milano, 1985, p. 3): "è innegabile che il rapporto tra leggi ordinarie e leggi costituzionali e il grado che ad esse rispettivamente spetta nella gerarchia delle fonti non mutano affatto, siano le leggi ordinarie anteriori, siano posteriori a aquelle costituzionali. (...) I due istituti giuridici dell'abrogazione e della illegittimità costituzionale delle leggi non sono identici fra loro, si muovono su piani diversi, con effetti diversi e con competenze diverse. Il campo dell'abrogazione inoltre è più ristretto, in confronto di quello della illegittimità costituzionale, e i requisiti richiesti perché si abbia abrogazione per incompatibilità secondo i principi generali sono assai più limitati di quelli che possano consentire la dichiarazione di illegittimità costituzionale di una legge".

Tornou-se vitoriosa, pois, a corrente em que se destacara o grande Calamandrei ("Corte Constitucional y Autoridad Judicial", em *Estudios sobre el Proceso Civil*, trad., Bs. As., 1973, III/121,149s.).

A célebre decisão, saudada com entusiasmo por Calamandrei (*La Primera Sentencia de la Corte Constitucional*, ob. e loc. cits., III/185), tem tido, desde então, os seus fundamentos respaldados e desenvolvidos pelos maiores nomes do Direito Público italiano (*v.g.*, C. Mortati, *Abrogazione Legislativa*, cit., *Istituzioni di Diritto Pubblico*, 1969, II/1265; Franco Modugno, *L'Invalidità della Legge*, 1970, I/18; Mauro Cappelletti, *La Pregiudizialità Costituzionale nel Proc. Civile*, 1972, p. 88; Pierandrei, verb. "Corte Costituzionale", na *Enciclopedia del Diritto*, X/908; Ballado-re-Palieri, Diritto Costituzionale, 1955, p. 281 etc.).

Cita-se, em contraposição à Itália, o caso da Alemanha Federal, onde estaria consolidado o domínio do entendimento contrário, o da simples revogação (*v.g.* Jorge Miranda, *Manual de Direito Constitucional*, 2ª ed., 1982, p. 249; G. Zagrebelsky, *Giustizia Costituzionale*, 1988, p. 142).

Todavia, *est modus in rebus*.

As informações mais pormenorizadas, de que disponho, são no sentido de que, efetivamente, o Tribunal Constitucional Federal entendeu não ser de sua competência a argüição incidente da incompatibilidade de lei anterior com a Constituição, que, portanto, poderá ser decidida pelo juiz da causa, sem necessidade de suscitar a questão constitucional. O Tribunal também entende, porém, que o julgamento da mesma argüição será de sua competência exclusiva, quando formulada na via direta do controle abstrato de constitucionalidade.

"Objeto do controle 'abstrato" de normas' – noticia Ernst Friesenhahn (*La Giurisdizione Costituzionale della Repubblica Federale Tedesca*, trad., 1973, p. 64), "são todas as normas jurídicas sem consideração nem ao momento de sua emanação nem ao seu caráter formal, incluídos, portanto, os regulamentos e as disposições de leis editadas antes da entrada em vigor da Lei Fundamental".

No mesmo sentido, as informações de García de Enterría (*La Constitución como Norma Jurídica, y el Tribunal Constitucional*, Madrid, 1981, p. 85). E também de

Gilmar Ferreira Mendes (*Controle de Constitucionalidade*, mimeo, UnB, 1987, p. 61), com minuciosa indicação da bibliografia germânica.

As razões da distinção aparentemente estranha – às quais já se refere Ernst Friesenhahn (*La Giurisdizione Costituzionale*, cit., p. 68) – estão analisadas com precisão por Odim Brandão Ferreira, em trabalho ainda inédito, a partir da análise dos *leading cases* da jurisprudência da Corte alemã, a respeito do tema.

Mostra o jovem estudioso que o *distinguo* partiu, na verdade, das diferentes funções que a Corte se atribui no controle concreto e no controle abstrato de normas.

De fato. No controle concreto – que o artigo 100 da Lei Fundamental de Bonn determina seja suscitado pelo juiz, com suspensão do processo, sempre que, *incidenter*, considere inconstitucional a lei a aplicar –, entende o Tribunal que a sua tarefa de guardião da Constituição se retrai e avulta a de "impedir que qualquer tribunal se afaste da vontade do legislador ordinário federal ou estadual, ao não aplicar as leis por eles promulgadas, por as interpretar contrárias à Constituição" (decisão de 20.3.52). Donde, concluiu a decisão básica sobre o tema, de 24.2.53, a desnecessidade de alçar ao Tribunal Constitucional as questões incidentes relativas à subsistência das leis anteriores à Constituição: "a decisão sobre a compatibilidade do direito anterior com a Lei Fundamental" – explica o julgado, "deixa a autoridade do legislador intocada (...) o exame da compatibilidade de uma lei com uma Constituição promulgada posteriormente pressupõe justamente a eficácia jurídica original da norma testada. Somente quando o ato normativo do legislador mais antigo é visto como eficaz é que a questão da compatibilidade com a Constituição posterior pode vir à tona. Se esta for negada, não se reduz a autoridade do legislador, mas constata-se objetivamente que uma vontade legislativa posterior deve preceder a outra que lhe é anterior. Para a resposta da questão da compatibilidade entre a lei anterior e posterior, é destituído de significado que esta se veicule por meio de uma norma de hierarquia superior. Neste ponto, a questão da competência dos Tribunais para indagar da compatibilidade do direito anterior com a Lei Fundamental é um problema de colisão entre direito antigo e novo" (*apud* Odim B. Ferreira, ob. cit.).

Diversamente entende o Tribunal alemão que, no controle abstrato (correspondente à nossa ação direta), a sua "tarefa (...) de ser o guardião da Constituição está em primeiro plano", donde, nessa via, "caber-lhe a aferição da compatibilidade entre o direito pré-constitucional e a Lei Fundamental". Conclusão essa a que, conforme documenta o mesmo trabalho, não esteve alheia a preocupação da segurança jurídica, dada a eficácia *erga omnes* da decisão.

Note-se que, em 2.10.68, a Corte alemã se manteve na orientação de 1952 para considerar que, no contexto do controle direto, "A questão de saber se a norma testada é direito anterior ou posterior à Constituição é (...) sem significado" e reafirmar que "Em oposição ao controle concreto, o objeto do controle abstrato pode, também, ser direito anterior à Constituição" (cf. id. ib.).

Claro, não está em causa discutir a procedência da sutil distinção germânica, tachada de artificial pela autoridade de Konrad Hesse (*apud* Odim B. Ferreira, trab. cit.): o que importa é enfatizar que nela está o inequívoco reconhecimento da viabilidade de tratar como inconstitucionalidade a antinomia entre a Constituição e o direito anterior.

Curiosa, de sua vez, é a solução marcadamente pragmática da jurisprudência constitucional espanhola.

Nos sistemas de controle concentrado exclusivo, tem-se oposto, à concepção da inconstitucionalidade sucessiva, a freqüência dos casos de incompatibilidade patente e induvidosa da lei antiga com a nova ordem constitucional; para obviar, em tais casos, a delonga da suspensão do processo, a Corte da Espanha deixou ao juiz ordinário da causa a possibilidade de decidir, de logo, a questão, incidentemente, e, só em caso de dúvida, suscitar perante o Tribunal Constitucional a questão de inconstitucionalidade superveniente (*v.g.*, García de Enterría, *La Constitución como Norma Jurídica ...*, cit., pp. 88 e ss.; Antonio Cano Mata, *Cuestiones de Inconstitucionalidad – Doctrina del Tribunal Constitucional*, 1986, p. 60).

Não importam aqui as críticas sistemáticas, a que se expõe a orientação, já deduzidas por García de Enterría (ob. e loc. cits.): o que interessa é frisar a sua premissa – correta, a meu ver – de que, em última análise, "no existe una auténtica contradicción entre el problema vigencia – derogación y el problema constitucionalidad-inconstitucionalidad" (sentença de 2.2.81, *apud* Enterría, ob. cit., p. 90).

Em Portugal, como não se desconhece, a questão mereceu solução expressa na revisão constitucional, a partir da qual o artigo 282, 2, explicitou que, tratando-se de inconstitucionalidade por infração de norma constitucional posterior, "a declaração só produz efeitos desde a entrada em vigor desta última".

A regra positiva não inovou. Consagrou a doutrina que, em tese, reúne os mais autorizados publicistas lusos (cf. Jorge Miranda, "O Direito Constitucional e Ordinário Anterior", em *Estudos sobre a Constituição*, 1977, I/353; *A Constituição de 1976*, 1977, pp. 128 e ss.; *Manual de Direito Constitucional*, 2ª ed., 1983, II/248; J. J. Gomes Canotilho, *Direito Constitucional*, 4ª ed., 1986, p. 837; Canotilho e Vital Moreira, *Constituição (...) Anotada*, 1985, 2º/542).

Aliás, antes da solução positiva do atual artigo 282 (fruto da revisão de 1982), já se firmara a competência do Conselho de Revolução e da Comissão Constitucional – órgãos do controle de constitucionalidade, no texto primitivo –, para conhecer das impugnações à sobrevivência do direito anterior (cf. Jorge Miranda, *A Constituição de 1976*, cit., II/139).

III

A perfunctória incursão no direito comparado – particularmente na jurisprudência e na doutrina dos países que mais recentemente tiveram de enfrentar o problema, tranqüiliza-me, com as vênias do eminente Relator, de não estar a propor ao Tribunal nenhum "rematado absurdo".

De resto, é bom recordar que, também na doutrina brasileira, a questão está longe de pacificar-se.

Na doutrina, além da autoridade de Castro Nunes (*Teoria e Prática do Poder Judiciário*, 1943, p. 600) cuja argumentação, pela solução da inconstitucionalidade superveniente, o Ministro Brossard tomou como alvo de sua cerrada crítica –, já invoquei a de Lúcio Bittencourt (*O Controle*, cit., p. 131) – revogação, conseqüência da inconstitucionalidade –, que tem, entre os contemporâneos, a prestigiosa adesão de José Afonso da Silva (*Aplicabilidade das Normas Constitucionais*, 1968, pp. 144 e ss. e 204 e ss.). Parece situar-se no mesmo campo a opinião de Themistocles Cavalcanti (*Do Controle de Constitucionalidade*, 1966, p. 171).

IV

Para uma ponderável corrente de juristas, a opção, na polêmica, pela noção de inconstitucionalidade parte também de sua diversidade substancial em relação à revogação: a contradição das normas de grau inferior com a Lei Fundamental freqüentemente não se poderia reduzir aos marcos da incompatibilidade estrita entre normas do mesmo grau hierárquico, que se sucedem no tempo, determinante do fenômeno da ab-rogação.

Recorde-se, nessa linha, a decidida afirmação da primeira sentença da Corte Constitucional italiana – "i requisiti richiesti perchè si abbia abrogazione per incompatibilità secondo i principi generali sono assai più limitati di quelli che possano consentire la dichiarazione di illegitimità costituzionale di una legge".

Afirmação que trai provavelmente a relevante influência de Calamandrei, como jurista e advogado, na discussão que antecedeu ao julgamento. "A norma constitucional" – escrevera, pouco antes, o grande publicista (*Corte Constitucional e Autoridade Judicial*, loc. cit., p. 152) –, "carece freqüentemente da categórica exatidão preceptiva própria da lei ordinária, cuja entrada em vigor faz cair automaticamente por ab-rogação o preceito anterior incompatível com o posterior, que toma o seu lugar; mas a norma constitucional tem freqüentemente um alcance a um tempo mais vasto e menos preciso, todas as vezes em que se estende mais que a editar preceitos, a indicar os princípios de ordem geral a que devem ajustar-se as leis ordinárias, de maneira que o decidir se uma lei ordinária é ou não incompatível com tais princípios, já não é um problema específico de sucessão de leis, mas implica uma visão e uma interpretação panorâmica de todo o ordenamento constitucional (...)."

Citava Calamandrei, no mesmo passo de seu escrito (ob. cit., p. 154), a observação de Balladore-Palieri (*Diritto Costituzionale*, 1955, p. 281), para quem "o fato de que a nova norma seja uma norma constitucional, pode facilmente provocar maiores conseqüências e colocar em questão se não se devem considerar abrogadas normas da lei preexistente que talvez se salvariam, ao menos em parte, se só se aplicassem os princípios normais acerca da ab-rogação das leis".

Nessa mesma direção, pôs-se Franco Modugno (*L'Invalidità*, cit., I/32), ao sustentar que, se para verificar a incompatibilidade, pressuposto da ab-rogação, é necessário que, entre as duas normas, se interponha uma contradição tal que torne impossível a sua aplicação simultânea, a mesma contradição não parece necessária para determinar a invalidez ou a inconstitucionalidade – "Se per il verificarsi della incompatibilità è necessário che tra le due norma si frapponga una contraddizione tale da renderne impossibile l'applicazione contemporanea, per cui dalla osservanza dell'ultima deriverebbe la disapplicazione e le inosservanza della prima, la stessa contraddizione non sembra necessària, anche se è certamente sufficiente, a determinare là invalidità o illegitimità".

Também Alessandro Pizzorusso (*Lecciones de Derecho Constitucional*, trad., Madrid, 1984, II/22) sustenta que inconstitucionalidade e derrogação tem alcance diverso, não apenas no plano processual (reserva ou não da competência à Corte Constitucional), mas também no plano substancial: a inconstitucionalidade, afirma, "pode derivar inclusive de princípios gerais, incapazes, por si sós, de exprimir uma norma suficientemente concreta para derrogar (e substituir) as anteriores".

Para não ficar somente na Itália, lembre-se que a mesma premissa de vinculação entre o conceito de revogação e a idéia de "substituição de normas no ordenamento, de uma regulamentação sucessiva da mesma matéria", está em Jorge Miranda (*Manual*, cit., p. 251), para notar, com vistas à hipótese de inconstitucionalidade superveniente, que "Salvo assunção ou avocação da totalidade da disciplina pela norma de grau superior – rara, mas sempre possível, visto que à norma superior cabe definir a sua própria área de concretização – apenas uma norma de igual posição hierárquica substitui, de ordinário, outra".

"Uma norma constitucional" prossegue (ib., p. 252), "revoga uma norma constitucional, como uma norma legal revoga outra norma legal". Ao contrário, conclui, "não existe revogação quando na economia do ordenamento não se prescinda das duas normas. O que acontece é que se oferecem dois graus e normas em cada um; nem a norma superior consome a inferior, nem esta arreda o poder regulador traduzido naquela ao dirigir-se às relações jurídicas".

É sabido, de resto, que o relevo dessa perspectiva de consideração do problema só tem avultado em face da preocupação, quase obsessiva, das últimas décadas com a efetividade da força normativa da Constituição, particularmente, com a afirmação do valor jurídico das normas constitucionais programáticas.

Não nego a sedução do raciocínio, que reclama profunda reflexão.

Mas, de minha parte, confesso, ainda não me sinto suficientemente convencido dessa diversidade substancial da antinomia Constituição/lei ordinária, em relação à que contraponha duas normas da mesma hierarquia, sejam ambas constitucionais ou infraconstitucionais; pelo menos, a ponto de fazer dele, o alicerce da minha posição.

O conceito de incompatibilidade é um só e incide, a meu ver, em todos os níveis da ordem normativa.

Certo, ainda hoje é flagrante a menor densidade de grande parte das normas constitucionais em relação à das leis ordinárias.

Mas esse dado de fato, ainda que relacionado à própria função da Lei Fundamental, não é essencial ou necessário, como o comprova, aliás, a experiência das minudentes constituições contemporâneas. Nem exclui, como admite Jorge Miranda, que, em última análise, à norma superior é que caiba "definir a sua própria área de concretização", nem, por outro lado, que, segundo os cânones do direito intertemporal, uma lei ordinária posterior possa deter-se na estipulação de princípios gerais e, nem por isso, deixa de ab-rogar a lei anterior, cuja densa disciplina da matéria com eles, princípios gerais novos, se torna incompatível.

São outros, por enquanto, ao menos, os fundamentos da minha convicção de que a incompatibilidade da Constituição superveniente com o direito ordinário pré-constitucional não deva ser reduzida às dimensões de simples revogação.

V

A linha principal da orientação perfilhada pelos votos já proferidos fora traçada com precisão por meu inesquecível mestre, Víctor Nunes Leal ("Leis Complementares da Constituição", *RDA* VII/379, 390):

> Parece-nos mais acertada a corrente que vê na incompatibilidade entre a lei anterior e a Constituição nova um simples caso de revogação e não de inconstitucionalidade. Em primeiro lugar, porque o conflito que aí se abre é tipicamente um conflito de normas no tempo; a norma anterior considera-se revogada pela promulgação da norma posterior com ela incompatível.
>
> Pouco importa que, na hipótese, a norma posterior não tenha apenas este caráter de norma posterior, mas seja também uma norma superior do ponto de vista hierárquico. A razão parece clara. O vício de inconstitucionalidade importa nulidade da lei. A lei que ofende a Constituição é como se não existisse, e a sua nulidade resulta da incompetência do órgão que a editou, já que o legislador ordinário não tem poder para emendar a Constituição. Mas, se a norma constitucional, com a qual a norma legal é incompatível, for posterior a esta, então não era incompetente o órgão que promulgou a norma legal, porque ao tempo de sua promulgação o legislador ordinário não exorbitara de sua competência: como a norma questionada não era incompatível com a Constituição vigente na época, não pertencia ela à competência do legislador constituinte, mas justamente à competência do legislador ordinário que a decretou.
>
> Nessas condições, como é possível considerar que uma lei seja válida até o momento da promulgação do novo texto constitucional e daí por diante se consi-

dere nula ou inexistente? Se nulidade houvesse, essa nulidade atingiria a lei desde o seu nascimento, e conseqüentemente deveriam ser desfeitas todas as relações jurídicas constituídas sob a sua égide. Mas tal não acontece. As relações jurídicas que se constituíram ao amparo da norma em questão até o momento de ser promulgado o novo texto constitucional com ela incompatível, são plenamente válidas e subsistentes. Desse momento em diante é que a lei deixa de operar, mas não por motivo de nulidade. E sempre que uma lei opere validamente até determinado momento e daí por diante deixe de operar em virtude da expedição de uma norma nova, o fenômeno jurídico que temos é o da revogação, pouco importando que a norma nova seja de categoria igual ou superior à da norma anterior revogada.

Nessa mesma trilha, o Ministro Brossard, depois de transcrever o trabalho de Víctor Nunes, assevera que a lei inconstitucional "pode ser definida como uma lei que o Congresso fez, sem poder fazer. (...) Porque não estava em sua competência, porque escapava de suas atribuições, competência fixada pela Constituição, atribuições por ela demarcadas".

Em substância, partem ambos, já se vê, da conhecida concepção de Hans Kelsen ("La Garantie jurisdictionelle de la Constitution", em *Rev. Dr. Public.*, 1928, pp. 197, 206), segundo a qual a inconstitucionalidade material – única de que se cogita, no tocante à inconstitucionalidade superveniente (Pierandrei, ob. e loc. cits. p. 908) –, em última análise, se reduziria a uma inconstitucionalidade formal, na medida em que uma lei cujo conteúdo é contrário à Constituição deixaria de ser inconstitucional, se fosse votada como emenda constitucional – "une loi dont le contenu est en contradiction avec les prescriptions de la Constitution cesserait d'être inconstitutionnelle si elle étoit votée comme loi constitutionnelle".

Não obstante a sedução lógica do argumento, a mim me parece que as duas figuras – a inconstitucionalidade material e a inconstitucionalidade formal, seja a orgânica ou a processual –, são categorias essencialmente inconfundíveis, dado que a primeira, a material, diz com a invalidade de normas e a segunda, a formal, com a invalidade do ato de criação normativa, independentemente do conteúdo das normas criadas: nas palavras de Franco Modugno (*L'Invalidità*, cit., II/152), "i vizi sostanciali riguardano le norme deduzibili dalle disposizioni poste dall'atto, mentre i vizi formali riguardano é atto in quanto tale, nei suoi pressuposti, nel suo procedimento e nei momenti della deliberazione, della dichiarazione, della documentazioni e infine della pubblicazione".

De qualquer sorte, estou, com todas as vênias, em que o referido argumento básico da negação da própria idéia de inconstitucionalidade sucessiva faz abstração de certas conotações típicas da problemática da relação Constituição e direito ordinário pré-constitucional, particularmente, da chamada recepção do direito antigo pela ordem nova.

Aqui, sim, é fundamental voltar às fontes da lógica jurídica de matriz kelseniana.

Ainda que de grau mínimo, a Constituição de 1988 é fruto de uma ruptura do ordenamento anterior, substantivada na EC 26/85, que alterando o processo de revisão constitucional da Carta de 69, investiu o Congresso Nacional em poderes de assembléia constituinte para votar uma nova Constituição, que dificilmente se poderia reduzir juridicamente a uma simples reforma da anterior.

De qualquer modo, substituída integralmente a Constituição da República, a doutrina e a jurisprudência, a fim de explicar a sobrevivência, sob o novo ordenamento positivo, do direito ordinário preexistente, não incompatível, se têm valido da teoria da recepção – como agora o faz o voto do eminente Ministro Celso de Mello –, em moldes similares àqueles em que Kelsen a adotou para explicar a subsistência parcial da legislação precedente, na hipótese de revolução jurídica, isto é, de mudança da Constituição, por meios ilegítimos à luz da ordem anterior. Vale, assim, recordá-los (*Teoría General del Derecho y del Estado*, México, 1949, p. 121): "Uma grande parte da velha ordem jurídica 'permanecer' válida, dentro do marco da nova ordem. Mas a frase 'permanece válida' não oferece uma descrição adequada do fenômeno. O que não muda é apenas o conteúdo de tais normas, não, a sua razão de validez. Se certas leis promulgadas sob o império da velha Constituição 'continuam sendo válidas' sob a Constituição nova, isso só é possível porque a nova Constituição lhes confere validez, seja expressa, seja tacitamente. O fenômeno é um caso de recepção (...) A nova ordem 'recebe', isto é, adota normas pertencentes à velha ordem; isso significa que a nova ordem considera válidas (ou põe em vigor) normas que possuem o mesmo conteúdo daquelas da ordem precedente".

E conclui, o mestre de Viena, com a síntese freqüentemente, repetida: "A 'recepção' é um procedimento abreviado de criação jurídica. As leis que, de acordo com o modo ordinário e inadequado de dizer, continuam sendo válidas, são, do ponto de vista jurídico, leis novas cujo sentido coincide com o das anteriores. Não são idênticas às leis anteriores porque a razão de sua validade é diferente".

"As normas comuns ao velho e ao novo ordenamento" – repisa Bobbio (*Teoria do Ordenamento Jurídico*, trad., cit., p. 177) – "pertencem apenas materialmente ao primeiro; formalmente, são todas normas do novo, no sentido de que elas são válidas não mais com base na norma fundamental do velho ordenamento, mas com base na norma fundamental do novo. A recepção é um ato jurídico com o qual um ordenamento acolhe e torna suas as normas de outro ordenamento, onde tais normas permanecem materialmente iguais, mas não são mais as mesmas com respeito à forma".

À luz de raciocínio similar, Jorge Miranda (*A Constituição de 1976*, cit., p. 119) enfatiza que o que se tem, quando da mudança da Constituição, não é recepção formal, mas recepção material de normas do ordenamento caduco. "A recepção formal", explica, "é a recepção do ato normativo, a recepção material, a recepção apenas da norma. A recepção formal pressupõe a permanência da força jurídica originária dos preceitos (...) Ao invés, a recepção material reduz-se a uma técnica de preenchimento de espaços de regulamentação jurídica: as normas recebidas", conclui o notável jurista português, "são incorporadas no ordenamento como normas deste ordenamento ou nele enxertadas com o mesmo espírito que lhe preside; e a sua vigência, a sua interpretação e a sua integração ficam em tudo dependentes da norma de recepção".

Donde a afirmação, ainda de Jorge Miranda (*Manual*, cit., II/242) de que "a superveniência de uma Constituição provoca é a novação do Direito ordinário anterior. Como toda e cada uma das normas, legislativas, regulamentares e outras, retiram a sua validade, directa ou indirectamente, da Constituição, a mudança da Constituição acarreta mudança de fundamento de validade: as normas, ainda que formalmente intocadas, são novadas no seu título ou na sua força jurídica, pela Constituição, e sistematicamente deixam de ser as mesmas".

Idéia similar de "novação da fonte de validade" das normas anteriores à Constituição já se encontrava em Mortati (*Abrogazione Legislativa*, loc. cit., p. 70).

Escuse-me o Tribunal a digressão teórica. Ela me pareceu necessária para firmar que, na perspectiva da nova ordem constitucional, sejam as normas recebidas, porque compatíveis, sejam as normas repelidas, porque inconciliáveis com a lei fundamental, superveniente, todo o direito ordinário anterior, enfim, é tratado como se a data de sua vigência fosse a mesma da Constituição, tanto quanto esta o receba, quanto quando o repila.

Sublinhe-se a observação de Kelsen de que é a nova ordem que "põe em vigor", quando as recebe, as normas de conteúdo idêntico às preexistentes. Daí ser a recepção, um procedimento abreviado de legislação.

Segue-se daí a importância fundamental do ponto assentado. Ele permite afirmar – em respeitosa contradita ao carro-chefe da argumentação do mestre Víctor Nunes e do Ministro Brossard –, que não existe diferença substancial de natureza e de eficácia temporal entre a declaração de inconstitucionalidade da lei posterior à Constituição e a declaração de inconstitucionalidade superveniente. Categoria, essa última, no entanto, que ambos repelem, com base, precisamente, nessa diversidade, só aparente, de natureza e de efeitos.

Ao contrário, *data venia*, a verdade é que, também a inconstitucionalidade sucessiva pode ser interpretada como nulidade *ab origine*, susceptível de ser declarada com efeitos *ex tunc*, se se tem na devida conta que, sob o prisma do ordenamento superveniente, à luz do qual se lhe afere a invalidez, a norma repelida, a exemplo da norma recebida, há de considerar-se como se fora datada da promulgação da Constituição nova.

Desse modo, a chamada superveniência da inconstitucionalidade da lei antiga tem em conta o momento histórico de sua produção, sob a ordem constitucional caduca; não, porém, o momento jurídico em que deixa de ser recebida pelo novo ordenamento, por incompatibilidade com a Constituição nova, momento que coincide com o início da vigência desta (cf. Jorge Miranda, *Manual*, cit., II/251).

Assim, do mesmo modo como ocorre, em sistemas como o nosso, na hipótese de inconstitucionalidade originária, também a declaração da inconstitucionalidade superveniente gera efeitos *ex tunc*, isto é, a partir do momento da inconstitucionalidade.

Notaram-no Canotilho e Vital Moreira (*Constituição*, cit., 2º/342). A Constituição portuguesa, no artigo 282, I, acolhe a regra, dominante entre nós, de que a declaração em tese da inconstitucionalidade produz efeitos *erga omnes* "desde a entrada em vigor da norma declarada inconstitucional". E cuida a seguir da inconstitucionalidade sucessiva, no artigo 282, 2, assim comentado pelos juristas renomados: "No n. 2 contempla-se a hipótese de inconstitucionalidade (ou ilegalidade) superveniente, pelo que os efeitos da declaração de inconstitucionalidade (ou ilegalidade) não podem retroagir ao período em que a norma não era inconstitucional (ou ilegal). Os efeitos contam-se a partir do momento da entrada em vigor da norma constitucional que tornou inconstitucional a norma em causa (...) Em rigor, não se trata de uma excepção ao n. 1; estabeleceu-se apenas um regime que é um corolário lógico da natureza superveniente da inconstitucionalidade ou ilegalidade. A regra é, ainda aqui, a da produção de efeitos desde a origem da inconstitucionalidade ou da ilegalidade (*ex tunc*)".

Entre parênteses, convém notar que a ruptura – que a idéia de novação enfatiza –, na identidade mesma da norma legal preexistente – a qual, não obstante conservar o mesmo conteúdo, será uma, até o advento da Constituição nova, e outra, a partir daí –, desfaz mais uma perplexidade possível: não obstante a declaração de sua inconstitucionalidade, sob o estalão da nova ordem, a lei preexistente, se for o caso, continuará a ser tida por aplicável aos fatos anteriores sobre os quais haja incidido validamente na vigência do ordenamento caduco: o mesmo conteúdo normativo, que se declarou inconstitucional, enquanto norma do ordenamento novo, se pode aplicar, e reputar constitucional, enquanto norma diversa do ordenamento passado.

Vale insistir, *data venia*, em que a inconstitucionalidade superveniente jamais será, no sistema brasileiro, declarada com efeitos *ex nunc*: eficácia *ex nunc* teria a declaração de inconstitucionalidade que – a exemplo de outros sistemas de controle, qual o primeiro modelo austríaco –, só produzisse efeitos a partir da decisão judicial. Esse evidentemente não é o caso, no sistema brasileiro, em que, segundo a opinião dominante, a declaração de incompatibilidade da norma inferior com a superior, seja qual for a sua qualificação específica, se reputa sempre declaração de nulidade, conseqüentemente, de efeitos *ex tunc*, isto é, retroativos ao momento da ocorrência do que seja ele, indiferentemente, vício de inconstitucionalidade ou ilegalidade.

É sugestivo, aliás, que, por isso, a idéia de inconstitucionalidade superveniente, ao invés da de revogação, seja repelida por aqueles que, na trilha de Pontes de Miranda, emprestam eficácia constitutiva – donde, *ex nunc* –, a qualquer hipótese de declaração judicial de inconstitucionalidade. É que nessa perspectiva, aí sim, se poderia dizer que a revogação teria eficácia no tempo mais radical do que a da posterior decisão constitutiva negativa de inconstitucionalidade: nesse sentido, a argumentação brilhante de Marcelo Neves (*Teoria de Inconstitucionalidade das Leis*, Saraiva, 1988, p. 96).

Creio que nessa mesma chave – lei inconstitucional anulável, e não, nula – é que cabe situar a posição de Kelsen, no célebre ensaio de 1928 (*La Garantie Jurisdictionnelle*, loc. cit., p. 235), ao afirmar que a anulação de uma lei inconstitucional só seria necessária a rigor se a lei é posterior à Constituição: porque, explicou o grande pensador, "se se trata de uma lei anterior à Constituição e em contradição com ela, esta a revoga, em virtude do princípio de *lex posterior*; então, anulá-la, parece supérfluo e até logicamente impossível" – "il parait donc superflu e même logiquement impossible de l'annuler".

Entre nós, contudo, não se trata de anular, nem de desconstituir leis inconstitucionais: a concepção ortodoxa de inconstitucionalidade, no Brasil – que é a minha, mas também a dos doutos votos que me antecederam –, é a que afirma a nulidade do ato inconstitucional, que simplesmente se declara, com efeitos contados da data em que tenha ocorrido.

A partir daí, inconstitucionalidade sucessiva e revogação têm efeitos materiais e temporais equivalentes. O que difere, nos mecanismos processuais da aferição de uma ou de outra, é a admissibilidade do controle abstrato da inconstitucionalidade, mas não, da revogação. Nesse ponto, porém, ao qual voltarei, a abertura da via rápida da ação direta, a caminho não da decisão declaratória *erga omnes*, é, precisamente, *data venia*, o que empresta à concepção da inconstitucionalidade superveniente, relativamente à da simples revogação, muito maior força no sentido da efetividade da Constituição.

VI

Por ser assim – se o Tribunal recusa a idéia de inconstitucionalidade sucessiva como excludente da idéia de ab-rogação de lei ordinária pela Constituição posterior –, a mim igualmente me satisfaria, porque leva ao mesmo resultado, no que é relevante, a corrente intermédia, representada entre nós por Lúcio Bittencourt e José Afonso da Silva, que admite, para a hipótese, a natureza de revogação, qualificada, porém, como efeito da inconstitucionalidade. E, portanto, viabilizando igualmente a ação direta.

Aludindo ao entendimento de Castro Nunes, longamente referido pelo eminente Relator, acentuou o saudoso Lúcio Bittencourt (*O Controle*, cit., p. 132):

"O equívoco do Mestre consiste, a nosso ver, em considerar paralelas as duas situações, excludente uma da outra, quando, de fato, a inconstitucionalidade é um estado – estado de conflito entre uma lei e a Constituição – e a revogação é o efeito deste estado. O Tribunal declara a inconstitucionalidade e, em conseqüência desta, reconhece a revogação da lei".

Posição substancialmente equiparável tem sido assumida, no estrangeiro, por renomados estudiosos do tema.

Dentre eles, na Itália, Mauro Cappelletti (*La Pregiudizialità Costituzionale*, cit., p. 90) acentua que mesmo em relação às leis ab-rogadas por incompatibilidade sobrevinda com a norma constitucional, quando da entrada em vigor desta, "a causa da ab-rogação coincide com a inconstitucionalidade" delas. Não nega que haja ab-rogação, mas sendo a revogação causada por inconstitucionalidade, nega é que dela pudesse conhecer o juiz ordinário, no sistema concentrado italiano: "anche le leggi abrogate per incompatibilità sopravvenuta con la norma costituzionale, nell'atto stesso in cui questa norma é entratu em vigore si son trovate en contrasto con essa, e la causa quindi della loro abrogazione coincideva con la loro incostituzionalità. È vero che questa inconstituzionalità é venuta meno, per cosi dire, nell'atto stesso in cui si è manifestata, a causa dell'abrogazione della norme incostituzionale: ed io non nego affatto (...) che detta abrogazione si possa essere verificata. Nego però che il giudice ordinario possa conoscere al fine della disapplicazione, dato che una siffatta cognitio sarebbe cognizione di un'abrogazione causata da incompatibilità, ossia da incostitucionalità (...)".

Em Portugal, Canotilho (*Direito Constitucional*, cit., p. 837) julga "não existir, em relação a leis ordinárias pré-constitucionais contrárias à Constituição, nem uma relação de anterioridade dos juízos de revogação e de inconstitucionalidade, nem uma relação de exclusão. Não há uma relação de anterioridade: a respeito de normas revogadas, não se suscita um problema de constitucionalidade. Não há uma relação de exclusão: se a revogação deriva ou é provocada por contrariedade com a Constituição, então a contrariedade é ela mesma premissa da revogação. A inconstitucionalidade (plano de validade) conduz, num caso concreto, à revogação (plano de vigência). Daí que, na inconstitucionalidade superveniente, haja um concurso de revogação (leis que se sucedem no tempo) e nulidade (leis de hierarquia diferente em relação de contrariedade)".

Essa mesma concepção de que, na relação lei anterior *versus* Constituição posterior, as idéias de inconstitucionalidade e de revogação não se excluem, uma à outra, não parece ser estranha, de sua vez, às originais soluções dicotômicas tomadas a propósito, de um lado, pela jurisprudência constitucional alemã – que resolve a dicotomia, na via do controle concreto dando prevalência ao prisma da revogação e, no controle abstrato ao da inconstitucionalidade – e, de outro, pela do Tribunal Constitucional da Espanha.

No *leading case* da jurisprudência espanhola, aliás, ficou expresso, em termos muito semelhantes às colocações de Lúcio Bittencourt e de Canotilho, que "no existe auténtica contradicción entre el problema vigencia-derrogación e el problema constitucionalidad-inconstitucionalidad (...) En la medida en que la derrogación se produce por contradicción con la Constitución, la contradiccion con la Constitucion es una premisa de la derrogaciòn. Nosotros entendemos por inconstitucionalidad simplesmente el juicio de contraste entre las dos normas, al que subsigue una consecuencia jurídica. Mas inconstitucionalidad non es la consecuencia, sino simplesmente la premisa de esa consecuencia. Por eso puede decirse que la inconstitucionalidad de las leyes anteriores conduce a unas consecuencias que puedem ser concurrentemente la derrogación y la nulidad" (cf. García de Enterría, ob. cit., p. 90).

VII

Existe ainda, nos dois votos proferidos, especialmente no do Ministro Brossard, uma outra objeção à idéia de inconstitucionalidade superveniente.

Indaga, a propósito, o eminente Relator, com a eloqüência que o singulariza, "como poderia o legislador observar constituição inexistente ao tempo em que elaborou a lei, como poderia quebrantar normas constitucionais que só mais tarde viriam a ser promulgadas".

"Mesmo que o legislador fosse vidente" – responde S. Exa. "e tivesse a antevisão do que iria acontecer, e de antemão soubesse que uma Constituição com tais e quais preceitos viria a ser promulgada, mesmo assim não lhe poderia obedecer, por estar sujeito aos preceitos e termos da constituição vigente".

Com todas as vênias, não me convenci de que o argumento, de fascinante cintilação retórica, tivesse maior peso jurídico.

A inconstitucionalidade é apenas o resultado de um juízo de incompatibilidade entre duas normas, ao qual é de todo alheia qualquer idéia de culpabilidade ou responsabilidade do autor da norma questionada pela ilicitude constitucional.

A razão, por isso, cabe a Jorge Miranda (*Manual*, cit., II/250), quando anota que "a inconstitucionalidade não é primitiva ou subseqüente, originária ou derivada, inicial ou ulterior. A sua abstracta realidade jurídico-formal não depende do tempo de produção dos preceitos".

Atemporal e impessoal, a inconstitucionalidade repele, pois, o que, embora a outro propósito, Calamandrei ("Ilegitimidad Constitucional de las Leyes", em *Estudios*, cit., III/89) chamou de "concepção, por assim dizer, antropomórfica do que, na realidade, é somente um conflito objetivo de normas".

Ao contrário – quando se cuida de inconstitucionalidade superveniente – que advém do cotejo de uma norma editada sob uma ordem constitucional com as normas e princípios de um outro ordenamento – futuro –, a declaração da invalidade sucessiva da lei pode até significar o reconhecimento da lealdade do seu autor aos valores constitucionais da sua época.

Tanto assim é, já antes se observou, que o mesmo conteúdo normativo da regra legal fulminada de inconstitucionalidade superveniente poderá seguir regendo os fatos anteriores à nova Lei Fundamental, se assim o determinarem os cânones do direito intertemporal pertinente.

VIII

Finalmente, não desconheço o peso pragmático de uma última objeção, a que deu particular relevo o voto do eminente Relator: a que parte da exigência, posta nas sucessivas Constituições brasileiras, desde a de 1934, do *quorum* da maioria absoluta dos Tribunais para a declaração de inconstitucionalidade de leis ou atos normativos do Poder Público, hoje, no artigo 97 da Constituição em vigor.

Como a mesma exigência não se põe, se se reduz o problema à declaração de estar a lei ou ato normativo simplesmente abrogados, aí se alicerçou o argumento do Ministro Brossard, segundo o qual, na tese da inconstitucionalidade superveniente, a lei maior, a Constituição, valeria menos que a lei menor posterior, em relação à lei ordinária pré-constitucional.

Minha discordância, já o disse, está em que, ao contrário, só à declaração de inconstitucionalidade é que o sistema brasileiro concedeu via processual direta para decisão em tese com eficácia geral: e esta é a prova maior da força de sua suprema eficácia.

Reconheço, entretanto, que, em relação ao sistema difuso, a exigência do *quorum* especial constituiria efetivamente um complicador procedimental, difícil de justificar, mormente quando se cuidasse de atestar incompatibilidade aberta e manifesta entre as normas cotejadas.

Convenci-me, entretanto, que o brilhante voto do Ministro Brossard fornece, ele mesmo, os dados que permitem afastar o complicador aparente.

Mostrou S. Exa. que o *quorum* qualificado referido se liga à *presunção de constitucionalidade* das leis. Mas mostrou também, com precisão inexcedível, que à lei anterior à Constituição não favorece a presunção de constitucionalidade, que ela não tem, diz S. Exa., "porque não poderia ter, pela mais óbvia dessas razões. Ao ser elaborada no âmbito do Poder Legislativo, ao receber a sanção do Poder Executivo, nenhum dos dois poderes a conferiu, nem poderia fazê-lo, com a Constituição que, ao tempo, não existia, e só depois dessa suposta lei veio a ser promulgada".

Ora, se assim é – e estou em que o seja – a objeção do *quorum*, *data venia*, pode afastar-se por si mesma, ou seja, pela ausência das razões de ser, que a explicam e que lhe condicionam a exigência.

A dificuldade se resolve, assim, pelo recurso à interpretação restritiva, que Karl Larenz chamaria de integração de lacunas "ocultas, mediante redução teleológica" (*Metodologia da Ciência do Direito*, 2ª ed., trad., Lisboa, 1989, p. 473).

O notável teórico germânico qualifica de lacuna oculta "o caso em que a regra legal, contra o seu sentido literal, mas de acordo com a teleologia imanente à lei, precisa de uma restrição que não está contida no texto legal. A integração de uma tal lacuna", explica, "efectua-se acrescentando a restrição que é requerida em conformidade com o sentido". E, com isso, "a regra contida na lei, concebida demasiado amplamente segundo o seu sentido literal, se reconduz e é reduzida ao âmbito de aplicação que lhe corresponde segundo o fim da regulação ou a conexão de sentido da lei".

Aplicada ao artigo 97 da Constituição, a redução teleológica circunscreve a exigência do *quorum* qualificado ao âmbito correspondente à finalidade que a explica – a proteção da presunção de constitucionalidade das leis posteriores à Constituição. E o faz sem necessidade, para obviar-lhe a injustificada incidência, na hipótese das leis anteriores, de fugir à evidência de que a sua desconformidade com norma de Lei Fundamental se resolve numa inconstitucionalidade (ou numa revogação por inconstitucionalidade) e, nunca, numa simples revogação.

Mutatis mutandis, interpretação restritiva ou redução teleológica similar já a praticou o Supremo Tribunal, por exemplo, quando contra a amplitude do texto constitucional correspondente, cingiu, à hipótese de declarações incidentes de inconstitucionalidade proferidas pela Corte, a necessidade de suspensão *erga omnes* de sua vigência pelo Senado Federal e a dispensou, no caso da declaração por via principal.

Creio, Senhor Presidente, ter dado conta suficiente – e certamente com uma extensão maior do que a excusável –, das razões pelas quais sigo convencido da inteira viabilidade técnica da inconstitucionalidade superveniente, seja como entidade oposta e excludente da revogação de lei por norma constitucional posterior, seja como fundamento dessa categoria qualificada de revogação.

Convicção, é certo, que não ilide o respeito pela concepção oposta, dos que se recusam a distinguir o fenômeno questionado da simples revogação de uma norma ordinária por outra posterior, do mesmo nível.

De minha parte, é uma certeza. Mas, uma certeza jurídica, com toda a relatividade que o objeto lhe impõe, sobretudo em matéria constitucional (cf. K. Hesse, "La Interpretación Constitucional", em *Escritos de Derecho Constitucional*, trad., Madrid, 1983, pp. 31, 55).

Estou consciente, por sua vez, de que a opção, que o problema impõe, não é apenas técnica. É de alta política constitucional: admitida a razoabilidade jurídica das várias soluções aventadas, a eleição, entre elas, por um Tribunal como este há de guiar-se no sentido que se lhe apresente como a mais adequada à efetividade da Constituição, que é o cometimento fundamental desta Casa.

Aliás, nem é novidade o liso reconhecimento de que o deslinde da questão não pode prescindir da consideração das conseqüências de cada alternativa posta sobre a eficácia e a qualidade do controle de legitimidade das leis.

Já o anotara Calamandrei, ao tempo mesmo da polêmica acesa (*Corte Constitucional e Autoridad Judicial*, loc. cit., III/154).

Depois de noticiar a discussão e reconhecer que são bons os argumentos de ambos os lados, tanto os invocados a favor da tese de inconstitucionalidade, quanto os da corrente de revogação, Zagrebelsky (*Giustizia Constituzionale*, 1977, p. 42) conclui que a opção da Corte Constitucional dependeu mais de preocupação de natureza político-institucional e das condições históricas, nas quais o juízo constitucional se instalou, do que de estritas razões de lógica jurídica – "La scelta operata dalla corte costituzionale é dipesa di più da preoccupazioni di natura político-istituzionale e delle condizioni storiche in cui il giudice costituzionale ha iniziato ad operare, che non da strette razioni di logica giuridica".

Dessas preocupações institucionais, na decisão de abrir a via do controle direto e concentrado de constitucionalidade à aferição da compatibilidade com a nova ordem das leis anteriores, tem estado sempre presente a relativa à certeza e à segurança jurídicas, conseqüentes à eficácia *erga omnes* das sentenças da Justiça Constitucional, que, de sua vez, é instrumento da efetividade da Constituição.

Por isso, Calamandrei (*Corte Constitucional y Autoridad Judicial*, loc. cit., III/154) vincula a opção pela tese da ilegitimidade superveniente, e a conseqüente reserva à Corte Constitucional da competência respectiva, às razões da preferência do constituinte pelo sistema de controle principal e concentrado. "Enquanto o controle difuso, confiado à Magistratura" – explica – "deixa aberta a possibilidade (...) de discrepâncias entre os diferentes órgãos julgadores acerca da legitimidade constitucional de uma mesma lei, a declaração de inconstitucionalidade pronunciada *incidenter tantum* por um juiz, deixa em vigor a lei com vistas a todos os possíveis casos futuros e aberta a possibilidade de que outro juiz, em outra controvérsia, a considere legítima e a aplique, o controle concentrado, entregue à Corte constitucional, propicia a esta resolver a questão de uma vez e para sempre, mediante uma declaração válida *erga omnes*, que não deixa rastros de dúvida atrás de si (...) o sistema foi querido assim" – aduzia o mestre – "porque, uma vez suscitada em juízo uma questão de ilegitimidade constitucional que não seja evidentemente infundada, isso basta para projetar sobre a lei uma sombra de descrédito que faz surgir o interesse público numa decisão de dúvida *erga omnes*".

Confirma o moderno Pizzorusso (*Lecciones*, cit., II/201) que, não obstante: a seriedade do entendimento de que a revogação seria prejudicial da declaração de invalidade, o argumento de que a última, a de inconstitucionalidade, quando objeto de decisão da Corte Constitucional, ganha em certeza, induziu a doutrina e a jurisprudência à posição oposta.

O próprio Kelsen (*La Garantia Jurisdictionnelle*, loc. cit., pp. 235-236) – embora optando, à luz de suas premissas acerca de inconstitucionalidade, porque a revogação, já ocorrida, tornaria supérflua a posterior anulação da lei inconstitucional – não obstante presta homenagem à mesma preocupação de certeza jurídica, do entendimento contrário – "Il peut sembler mauvais d'en abandonner la décision aux multiples autorités chargées de l'application des lois, dont les vues sur ce point seront peut-être trés vacillant. Et on peut donc se demander s'il n'y aurait pas lieu de leur retirer également l'examen de la compatibilité des lois anciennes avec la Constitution qui ne les a pas expressément abrogérs et de les confier au tribunal constitutionnel central (...)"

Na Espanha, García de Enterría (*La Constitución como Norma*, cit., p. 92) critica a solução ali prevalecente e adere à italiana, que supera, diz, a visível debilidade pragmática, resultante da grave insegurança jurídica que se consagra "si se deja a una multiplicidad de centros de decisión, la que compone la totalidad de jueces y Tribunales ordinários, resolver el problema del alcance que la promulgación de la Constitución supone efectivamente sobre todo el ordenamiento precedente".

Na Alemanha, ao criticar a solução dicotômica da jurisprudência, também acentuou Konrad Hesse que "sob o aspecto da clareza e certeza jurídica, nada favorece a exclusão das leis pré-constitucionais (...) do monopólio decisório do artigo 100, 1, LF, mas, ao contrário, tudo aconselha a sua inclusão. De um ponto de vista funcional" – conclui – "deve-se partir menos da diferença formal da norma testada do que da tarefa. unificadora do Tribunal Constitucional Federal" (*apud* Odim B. Ferreira, ob. cit.).

Estou, Senhor Presidente, como de início já deixei claro, em que essas considerações, *mutatis mutandis*, se podem somar, também no Brasil, às razões teóricas expendidas em favor da admissão da ação direta de inconstitucionalidade contra atos normativos anteriores à Constituição.

Certo, as autoridades acima invocadas escreveram sob sistemas de controle concentrado exclusivo.

Não creio, entretanto, que a simbiose institucional do constitucionalismo brasileiro, no particular – que terminou por acoplar o método incidente e difuso, da matriz americana, ao método europeu, de controle direto e concentrado de constitucionalidade das leis –, supera as preocupações de segurança jurídica que influíram alhures à recusa, no tema questionado, da tese de simples revogação do direito preexistente pela Constituição. Pelo contrário.

No ponto, é extremamente significativo a singular resposta ao problema da jurisprudência alemã. De fato, a mesma decisão, que reconheceu a competência dos tribunais ordinários para rejeitar o direito anterior, considerou a objeção do conseqüente "perigo de estilhaçamento do direito ou, pelo menos, de insegurança jurídica"; e a respondeu, não só com o aceno à futura pacificação jurisprudencial dos problemas levantados, mas realçando o "especial significado" da circunstância de que, à luz das regras constitucionais do controle abstrato (GG, artigo 93, § 1º, 2), "os órgãos constitucionais ali arrolados podem, imediatamente, e a qualquer momento, apresentar a questão ao Tribunal Constitucional, para que este a decida" (*apud* Odim B. Ferreira, ob. cit.).

Essa solução dualista, que lá prevaleceu, também a propicia, no Brasil, a convivência do controle difuso com o controle concentrado, voltado prioritariamente, o primeiro, à proteção *incidenter* dos direitos subjetivos lesados pelo ato inconstitucional e, o segundo, à segurança jurídica e à efetividade da Constituição, obtidas pela eficácia universal da declaração em tese da invalidade ou validade dele.

A diferença, pois, como também já frisei em relação aos sistemas de controle concentrado exclusivo, é que, no sistema misto brasileiro, sem prejuízo da atuação do controle abstrato, o controle difuso libere a solução das situações individuais, não só das restrições de legitimação ativa, mas também, das delongas da suspensão do processo, à espera da decisão do tribunal constitucional: simplificação esta de particular relevância prática, nas hipóteses em que a incompatibilidade da lei antiga com a ordem constitucional subseqüente seja inequívoca e incontroversa.

Essa apropriação simultânea da presteza e da legitimação universal do controle incidente e das vantagens institucionais da rápida obtenção da segurança e da solução isonômica pela decisão *erga omnes* do sistema concentrado, já a viabiliza cotidianamente o ordenamento processual brasileiro no tocante às leis posteriores à Constituição.

Não consigo divisar porque renunciar, com relação às leis editadas sob o regime anterior, às virtualidades da ação direta.

Pelo contrário. A exemplo de Jorge Miranda (*Manual*, cit., II/350), a mim me parece que, em relação ao direito ordinário pré-constitucional, é que as exigências da efetividade da nova ordem constitucional conspiram mais imperativamente no sentido da abertura do controle direto:

"Se convém proceder, com a maior eficácia possível, à expurgação do sistema jurídico de normas contrárias à Constituição" – argumenta o publicista eminente – "ela torna-se ainda mais necessária para as normas anteriores do que para as normas posteriores, visto que estas são decretadas por órgãos por ela criados e que se presume agirem segundo os seus critérios e valores, ao passo que as normas de Direito anterior são resquícios de um sistema ou de uma idéia de Direito que a Constituição erradicou definitivamente".

Dar o máximo de efetividade, em todos os níveis do ordenamento, ao estalo de valores, princípios e regras da nova Constituição é a missão de que, a meu ver, não se pode demitir o Supremo Tribunal.

Por isso, com as homenagens ao brilho dos seus votos e todas as vênias dos eminentes pares que me antecederam, e o testemunho de meu respeito aos precedentes da Corte, por eles invocados, rejeito a preliminar.

Nem por isso, entretanto, posso conhecer da ação direta, dada a firme jurisprudência do Tribunal que nega legitimação para tanto às federações sindicais, como é a autora – Federação Nacional dos Estabelecimentos de Ensino.

Por isso é que, também eu, não conheço da ação: é o meu voto.

VOTO PRELIMINAR

O Senhor Ministro Moreira Alves: Sr. Presidente, ouvi, com toda a atenção, o erudito voto do Ministro Sepúlveda Pertence, e verifiquei que S. Exa., para a sustentação de sua posição, se baseia fundamentalmente na doutrina e na jurisprudência de Cortes Constitucionais européias, que adotam exclusivamente o sistema de controle concentrado de constitucionalidade. Por isso, gostaria de fazer algumas ponderações sobre as diferenças capitais entre esse sistema de controle de constitucionalidade e o nosso, que é o misto e que apresenta peculiaridades tais que não pode, a meu ver, adotar soluções pragmáticas ou políticas por elas adotadas.

Começo por uma diferença fundamental que existe entre esses dois sistemas de controle: a de que, pelo controle concentrado, ao contrário do que ocorre com o misto, só se admite o exame de constitucionalidade de uma lei em face da Constituição em vigor. E, por não se admitir que a Corte Constitucional examine a constitucionalidade de lei em face de Constituição revogada, se ela for compatível com a Carta Magna superveniente, dá-se o fenômeno da recepção novatória, ou seja, a lei que era inconstitucional em confronto com a Constituição sob cujo império foi editada se torna constitucional perante a Constituição superveniente, não mais sendo susceptível de ser apreciada sua inconstitucionalidade anterior.

No Direito brasileiro, não é possível adotar-se tal solução, pois, no sistema misto, pelo controle difuso, as leis anteriores à Carta Magna em vigor continuam a poder ser declaradas inconstitucionais em face da

Constituição sob cuja vigência foram editadas, o que é incompatível com o instituto da recepção novatória.

No sistema de controle concentrado do tipo europeu, tanto o controle *in concreto* quanto o controle *in abstracto* de constitucionalidade são monopólio da Corte Constitucional, fazendo-se esse controle – como salientei – só em face da Constituição em vigor, e tendo suas decisões eficácia *erga omnes*. Já no Brasil, o controle difuso, pelo qual qualquer Juiz ou Tribunal pode afastar a aplicação da lei que tenha por inconstitucional, só se realiza no caso concreto, vinculando as partes litigantes, mas se faz em face da Constituição sob cuja égide foi a lei em causa editada. Em se tratando, porém, de controle concentrado que somente se opera por meio de ação direta de inconstitucionalidade proposta perante esta Corte, de há muito este Tribunal firmou orientação no sentido de que essa ação apenas caberia para o exame da constitucionalidade de lei perante a Constituição vigente. Por isso, quando foi promulgada a Carta Magna de 1988, foram julgadas prejudicadas as representações de inconstitucionalidade propostas em face da Constituição de 1969.

Assim, se se pretendesse aplicar no nosso sistema jurídico a recepção novatória – de que se utiliza a construção sustentada pelo eminente Ministro Sepúlveda Pertence –, chegar-se-ia a um verdadeiro impasse. Com efeito, imagine-se uma lei que é inconstitucional diante da Constituição de 1969, mas constitucional perante a Carta Magna de 1988; argüi-se a inconstitucionalidade superveniente dessa lei, e o Supremo Tribunal Federal, verificando a sua compatibilidade com a Constituição atual, a declara constitucional, com eficácia *erga omnes*; pouco depois, chega a esta Corte recurso extraordinário em que a mesma lei foi tida como inconstitucional perante a Carta Magna de 1969, e este Tribunal não conhece desse recurso, declara a inconstitucionalidade dessa lei e comunica essa declaração ao Senado que suspende a sua vigência também com eficácia *erga omnes*. Ter-se-á, então, uma lei que, sendo inconstitucional desde a sua edição, é nula *ab initio*, e isso não obstante é supervenientemente constitucional.

O Sr. Ministro Sepúlveda Pertence: V. Exa. acha que a doutrina na recepção se aplicaria à lei que originariamente fosse nula, porque contrária à Constituição do tempo de sua edição? Lei, que já era nula, ao que me parece, não se recebe jamais ...

O Sr. Ministro Moreira Alves: Para não se receber uma lei inconstitucional – perante a Constituição sob cujo império foi editada mas constitucional em face da Carta Magna em vigor, seria necessário que se admitisse – o que esta Corte não admite – que, na ação direta, se pudesse também examinar a constitucionalidade da lei perante Constituição já revogada, para, em caso afirmativo, fazer-se, em seguida, o exame de sua constitucionalidade diante da Carta Magna em vigor. E, nesse caso, não há que falar-se em recepção novatória, que pressupõe a novação da lei nula em lei válida.

Isso é uma amostra de que os sistemas de controle de constitucionalidade confrontados em suas integralidades são diversos, não sendo aplicáveis ao sistema misto todas as doutrinas que se construíram com base no sistema concentrado do tipo europeu.

Basta, aliás, atentar para a circunstância de que o controle da constitucionalidade das leis nesse último sistema é, quer *in concreto* quer *in abstracto*, monopólio das Cortes Constitucionais. Por isso, é importante decidir se a incompatibilidade da lei infraconstitucional com a Constituição superveniente é questão de inconstitucionalidade ou é questão de revogação, porquanto, se se entender que se trata de revogação, qualquer juiz pode declarar que a lei infraconstitucional foi revogada pela Carta Magna posterior, retirando-se, pois, da competência da Corte Constitucional a apreciação dessa incompatibilidade. Se, porém, se entender que se trata de inconstitucionalidade superveniente, a competência para examiná-la é da Corte Constitucional e não dos juízes e Tribunais em geral.

Na Alemanha, a princípio sua Corte Constitucional decidiu que essa incompatibilidade se traduziria em revogação, sendo competente para declará-la qualquer juiz ou Tribunal. Por essa orientação ficavam fora da competência da Corte Constitucional todas as questões de incompatibilidade entre as leis editadas no período nazista e a Carta Magna de Bonn. Daí, ter evoluído ela no sentido de que todas as leis – inclusive códigos como o BGB – que tiveram sofrido alterações posteriormente à promulgação daquela Constituição passaram a ser examinadas, quanto à sua compatibilidade, ou não, com esta, pela Corte Constitucional, sob o fundamento de que não só as alterações eram posteriores, mas também o era a parte da lei não alterada, uma vez que a sua permanência implicava a concordância tácita do legislador, concordância essa ocorrida quando já vigente a Constituição de Bonn.

Na Espanha, a solução é diversa: se o juiz não tiver dúvida da incompatibilidade entre a lei e a Constituição a ela posterior, a questão fica no terreno da revogação; caso contrário, tem de submetê-la à Corte Constitucional, o que implica dizer que passa a ser questão de inconstitucionalidade superveniente.

Já na Itália, tem-se que questão dessa natureza é de inconstitucionalidade superveniente, tendo a Corte Constitucional o monopólio para solvê-la.

Como se vê, essas soluções díspares se baseiam mais no pragmatismo político de preservação da competência das Cortes Constitucionais do que em considerações de ordem teórica.

É certo que se tem procurado explicar doutrinariamente que nessas hipóteses há inconstitucionalidade superveniente e não revogação, porque esta só ocorre entre leis do mesmo nível hierárquico, o que não sucede quando a incompatibilidade a examinar-se é entre lei infraconstitucional anterior e Carta Magna posterior, o que se resolve no campo da inconstitucionalidade.

Essa posição doutrinária não se me afigura correta. Também com relação à lei há que distinguir três planos: o da existência, o da validade e o da eficácia. Pela revogação, a lei não perde apenas sua eficácia, mas deixa de existir, tornando-se, assim, inexistente, o que importa dizer que a revogação – que é o critério pelo qual se resolve a incompatibilidade entre leis que se sucedem no tempo, ocorrendo a cessação da existência da anterior pela entrada em vigor da posterior que com aquela é incompatível – se situa no terreno da existência da lei. Sucede, no entanto, que, por vezes, a lei posterior não pode revogar a anterior, por ser esta hierarquicamente superior àquela, hipótese em que a incompatibilidade entre elas se resolve pelo critério da hierarquia, pelo qual a lei hierarquicamente inferior, apesar de posterior, é inválida pelo vício da inconstitucionalidade. Como o plano da existência precede ao da invalidade – para que a lei seja inválida é preciso que ela exista –, a aplicação do critério temporal da solução da incompatibilidade entre duas leis antecede à do critério hierárquico que pressupõe a existência concomitante de ambas as leis, pois só assim uma delas pode ser inválida em face da outra. Daí a razão por que só se há de recorrer ao critério hierárquico quando a incompatibilidade entre duas leis não se possa resolver pelo critério temporal que lhe é antecedente. Há, portanto, que se distinguir a incompatibilidade que não é vício – e que se resolve pelo critério temporal independentemente de se afrontar a hierarquia das leis em confronto, ou porque são do mesmo nível hierárquico, ou porque a posterior é de nível hierárquico superior da incompatibilidade que se traduz em vício capaz de invalidar a lei posterior por infringência da lei anterior que é hierarquicamente superior àquela. Por isso, quando há incompatibilidade entre lei infraconstitucional e lei constitucional se configura sempre uma questão constitucional, mas só ocorre o fenômeno da inconstitucionalidade quando se tratar de incompatibilidade-vício, ou seja, quando a lei posterior, que é infraconstitucional, infringir a lei constitucional anterior; na hipótese inversa, o que há é inconstitucionalidade que não se configura como vício por inexistência de infringência, certo como é que a lei infraconstitucional anterior não pode infringir a lei constitucional posterior. Em nosso sistema jurídico, a revogação da lei infraconstitucional anterior pela Constituição posterior dá margem a recurso extraordinário para esta Corte por se tratar de questão constitucional, mas não dá margem à propositura de ação direta de inconstitucionalidade que se adstringe aos casos de incompatibilidade-vício (isto é, de inconstitucionalidade).

Nem se pretenda, para justificar o artigo 282, II, da Constituição portuguesa (que prevê a inconstitucionalidade por infração da norma constitucional posterior), que ainda nesse caso haveria também incompatibilidade-vício, porquanto, como há a possibilidade de recepção novatória, se considera ficticiamente que a lei infraconstitucional teria sido editada na data da Constituição, não se caracterizando, assim, o ilogismo da infração a norma constitucional futura. De feito, para se admitir essa ficção – e a ficção é sempre um artifício – é necessário que se admita recepção novatória, o que, como já salientei, não ocorre em nosso sistema misto de controle de constitucionalidade. Sem essa premissa – a da possibilidade de recepção novatória – não há que se falar em ficção de concomitância entre a lei infraconstitucional anterior e Carta Magna posterior.

O Sr. Ministro Sepúlveda Pertence: O texto básico a que me apeguei é de Kelsen, que é muito anterior aos problemas surgidos com o controle concentrado. Funda-se na mudança da razão formal da validade das normas infraconstitucionais, quando muda a Constituição: elas continuam válidas, se, no momento em que deixam de poder fundar-se na Constituição antiga, sendo compatíveis com a nova Constituição, nela passam a encontrar novo fundamento de legitimidade ...

O Sr. Ministro Moreira Alves: Kelsen, salvo raras exceções, adota o princípio da revogação.

O Sr. Ministro Sepúlveda Pertence: Sim. Mas por causa da premissa kelseniana da teoria da inconstitucionalidade como anulabilidade, acolhida coerentemente na Corte Constitucional austríaca. Então, diz ele, não tem sentido anular um ato que já não existe e, só por isso, insiste na tese da revogação.

O Sr. Ministro Moreira Alves: Ele não se baseia na recepção novatória.

O Sr. Ministro Sepúlveda Pertence: Não, Excelência: desde que, segundo Kelsen, a declaração de inconstitucionalidade é uma desconstituição, é uma anulação da lei, coerentemente sustenta que não há lei a anular se, desde o advento da constituição, ela deixou de viger.

O Sr. Ministro Moreira Alves: Como deixou de vigorar, se, pela tese da anulabilidade, a lei inconstitucional é válida enquanto não decretada sua anulação? E mais: em rigor, depois de anulada a lei, também deveria haver a sua desconstituição retroativa.

O Sr. Ministro Sepúlveda Pertence: Isso, pela tese da eficácia *ex tunc* da decisão declaratória da inconstitucionalidade, que toda a construção kelseniana repele.

O Sr. Ministro Moreira Alves: Essa construção é altamente problemática.

O Sr. Ministro Sepúlveda Pertence: Eu não assumi essa concepção de Kelsen, que é realmente isolada, de que a lei inconstitucional é apenas anulável. Ela se refletia no sistema da Corte Constitucional Austríaca. Vossa Excelência conhece o drama: suscitava-se, num processo determinado, a inconstitucionalidade; mas, a decisão que a reconhecia só produzia efeitos para os casos futuros. Àquele processo mesmo em que ela foi suscitada se aplicava a lei, embora inconstitucional. Foi na reforma de 1930 que, até como estímulo a que a parte suscitasse o problema constitucional, se admitiu que, além de aplicar-se para o futuro, a inconstitucionalidade se aplicava também, se exclusivamente, na causa em que argüida. Na formulação original da Constituição Austríaca, entretanto, não se aplicava nem àquele caso – exatamente porque, rigidamente dentro da teoria pura, do mestre de Viena, era um caso de anulabilidade, que dependia de decretação para começar a produzir efeitos.

O Sr. Ministro Moreira Alves: A reforma alcançou a declaração de inconstitucionalidade nos casos concretos, não porém, quando feita *in abstracto*.

O Sr. Ministro Sepúlveda Pertence: Também a declaração em abstrato era desconstitutiva da lei. Isso foi o calcanhar-de-Aquiles do regime da Corte Austríaca, que levou a quebrar a pureza sistemática e admitir que, embora a sentença fosse desconstitutiva, anulatória e, conseqüentemente, só de efeitos *ex nunc*, era necessário aplicá-la num único caso pretérito: aquele em que fora suscitada a questão da constitucionalidade.

O Sr. Ministro Moreira Alves: Sr. Presidente, em nosso sistema jurídico a declaração de inconstitucionalidade (incompatibilidade-vício) acarreta a nulidade da lei inconstitucional, operando *ex tunc*, e, conseqüentemente, desconstituindo-a *ab initio*, quer se trate de inconstitucionalidade material, quer se trate de inconstitucionalidade formal. O mesmo não ocorre com a incompatibilidade que caracteriza a denominada inconstitucionalidade superveniente: não só ela não atua com a desconstituição *ab initio* (a não-recepção opera apenas a partir da entrada em vigor da nova Constituição), mas também como acentuou o eminente ministro Sepúlveda Pertence – essa desconstituição só se dá com a incompatibilidade material, uma vez que, ocorrendo a incompatibilidade simplesmente formal (hipótese, por exemplo, de lei ordinária que, por exigir a nova Carta Magna que ela seja complementar, nesta se transforma e é recebida como tal), se dá a sua recepção, não havendo, portanto, a sua desconstituição por inconstitucionalidade, dado que aqui se aplica o princípio, que é de natureza temporal, *tempus regit actum*. Como se vê, a incompatibilidade-vício (inconstitucionalidade) e a incompatibilidade que se denomina "inconstitucionalidade superveniente" são substancialmente diversas, não se apresentando esta com as características de invalidade ínsitas àquela.

Mais, Sr. Presidente. No Brasil, para que esta Corte mantenha em sua integralidade a posição de guardiã da Constituição, não é mister que se invoquem os artifícios de que lançam mão as Cortes Constitucionais do tipo europeu para terem também a competência exclusiva com relação à denominada inconstitucionalidade superveniente, o que só lhes é possível equiparando-a à inconstitucionalidade propriamente que é a inconstitucionalidade decorrente da incompatibilidade-vício. Com efeito, como já acentuei neste voto, a questão da revogação da lei infraconstitucional anterior pela norma constitucional posterior é questão de natureza constitucional, ainda que não se trate de inconstitucionalidade, e, sendo questão constitucional, seu exame por esta Corte se fará por via do recurso extraordinário no controle difuso. O que não se admite – e essa é antiga jurisprudência deste Tribunal – é que seja ela objeto do controle concentrado, e, portanto, de ação direta de inconstitucionalidade, que se adstringe ao exame das argüições de inconstitucionalidade propriamente (incompatibilidade-vício).

Note-se, ademais, que a ação direta de inconstitucionalidade no Brasil apresenta uma característica que, em geral, não se verifica nos países que adotam o sistema de controle concentrado de constitucionalidade do tipo europeu. Nesses países, as decisões de constitucionalidade não têm eficácia *erga omnes*, ao contrário do que se dá com as decisões de inconstitucionalidade, e, por isso, aquelas podem ser reexaminadas a qualquer tempo. No Brasil, não: tanto as decisões de inconstitucionalidade quanto as de constitucionalidade, em ação direta de inconstitucionalidade, têm eficácia *erga omnes*, o que, no tocante às de constitucionalidade, é altamente perigoso, uma vez que nesse caso se declara que a lei em causa não fere qualquer dos princípios contidos na Constituição. Essa orientação, se admitida a análise da recepção, ou não, das leis infraconstitucionais anteriores à Constituição em vigor aumentará ainda mais esse risco de erro, tendo em vista a ampliação do campo de atuação das ações diretas de inconstitucionalidade que se multiplicarão ainda mais do que já se multiplicaram com o alargamento excessivo, por parte da Constituição de 1988, dos legitimados para propô-la, aumentando, assim, também a demora em seu julgamento. Estes são argumentos pragmáticos, mas válidos em questão que tem sido resolvida pelas Cortes Constitucionais com pragmatismo político.

O Sr. Ministro Sepúlveda Pertence: Apenas para a minha curiosidade: V. Exa. entende invencível esta prática brasileira de que a declaração da constitucionalidade faz coisa julgada, imutável?

O Sr. Ministro Moreira Alves: É o nosso sistema, e não estou discutindo se ele é, ou não, bom.

O Sr. Ministro Sepúlveda Pertence: Imposto pela Constituição?

O Sr. Ministro Moreira Alves: Decorreu de interpretação que esta Corte deu a textos constitucionais que não foram substancialmente alterados pela atual Carta Magna. Vamos pôr abaixo o que o Tribunal vem decidindo desde que surgiu a representação de inconstitucionalidade hoje denominada ação direta de inconstitucionalidade?

Retornando à questão da inconstitucionalidade superveniente, observo, ainda, que na atual Constituição há um elemento a mais para negar-se a admissão da denominada inconstitucionalidade superveniente. Com efeito, ela passou a exigir a manifestação do Advogado-Geral da União como curador da lei impugnada pela ação direta de inconstitucionalidade por causa, evidentemente, da presunção de constitucionalidade da lei em face da Constituição sob cujo império foi aquela editada. Isso se explica na incompatibilidade-vício (inconstitucionalidade), porque se parte da presunção de que o legislador não infringiu a Carta Magna. É o que justifica também a exigência do artigo 97 da atual Constituição no sentido de que só o Plenário ou o órgão Especial dos Tribunais podem declarar a inconstitucionalidade da lei. Essa presunção não tem justificativa com relação à lei anterior perante a Carta Magna posterior por não haver evidentemente infringência desta por aquela, mas mera incompatibilidade que decorre, não de vício, mas de disciplina no tempo.

O Sr. Ministro Sepúlveda Pertence: Isso, *data venia*, é uma inconstitucionalidade!

O Sr. Ministro Moreira Alves: A inconstitucionalidade acarreta a nulidade da lei inconstitucional, e nulidade é sanção por vício que lhe dá causa. E, obviamente, não há que se falar em sanção por incompatibilidade que não decorra de infringência alguma como é a decorrente da denominada "inconstitucionalidade superveniente".

O que não me parece possível, Sr. Presidente, é sustentar-se que a incompatibilidade-vício tenha a mesma natureza da incompatibilidade superveniente, pela diversidade dos efeitos delas resultantes a demonstrar que suas causas são diferentes.

Não vislumbro, portanto, razão alguma para modificar-se o entendimento, que se me afigura absolutamente correto, seguido de há muito por esta Corte no sentido de que a incompatibilidade entre a lei infraconstitucional anterior em face da Constituição posterior se resolve pela revogação da primeira e não por sua inconstitucionalidade, não podendo, portanto, ser objeto de ação direta de inconstitucionalidade.

Por último, não quero deixar sem resposta objeção que encontrei em algum dos vários livros que li a respeito: a de que, nesse caso, não há revogação porque esta implica necessariamente a substituição do conteúdo da norma revogada pelo da norma revogadora, o que não ocorre quando a incompatibilidade se dá em face da Carta Magna. A fragilidade da objeção é manifesta, pois há revogação ainda quando não haja substituição de disciplina, como sucede, muitas vezes, quando a lei posterior simplesmente declara que a anterior – é o caso de revogação expressa – fica revogada. E mais: ainda entre leis do mesmo nível a revogação tácita – a decorrente de pura incompatibilidade – pode resultar de incompatibilidade genérica, sem que haja a substituição necessária das normas revogadas.

São estas, Sr. Presidente, as considerações que julguei dever fazer para afastar de nosso sistema jurídico posições que podem justificar-se com relação a Cortes Constitucionais do tipo europeu por pragmatismo político decorrente de seus sistemas de controle concentrado de constitucionalidade, mas que não se compadecem com o nosso sistema misto.

Em face do exposto, e com a devida vênia dos que pensam em contrário, não conheço da presente ação por impossibilidade jurídica do pedido.

VOTO (PRELIMINAR)

O Sr. Ministro Carlos Velloso: Senhor Presidente, há muito que perfilho a tese, já exposta, aliás, nesta Casa e em trabalhos doutrinários, no sentido de que não há falar em inconstitucionalidade superveniente, já que, leis e atos normativos anteriores à Constituição e com esta incompatíveis são revogados por esta mesma Constituição. Conheço a doutrina no sentido de que, em caso assim, não existe simples conflito de leis no tempo, mas que poderia ocorrer revogação por inconstitucionalidade, assim revogação qualificada (Castro Nunes, *Teoria e Prática do Poder Judiciário*, 1943, p. 601; Luiz Gonzaga do Nascimento e Silva, "Efeito ab-rogativo da Constituição", *Revista Forense*, 159/61; José Afonso da Silva, *Aplicabilidade das Normas Constitucionais*, 1982, p. 145; C.A. Lúcio Bittencourt, *O Controle Jurid. da Const. das Leis*, 2ª ed., 1968, p. 131; Wilson de Souza Campos Batalha, *Direito Intertemporal*, Forense, 1980, pp. 433 e ss.).

Prefiro, entretanto, ficar com a tese da revogabilidade, que encontra apoio, aliás, na jurisprudência do Supremo Tribunal Federal, jurisprudência que é de longa data. Numa argüição de inconstitucionalidade que apreciei no antigo Tribunal Federal de Recursos, tive ocasião de pesquisar a jurisprudência da Corte Suprema e verifiquei, então, a iterativa jurisprudência desta Corte no sentido do que acima falamos. Em conseqüência, a jurisprudência é, também, no sentido de não admitir a ação direta de inconstitucionalidade de lei ou ato normativo anterior à Constituição nova.

Também em trabalho doutrinário que escrevi – "O princípio da anterioridade: uma visão da jurisprudência", em *Revista de Direito Tributário* 31/111 –, versei o tema e me referi à doutrina e à jurisprudência a respeito.

À pesquisa que fiz, em torno da jurisprudência desta Casa, prefiro a que consta do brilhante voto do Sr. Ministro Paulo Brossard. Eis os acórdãos que S. Exa. colacionou – treze acórdãos – a partir do ano de 1952:

1952 RE 19.656, Relator Min. Luiz Gallotti *RT* 231-665

1952 RE 19.887, Relator Min. Luiz Gallotti *RT* 231-665

1974 RE 78.984, Relator Min. Cordeiro Guerra *RTJ* 71-291

1975 RE 78.486, Relator Min. Rodrigues Alckmin *RTJ* 76-538

1977 Rep. 946, Relator Min. Xavier de Albuquerque *RTJ* 82-44

1979 Rep. 1.012, Relator Min. Moreira Alves *RTJ* 95-980

1979 Rep. 1.016, Relator Min. Moreira Alves *RTJ* 95-993

1980 Rep. 765, Relator Min. Soares Muñoz *RTJ* 98-952

1981 Rep. 969, Relator Min. Antônio Neder *RTJ* 99-544

1981 RE 91.604, Relator Min. Néri da Silveira *RTJ* 116-652

1983 RE 100.596, Relator Min. Rafael Mayer *RTJ* 109-1220

1986 Rep. 1.303, Relator Min. Octávio Gallotti *DJ* 1.VIII.86

1987 Rep. 1.334, Relator Min. Carlos Madeira *RTJ* 124-415

Expressiva parcela da doutrina nacional perfilha, também, a tese da revogabilidade. Aos autores que indiquei no meu trabalho doutrinário, menciono Marcelo Neves, *Teoria da Inconstitucionalidade das Leis*, Saraiva, 1988, pp. 95/96; Pontes de Miranda, *Comentários à Constituição de 1946*, VI/395; Celso Bastos, *Curso de Direito Constitucional*.

Senhor Presidente, não obstante a excelência do voto do Sr. Ministro Sepúlveda Pertence – que costumamos, na nossa Minas, dizer que é, inegavelmente, jurista dos mais brilhantes da nossa geração – não encontro razão lógica, ou mesmo razão de política judiciária para afastar-me da jurisprudência tradicional da Corte Suprema. Se não tivéssemos o controle de constitucionalidade difuso, penso que seria razoável adotar o entendi mento do Ministro Pertence, que se apóia em autores europeus, que reivindicam, mesmo no caso de lei anterior à Constituição nova, a apreciação da questão no controle concentrado. Convém registrar que a Europa não adota o controle difuso. No Brasil, entretanto, que tem o controle difuso, não há razão para adotarmos a postura dos autores europeus.

Com essas breves considerações, breves justamente porque não gosto de fazer exercícios de tautologia, já que o Sr. Ministro Brossard disse tudo, peço vênia aos Srs. Ministros Sepúlveda Pertence e Marco Aurélio para, acompanhando o eminente Relator, não conhecer da ação.

É como procedo: não conheço da ação.

VOTO PRELIMINAR

O Senhor Ministro Octávio Gallotti: Sr. Presidente, a despeito do brilho do voto do eminente Ministro Sepúlveda Pertence, continuo convencido, dentro da velha linha da jurisprudência do Supremo Tribunal, de que a revogação da norma de lei ordinária, por disposição constitucional superveniente, não caracteriza a ocorrência de uma inconstitucionalidade propriamente dita, porque se dá, essa revogação, independentemente da hierarquia da nova disposição.

A existência de alguma hierarquia entre duas normas não impede que se configure a revogação da de menor categoria pela mais recente, de maior hierarquia.

Basta recordar que também o regulamento é revogado por lei superveniente que dispunha em contrário. Simplesmente revogado. Tecnicamente não se torna – nem penso que jamais se houvesse assim sustentado –, um regulamento ilegal.

Em suma, Sr. Presidente, a declaração de inconstitucionalidade pressupõe um vício originário, congênito, o que não sucede com a revogação, que só opera supervenientemente.

Essa conclusão, além de bom apoio doutrinário, penso que está plenamente corroborada pelo direito positivo constitucional brasileiro.

Lembrou, o eminente Ministro Moreira Alves, o art. 103, § 3º, da Constituição de 1988, onde se institui a defesa, a curatela da lei argüida de inconstitucional, o que, a meu ver, de modo algum seria cogitável, caso existisse ação direta, por revogação da norma impugnada. E mais, autoriza a Constituição, na ação direta de inconstitucionalidade (art. 102, 1, p), o deferimento de medida cautelar, o que penso, também, não haveria de ter lugar, quando se pudesse estar argüindo, não uma inconstitucionalidade, mas simplesmente a revogação de lei ordinária.

Há, também, o art. 24, § 4º, onde se diz: "A superveniência de lei federal sobre normas gerais suspende a eficácia da lei estadual, no que lhe for contrário".

Note-se, a lei federal superveniente atinge a eficácia da norma e não a sua validade, segundo as palavras da própria Constituição.

Ainda mais expressivo, talvez, do que os dispositivos constitucionais citados, no sentido de mostrar como o direito constitucional positivo brasileiro tomou partido em favor da nossa jurisprudência, na velha controvérsia doutrinária ora renovada, é o art. 25 do ADCT: "Ficam revogados, a partir de cento e oitenta dias da promulgação da Constituição, sujeito este prazo a prorrogação por lei, todos os dispositivos legais que atribuam ou deleguem a órgão do Poder Executivo competência assinalada pela Constituição ao Congresso Nacional, especialmente no que tange: (...)".

Vê-se, então, na terminologia do próprio legislador constituinte, como é legítima a tese de que ficam revogados – diz a Constituição – e não que se tornam inválidos, ou inconstitucionais, os atos anteriores que houvessem disposto em contrário daquilo que passou a ser estabelecido pela Constituição.

Com essas breves considerações, e uma vez que o tema já foi aqui brilhantemente exaurido, em todos os seus aspectos de direito brasileiro e comparado, peço vênia, aos eminentes Ministros Sepúlveda Pertence e Marco Aurélio, para acompanhar o voto do eminente Ministro Paulo Brossard e daqueles que o seguiram, não conhecendo da ação.

VOTO

O Senhor Ministro Néri da Silveira: Discute-se se, na ação direta de que cuida o art. 102, I, da Constituição de 1988, pode ser questionada a validade de lei ou ato normativo a ela anteriores.

O que comporta verificar, na ação direta, é a conformidade, ou não, da norma impugnada com a Constituição em vigor. Trata-se de instrumento processual de assento constitucional por via do qual o Supremo Tribunal Federal realiza, de forma pronta, sua função maior de guarda da Constituição. O que se pretende, no sistema entre nós vigorante, é não prevaleça eficaz, no ordenamento jurídico, norma federal ou estadual inconciliável com a Constituição. De forma direta, em abstrato, nessa via processual, discute-se, desde logo, se lei ou ato normativo federal ou estadual impugnados guardam compatibilidade com a Constituição. O que se há de declarar, na ação direta, é se a lei ou ato normativo, verificados em abstrato, são compatíveis, ou não, com a Constituição em vigor. É, pois, a ação direta meio processual para conhecimento e julgamento, em geral, de alegado conflito com a Constituição em vigor de norma federal ou estadual, eficazes no ordenamento jurídico. Saber dessa incompatibilidade da norma infraconstitucional eficaz com a Constituição em vigor é o que se colima na ação direta do art. 102, I, letra "a", da Lei Magna de 1988.

Não compreendendo, desse modo, que a *quaestio juris* proposta, na preliminar de cabimento da ação direta, na espécie, deva ser equacionada na perspectiva do voto do ilustre Ministro Relator, quanto à natureza e efeitos da simples revogação de norma anterior por norma constitucional posterior, se com esta incompatível.

A norma anterior à Constituição vigente pode ser confrontada com esta, na verificação de sua conformidade material com os preceitos maiores, *incidenter tantum*, em qualquer processo judicial, onde haja de ser invocada. Qualquer juiz ou tribunal, no julgamento do feito, se tiver a norma como inconciliável com a ordem constitucional, não a aplicará, por reconhecer essa incompatibilidade. Não parece cabível, assim, deixar de admitir que, nos termos do art. 102, III, letra "a", da Constituição de 1988, poderia esta Corte conhecer da controvérsia de incompatibilidade da norma com a Constituição, em recurso extraordinário, por haver a decisão recorrida, em última instância, contrariado dispositivo desta Constituição.

Ora, se é certo que o juízo de incompatibilidade da norma federal ou estadual com a Constituição em vigor pode ser conhecido, pelo STF, *incidenter tantum*, por que não se há de admitir o conhecimento dessa mesma questão de incompatibilidade da norma, em tese, com a Constituição vigente, por via da ação direta do art. 102, I, letra "a", da Lei Magna, desde que aforada por qualquer das autoridades ou entidades alinhadas no art. 103?

Coexistindo, entre nós, o duplo sistema de controle de validade de normas diante da Constituição – difuso e concentrado – não vejo fundamento jurídico a não admitir a discussão da questão da inconciliabilidade da norma anterior com a Constituição vigente. A incompatibilidade entre a norma e a Constituição é o ponto cardeal comum, quer do juízo de inconstitucionalidade, quer do juízo de revogabilidade. Se se tiver por procedente a incompatibilidade cogitada, a norma perde sua validade e eficácia, precisamente, a partir da vigência da Constituição, tanto se considere a controvérsia como de inconstitucionalidade, já como de revogabilidade. Com efeito, se se tem a norma como revogada, tacitamente, pela Constituição, é a partir da vigência desta que tal sucede. Se se tem a questão como de invalidade da norma diante da Constituição nova, por igual, a contar da mesma Constituição, cessará de incidir.

O brilhante voto do ilustre Ministro Sepúlveda Pertence, proferido nesta assentada, demonstrou, com fartos subsídios de doutrina, baseados no Direito Comparado europeu, à vista, inclusive, dos trabalhos dos Tribunais Constitucionais, que realizam o controle concentrado de constitucionalidade das leis, à semelhança do STF, por via da ação direta prevista no art. 102, I, letra "a", da Constituição. Não vejo, pois, diante da doutrina moderna que se vem construindo, em torno da matéria, a dificuldade posta, em preliminar, pelo eminente Relator.

Não desconsidero, ademais, a razão de conveniência de o Supremo Tribunal Federal poder conhecer, de forma pronta, em ação direta, em abstrato, da impugnação de validade de norma infraconstitucional, federal ou estadual, para que ela se expunja do ordenamento jurídico, o mais rápido possível. A guarda da Constituição que se confere ao STF (art. 102) encontra na ação direta, a que se refere o inciso I do mesmo dispositivo maior, instrumento básico cuja utilização não cabe à Corte restringir. Não tenho, por último, como desprezo aos julgados do STF decisão nesta linha de entendimento, quanto é certo que, nessas decisões, não se sopesaram aspectos novos do debate bem deduzidos no voto do ilustre Ministro Sepúlveda Pertence.

Do exposto, com a devida vênia da maioria que já se constituiu, acompanho os votos dos Senhores Ministros Sepúlveda Pertence e Marco Aurélio, rejeitando a preliminar de não cabimento da ação.

VOTO

O Senhor Ministro Sydney Sanches (Presidente): A inconstitucionalidade é, a meu ver, no direito brasileiro, defeito congênito da lei, consistente em afronta à Constituição em vigor à data de sua promulgação.

Se nasce constitucional e eficaz, constitucional e eficaz continua.

Se sobrevém Constituição com a qual se incompatibilize essa incompatibilidade não a invalida, *ab origine*. Extingue-a *ex nunc*, pois os efeitos anteriormente produzidos não são afetados, já que, até então, era constitucionalmente válida e eficaz.

A ação direta de inconstitucionalidade de que trata a Constituição Federal de 1988 pressupõe que o vício surja com a lei elaborada sob sua vigência, pois o que visa, com ela, é resguardar-se a si mesma, em face de lei posterior a sua vigência.

Não é possível, *data venia*, converter-se uma ação direta de inconstitucionalidade em ação declaratória de revogação, de ineficácia ou de extinção da lei, por incompatibilidade com a Constituição ulterior.

Valho-me ainda, dos fundamentos deduzidos pelos Ministros Paulo Brossard, Celso de Mello, Moreira Alves, Célio Borja, Ilmar Galvão, Carlos Velloso e Octávio Gallotti, para não conhecer da ação direta de inconstitucionalidade, porque impugna, no caso, leis anteriores à Constituição de 5.10.1988, as quais, no sistema brasileiro, só se submetem ao controle difuso – e não mais ao controle concentrado – da ação.

Declaro, pois a impossibilidade jurídica do pedido, invocando, finalmente, os inúmeros precedentes da Corte.

Tudo com a máxima vênia dos Ministros Sepúlveda Pertence, Marco Aurélio e Néri da Silveira.

Extrato de ata

ADIn n. 2-1

Proced.: Distrito Federal

Rel.: Min. Paulo Brossard

Reqte.: Federação Nacional dos Estabelecimentos de Ensino-FENEN

Adv.: Roberto Geraldo de Paiva Dornas e outro

Reqdo.: Presidente da República

Decisão: Por unanimidade o Tribunal reconheceu a legitimidade ativa da autora. No mérito, após o voto do Sr. Ministro-Relator que negava seguimento à Ação por considerar impossível juridicamente o pedido, o julgamento foi adiado em virtude do pedido de vista do Sr. Ministro Celso de Mello. Ausente, justificadamente, o Senhor Ministro Célio Borja. Plenário, 14.9.89.

Decisão: Anunciado o prosseguimento do julgamento, o Sr. Ministro-Relator trouxe à consideração do Tribunal requerimento da autora, desistindo da Ação. Por unanimidade, o Tribunal indeferiu o pedido de desistência. Prosseguindo-se no julgamento, após os votos dos Srs. Ministros Relator e Celso de Mello, que não conheciam da Ação por impossibilidade jurídica do pedido, o julgamento foi adiado em razão do pedido de vista do Sr. Ministro Sepúlveda Pertence. Ausente, ocasionalmente, o Sr. Ministro Francisco Rezek. Plenário, 4.10.89.

Decisão: Apresentado o feito em mesa, o julgamento foi adiado em virtude do adiantado da hora. Plenário, 1º.7 91.

Decisão: Apresentado o feito em mesa, o julgamento foi adiado em virtude da necessidade de ausentar-se o Relator, para participar de Sessão do Tribunal Superior Eleitoral. Ausente, ocasionalmente, o Sr. Ministro Célio Borja. Plenário, 19.12.91.

Decisão: Por maioria de votos, o Tribunal não conheceu da ação, por impugnar leis anteriores à Constituição de 1988 (impossibilidade jurídica do pedido), vencidos os Ministros Marco Aurélio, Sepúlveda Pertence e Néri da Silveira, que rejeitavam essa preliminar. Votou o Presidente. O Relatório foi renovado, para que os Ministros

Ilmar Galvão, Marco Aurélio e Carlos Velloso, que à época do início do julgamento não integravam à Corte, pudessem tomar conhecimento da matéria, em razão de sua relevância. Plenário, 6.2.92.

Presidência do Senhor Ministro Sydney Sanches. Presentes à sessão os Senhores Ministros Moreira Alves, Néri da Silveira, Octávio Gallotti, Célio Borja, Paulo Brossard, Sepúlveda Pertence, Celso de Mello, Carlos Velloso, Marco Aurélio e Ilmar Galvão.

Procurador-Geral da República, Dr. Aristides Junqueira Alvarenga. Luiz Tomimatsu, Secretário.

LEGISLAÇÃO

ESCLARECIMENTO INICIAL

A linha editorial da Revista Trimestral de Direito Público sempre se pautou pela publicação de artigos e pareceres jurídicos de estudiosos do Direito Público, bem como de jurisprudência especificamente relacionada a este campo de atuação, buscando a divulgação de temas de singular atualidade.

Neste volume que ora se apresenta, mantivemos o conteúdo habitual. Porém, em caráter excepcional, decidimos pela inclusão de uma seção voltada à recente legislação que regulamenta o processo administrativo nos âmbitos da Administração Pública Federal e Estadual de São Paulo, devido ao seu relevante interesse.

De mesma forma, em razão da enorme repercussão na esfera da Administração Pública, decidimos publicar, também, as Emendas Constitucionais n. 19, de 4.6.98, e n. 20, de 15.12.98, que tratam, respectivamente, da Reforma Administrativa e da Reforma Previdenciária.

Os Diretores

LEGISLAÇÃO

EMENDA CONSTITUCIONAL N. 19, DE 4 DE JUNHO DE 1998

Modifica o regime e dispõe sobre princípios e normas da Administração Pública, servidores e agentes políticos, controle de despesas e finanças públicas e custeio de atividades a cargo do Distrito Federal, e dá outras providências.

As Mesas da Câmara dos Deputados e do Senado Federal, nos termos do § 3º do art. 60 da Constituição Federal, promulgam esta Emenda ao texto constitucional:

Art. 1º. Os incisos XIV e XXII do art. 21 e XXVII do art. 22 da Constituição Federal passam a vigorar com a seguinte redação:

"Art. 21. Compete à União: (...)

"XIV – organizar e manter a polícia civil, a polícia militar e o corpo de bombeiros militar do Distrito Federal, bem como prestar assistência financeira ao Distrito Federal para a execução de serviços públicos, por meio de fundo próprio; (...)

"XXII – executar os serviços de polícia marítima, aeroportuária e de fronteiras;"

"Art. 22. Compete privativamente à União legislar sobre: (...)

"XXVII – normas gerais de licitação e contratação, em todas as modalidades, para as Administrações Públicas diretas, autárquicas e fundacionais da União, Estados, Distrito Federal e Municípios, obedecido o disposto no art. 37, XXI, e para as empresas públicas e sociedades de economia mista, nos termos do art. 173, § 1º, III;"

Art. 2º. O § 2º do art. 27 e os incisos V e VI do art. 29 da Constituição Federal passam a vigorar com a seguinte redação, inserindo-se § 2º no art. 28 e renumerando-se para § 1º o atual parágrafo único:

"Art. 27. (...)

"§ 2º. O subsídio dos Deputados Estaduais será fixado por lei de iniciativa da Assembléia Legislativa, na razão de, no máximo, 75% (setenta e cinco por cento) daquele estabelecido, em espécie, para os Deputados Federais, observado o que dispõem os arts. 39, § 4º, 57, § 7º, 150, II, 153, III, e 153, § 2º, I."

"Art. 28. (...)

"§ 1º. Perderá o mandato o Governador que assumir outro cargo ou função na Administração pública direta ou indireta, ressalvada a posse em virtude de concurso público e observado o disposto no art. 38, I, IV e V.

"§ 2º. Os subsídios do Governador, do Vice-Governador e dos Secretários de Estado serão fixados por lei de iniciativa da Assembléia Legislativa, observado o que dispõem os arts. 37, XI, 39, § 4º, 150, II, 153, III, e 153, § 2º, I."

"Art. 29. (...)

"V – subsídios do Prefeito, do Vice-Prefeito e dos Secretários Municipais fixados por lei de iniciativa da Câmara Municipal, observado o que dispõem os arts. 37, XI, 39, § 4º, 150, II, 153, III, e 153, § 2º, I;

"VI – subsídio dos Vereadores fixado por lei de iniciativa da Câmara Municipal, na razão de, no máximo, 75% (setenta e cinco por cento) daquele estabelecido, em espécie, para os Deputados Estaduais, observado o que dispõem os arts. 39, § 4º, 57, § 7º, 150, II, 153, III, e 153, § 2º, I;"

Art. 3º. O *caput*, os incisos I, II, V, VII, X, XI, XIII, XIV, XV, XVI, XVII e XIX e o § 3º do art. 37 da Constituição Federal passam a vigorar com a seguinte redação, acrescendo-se ao artigo os §§ 7º a 9º:

"Art. 37. A Administração pública direta e indireta de qualquer dos Poderes da União, dos Estados, do Distrito Federal e dos Municípios obedecerá aos princípios de legalidade, impessoalidade, moralidade, publicidade e eficiência e, também, ao seguinte:

"I – os cargos, empregos e funções públicas são acessíveis aos brasileiros que preencham os requisitos estabelecidos em lei, assim como aos estrangeiros, na forma da lei;

"II – a investidura em cargo ou emprego público depende de aprovação prévia em concurso público de provas ou de provas e títulos, de acordo com a natureza e a complexidade do cargo ou emprego, na forma prevista em lei, ressalvadas as nomeações para cargo em comissão declarado em lei de livre nomeação e exoneração; (...)

"V – as funções de confiança, exercidas exclusivamente por servidores ocupantes de cargo efetivo, e os cargos em comissão, a serem preenchidos por servidores de carreira nos casos, condições e percentuais mínimos previstos em lei, destinam-se apenas às atribuições de direção, chefia e assessoramento; (...)

"VII – o direito de greve será exercido nos termos e nos limites definidos em lei específica; (...)

"X – a remuneração dos servidores públicos e o subsídio de que trata o § 4º do art. 39 somente poderão ser fixados ou alterados por lei específica, observada a iniciativa privativa em cada caso, assegurada revisão geral anual, sempre na mesma data e sem distinção de índices;

"XI – a remuneração e o subsídio dos ocupantes de cargos, funções e empregos públicos da Administração direta, autárquica e fundacional, dos membros de qualquer dos Poderes da União, dos Estados, do Distrito Federal e dos Municípios, dos detentores de mandato eletivo e dos demais agentes políticos e os proventos, pensões ou outra espécie remuneratória, percebidos cumulativamente ou não, incluídas as vantagens pessoais ou de qualquer outra natureza, não poderão exceder o subsídio mensal, em espécie, dos Ministros do Supremo Tribunal Federal; (...)

"XIII – vedada a vinculação ou equiparação de quaisquer espécies remuneratórias para o efeito de remuneração de pessoal do serviço público;

"XIV – os acréscimos pecuniários percebidos por servidor público não serão computados nem acumulados para fins de concessão de acréscimos ulteriores;

"XV – o subsídio e os vencimentos dos ocupantes de cargos e empregos públicos são irredutíveis, ressalvado o disposto nos incisos XI e XIV deste artigo e nos arts. 39, § 4º, 150, II, 153, III, e 153, § 2º, I;

"XVI – vedada a acumulação remunerada de cargos públicos, exceto, quando houver compatibilidade de horários, observado em qualquer caso o disposto no inciso XI:

"a) a de dois cargos de professor;

"b) a de um cargo de professor com outro, técnico ou científico;

"c) a de dois cargos privativos de médico;

"XVII – a proibição de acumular estende-se a empregos e funções e abrange autarquias, fundações, empresas públicas, sociedades de economia mista, suas subsidiárias, e sociedades controladas, direta ou indiretamente, pelo Poder Público; (...)

"XIX – somente por lei específica poderá ser criada autarquia e autorizada a instituição de empresa pública, de sociedade de economia mista e de fundação, cabendo à lei complementar, neste último caso, definir as áreas de sua atuação; (...)

"§ 3º. A lei disciplinará as formas de participação do usuário na Administração Pública direta e indireta, regulando especialmente:

"I – as reclamações relativas à prestação dos serviços públicos em geral, asseguradas a manutenção de serviços de atendimento ao usuário e a avaliação periódica, externa e interna, da qualidade dos serviços;

"II – o acesso dos usuários a registros administrativos e a informações sobre atos de governo, observado o disposto no art. 5º, X e XXXIII;

"III – a disciplina da representação contra o exercício negligente ou abusivo de cargo, emprego ou função na Administração Pública. (...)

"§ 7º. A lei disporá sobre os requisitos e as restrições ao ocupante de cargo ou emprego da Administração direta e indireta que possibilite o acesso a informações privilegiadas.

"§ 8º. A autonomia gerencial, orçamentária e financeira dos órgãos e entidades da Administração direta e indireta poderá ser ampliada mediante contrato, a ser firmado entre seus administradores e o Poder Público, que tenha por objeto a fixação de metas de desempenho para o órgão ou entidade, cabendo à lei dispor sobre:

"I – o prazo de duração do contrato;

"II – os controles e critérios de avaliação de desempenho, direitos, obrigações e responsabilidade dos dirigentes;

"III – a remuneração do pessoal.

"§ 9º. O disposto no inciso XI aplica-se às empresas públicas e às sociedades de economia mista, e suas subsidiárias, que receberem recursos da União, dos Estados, do Distrito Federal ou dos Municípios para pagamento de despesas de pessoal ou de custeio em geral."

Art. 4º. O *caput* do art. 38 da Constituição Federal passa a vigorar com a seguinte redação:

"Art. 38. Ao servidor público da Administração direta, autárquica e fundacional, no exercício de mandato eletivo, aplicam-se as seguintes disposições:"

Art. 5º. O art. 39 da Constituição Federal passa a vigorar com a seguinte redação:

"Art. 39. A União, os Estados, o Distrito Federal e os Municípios instituirão conselho de política de administração e remuneração de pessoal, integrado por servidores designados pelos respectivos Poderes.

"§ 1º. A fixação dos padrões de vencimento e dos demais componentes do sistema remuneratório observará:

"I – a natureza, o grau de responsabilidade e a complexidade dos cargos componentes de cada carreira;

"II – os requisitos para a investidura;

"III – as peculiaridades dos cargos.

"§ 2º. A União, os Estados e o Distrito Federal manterão escolas de governo para a formação e o aperfeiçoamento dos servidores públicos, constituindo-se a participação nos cursos um dos requisitos para a promoção na carreira, facultada, para isso, a celebração de convênios ou contratos entre os entes federados.

"§ 3º. Aplica-se aos servidores ocupantes de cargo público o disposto no art. 7º, IV, VII, VIII, IX, XII, XIII, XV, XVI, XVII, XVIII, XIX, XX, XXII e XXX, podendo a lei estabelecer requisitos diferenciados de admissão quando a natureza do cargo o exigir.

"§ 4º. O membro de Poder, o detentor de mandato eletivo, os Ministros de Estado e os Secretários Estaduais e Municipais serão remunerados exclusivamente por subsídio fixado em parcela única, vedado o acréscimo de qualquer gratificação, adicional, abono, prêmio, verba de representação ou outra espécie remuneratória, obedecido, em qualquer caso, o disposto no art. 37, X e XI.

"§ 5º. Lei da União, dos Estados, do Distrito Federal e dos Municípios poderá estabelecer a relação entre a maior e a menor remuneração dos servidores públicos, obedecido, em qualquer caso, o disposto no art. 37, XI.

"§ 6º. Os Poderes Executivo, Legislativo e Judiciário publicarão anualmente os valores do subsídio e da remuneração dos cargos e empregos públicos.

"§ 7º. Lei da União, dos Estados, do Distrito Federal e dos Municípios disciplinará a aplicação de recursos orçamentários provenientes da economia com despesas correntes em cada órgão, autarquia e fundação, para aplicação no desenvolvimento de programas de qualidade e produtividade, treinamento e desenvolvimento, modernização, reaparelhamento e racionalização do serviço público, inclusive sob a forma de adicional ou prêmio de produtividade.

"§ 8º. A remuneração dos servidores públicos organizados em carreira poderá ser fixada nos termos do § 4º."

Art. 6º. O art. 41 da Constituição Federal passa a vigorar com a seguinte redação:

"Art. 41. São estáveis após 3 (três) anos de efetivo exercício os servidores nomeados para cargo de provimento efetivo em virtude de concurso público.

"§ 1º. O servidor público estável só perderá o cargo:

"I – em virtude de sentença judicial transitada em julgado;

"II – mediante processo administrativo em que lhe seja assegurada ampla defesa;

"III – mediante procedimento de avaliação periódica de desempenho, na forma de lei complementar, assegurada ampla defesa.

"§ 2º. Invalidada por sentença judicial a demissão do servidor estável, será ele reintegrado, e o eventual ocupante da vaga, se estável, reconduzido ao cargo de origem, sem direito a indenização, aproveitado em outro cargo ou posto em disponibilidade com remuneração proporcional ao tempo de serviço.

"§ 3º. Extinto o cargo ou declarada a sua desnecessidade, o servidor estável ficará em disponibilidade, com remuneração proporcional ao tempo de serviço, até seu adequado aproveitamento em outro cargo.

"§ 4º. Como condição para a aquisição da estabilidade, obrigatória a avaliação especial de desempenho por comissão instituída para essa finalidade."

Art. 7º. O art. 48 da Constituição Federal passa a vigorar acrescido do seguinte inciso XV:

"Art. 48. Cabe ao Congresso Nacional, com a sanção do Presidente da República, não exigida esta para o especificado nos arts. 49, 51 e 52, dispor sobre todas as matérias de competência da União, especialmente sobre: (...)

"XV – fixação do subsídio dos Ministros do Supremo Tribunal Federal, por lei de iniciativa conjunta dos Presidentes da República, da Câmara dos Deputados, do Senado Federal e do Supremo Tribunal Federal, observado o que dispõem os arts. 39, § 4º, 150, II, 153, III, e 153, § 2º, I."

Art. 8º. Os incisos VII e VIII do art. 49 da Constituição Federal passam a vigorar com a seguinte redação:

"Art. 49. É da competência exclusiva do Congresso Nacional: (...)

"VII – fixar idêntico subsídio para os Deputados Federais e os Senadores, observado o que dispõem os arts. 37, XI, 39, § 4º, 150, II, 153, III, e 153, § 2º, I;

"VIII – fixar os subsídios do Presidente e do Vice-Presidente da República e dos Ministros de Estado, observado o que dispõem os arts. 37, XI, 39, § 4º, 150, II, 153, III, e 153, § 2º, I;"

Art. 9º. O inciso IV do art. 51 da Constituição Federal passa a vigorar com a seguinte redação:

"Art. 51. Compete privativamente à Câmara dos Deputados: (...)

"IV – dispor sobre sua organização, funcionamento, polícia, criação, transformação ou extinção dos cargos, empregos e funções de seus serviços, e a iniciativa de lei para fixação da respectiva remuneração, observados os parâmetros estabelecidos na lei de diretrizes orçamentárias;"

Art. 10. O inciso XIII do art. 52 da Constituição Federal passa a vigorar com a seguinte redação:

"Art. 52. Compete privativamente ao Senado Federal: (...)

"XIII – dispor sobre sua organização, funcionamento, polícia, criação, transformação ou extinção dos cargos, empregos e funções de seus serviços, e a iniciativa de lei para fixação da respectiva remuneração, observados os parâmetros estabelecidos na lei de diretrizes orçamentárias;"

Art. 11. O § 7º do art. 57 da Constituição Federal passa a vigorar com a seguinte redação:

"Art. 57. (...)

"§ 7º. Na sessão legislativa extraordinária, o Congresso Nacional somente deliberará sobre a matéria para a qual foi convocado, vedado o pagamento de parcela indenizatória em valor superior ao do subsídio mensal."

Art. 12. O parágrafo único do art. 70 da Constituição Federal passa a vigorar com a seguinte redação:

"Art. 70. (...)

"Parágrafo único. Prestará contas qualquer pessoa física ou jurídica, pública ou privada, que utilize, arrecade, guarde, gerencie ou administre dinheiros, bens e valores públicos ou pelos quais a União responda, ou que, em nome desta, assuma obrigações de natureza pecuniária."

Art. 13. O inciso V do art. 93, o inciso III do art. 95 e a alínea *b* do inciso II do art. 96 da Constituição Federal passam a vigorar com a seguinte redação:

"Art. 93. (...)

"V – o subsídio dos Ministros dos Tribunais Superiores corresponderá a 95% (noventa e cinco por cento) do subsídio mensal fixado para os Ministros do Supremo Tribunal Federal e os subsídios dos demais magistrados serão fixados em lei e escalonados, em nível federal e estadual, conforme as respectivas categorias da estrutura judiciária nacional, não podendo a diferença entre uma e outra ser superior a 10% (dez por cento) ou inferior a 5% (cinco por cento), nem exceder a 95% (noventa e cinco por cento) do subsídio mensal dos Ministros dos Tribunais Superiores, obedecido, em qualquer caso, o disposto nos arts. 37, XI, e 39, § 4º;"

"Art. 95. Os juízes gozam das seguintes garantias: (...)

"III – irredutibilidade de subsídio, ressalvado o disposto nos arts. 37, X e XI, 39, § 4º, 150, II, 153, III, e 153, § 2º, I."

"Art. 96. Compete privativamente: (...)

"II – ao Supremo Tribunal Federal, aos Tribunais Superiores e aos Tribunais de Justiça propor ao Poder Legislativo respectivo, observado o disposto no art. 169: (...)

"b) a criação e a extinção de cargos e a remuneração dos seus serviços auxiliares e dos juízos que lhes forem vinculados, bem como a fixação do subsídio de seus membros e dos juízes, inclusive dos tribunais inferiores, onde houver, ressalvado o disposto no art. 48, XV;"

Art. 14. O § 2º do art. 127 da Constituição Federal passa a vigorar com a seguinte redação:

"Art. 127. (...)

"§ 2º. Ao Ministério Público é assegurada autonomia funcional e administrativa, podendo, observado o disposto no art. 169, propor ao Poder Legislativo a criação e extinção de seus cargos e serviços auxiliares, provendo-os por concurso público de provas ou de provas e títulos, a política remuneratória e os planos de carreira; a lei disporá sobre sua organização e funcionamento."

Art. 15. A alínea *c* do inciso I do § 5º do art. 128 da Constituição Federal passa a vigorar com a seguinte redação:

"Art. 128. (...)

"§ 5º. Leis complementares da União e dos Estados, cuja iniciativa é facultada aos respectivos Procuradores-Gerais, estabelecerão a organização, as atribuições e o estatuto de cada Ministério Público, observadas, relativamente a seus membros:

"I – as seguintes garantias: (...)

"c) irredutibilidade de subsídio, fixado na forma do art. 39, § 4º, e ressalvado o disposto nos arts. 37, X e XI, 150, II, 153, III, e 153, § 2º, I;"

Art. 16. A Seção II do Capítulo IV do Título IV da Constituição Federal passa a denominar-se "Da Advocacia Pública".

Art. 17. O art. 132 da Constituição Federal passa a vigorar com a seguinte redação:

"Art. 132. Os Procuradores dos Estados e do Distrito Federal, organizados em carreira, na qual o ingresso dependerá de concurso público de provas e títulos, com a participação da Ordem dos Advogados do Brasil em todas as suas fases, exercerão a representação judicial e a consultoria jurídica das respectivas unidades federadas.

"Parágrafo único. Aos procuradores referidos neste artigo é assegurada estabilidade após 3 (três) anos de efetivo exercício, mediante avaliação de desempenho perante os órgãos próprios, após relatório circunstanciado das corregedorias."

Art. 18. O art. 135 da Constituição Federal passa a vigorar com a seguinte redação:

"Art. 135. Os servidores integrantes das carreiras disciplinadas nas Seções II e III deste Capítulo serão remunerados na forma do art. 39, § 4º."

Art. 19. O § 1º e seu inciso III e os §§ 2º e 3º do art. 144 da Constituição Federal passam a vigorar com a seguinte redação, inserindo-se no artigo § 9º:

"Art. 144. (...)

"§ 1º. A polícia federal, instituída por lei como órgão permanente, organizado e mantido pela União e estruturado em carreira, destina-se a: (...)

"III – exercer as funções de polícia marítima, aeroportuária e de fronteiras; (...)

"§ 2º. A polícia rodoviária federal, órgão permanente, organizado e mantido pela União e estruturado em carreira, destina-se, na forma da lei, ao patrulhamento ostensivo das rodovias federais.

"§ 3º. A polícia ferroviária federal, órgão permanente, organizado e mantido pela União e estruturado em carreira, destina-se, na forma da lei, ao patrulhamento ostensivo das ferrovias federais. (...)

"§ 9º. A remuneração dos servidores policiais integrantes dos órgãos relacionados neste artigo será fixada na forma do § 4º do art. 39."

Art. 20. O *caput* do art. 167 da Constituição Federal passa a vigorar acrescido de inciso X, com a seguinte redação:

"Art. 167. São vedados: (...)

"X – a transferência voluntária de recursos e a concessão de empréstimos, inclusive por antecipação de receita, pelos Governos Federal e Estaduais e suas instituições financeiras, para pagamento de despesas com pessoal ativo, inativo e pensionista, dos Estados, do Distrito Federal e dos Municípios."

Art. 21. O art. 169 da Constituição Federal passa a vigorar com a seguinte redação:

"Art. 169. A despesa com pessoal ativo e inativo da União, dos Estados, do Distrito Federal e dos Municípios não poderá exceder os limites estabelecidos em lei complementar.

"§ 1º. A concessão de qualquer vantagem ou aumento de remuneração, a criação de cargos, empregos e funções ou alteração de estrutura de carreiras, bem como a admissão ou contratação de pessoal, a qualquer título, pelos órgãos e entidades da Administração direta ou indireta, inclusive fundações instituídas e mantidas pelo Poder Público, só poderão ser feitas:

"I – se houver prévia dotação orçamentária suficiente para atender às projeções de despesa de pessoal e aos acréscimos dela decorrentes;

"II – se houver autorização específica na lei de diretrizes orçamentárias, ressalvadas as empresas públicas e as sociedades de economia mista.

"§ 2º. Decorrido o prazo estabelecido na lei complementar referida neste artigo para a adaptação aos parâmetros ali previstos, serão imediatamente suspensos todos os repasses de verbas federais ou estaduais aos Estados, ao Distrito Federal e aos Municípios que não observarem os referidos limites.

"§ 3º. Para o cumprimento dos limites estabelecidos com base neste artigo, durante o prazo fixado na lei complementar referida no *caput*, a União, os Estados, o Distrito Federal e os Municípios adotarão as seguintes providências:

"I – redução em pelo menos 20% (vinte por cento) das despesas com cargos em comissão e funções de confiança;

"II – exoneração dos servidores não estáveis.

"§ 4º. Se as medidas adotadas com base no parágrafo anterior não forem suficientes para assegurar o cumprimento da determinação da lei complementar referida neste artigo, o servidor estável poderá perder o cargo, desde que ato normativo motivado de cada um dos Poderes especifique a atividade funcional, o órgão ou unidade administrativa objeto da redução de pessoal.

"§ 5º. O servidor que perder o cargo na forma do parágrafo anterior fará jus a indenização correspondente a um mês de remuneração por ano de serviço.

"§ 6º. O cargo objeto da redução prevista nos parágrafos anteriores será considerado extinto, vedada a criação de cargo, emprego ou função com atribuições iguais ou assemelhadas pelo prazo de 4 (quatro) anos.

"§ 7º. Lei federal disporá sobre as normas gerais a serem obedecidas na efetivação do disposto no § 4º."

Art. 22. O § 1º do art. 173 da Constituição Federal passa a vigorar com a seguinte redação:

"Art. 173. (...)

"§ 1º. A lei estabelecerá o estatuto jurídico da empresa pública, da sociedade de economia mista e de suas subsidiárias que explorem atividade econômica de produção ou comercialização de bens ou de prestação de serviços, dispondo sobre:

"I – sua função social e formas de fiscalização pelo Estado e pela sociedade;

"II – a sujeição ao regime jurídico próprio das empresas privadas, inclusive quanto aos direitos e obrigações civis, comerciais, trabalhistas e tributários;

"III – licitação e contratação de obras, serviços, compras e alienações, observados os princípios da Administração Pública;

"IV – a constituição e o funcionamento dos conselhos de administração e fiscal, com a participação de acionistas minoritários;

"V – os mandatos, a avaliação de desempenho e a responsabilidade dos administradores."

Art. 23. O inciso V do art. 206 da Constituição Federal passa a vigorar com a seguinte redação:

"Art. 206. O ensino será ministrado com base nos seguintes princípios: (...)

"V – valorização dos profissionais do ensino, garantidos, na forma da lei, planos de carreira para o magistério público, com piso salarial profissional e ingresso exclusivamente por concurso público de provas e títulos;"

Art. 24. O art. 241 da Constituição Federal passa a vigorar com a seguinte redação:

"Art. 241. A União, os Estados, o Distrito Federal e os Municípios disciplinarão por meio de lei os consórcios públicos e os convênios de cooperação entre os entes federados, autorizando a gestão associada de serviços públicos, bem como a transferência total ou parcial de encargos, serviços, pessoal e bens essenciais à continuidade dos serviços transferidos."

Art. 25. Até a instituição do fundo a que se refere o inciso XIV do art. 21 da Constituição Federal, compete à União manter os atuais compromissos financeiros com a prestação de serviços públicos do Distrito Federal.

Art. 26. No prazo de 2 (dois) anos da promulgação desta Emenda, as entidades da Administração indireta terão seus estatutos revistos quanto à respectiva natureza jurídica, tendo em conta a finalidade e as competências efetivamente executadas.

Art. 27. O Congresso Nacional, dentro de 120 (cento e vinte) dias da promulgação desta Emenda, elaborará lei de defesa do usuário de serviços públicos.

Art. 28. É assegurado o prazo de 2 (dois) anos de efetivo exercício para aquisição da estabilidade aos atuais servidores em estágio probatório, sem prejuízo da avaliação a que se refere o § 4º do art. 41 da Constituição Federal.

Art. 29. Os subsídios, vencimentos, remuneração, proventos da aposentadoria e pensões e quaisquer outras espécies remuneratórias adequar-se-ão, a partir da promulgação desta Emenda, aos limites decorrentes da Constituição Federal, não se admitindo a percepção de excesso a qualquer título.

Art. 30. O projeto de lei complementar a que se refere o art. 163 da Constituição Federal será apresentado pelo Poder Executivo ao Congresso Nacional no prazo máximo de 180 (cento e oitenta) dias da promulgação desta Emenda.

Art. 31. Os servidores públicos federais da Administração direta e indireta, os servidores municipais e os integrantes da carreira policial militar dos ex-Territórios Federais do Amapá e de Roraima, que comprovadamente encontravam-se no exercício regular de suas funções prestando serviços àqueles ex-Territórios na data em que foram transformados em Estados; os policiais militares que tenham sido admitidos por força de lei federal, custeados pela União; e, ainda, os servidores civis nesses Estados com vínculo funcional já reconhecido pela União, constituirão quadro em extinção da Administração Federal, assegurados os direitos e vantagens inerentes aos seus servidores, vedado o pagamento, a qualquer título, de diferenças remuneratórias.

§ 1º. Os servidores da carreira policial militar continuarão prestando serviços aos respectivos Estados, na condição de cedidos, submetidos às disposições legais e regulamentares a que estão sujeitas as corporações das respectivas Polícias Militares, observadas as atribuições de função compatíveis com seu grau hierárquico.

§ 2º. Os servidores civis continuarão prestando serviços aos respectivos Estados, na condição de cedidos, até seu aproveitamento em órgão da Administração Federal.

Art. 32. A Constituição Federal passa a vigorar acrescida do seguinte artigo:

"Art. 247. As leis previstas no inciso III do § 1º do art. 41 e no § 7º do art. 169 estabelecerão critérios e garantias especiais para a perda do cargo pelo servidor público estável que, em decorrência das atribuições de seu cargo efetivo, desenvolva atividades exclusivas de Estado.

"Parágrafo único. Na hipótese de insuficiência de desempenho, a perda do cargo somente ocorrerá mediante processo administrativo em que lhe sejam assegurados o contraditório e a ampla defesa."

Art. 33. Consideram-se servidores não estáveis, para os fins do art. 169, § 3º, II, da Constituição Federal aqueles admitidos na Administração direta, autárquica e fundacional sem concurso público de provas ou de provas e títulos após o dia 5 de outubro de 1983.

Art. 34. Esta Emenda Constitucional entra em vigor na data de sua promulgação.

Brasília, 4 de junho de 1998

(*DOU* de 5.6.98)

LEGISLAÇÃO

EMENDA CONSTITUCIONAL N. 20, DE 15 DE DEZEMBRO DE 1998

Modifica o sistema de previdência social, estabelece normas de transição e dá outras providências.

As Mesas da Câmara dos Deputados e do Senado Federal, nos termos do § 3º do art. 60 da Constituição Federal, promulgam a seguinte Emenda ao texto constitucional:

Art. 1º. A Constituição Federal passa a vigorar com as seguintes alterações:

"Art. 7º. (...)

"XII – salário-família pago em razão do dependente do trabalhador de baixa renda nos termos da lei; (...)

"XXXIII – proibição de trabalho noturno, perigoso ou insalubre a menores de 18 (dezoito) e de qualquer trabalho a menores de 16 (dezesseis anos), salvo na condição de aprendiz, a partir de 14 (quatorze anos); (...)."

"Art. 37. (...)

"§ 10. É vedada a percepção simultânea de proventos de aposentadoria decorrentes do art. 40 ou dos arts. 42 e 142 com a remuneração de cargo, emprego ou função pública, ressalvados os cargos acumuláveis na forma desta Constituição, os cargos eletivos e os cargos em comissão declarados em lei de livre nomeação e exoneração."

"Art. 40. Aos servidores titulares de cargos efetivos da União, dos Estados, do Distrito Federal e dos Municípios, incluídas suas autarquias e fundações, é assegurado regime de previdência de caráter contributivo, observados critérios que preservem o equilíbrio financeiro e atuarial e o disposto neste artigo.

"§ 1º. Os servidores abrangidos pelo regime de previdência de que trata este artigo serão aposentados, calculados os seus proventos a partir dos valores fixados na forma do § 3º:

"I – por invalidez permanente, sendo os proventos proporcionais ao tempo de contribuição, exceto se decorrente de acidente em serviço, moléstia profissional ou doença grave, contagiosa ou incurável, especificadas em lei;

"II – compulsoriamente, aos 70 (setenta) anos de idade, com proventos proporcionais ao tempo de contribuição;

"III – voluntariamente, desde que cumprido tempo mínimo de 10 (dez) anos de efetivo exercício no serviço público e 5 (cinco) anos no cargo efetivo em que se dará a aposentadoria, observadas as seguintes condições:

"a) 60 (sessenta anos) de idade e 35 (trinta e cinco) de contribuição, se homem, e 55 (cinqüenta e cinco) anos de idade e 30 (trinta) de contribuição, se mulher;

"b) 65 (sessenta e cinco) anos de idade, se homem, e 60 (sessenta) anos de idade, se mulher, com proventos proporcionais ao tempo de contribuição.

"§ 2º. Os proventos de aposentadoria e as pensões, por ocasião de sua concessão, não poderão exceder a remuneração do respectivo servidor, no cargo efetivo em que se deu a aposentadoria ou que serviu de referência para a concessão da pensão.

"§ 3º. Os proventos de aposentadoria, por ocasião da sua concessão, serão calculados com base na remuneração do servidor no cargo efetivo em que se der a aposentadoria e, na forma da lei, corresponderão à totalidade da remuneração.

"§ 4º. É vedada a adoção de requisitos e critérios diferenciados para a concessão de aposentadoria aos abrangidos pelo regime de que trata este artigo, ressalvados os casos de atividades exercidas exclusivamente sob condições especiais que prejudiquem a saúde ou a integridade física, definidos em lei complementar.

"§ 5º. Os requisitos de idade e de tempo de contribuição serão reduzidos em 5 (cinco) anos, em relação ao disposto no § 1º, III, *a*, para o professor que comprove exclusivamente tempo de efetivo exercício das funções de magistério na educação infantil e no ensino fundamental e médio.

"§ 6º. Ressalvadas as aposentadorias decorrentes dos cargos acumuláveis na forma desta Constituição, é vedada a percepção de mais de uma aposentadoria à conta do regime de previdência previsto neste artigo.

"§ 7º. Lei disporá sobre a concessão do benefício da pensão por morte, que será igual ao valor dos proventos do servidor falecido ou ao valor dos proventos a que teria direito o servidor em atividade na data de seu falecimento, observado o disposto no § 3º.

"§ 8º. Observado o disposto no art. 37, XI, os proventos de aposentadoria e as pensões serão revistos na mesma proporção e na mesma data, sempre que se modificar a remuneração dos servidores em atividade, sendo também estendidos aos aposentados e aos pensionistas quaisquer benefícios ou vantagens posteriormente concedidos aos servidores em atividade, inclusive quando decorrentes da transformação ou reclassificação do cargo ou função em que se deu a aposentadoria ou que serviu de referência para a concessão da pensão, na forma da lei.

"§ 9º. O tempo de contribuição federal, estadual ou municipal será contado para efeito de aposentadoria e o tempo de serviço correspondente para efeito de disponibilidade.

"§ 10. A lei não poderá estabelecer qualquer forma de contagem de tempo de contribuição fictício.

"§ 11. Aplica-se o limite fixado no art. 37, XI, à soma total dos proventos de inatividade, inclusive quando decorrentes da acumulação de cargos ou empregos públicos, bem como de outras atividades sujeitas a contribuição para o regime geral de previdência social, e ao montante resultante da adição de proventos de inatividade com remuneração de cargo acumulável na forma desta Constituição, cargo em comissão declarado em lei de livre nomeação e exoneração, e de cargo eletivo.

"§ 12. Além do disposto neste artigo, o regime de previdência dos servidores públicos titulares de cargo efetivo observará, no que couber, os requisitos e critérios fixados para o regime geral de previdência social.

"§ 13. Ao servidor ocupante, exclusivamente, de cargo em comissão declarado em lei de livre nomeação e exoneração bem como de outro cargo temporário ou de emprego público, aplica-se o regime geral de previdência social.

"§ 14. A União, os Estados, o Distrito Federal e os Municípios, desde que instituam regime de previdência complementar para os seus respectivos servidores titulares de cargo efetivo, poderão fixar, para o valor das aposentadorias e pensões a serem concedidas pelo regime de que trata este artigo, o limite máximo estabelecido para os benefícios do regime geral de previdência social de que trata o art. 201.

"§ 15. Observado o disposto no art. 202, lei complementar disporá sobre as normas gerais para a instituição de regime de previdência complementar pela União, Estados, Distrito Federal e Municípios, para atender aos seus respectivos servidores titulares de cargo efetivo.

"§ 16. Somente mediante sua prévia e expressa opção, o disposto nos §§ 14 e 15 poderá ser aplicado ao servidor que tiver ingressado no serviço público até a data da publicação do ato de instituição do correspondente regime de previdência complementar."

"Art. 42. (...)

"§ 1º. Aplicam-se aos militares dos Estados, do Distrito Federal e dos Territórios, além do que vier a ser fixado em lei, as disposições do art. 14, § 8º; do art. 40, § 9º; e do art. 142, §§ 2º e 3º, cabendo a lei estadual específica dispor sobre as matérias do art. 142, § 3º, inciso X, sendo as patentes dos oficiais conferidas pelos respectivos Governadores.

"§ 2º. Aos militares dos Estados, do Distrito Federal e dos Territórios e a seus pensionistas, aplica-se o disposto no art. 40, §§ 7º e 8º."

"Art. 73. (...)

"§ 3º. Os Ministros do Tribunal de Contas da União terão as mesmas garantias, prerrogativas, impedimentos, vencimentos e vantagens dos Ministros do Superior Tribunal de Justiça, aplicando-se-lhes, quanto à aposentadoria e pensão, as normas constantes do art. 40."

"Art. 93. (...)

"VI – a aposentadoria dos magistrados e a pensão de seus dependentes observarão o disposto no art. 40;"

"Art. 100. (...)

"§ 3º. O disposto no *caput* deste artigo, relativamente à expedição de precatórios, não se aplica aos pagamentos de obrigações definidas em lei como de pequeno valor que a Fazenda Federal, Estadual ou Municipal deva fazer em virtude de sentença judicial transitada em julgado."

"Art. 114. (...)

"§ 3º. Compete ainda à Justiça do Trabalho executar, de ofício, as contribuições sociais previstas no art. 195, I, *a*, e II, e seus acréscimos legais, decorrentes das sentenças que proferir."

"Art. 142. (...)

"§ 3º. (...)

"IX – aplica-se aos militares e a seus pensionistas o disposto no art. 40, §§ 7º e 8º;"

"Art. 167. (...)

"XI – a utilização dos recursos provenientes das contribuições sociais de que trata o art. 195, I, *a*, e II, para a realização de despesas distintas do pagamento de benefícios do regime geral de previdência social de que trata o art. 201."

"Art. 194. (...)

"Parágrafo único. (...)

"VII – caráter democrático e descentralizado da Administração, mediante gestão quadripartite, com participação dos trabalhadores, dos empregadores, dos aposentados e do Governo nos órgãos colegiados."

"Art. 195. (...)

"I – do empregador, da empresa e da entidade a ela equiparada na forma da lei, incidentes sobre:

"a) a folha de salários e demais rendimentos do trabalho pagos ou creditados, a qualquer título, à pessoa física que lhe preste serviço, mesmo sem vínculo empregatício;

"b) a receita ou o faturamento;

"c) o lucro;

"II – do trabalhador e dos demais segurados da previdência social, não incidindo contribuição sobre aposentadoria e pensão concedidas pelo regime geral de previdência social de que trata o art. 201; (...)

"§ 8º O produtor, o parceiro, o meeiro e o arrendatário rurais e o pescador artesanal, bem como os respectivos cônjuges, que exerçam suas atividades em regime de economia familiar, sem empregados permanentes, contribuirão para a seguridade social mediante a aplicação de uma alíquota sobre o resultado da comercialização da produção e farão jus aos benefícios nos termos da lei.

"§ 9º. As contribuições sociais previstas no inciso I deste artigo poderão ter alíquotas ou bases de cálculo diferenciadas, em razão da atividade econômica ou da utilização intensiva de mão-de-obra.

"§ 10. A lei definirá os critérios de transferência de recursos para o sistema único de saúde e ações de assistência social da União para os Estados, o Distrito Federal e os Municípios, e dos Estados para os Municípios, observada a respectiva contrapartida de recursos.

"§ 11. É vedada a concessão de remissão ou anistia das contribuições sociais de que tratam os incisos I, *a*, e II deste artigo, para débitos em montante superior ao fixado em lei complementar."

"Art. 201. A previdência social será organizada sob a forma de regime geral, de caráter contributivo e de filiação obrigatória, observados critérios que preservem o equilíbrio financeiro e atuarial, e atenderá, nos termos da lei, a:

"I – cobertura dos eventos de doença, invalidez, morte e idade avançada;

"II – proteção à maternidade, especialmente à gestante;

"III – proteção ao trabalhador em situação de desemprego involuntário;

"IV – salário-família e auxílio-reclusão para os dependentes dos segurados de baixa renda;

"V – pensão por morte do segurado, homem ou mulher, ao cônjuge ou companheiro e dependentes, observado o disposto no § 2º.

"§ 1º. É vedada a adoção de requisitos e critérios diferenciados para a concessão de aposentadoria aos beneficiários do regime geral de previdência social, ressalvados os casos de atividades exercidas sob condições especiais que prejudiquem a saúde ou a integridade física, definidos em lei complementar.

"§ 2º. Nenhum benefício que substitua o salário de contribuição ou o rendimento do trabalho do segurado terá valor mensal inferior ao salário mínimo.

"§ 3º. Todos os salários de contribuição considerados para o cálculo de benefício serão devidamente atualizados, na forma da lei.

"§ 4º. É assegurado o reajustamento dos benefícios para preservar-lhes, em caráter permanente, o valor real, conforme critérios definidos em lei.

"§ 5º. É vedada a filiação ao regime geral de previdência social, na qualidade de segurado facultativo, de pessoa participante de regime próprio de previdência.

"§ 6º. A gratificação natalina dos aposentados e pensionistas terá por base o valor dos proventos do mês de dezembro de cada ano.

"§ 7º. É assegurada aposentadoria no regime geral de previdência social, nos termos da lei, obedecidas as seguintes condições:

"I – 35 (trinta e cinco) anos de contribuição, se homem, e 30 (trinta anos) de contribuição, se mulher;

"II – 65 (sessenta e cinco) anos de idade, se homem, e 60 (sessenta) anos de idade, se mulher, reduzido em 5 (cinco) anos o limite para os trabalhadores rurais de ambos os sexos e para os que exerçam suas atividades em regime de economia familiar, nestes incluídos o produtor rural, o garimpeiro e o pescador artesanal.

"§ 8º. Os requisitos a que se refere o inciso I do parágrafo anterior serão reduzidos em 5 (cinco) anos, para o professor que comprove exclusivamente tempo de efetivo exercício das funções de magistério na educação infantil e no ensino fundamental e médio.

"§ 9º. Para efeito de aposentadoria, assegurada a contagem recíproca do tempo de contribuição na Administração Pública e na atividade privada, rural e urbana, hipótese em que os diversos regimes de previdência social se compensarão financeiramente, segundo critérios estabelecidos em lei.

"§ 10. Lei disciplinará a cobertura do risco de acidente do trabalho, a ser atendida concorrentemente pelo regime geral de previdência social e pelo setor privado.

"§ 11. Os ganhos habituais do empregado, a qualquer título, serão incorporados ao salário para efeito de contribuição previdenciária e conseqüente repercussão em benefícios, nos casos e na forma da lei."

"Art. 202. O regime de previdência privada, de caráter complementar e organizado de forma autônoma em relação ao regime geral de previdência social, será facultativo, baseado na constituição de reservas que garantam o benefício contratado, e regulado por lei complementar.

"§ 1º. A lei complementar de que trata este artigo assegurará ao participante de planos de benefícios de entidades de previdência privada o pleno acesso às informações relativas à gestão de seus respectivos planos.

"§ 2º. As contribuições do empregador, os benefícios e as condições contratuais previstas nos estatutos, regulamentos e planos de benefícios das entidades de previdência privada não integram o contrato de trabalho dos participantes, assim como, à exceção dos benefícios concedidos, não integram a remuneração dos participantes, nos termos da lei.

"§ 3º. É vedado o aporte de recursos a entidade de previdência privada pela União, Estados, Distrito Federal e Municípios, suas autarquias, fundações, empresas públicas, sociedades de economia mista e outras entidades públicas, salvo na qualidade de patrocinador, situação na qual, em hipótese alguma, sua contribuição normal poderá exceder a do segurado.

"§ 4º. Lei complementar disciplinará a relação entre a União, Estados, Distrito Federal ou Municípios, inclusive suas autarquias, fundações, sociedades de economia mista e empresas controladas direta ou indiretamente, enquanto patrocinadoras de entidades fechadas de previdência privada, e suas respectivas entidades fechadas de previdência privada.

"§ 5º. A lei complementar de que trata o parágrafo anterior aplicar-se-á, no que couber, às empresas privadas permissionárias ou concessionárias de prestação de serviços públicos, quando patrocinadoras de entidades fechadas de previdência privada.

"§ 6º. A lei complementar a que se refere o § 4º deste artigo estabelecerá os requisitos para a designação dos membros das diretorias das entidades fechadas de previdência privada e disciplinará a inserção dos participantes nos colegiados e instâncias de decisão em que seus interesses sejam objeto de discussão e deliberação."

Art. 2º. A Constituição Federal, nas Disposições Constitucionais Gerais, acrescida dos seguintes artigos:

"Art. 248. Os benefícios pagos, a qualquer título, pelo órgão responsável pelo regime geral de previdência social, ainda que à conta do Tesouro Nacional, e os não sujeitos ao limite máximo de valor fixado para os benefícios concedidos por esse regime observarão os limites fixados no art. 37, XI.

"Art. 249. Com o objetivo de assegurar recursos para o pagamento de proventos de aposentadoria e pensões concedidas aos respectivos servidores e seus dependentes, em adição aos recursos dos respectivos tesouros, a União, os Estados, o Distrito Federal e os Municípios poderão constituir fundos integrados pelos recursos provenientes de contribuições e por bens, direitos e ativos de qualquer natureza, mediante lei que disporá sobre a natureza e administração desses fundos.

"Art. 250. Com o objetivo de assegurar recursos para o pagamento dos benefícios concedidos pelo regime geral de previdência social, em adição aos recursos de sua arrecadação, a União poderá constituir fundo integrado por bens, direitos e ativos de qualquer natureza, mediante lei que disporá sobre a natureza e administração desse fundo."

Art. 3º. É assegurada a concessão de aposentadoria e pensão, a qualquer tempo, aos servidores públicos e aos segurados do regime geral de previdência social, bem como aos seus dependentes, que, até a data da publicação desta Emenda, tenham cumprido os requisitos para a obtenção destes benefícios, com base nos critérios da legislação então vigente.

§ 1º. O servidor de que trata este artigo, que tenha completado as exigências para aposentadoria integral e que opte por permanecer em atividade fará jus à isenção da contribuição previdenciária até completar as exigências para aposentadoria contidas no art. 40, § 1º, III, *a*, da Constituição Federal.

§ 2º. Os proventos da aposentadoria a ser concedida aos servidores públicos referidos no *caput*, em termos integrais ou proporcionais ao tempo de serviço já exercido até a data de publicação desta Emenda, bem como as pensões de seus dependentes, serão calculados de acordo com a legislação em vigor à época em que foram atendidas as prescrições nela estabelecidas para a concessão destes benefícios ou nas condições da legislação vigente.

§ 3º. São mantidos todos os direitos e garantias assegurados nas disposições constitucionais vigentes à data de publicação desta Emenda aos servidores e militares, inativos e pensionistas, aos anistiados e aos excombatentes, assim como àqueles que já cumpriram, até aquela data, os requisitos para usufruírem tais direitos, observado o disposto no art. 37, XI, da Constituição Federal.

Art. 4º. Observado o disposto no art. 40, § 10, da Constituição Federal, o tempo de serviço considerado pela legislação vigente para efeito de aposentadoria, cumprido até que a lei discipline a matéria, será contado como tempo de contribuição.

Art. 5º. O disposto no art. 202, § 3º, da Constituição Federal, quanto à exigência de paridade entre a contribuição da patrocinadora e a contribuição do segurado, terá vigência no prazo de 2 (dois) anos a partir da publicação desta Emenda, ou, caso ocorra antes, na data de publicação da lei complementar a que se refere o § 4º do mesmo artigo.

Art. 6º. As entidades fechadas de previdência privada patrocinadas por entidades públicas, inclusive empresas públicas e sociedades de economia mista, deverão rever, no prazo de 2 (dois) anos, a contar da publicação desta Emenda, seus planos de benefícios e serviços, de modo a ajustá-los atuarialmente a seus ativos, sob pena de intervenção, sendo seus dirigentes e os de suas respectivas patrocinadoras responsáveis civil e criminalmente pelo descumprimento do disposto neste artigo.

Art. 7º. Os projetos das leis complementares previstas no art. 202 da Constituição Federal deverão ser apresentados ao Congresso Nacional no prazo máximo de 90 (noventa) dias após a publicação desta Emenda.

Art. 8º. Observado o disposto no art. 4º desta Emenda e ressalvado o direito de opção a aposentadoria pelas normas por ela estabelecidas, assegurado o direito à aposentadoria voluntária com proventos calculados de acordo com o art. 40, § 3º, da Constituição Federal, àquele que tenha ingressado regularmente em cargo efetivo na Administração Pública, direta, autárquica e fundacional, até a data de publicação desta Emenda, quando o servidor, cumulativamente:

I – tiver 53 (cinqüenta e três) anos de idade, se homem, e 48 (quarenta e oito) anos de idade, se mulher;

II – tiver 5 (cinco) anos de efetivo exercício no cargo em que se dará a aposentadoria;

III – contar tempo de contribuição igual, no mínimo, à soma de:

a) 35 (trinta e cinco) anos, se homem, e 30 (trinta) anos, se mulher; e

b) um período adicional de contribuição equivalente a 20% (vinte por cento) do tempo que, na data da publicação desta Emenda, faltaria para atingir o limite de tempo constante da alínea anterior.

§ 1º. O servidor de que trata este artigo, desde que atendido o disposto em seus incisos I e II, e observado o disposto no art. 4º desta Emenda, pode aposentar-se com proventos proporcionais ao tempo de contribuição, quando atendidas as seguintes condições:

I – contar tempo de contribuição igual, no mínimo, à soma de:

a) 30 (trinta) anos, se homem, e 25 (vinte e cinco) anos, se mulher; e

b) um período adicional de contribuição equivalente a 40% (quarenta por cento) do tempo que, na data da publicação desta Emenda, faltaria para atingir o limite de tempo constante da alínea anterior;

II – os proventos da aposentadoria proporcional serão equivalentes a 70% (setenta por cento) do valor máximo que o servidor poderia obter de acordo com o *caput*, acrescido de 5% (cinco por cento) por ano de contribuição que supere a soma a que se refere o inciso anterior, até o limite de 100% (cem por cento).

§ 2º. Aplica-se ao magistrado e ao membro do Ministério Público e de Tribunal de Contas o disposto neste artigo.

§ 3º. Na aplicação do disposto no parágrafo anterior, o magistrado ou o membro do Ministério Público ou de Tribunal de Contas, se homem, terá o tempo de serviço exercido até a publicação desta Emenda contado com o acréscimo de 17% (dezessete por cento).

§ 4º. O professor, servidor da União, dos Estados, do Distrito Federal e dos Municípios, incluídas suas autarquias e fundações, que, até a data da publicação desta Emenda, tenha ingressado, regularmente, em cargo efetivo de magistério e que opte por aposentar-se na forma do disposto no *caput*, terá o tempo de serviço exercido até a publicação desta Emenda contado com o acréscimo de 17% (dezessete por cento), se homem, e de 20% (vinte por cento), se mulher, desde que se aposente, exclusivamente, com tempo de efetivo exercício das funções de magistério.

§ 5º. O servidor de que trata este artigo, que, após completar as exigências para aposentadoria estabelecidas no *caput*, permanecer em atividade, fará jus à isenção da contribuição previdenciária até completar as exigências para aposentadoria contidas no art. 40, § 1º, III, *a*, da Constituição Federal.

Art. 9º. Observado o disposto no art. 4º desta Emenda e ressalvado o direito de opção a aposentadoria pelas normas por ela estabelecidas para o regime geral de previdência social, assegurado o direito à aposentadoria ao segurado que se tenha filiado ao regime geral de previdência social, até a data de publicação desta Emenda, quando, cumulativamente, atender aos seguintes requisitos:

I – contar com 53 (cinqüenta e três) anos de idade, se homem, e 48 (quarenta e oito) anos de idade, se mulher; e

II – contar tempo de contribuição igual, no mínimo, à soma de:

a) 35 (trinta e cinco) anos, se homem, e 30 (trinta anos), se mulher; e

b) um período adicional de contribuição equivalente a 20% (vinte por cento) do tempo que, na data da publicação desta Emenda, faltaria para atingir o limite de tempo constante da alínea anterior.

§ 1º. O segurado de que trata este artigo, desde que atendido o disposto no inciso I do *caput*, e observado o disposto no art. 4º desta Emenda, pode aposentar-se com valores proporcionais ao tempo de contribuição, quando atendidas as seguintes condições:

I – contar tempo de contribuição igual, no mínimo, à soma de:

a) 30 (trinta) anos, se homem, e 25 (vinte e cinco) anos, se mulher; e

b) um período adicional de contribuição equivalente a 40% (quarenta por cento) do tempo que, na data da publicação desta Emenda, faltaria para atingir o limite de tempo constante da alínea anterior;

II – o valor da aposentadoria proporcional será equivalente a 70% (setenta por cento) do valor da aposentadoria a que se refere o *caput*, acrescido de 5% (cinco por cento) por ano de contribuição que supere a soma a que se refere o inciso anterior, até o limite de 100% (cem por cento).

§ 2º. O professor que, até a data da publicação desta Emenda, tenha exercido atividade de magistério e que opte por aposentar-se na forma do disposto no *caput*, terá o tempo de serviço exercido até a publicação desta Emenda contado com o acréscimo de 17% (dezessete por cento), se homem, e de 20% (vinte por cento), se mulher, desde que se aposente, exclusivamente, com tempo de efetivo exercício de atividade de magistério.

Art. 10. O regime de previdência complementar de que trata o art. 40, §§ 14, 15 e 16, da Constituição Federal, somente poderá ser instituído após a publicação da lei complementar prevista no § 15 do mesmo artigo.

Art. 11. A vedação prevista no art. 37, § 10, da Constituição Federal, não se aplica aos membros de poder e aos inativos, servidores e militares, que, até a publicação desta Emenda, tenham ingressado novamente no serviço público por concurso público de provas ou de provas e títulos, e pelas demais formas previstas na Constituição Federal, sendo-lhes proibida a percepção de mais de uma aposentadoria pelo regime de previdência a que se refere o art. 40 da Constituição Federal, aplicando-se-lhes, em qualquer hipótese, o limite de que trata o § 11 deste mesmo artigo.

Art. 12. Até que produzam efeitos as leis que irão dispor sobre as contribuições de que trata o art. 195 da Constituição Federal, são exigíveis as estabelecidas em lei, destinadas ao custeio da seguridade social e dos diversos regimes previdenciários.

Art. 13. Até que a lei discipline o acesso ao salário-família e auxílio-reclusão para os servidores, segurados e seus dependentes, esses benefícios serão concedidos apenas àqueles que tenham renda bruta mensal igual ou inferior a R$ 360,00 (trezentos e sessenta reais), que, até a publicação da lei, serão corrigidos pelos mesmos índices aplicados aos benefícios do regime geral de previdência social.

Art. 14. O limite máximo para o valor dos benefícios do regime geral de previdência social de que trata o art. 201 da Constituição Federal fixado em R$ 1.200,00 (um mil e duzentos reais), devendo, a partir da data da publicação desta Emenda, ser reajustado de forma a preservar, em caráter permanente, seu valor real, atualizado pelos mesmos índices aplicados aos benefícios do regime geral de previdência social.

Art. 15. Até que a lei complementar a que se refere o art. 201, § 1º, da Constituição Federal, seja publicada, permanece em vigor o disposto nos arts. 57 e 58 da Lei n. 8.213, de 24 de julho de 1991, na redação vigente à data da publicação desta Emenda.

Art. 16. Esta Emenda Constitucional entra em vigor na data de sua publicação.

Art. 17. Revoga-se o inciso II do § 2º do art. 153 da Constituição Federal.

Brasília, 15 de dezembro de 1998

(*DOU* de 16.12.98)

LEGISLAÇÃO

LEI N. 9.784, DE 29 DE JANEIRO DE 1999

Regula o processo administrativo no âmbito da Administração Pública Federal.

O Presidente da República

Faço saber que o Congresso Nacional decreta e eu sanciono a seguinte Lei:

Capítulo I – Das disposições gerais

Art. 1º. Esta Lei estabelece normas básicas sobre o processo administrativo no âmbito da Administração Federal direta e indireta, visando, em especial, à proteção dos direitos dos administrados e ao melhor cumprimento dos fins da Administração.

§ 1º. Os preceitos desta Lei também se aplicam aos órgãos dos Poderes Legislativo e Judiciário da União, quando no desempenho de função administrativa.

§ 2º. Para os fins desta Lei, consideram-se:

I – órgão – a unidade de atuação integrante da estrutura da Administração direta e da estrutura da Administração indireta;

II – entidade – a unidade de atuação dotada de personalidade jurídica;

III – autoridade – o servidor ou agente público dotado de poder de decisão.

Art. 2º. A Administração Pública obedecerá, dentre outros, aos princípios da legalidade, finalidade, motivação, razoabilidade, proporcionalidade, moralidade, ampla defesa, contraditório, segurança jurídica, interesse público e eficiência.

Parágrafo único. Nos processos administrativos serão observados, entre outros, os critérios de:

I – atuação conforme a lei e o Direito;

II – atendimento a fins de interesse geral, vedada a renúncia total ou parcial de poderes ou competências, salvo autorização em lei;

III – objetividade no atendimento do interesse público, vedada a promoção pessoal de agentes ou autoridades;

IV – atuação segundo padrões éticos de probidade, decoro e boa-fé;

V – divulgação oficial dos atos administrativos, ressalvadas as hipóteses de sigilo previstas na Constituição;

VI – adequação entre meios e fins, vedada a imposição de obrigações, restrições e sanções em medida superior àquelas estritamente necessárias ao atendimento do interesse público;

VII – indicação dos pressupostos de fato e de direito que determinarem a decisão;

VIII – observância das formalidades essenciais à garantia dos direitos dos administrados;

IX – adoção de formas simples, suficientes para propiciar adequado grau de certeza, segurança e respeito aos direitos dos administrados;

X – garantia dos direitos à comunicação, à apresentação de alegações finais, à produção de provas e à interposição de recursos, nos processos de que possam resultar sanções e nas situações de litígio;

XI – proibição de cobrança de despesas processuais, ressalvadas as previstas em lei;

XII – impulsão, de ofício, do processo administrativo, sem prejuízo da atuação dos interessados;

XIII – interpretação da norma administrativa da forma que melhor garanta o atendimento do fim público a que se dirige, vedada aplicação retroativa de nova interpretação.

Capítulo II – Dos direitos dos administrados

Art. 3º. O administrado tem os seguintes direitos perante a Administração, sem prejuízo de outros que lhe sejam assegurados:

I – ser tratado com respeito pelas autoridades e servidores, que deverão facilitar o exercício de seus direitos e o cumprimento de suas obrigações;

II – ter ciência da tramitação dos processos administrativos em que tenha a condição de interessado, ter vista dos autos, obter cópias de documentos neles contidos e conhecer as decisões proferidas;

III – formular alegações e apresentar documentos antes da decisão, os quais serão objeto de consideração pelo órgão competente;

IV – fazer-se assistir, facultativamente, por advogado, salvo quando obrigatória a representação, por força de lei.

Capítulo III – Dos deveres do administrado

Art. 4º. São deveres do administrado perante a Administração, sem prejuízo de outros previstos em ato normativo:

I – expor os fatos conforme a verdade;

II – proceder com lealdade, urbanidade e boa-fé;

III – não agir de modo temerário;

IV – prestar as informações que lhe forem solicitadas e colaborar para o esclarecimento dos fatos.

Capítulo IV – Do início do processo

Art. 5º. O processo administrativo pode iniciar-se de ofício ou a pedido de interessado.

Art. 6º. O requerimento inicial do interessado, salvo casos em que for admitida solicitação oral, deve ser formulado por escrito e conter os seguintes dados:

I – órgão ou autoridade administrativa a que se dirige;

II – identificação do interessado ou de quem o represente;

III – domicílio do requerente ou local para recebimento de comunicações;

IV – formulação do pedido, com exposição dos fatos e de seus fundamentos;

V – data e assinatura do requerente ou de seu representante.

Parágrafo único. É vedada à Administração a recusa imotivada de recebimento de documentos, devendo o servidor orientar o interessado quanto ao suprimento de eventuais falhas.

Art. 7º. Os órgãos e entidades administrativas deverão elaborar modelos ou formulários padronizados para assuntos que importem pretensões equivalentes.

Art. 8º. Quando os pedidos de uma pluralidade de interessados tiverem conteúdo e fundamentos idênticos, poderão ser formulados em um único requerimento, salvo preceito legal em contrário.

Capítulo V – Dos interessados

Art. 9º. São legitimados como interessados no processo administrativo:

I – pessoas físicas ou jurídicas que o iniciem como titulares de direitos ou interesses individuais ou no exercício do direito de representação;

II – aqueles que, sem terem iniciado o processo, têm direitos ou interesses que possam ser afetados pela decisão a ser adotada;

III – as organizações e associações representativas, no tocante a direitos e interesses coletivos;

IV – as pessoas ou as associações legalmente constituídas quanto a direitos ou interesses difusos.

Art. 10. São capazes, para fins de processo administrativo, os maiores de dezoito anos, ressalvada previsão especial em ato normativo próprio.

Capítulo VI – Da competência

Art. 11. A competência é irrenunciável e se exerce pelos órgãos administrativos a que foi atribuída como própria, salvo os casos de delegação e avocação legalmente admitidos.

Art. 12. Um órgão administrativo e seu titular poderão, se não houver impedimento legal, delegar parte da sua competência a outros órgãos ou titulares, ainda que estes não lhe sejam hierarquicamente subordinados, quando for conveniente, em razão de circunstâncias de índole técnica, social, econômica, jurídica ou territorial.

Parágrafo único. O disposto no *caput* deste artigo aplica-se à delegação de competência dos órgãos colegiados aos respectivos presidentes.

Art. 13. Não podem ser objeto de delegação:

I – a edição de atos de caráter normativo;

II – a decisão de recursos administrativos;

III – as matérias de competência exclusiva do órgão ou autoridade.

Art. 14. O ato de delegação e sua revogação deverão ser publicados no meio oficial.

§ 1º. O ato de delegação especificará as matérias e poderes transferidos, os limites da atuação do delegado, a duração e os objetivos da delegação e o recurso cabível, podendo conter ressalva de exercício da atribuição delegada.

§ 2º. O ato de delegação é revogável a qualquer tempo pela autoridade delegante.

§ 3º. As decisões adotadas por delegação devem mencionar explicitamente esta qualidade e considerar-se-ão editadas pelo delegado.

Art. 15. Será permitida, em caráter excepcional e por motivos relevantes devidamente justificados, a avocação temporária de competência atribuída a órgão hierarquicamente inferior.

Art. 16. Os órgãos e entidades administrativas divulgarão publicamente os locais das respectivas sedes e, quando conveniente, a unidade fundacional competente em matéria de interesse especial.

Art. 17. Inexistindo competência legal específica, o processo administrativo deverá ser iniciado perante a autoridade de menor grau hierárquico para decidir.

Capítulo VII – Dos impedimentos e da suspeição

Art. 18. É impedido de atuar em processo administrativo o servidor ou autoridade que:

I – tenha interesse direto ou indireto na matéria;

II – tenha participado ou venha a participar como perito, testemunha ou representante, ou se tais situações ocorrem quanto ao cônjuge, companheiro ou parente e afins até o terceiro grau;

III – esteja litigando judicial ou administrativamente com o interessado ou respectivo cônjuge ou companheiro.

Art. 19. A autoridade ou servidor que incorrer em impedimento deve comunicar o fato à autoridade competente, abstendo-se de atuar.

Parágrafo único. A omissão do dever de comunicar o impedimento constitui falta grave, para efeitos disciplinares.

Art. 20. Pode ser argüida a suspeição de autoridade ou servidor que tenha amizade íntima ou inimizade notória com algum dos interessados ou com os respectivos cônjuges, companheiros, parentes e afins até o terceiro grau.

Art. 21. O indeferimento de alegação de suspeição poderá ser objeto de recurso, sem efeito suspensivo.

Capítulo VIII – Da forma, tempo e lugar dos atos do processo

Art. 22. Os atos do processo administrativo não dependem de forma determinada senão quando a lei expressamente a exigir.

§ 1º. Os atos do processo devem ser produzidos por escrito, em vernáculo, com a data e o local de sua realização e a assinatura da autoridade responsável.

§ 2º. Salvo imposição legal, o reconhecimento de firma somente será exigido quando houver dúvida de autenticidade.

§ 3º. A autenticação de documentos exigidos em cópia poderá ser feita pelo órgão administrativo.

§ 4º. O processo deverá ter suas páginas numeradas seqüencialmente e rubricadas.

Art. 23. Os atos do processo devem realizar-se em dias úteis, no horário normal de funcionamento da repartição na qual tramitar o processo.

Parágrafo único. Serão concluídos depois do horário normal os atos já iniciados, cujo adiamento prejudique o curso regular do procedimento ou cause dano ao interessado ou à Administração.

Art. 24. Inexistindo disposição específica, os atos do órgão ou autoridade responsável pelo processo e dos administrados que dele participem devem ser praticados no prazo de cinco dias, salvo motivo de força maior.

Parágrafo único. O prazo previsto neste artigo pode ser dilatado até o dobro, mediante comprovada justificação.

Art. 25. Os atos do processo devem realizar-se preferencialmente na sede do órgão, cientificando-se o interessado se outro for o local de realização.

Capítulo IX – Da comunicação dos atos

Art. 26. O órgão competente perante o qual tramita o processo administrativo determinará a intimação do interessado para ciência de decisão ou a efetivação de diligências.

§ 1º. A intimação deverá conter:

I – identificação do intimado e nome do órgão ou entidade administrativa;

II – finalidade da intimação;

III – data, hora e local em que deve comparecer;

IV – se o intimado deve comparecer pessoalmente, ou fazer-se representar;

V – informação da continuidade do processo independentemente do seu comparecimento;

VI – indicação dos fatos e fundamentos legais pertinentes.

§ 2º. A intimação observará a antecedência mínima de três dias úteis quanto à data de comparecimento.

§ 3º. A intimação pode ser efetuada por ciência no processo, por via postal com aviso de recebimento, por telegrama ou outro meio que assegure a certeza da ciência do interessado.

§ 4º. No caso de interessados indeterminados, desconhecidos ou com domicílio indefinido, a intimação deve ser efetuada por meio de publicação oficial.

§ 5º. As intimações serão nulas quando feitas sem observância das prescrições legais, mas o comparecimento do administrado supre sua falta ou irregularidade.

Art. 27. O desatendimento da intimação não importa o reconhecimento da verdade dos fatos, nem a renúncia a direito pelo administrado.

Parágrafo único. No prosseguimento do processo, será garantido direito de ampla defesa ao interessado.

Art. 28. Devem ser objeto de intimação os atos do processo que resultem para o interessado em imposição de deveres, ônus, sanções ou restrição ao exercício de direitos e atividades e os atos de outra natureza, de seu interesse.

Capítulo X – Da instrução

Art. 29. As atividades de instrução destinadas a averiguar e comprovar os dados necessários à tomada de decisão realizam-se de ofício ou mediante impulsão do órgão responsável pelo processo, sem prejuízo do direito dos interessados de propor atuações probatórias.

§ 1º. O órgão competente para a instrução fará constar dos autos os dados necessários à decisão do processo.

§ 2º. Os atos de instrução que exijam a atuação dos interessados devem realizar-se do modo menos oneroso para estes.

Art. 30. São inadmissíveis no processo administrativo as provas obtidas por meios ilícitos.

Art. 31. Quando a matéria do processo envolver assunto de interesse geral, o órgão competente poderá, mediante despacho motivado, abrir período de consulta pública para manifestação de terceiros, antes da decisão do pedido, se não houver prejuízo para a parte interessada.

§ 1º. A abertura da consulta pública será objeto de divulgação pelos meios oficiais, a fim de que pessoas físicas ou jurídicas possam examinar os autos, fixando-se prazo para oferecimento de alegações escritas.

§ 2º. O comparecimento à consulta pública não confere, por si, a condição de interessado do processo, mas confere o direito de obter da Administração resposta fundamentada, que poderá ser comum a todas as alegações substancialmente iguais.

Art. 32. Antes da tomada de decisão, a juízo da autoridade, diante da relevância da questão, poderá ser realizada audiência pública para debates sobre a matéria do processo.

Art. 33. Os órgãos e entidades administrativas, em matéria relevante, poderão estabelecer outros meios de participação de administrados, diretamente ou por meio de organizações e associações legalmente reconhecidas.

Art. 34. Os resultados da consulta e audiência pública e de outros meios de participação de administrados deverão ser apresentados com a indicação do procedimento adotado.

Art. 35. Quando necessária à instrução do processo, a audiência de outros órgãos ou entidades administrativas poderá ser realizada em reunião conjunta, com a participação de titulares ou representantes dos órgãos competentes, lavrando-se a respectiva ata, a ser juntada aos autos.

Art. 36. Cabe ao interessado a prova dos fatos que tenha alegado, sem prejuízo do dever atribuído ao órgão competente para a instrução e do disposto no art. 37 desta Lei.

Art. 37. Quando o interessado declarar que fatos e dados estão registrados em documentos existentes na própria Administração responsável pelo processo ou em outro órgão administrativo, o órgão competente para a instrução proverá, de ofício, à obtenção dos documentos ou das respectivas cópias.

Art. 38. O interessado poderá, na fase instrutória e antes da tomada da decisão, juntar documentos e pareceres, requerer diligências e perícias, bem como aduzir alegações referentes à matéria objeto do processo.

§ 1º. Os elementos probatórios deverão ser considerados na motivação do relatório e da decisão.

§ 2º. Somente poderão ser recusadas, mediante decisão fundamentada, as provas propostas pelos interessados quando sejam ilícitas, impertinentes, desnecessárias ou protelatórias.

Art. 39. Quando for necessária a prestação de informações ou a apresentação de provas pelos interessados ou terceiros, serão expedidas intimações para esse fim, mencionando-se data, prazo, forma e condições de atendimento.

Parágrafo único. Não sendo atendida a intimação, poderá o órgão competente, se entender relevante a matéria, suprir de ofício a omissão, não se eximindo de proferir a decisão.

Art. 40. Quando dados, atuações ou documentos solicitados ao interessado forem necessários à apreciação de pedido formulado, o não atendimento no prazo fixado pela Administração para a respectiva apresentação implicará arquivamento do processo.

Art. 41. Os interessados serão intimados de prova ou diligência ordenada, com antecedência mínima de três dias úteis, mencionando-se data, hora e local de realização.

Art. 42. Quando deva ser obrigatoriamente ouvido um órgão consultivo, o parecer deverá ser emitido no prazo máximo de quinze dias, salvo norma especial ou comprovada necessidade de maior prazo.

§ 1º. Se um parecer obrigatório e vinculante deixar de ser emitido no prazo fixado, o processo não terá seguimento até a respectiva apresentação, responsabilizando-se quem der causa ao atraso.

§ 2º. Se um parecer obrigatório e não vinculante deixar de ser emitido no prazo fixado, o processo poderá ter prosseguimento e ser decidido com sua dispensa, sem prejuízo da responsabilidade de quem se omitiu no atendimento.

Art. 43. Quando por disposição de ato normativo devam ser previamente obtidos laudos técnicos de órgãos administrativos e estes não cumprirem o encargo no prazo assinalado, o órgão responsável pela instrução deverá solicitar laudo técnico de outro órgão dotado de qualificação e capacidade técnica equivalentes.

Art. 44. Encerrada a instrução, o interessado terá o direito de manifestar-se no prazo máximo de dez dias, salvo se outro prazo for legalmente fixado.

Art. 45. Em caso de risco iminente, a Administração Pública poderá motivadamente adotar providências acauteladoras sem a prévia manifestação do interessado.

Art. 46. Os interessados têm direito à vista do processo e a obter certidões ou cópias reprográficas dos dados e documentos que o integram, ressalvados os dados e documentos de terceiros protegidos por sigilo ou pelo direito à privacidade, à honra e à imagem.

Art. 47. O órgão de instrução que não for competente para emitir a decisão final elaborará relatório indicando o pedido inicial, o conteúdo das fases do procedimento e formulará proposta de decisão, objetivamente justificada, encaminhando o processo à autoridade competente.

Capítulo XI – Do dever de decidir

Art. 48. A Administração tem o dever de explicitamente emitir decisão nos processos administrativos e sobre solicitações ou reclamações, em matéria de sua competência.

Art. 49. Concluída a instrução de processo administrativo, a Administração tem o prazo de até trinta dias para decidir, salvo prorrogação por igual período expressamente motivada.

Capítulo XII – Da motivação

Art. 50. Os atos administrativos deverão ser motivados, com indicação dos fatos e dos fundamentos jurídicos, quando:

I – neguem, limitem ou afetem direitos ou interesses;

II – imponham ou agravem deveres, encargos ou sanções;

III – decidam processos administrativos de concurso ou seleção pública;

IV – dispensem ou declarem a inexigibilidade de processo licitatório;

V – decidam recursos administrativos;

VI – decorram de reexame de ofício;

VII – deixem de aplicar jurisprudência firmada sobre a questão ou discrepem de pareceres, laudos, propostas e relatórios oficiais;

VIII – importem anulação, revogação, suspensão ou convalidação de ato administrativo.

§ 1º. A motivação deve ser explícita, clara e congruente, podendo consistir em declaração de concordância com fundamentos de anteriores pareceres, informações, decisões ou propostas, que, neste caso, serão parte integrante do ato.

§ 2º. Na solução de vários assuntos da mesma natureza, pode ser utilizado meio mecânico que reproduza os fundamentos das decisões, desde que não prejudique direito ou garantia dos interessados.

§ 3º. A motivação das decisões de órgãos colegiados e comissões ou de decisões orais constará da respectiva ata ou de termo escrito.

Capítulo XIII – Da desistência e outros casos de extinção do processo

Art. 51. O interessado poderá, mediante manifestação escrita, desistir total ou parcialmente do pedido formulado ou, ainda, renunciar a direitos disponíveis.

§ 1º. Havendo vários interessados, a desistência ou renúncia atinge somente quem a tenha formulado.

§ 2º. A desistência ou renúncia do interessado, conforme o caso, não prejudica o prosseguimento do processo, se a Administração considerar que o interesse público assim o exige.

Art. 52. O órgão competente poderá declarar extinto o processo quando exaurida sua finalidade ou o objeto da decisão se tornar impossível, inútil ou prejudicado por fato superveniente.

Capítulo XIV – Da anulação, revogação e convalidação

Art. 53. A Administração deve anular seus próprios atos, quando eivados de vício de legalidade, e pode revogá-los por motivo de conveniência ou oportunidade, respeitados os direitos adquiridos.

Art. 54. O direito da Administração de anular os atos administrativos de que decorram efeitos favoráveis para os destinatários decai em cinco anos, contados da data em que foram praticados, salvo comprovada má-fé.

§ 1º. No caso de efeitos patrimoniais contínuos, o prazo de decadência contar-se-á da percepção do primeiro pagamento.

§ 2º. Considera-se exercício do direito de anular qualquer medida de autoridade administrativa que importe impugnação à validade do ato.

Art. 55. Em decisão na qual se evidencie não acarretarem lesão ao interesse público nem prejuízo a terceiros, os atos que apresentarem defeitos sanáveis poderão ser convalidados pela própria Administração.

Capítulo XV – Do recurso administrativo e da revisão

Art. 56. Das decisões administrativas cabe recurso, em face de razões de legalidade e de mérito.

§ 1º. O recurso será dirigido à autoridade que proferiu a decisão, a qual, se não a reconsiderar no prazo de cinco dias, o encaminhará à autoridade superior.

§ 2º. Salvo exigência legal, a interposição de recurso administrativo independe de caução.

Art. 57. O recurso administrativo tramitará no máximo por três instâncias administrativas, salvo disposição legal diversa.

Art. 58. Têm legitimidade para interpor recurso administrativo:

I – os titulares de direitos e interesses que forem parte no processo;

II – aqueles cujos direitos ou interesses forem indiretamente afetados pela decisão recorrida;

III – as organizações e associações representativas, no tocante a direitos e interesses coletivos;

IV – os cidadãos ou associações, quanto a direitos ou interesses difusos.

Art. 59. Salvo disposição legal específica, é de dez dias o prazo para interposição de recurso administrativo, contado a partir da ciência ou divulgação oficial da decisão recorrida.

§ 1º. Quando a lei não fixar prazo diferente, o recurso administrativo deverá ser decidido no prazo máximo de trinta dias, a partir do recebimento dos autos pelo órgão competente.

§ 2º. O prazo mencionado no parágrafo anterior poderá ser prorrogado por igual período, ante justificativa explícita.

Art. 60. O recurso interpõe-se por meio de requerimento no qual o recorrente deverá expor os fundamentos do pedido de reexame, podendo juntar os documentos que julgar convenientes.

Art. 61. Salvo disposição legal em contrário, o recurso não tem efeito suspensivo.

Parágrafo único. Havendo justo receio de prejuízo de difícil ou incerta reparação decorrente da execução, a autoridade recorrida ou a imediatamente superior poderá, de ofício ou a pedido, dar efeito suspensivo ao recurso.

Art. 62. Interposto o recurso, o órgão competente para dele conhecer deverá intimar os demais interessados para que, no prazo de cinco dias úteis, apresentem alegações.

Art. 63. O recurso não será conhecido quando interposto:

I – fora do prazo;

II – perante órgão incompetente;

III – por quem não seja legitimado;

IV – após exaurida a esfera administrativa.

§ 1º. Na hipótese do inciso II, será indicada ao recorrente a autoridade competente, sendo-lhe devolvido o prazo para recurso.

§ 2º. O não conhecimento do recurso não impede a Administração de rever de ofício o ato ilegal, desde que não ocorrida preclusão administrativa.

Art. 64. O órgão competente para decidir o recurso poderá confirmar, modificar, anular ou revogar, total ou parcialmente, a decisão recorrida, se a matéria for de sua competência.

Parágrafo único. Se da aplicação do disposto neste artigo puder decorrer gravame à situação do recorrente, este deverá ser cientificado para que formule suas alegações antes da decisão.

Art. 65. Os processos administrativos de que resultem sanções poderão ser revistos, a qualquer tempo, a pedido ou de ofício, quando surgirem fatos novos ou circunstâncias relevantes suscetíveis de justificar a inadequação da sanção aplicada.

Parágrafo único. Da revisão do processo não poderá resultar agravamento da sanção.

Capítulo XVI – Dos prazos

Art. 66. Os prazos começam a correr a partir da data da cientificação oficial, excluindo-se da contagem o dia do começo e incluindo-se o do vencimento.

§ 1º. Considera-se prorrogado o prazo até o primeiro dia útil seguinte se o vencimento cair em dia em que não houver expediente ou este for encerrado antes da hora normal.

§ 2º. Os prazos expressos em dias contam-se de modo contínuo.

§ 3º. Os prazos fixados em meses ou anos contam-se de data a data. Se no mês do vencimento não houver o dia equivalente àquele do início do prazo, tem-se como termo o último dia do mês.

Art. 67. Salvo motivo de força maior devidamente comprovado, os prazos processuais não se suspendem.

Capítulo XVII – Das sanções

Art. 68. As sanções, a serem aplicadas por autoridade competente, terão natureza pecuniária ou consistirão em obrigação de fazer ou de não fazer, assegurado sempre o direito de defesa.

Capítulo XVIII – Das disposições finais

Art. 69. Os processos administrativos específicos continuarão a reger-se por lei própria, aplicando-se-lhes apenas subsidiariamente os preceitos desta Lei.

Art. 70. Esta Lei entra em vigor na data de sua publicação.

Brasília, 29 de janeiro de 1999; 178º da Independência e 111º da República.

(*DOU* de 1.2.99)

LEGISLAÇÃO

LEI N. 10.177, DE 30 DE DEZEMBRO DE 1998

Regula o processo administrativo no âmbito da Administração Pública Estadual.

O Governador do Estado de São Paulo:

Faço saber que a Assembléia Legislativa decreta e eu promulgo a seguinte lei:

Título I – DAS DISPOSIÇÕES PRELIMINARES

Art. 1º. Esta lei regula os atos e procedimentos administrativos da Administração Pública centralizada e descentralizada do Estado de São Paulo, que não tenham disciplina legal específica.

Parágrafo único. Considera-se integrante da Administração descentralizada estadual toda pessoa jurídica controlada ou mantida, direta ou indiretamente, pelo Poder Público estadual, seja qual for seu regime jurídico.

Art. 2º. As normas desta lei aplicam-se subsidiariamente aos atos e procedimentos administrativos com disciplina legal específica.

Art. 3º. Os prazos fixados em normas legais específicas prevalecem sobre os desta lei.

Título II – DOS PRINCÍPIOS DA ADMINISTRAÇÃO PÚBLICA

Art. 4º. A Administração Pública atuará em obediência aos princípios da legalidade, impessoalidade, moralidade, publicidade, razoabilidade, finalidade, interesse público e motivação dos atos administrativos.

Art. 5º. A norma administrativa deve ser interpretada e aplicada da forma que melhor garanta a realização do fim público a que se dirige.

Art. 6º. Somente a lei poderá:

I – criar condicionamentos aos direitos dos particulares ou impor-lhes deveres de qualquer espécie; e

II – prever infrações ou prescrever sanções.

Título III – DOS ATOS ADMINISTRATIVOS

Capítulo I – Disposição preliminar

Art. 7º. A Administração não iniciará qualquer atuação material relacionada com a esfera jurídica dos particulares sem a prévia expedição do ato administrativo que lhe sirva de fundamento, salvo na hipótese de expressa previsão legal.

Capítulo II – Da invalidade dos atos

Art. 8º. São inválidos os atos administrativos que desatendam os pressupostos legais e regulamentares de sua edição, ou os princípios da Administração, especialmente nos casos de:

I – incompetência da pessoa jurídica, órgão ou agente de que emane;

II – omissão de formalidades ou procedimentos essenciais;

III – impropriedade do objeto;

IV – inexistência ou impropriedade do motivo de fato ou de direito;

V – desvio de poder;

VI – falta ou insuficiência de motivação.

Parágrafo único. Nos atos discricionários, será razão de invalidade a falta de correlação lógica entre o motivo e o conteúdo do ato, tendo em vista sua finalidade.

Art. 9º. A motivação indicará as razões que justifiquem a edição do ato, especialmente a regra de competência, os fundamentos de fato e de direito e a finalidade objetivada.

Parágrafo único. A motivação do ato no procedimento administrativo poderá consistir na remissão a pareceres ou manifestações nele proferidos.

Art. 10. A Administração anulará seus atos inválidos, de ofício ou por provocação de pessoa interessada, salvo quando:

I – ultrapassado o prazo de 10 (dez) anos contado de sua produção;

II – da irregularidade não resultar qualquer prejuízo;

III – forem passíveis de convalidação.

Art. 11. A Administração poderá convalidar seus atos inválidos, quando a invalidade decorrer de vício de competência ou de ordem formal, desde que:

I – na hipótese de vício de competência, a convalidação seja feita pela autoridade titulada para a prática do ato, e não se trate de competência indelegável;

II – na hipótese de vício formal, este possa ser suprido de modo eficaz.

§ 1º. Não será admitida a convalidação quando dela resultar prejuízo à Administração ou a terceiros ou quando se tratar de ato impugnado.

§ 2º. A convalidação será sempre formalizada por ato motivado.

Capítulo III – Da formalização dos atos

Art. 12. São atos administrativos:

I – de competência privativa:

a) do Governador do Estado, o Decreto;

b) dos Secretários de Estado, do Procurador-Geral do Estado e dos Reitores das Universidades, a Resolução;

c) dos órgãos colegiados, a Deliberação;

II – de competência comum:

a) a todas as autoridades, até o nível de Diretor de Serviço; às autoridades policiais; aos dirigentes das entidades descentralizadas, bem como, quando estabelecido em norma legal específica, a outras autoridades administrativas, a Portaria;

b) a todas as autoridades ou agentes da Administração, os demais atos administrativos, tais como Ofícios, Ordens de Serviço, Instruções e outros.

§ 1º. Os atos administrativos, excetuados os Decretos, aos quais se refere a Lei Complementar n. 60, de 10 de julho de 1972, e os referidos no art. 14 desta lei, serão numerados em séries próprias, com renovação anual, identificando-se pela sua denominação, seguida da sigla do órgão ou entidade que os tenha expedido.

§ 2º. Aplica-se na elaboração dos atos administrativos, no que couber, o disposto na Lei Complementar n. 60, de 10 de julho de 1972.

Art. 13. Os atos administrativos produzidos por escrito indicarão a data e o local de sua edição, e conterão a identificação nominal, funcional e a assinatura da autoridade responsável.

Art. 14. Os atos de conteúdo normativo e os de caráter geral serão numerados em séries específicas, seguidamente, sem renovação anual.

Art. 15. Os regulamentos serão editados por decreto, observadas as seguintes regras:

I – nenhum regulamento poderá ser editado sem base em lei, nem prever infrações, sanções, deveres ou condicionamentos de direitos nela não estabelecidos;

II – os decretos serão referendados pelos Secretários de Estado em cuja área de atuação devam incidir, ou pelo Procurador-Geral do Estado, quando for o caso;

III – nenhum decreto regulamentar será editado sem exposição de motivos que demonstre o fundamento legal de sua edição, a finalidade das medidas adotadas e a extensão de seus efeitos;

IV – as minutas de regulamento serão obrigatoriamente submetidas ao órgão jurídico competente, antes de sua apreciação pelo Governador do Estado.

Capítulo IV – Da publicidade dos atos

Art. 16. Os atos administrativos, inclusive os de caráter geral, entrarão em vigor na data de sua publicação, salvo disposição expressa em contrário.

Art. 17. Salvo norma expressa em contrário, a publicidade dos atos administrativos consistirá em sua publicação no *Diário Oficial do Estado*, ou, quando for o caso, na citação, notificação ou intimação do interessado.

Parágrafo único. A publicação dos atos sem conteúdo normativo poderá ser resumida.

Capítulo V – Do prazo para a produção dos atos

Art. 18. Será de 60 (sessenta) dias, se outra não for a determinação legal, o prazo máximo para a prática de atos administrativos isolados, que não exijam procedimento para sua prolação, ou para a adoção, pela autoridade pública, de outras providências necessárias à aplicação de lei ou decisão administrativa.

Parágrafo único. O prazo fluirá a partir do momento em que, à vista das circunstâncias, tornar-se logicamente possível a produção do ato ou a adoção da medida, permitida a prorrogação, quando cabível, mediante proposta justificada.

Capítulo VI – Da delegação e da avocação

Art. 19. Salvo vedação legal, as autoridades superiores poderão delegar a seus subordinados a prática de atos de sua competência ou avocar os de competência destes.

Art. 20. São indelegáveis, entre outras hipóteses decorrentes de normas específicas:

I – a competência para a edição de atos normativos que regulem direitos e deveres dos administrados;

II – as atribuições inerentes ao caráter político da autoridade;

III – as atribuições recebidas por delegação, salvo autorização expressa e na forma por ela determinada;

IV – a totalidade da competência do órgão;

V – as competências essenciais do órgão, que justifiquem sua existência.

Parágrafo único. O órgão colegiado não pode delegar suas funções, mas apenas a execução material de suas deliberações.

Título IV – DOS PROCEDIMENTOS ADMINISTRATIVOS

Capítulo I – Normas gerais

Seção I – Dos princípios

Art. 21. Os atos da Administração serão precedidos do procedimento adequado à sua validade e à proteção dos direitos e interesses dos particulares.

Art. 22. Nos procedimentos administrativos observar-se-ão, entre outros requisitos de validade, a igualdade entre os administrados e o devido processo legal, especialmente quanto à exigência de publicidade, do contraditório, da ampla defesa e, quando for o caso, do despacho ou decisão motivados.

§ 1º. Para atendimento dos princípios previstos neste artigo, serão assegurados às partes o direito de emitir manifestação, de oferecer provas e acompanhar sua produção, de obter vista e de recorrer.

§ 2º. Somente poderão ser recusadas, mediante decisão fundamentada, as provas propostas pelos interessados quando sejam ilícitas, impertinentes, desnecessárias ou protelatórias.

Seção II – Do direito de petição

Art. 23. É assegurado a qualquer pessoa, física ou jurídica, independentemente de pagamento, o direito de petição contra ilegalidade ou abuso de poder e para a defesa de direitos.

Parágrafo único. As entidades associativas, quando expressamente autorizadas por seus estatutos ou por ato especial, e os sindicatos poderão exercer o direito de petição, em defesa dos direitos e interesses coletivos ou individuais de seus membros.

Art. 24. Em nenhuma hipótese, a Administração poderá recusar-se a protocolar a petição, sob pena de responsabilidade do agente.

Seção III – Da instrução

Art. 25. Os procedimentos serão impulsionados e instruídos de ofício, atendendo-se à celeridade, economia, simplicidade e utilidade dos trâmites.

Art. 26. O órgão ou entidade da Administração estadual que necessitar de informações de outro, para instrução de procedimento administrativo, poderá requisitá-las diretamente, sem observância da vinculação hierárquica, mediante ofício, do qual uma cópia será juntada aos autos.

Art. 27. Durante a instrução, os autos do procedimento administrativo permanecerão na repartição competente.

Art. 28. Quando a matéria do processo envolver assunto de interesse geral, o órgão competente poderá, mediante despacho motivado, autorizar consulta pública para manifestação de terceiros, antes da decisão do pedido, se não houver prejuízo para a parte interessada.

§ 1º. A abertura da consulta pública será objeto de divulgação pelos meios oficiais, a fim de que os autos possam ser examinados pelos interessados, fixando-se prazo para oferecimento de alegações escritas.

§ 2º. O comparecimento à consulta pública não confere, por si, a condição de interessado no processo, mas constitui o direito de obter da Administração resposta fundamentada.

Art. 29. Antes da tomada de decisão, a juízo da autoridade, diante da relevância da questão, poderá ser realizada audiência pública para debates sobre a matéria do processo.

Art. 30. Os órgãos e entidades administrativas, em matéria relevante, poderão estabelecer outros meios de participação dos administrados, diretamente ou por meio de organizações e associações legalmente reconhecidas.

Art. 31. Os resultados da consulta e audiência pública e de outros meios de participação dos administrados deverão ser acompanhados da indicação do procedimento adotado.

Seção IV – Dos prazos

Art. 32. Quando outros não estiverem previstos nesta lei ou em disposições especiais, serão obedecidos os seguintes prazos máximos nos procedimentos administrativos:

I – para autuação, juntada aos autos de quaisquer elementos, publicação e outras providências de mero expediente: 2 (dois) dias;

II – para expedição de notificação ou intimação pessoal: 6 (seis) dias;

III – para elaboração e apresentação de informes sem caráter técnico ou jurídico: 7 (sete) dias;

IV – para elaboração e apresentação de pareceres ou informes de caráter técnico ou jurídico: 20 (vinte) dias, prorrogáveis por 10 (dez) dias quando a diligência requerer o deslocamento do agente para localidade diversa daquela onde tem sua sede de exercício;

V – para decisões no curso do procedimento: 7 (sete) dias;

VI – para manifestações do particular ou providências a seu cargo: 7 (sete) dias;

VII – para decisão final: 20 (vinte) dias;

VIII – para outras providências da Administração: 5 (cinco) dias.

§ 1º. O prazo fluirá a partir do momento em que, à vista das circunstâncias, tornar-se logicamente possível a produção do ato ou a adoção da providência.

§ 2º. Os prazos previstos neste artigo poderão ser, caso a caso, prorrogados uma vez, por igual período, pela autoridade superior, à vista de representação fundamentada do agente responsável por seu cumprimento.

Art. 33. O prazo máximo para decisão de requerimentos de qualquer espécie apresentados à Administração será de 120 (cento e vinte) dias, se outro não for legalmente estabelecido.

§ 1º. Ultrapassado o prazo sem decisão, o interessado poderá considerar rejeitado o requerimento na esfera administrativa, salvo previsão legal ou regulamentar em contrário.

§ 2º. Quando a complexidade da questão envolvida não permitir o atendimento do prazo previsto neste artigo, a autoridade cientificará o interessado das providências até então tomadas, sem prejuízo do disposto no parágrafo anterior.

§ 3º. O disposto no § 1º deste artigo não desonera a autoridade do dever de apreciar o requerimento.

Seção V – Da publicidade

Art. 34. No curso de qualquer procedimento administrativo, as citações, intimações e notificações, quando feitas pessoalmente ou por carta com aviso de recebimento, observarão as seguintes regras:

I – constitui ônus do requerente informar seu endereço para correspondência, bem como alterações posteriores;

II – considera-se efetivada a intimação ou notificação por carta com sua entrega no endereço fornecido pelo interessado;

III – será obrigatoriamente pessoal a citação do acusado, em procedimento sancionatório, e a intimação do terceiro interessado, em procedimento de invalidação;

IV – na citação, notificação ou intimação pessoal, caso o destinatário se recuse a assinar o comprovante de recebimento, o servidor encarregado certificará a entrega e a recusa;

V – quando o particular estiver representado nos autos por procurador, a este serão dirigidas as notificações e intimações, salvo disposição em contrário.

Parágrafo único. Na hipótese do inciso III, não encontrado o interessado, a citação ou a intimação serão feitas por edital publicado no *Diário Oficial do Estado*.

Art. 35. Durante a instrução, será concedida vista dos autos ao interessado, mediante simples solicitação, sempre que não prejudicar o curso do procedimento.

Parágrafo único. A concessão de vista será obrigatória, no prazo para manifestação do interessado ou para apresentação de recursos, mediante publicação no *Diário Oficial do Estado*.

Art. 36. Ao advogado é assegurado o direito de retirar os autos da repartição, mediante recibo, durante o prazo para manifestação de seu constituinte, salvo na hipótese de prazo comum.

Capítulo II – Dos recursos

Seção I – Da legitimidade para recorrer

Art. 37. Todo aquele que for afetado por decisão administrativa poderá dela recorrer, em defesa de interesse ou direito.

Art. 38. À Procuradoria-Geral do Estado compete recorrer, de ofício, de decisões que contrariarem Súmula Administrativa ou Despacho Normativo do Governador do Estado, sem prejuízo da possibilidade de deflagrar, de ofício, o procedimento invalidatório pertinente, nas hipóteses em que já tenha decorrido o prazo recursal.

Seção II – Da competência para conhecer do recurso

Art. 39. Quando norma legal não dispuser de outro modo, será competente para conhecer do recurso a autoridade imediatamente superior àquela que praticou o ato.

Art. 40. Salvo disposição legal em contrário, a instância máxima para o recurso administrativo será:

I – na Administração centralizada, o Secretário de Estado ou autoridade a ele equiparada, excetuados os casos em que o ato tenha sido por ele praticado originariamente; e

II – na Administração descentralizada, o dirigente superior da pessoa jurídica.

Parágrafo único. O disposto neste artigo não se aplica ao recurso previsto no art. 38.

Seção III – Das situações especiais

Art. 41. São irrecorríveis, na esfera administrativa, os atos de mero expediente ou preparatórios de decisões.

Art. 42. Contra decisões tomadas originariamente pelo Governador do Estado ou pelo dirigente superior de pessoa jurídica da Administração descentralizada, caberá pedido de reconsideração, que não poderá ser renovado, observando-se, no que couber, o regime do recurso hierárquico.

Parágrafo único. O pedido de reconsideração só será admitido se contiver novos argumentos, e será sempre dirigido à autoridade que houver expedido o ato ou proferido a decisão.

Seção IV – Dos requisitos da petição de recurso

Art. 43. A petição de recurso observará os seguintes requisitos:

I – será dirigida à autoridade recorrida e protocolada no órgão a que esta pertencer;

II – trará a indicação do nome, qualificação e endereço do recorrente;

III – conterá exposição, clara e completa, das razões da inconformidade.

Art. 44. Salvo disposição legal em contrário, o prazo para apresentação de recurso ou pedido de reconsideração será de 15 (quinze) dias contados da publicação ou notificação do ato.

Art. 45. Conhecer-se-á do recurso erroneamente designado, quando de seu conteúdo resultar induvidosa a impugnação do ato.

Seção V – Dos efeitos dos recursos

Art. 46. O recurso será recebido no efeito meramente devolutivo, salvo quando:

I – houver previsão legal ou regulamentar em contrário; e

II – além de relevante seu fundamento, da execução do ato recorrido, se provido, puder resultar a ineficácia da decisão final.

Parágrafo único. Na hipótese do inciso II, o recorrente poderá requerer, fundamentadamente, em petição anexa ao recurso, a concessão do efeito suspensivo.

Seção VI – Da tramitação dos recursos

Art. 47. A tramitação dos recursos observará as seguintes regras:

I – a petição será juntada aos autos em 2 (dois) dias, contados da data de seu protocolo;

II – quando os autos em que foi produzida a decisão recorrida tiverem de permanecer na repartição de origem para quaisquer outras providências cabíveis, o recurso será autuado em separado, trasladando-se cópias dos elementos necessários;

III – requerida a concessão de efeito suspensivo, a autoridade recorrida apreciará o pedido nos 5 (cinco) dias subseqüentes;

IV – havendo outros interessados representados nos autos, serão estes intimados, com prazo comum de 15 (quinze) dias, para oferecimento de contra-razões;

V – com ou sem contra-razões, os autos serão submetidos ao órgão jurídico, para elaboração de parecer, no prazo máximo de 20 (vinte) dias, salvo na hipótese do art. 38;

VI – a autoridade recorrida poderá reconsiderar seu ato, nos 7 (sete) dias subseqüentes;

VII – mantido o ato, os autos serão encaminhados à autoridade competente para conhecer do recurso, para decisão, em 30 (trinta) dias.

§ 1º. As decisões previstas nos incisos III, VI e VII serão encaminhadas, em 2 (dois) dias, à publicação no *Diário Oficial do Estado*.

§ 2º. Da decisão prevista no inciso III, não caberá recurso na esfera administrativa.

Art. 48. Os recursos dirigidos ao Governador do Estado serão, previamente, submetidos à Procuradoria-Geral do Estado ou ao órgão de consultoria jurídica da entidade descentralizada, para parecer, a ser apresentado no prazo máximo de 20 (vinte) dias.

Seção VII – Da decisão e seus efeitos

Art. 49. A decisão de recurso não poderá, no mesmo procedimento, agravar a restrição produzida pelo ato ao interesse do recorrente, salvo em casos de invalidação.

Art. 50. Ultrapassado, sem decisão, o prazo de 120 (cento e vinte) dias contado do protocolo do recurso que tramite sem efeito suspensivo, o recorrente poderá considerá-lo rejeitado na esfera administrativa.

§ 1º No caso do pedido de reconsideração previsto no art. 42, o prazo para a decisão será de 90 (noventa) dias.

§ 2º O disposto neste artigo não desonera a autoridade do dever de apreciar o recurso.

Art. 51. Esgotados os recursos, a decisão final tomada em procedimento administrativo formalmente regular não poderá ser modificada pela Administração, salvo por anulação ou revisão, ou quando o ato, por sua natureza, for revogável.

Capítulo III – Dos procedimentos em espécie

Seção I – Do procedimento de outorga

Art. 52. Regem-se pelo disposto nesta Seção os pedidos de reconhecimento, de atribuição ou de liberação do exercício do direito.

Art. 53. A competência para apreciação do requerimento será do dirigente do órgão ou entidade encarregados da matéria versada, salvo previsão legal ou regulamentar em contrário.

Art. 54. O requerimento será dirigido à autoridade competente para sua decisão, devendo indicar:

I – o nome, a qualificação e o endereço do requerente;

II – os fundamentos de fato e de direito do pedido;

III – a providência pretendida;

IV – as provas em poder da Administração que o requerente pretende ver juntadas aos autos.

Parágrafo único. O requerimento será desde logo instruído com a prova documental de que o interessado disponha.

Art. 55. A tramitação dos requerimentos de que trata esta Seção observará as seguintes regras:

I – protocolado o expediente, o órgão que o receber providenciará a autuação e seu encaminhamento à repartição competente, no prazo de 2 (dois) dias;

II – o requerimento será desde logo indeferido, se não atender aos requisitos dos incisos I a IV do artigo anterior, notificando-se o requerente;

III – se o requerimento houver sido dirigido a órgão incompetente, este providenciará seu encaminhamento à unidade adequada, notificando-se o requerente;

IV – a autoridade determinará as providências adequadas à instrução dos autos, ouvindo, em caso de dúvida quanto à matéria jurídica, o órgão de consultoria jurídica;

V – quando os elementos colhidos puderem conduzir ao indeferimento, o requerente será intimado, com prazo de 7 (sete) dias, para manifestação final;

VI – terminada a instrução, a autoridade decidirá, em despacho motivado, nos 20 (vinte) dias subseqüentes;

VII – da decisão caberá recurso hierárquico.

Art. 56. Quando duas ou mais pessoas pretenderem da Administração o reconhecimento ou atribuição de direitos que se excluam mutuamente, será instaurado procedimento administrativo para a decisão, com observância das normas do artigo anterior, e das ditadas pelos princípios da igualdade e do contraditório.

Seção II – Do procedimento de invalidação

Art. 57. Rege-se pelo disposto nesta Seção o procedimento para invalidação de ato ou contrato administrativo e, no que couber, de outros ajustes.

Art. 58. O procedimento para invalidação provocada observará as seguintes regras:

I – o requerimento será dirigido à autoridade que praticou o ato ou firmou o contrato, atendidos os requisitos do art. 54;

II – recebido o requerimento, será ele submetido ao órgão de consultoria jurídica para emissão de parecer, em 20 (vinte) dias;

III – o órgão jurídico opinará sobre a procedência ou não do pedido, sugerindo, quando for o caso, providências para a instrução dos autos e esclarecendo se a eventual invalidação atingirá terceiros;

IV – quando o parecer apontar a existência de terceiros interessados, a autoridade determinará sua intimação, para, em 15 (quinze) dias, manifestar-se a respeito;

V – concluída a instrução, serão intimadas as partes para, em 7 (sete) dias, apresentarem suas razões finais;

VI – a autoridade, ouvindo o órgão jurídico, decidirá em 20 (vinte) dias, por despacho motivado, do qual serão intimadas as partes;

VII – da decisão, caberá recurso hierárquico.

Art. 59. O procedimento para invalidação de ofício observará as seguintes regras:

I – quando se tratar da invalidade de ato ou contrato, a autoridade que o praticou, ou seu superior hierárquico, submeterá o assunto ao órgão de consultoria jurídica;

II – o órgão jurídico opinará sobre a validade do ato ou contrato, sugerindo, quando for o caso, providências para instrução dos autos, e indicará a necessidade ou não da instauração de contraditório, hipótese em que serão aplicadas as disposições dos incisos IV a VII do artigo anterior.

Art. 60. No curso de procedimento de invalidação, a autoridade poderá, de ofício ou em face de requerimento, suspender a execução do ato ou contrato, para evitar prejuízos de reparação onerosa ou impossível.

Art. 61. Invalidado o ato ou contrato, a Administração tomará as providências necessárias para desfazer os efeitos produzidos, salvo quanto a terceiros de boa-fé, determinando a apuração de eventuais responsabilidades.

Seção III – Do procedimento sancionatório

Art. 62. Nenhuma sanção administrativa será aplicada a pessoa física ou jurídica pela Administração Pública, sem que lhe seja assegurada ampla defesa, em procedimento sancionatório.

Parágrafo único. No curso do procedimento ou, em caso de extrema urgência, antes dele, a Administração poderá adotar as medidas cautelares estritamente indispensáveis à eficácia do ato final.

Art. 63. O procedimento sancionatório observará, salvo legislação específica, as seguintes regras:

I – verificada a ocorrência de infração administrativa, será instaurado o respectivo procedimento para sua apuração;

II – o ato de instauração, expedido pela autoridade competente, indicará os fatos em que se baseia e as normas pertinentes à infração e à sanção aplicável;

III – o acusado será citado ou intimado, com cópia do ato de instauração, para, em 15 (quinze) dias, oferecer sua defesa e indicar as provas que pretende produzir;

IV – caso haja requerimento para produção de provas, a autoridade apreciará sua pertinência, em despacho motivado;

V – o acusado será intimado para:

a) manifestar-se, em 7 (sete) dias, sobre os documentos juntados aos autos pela autoridade, se maior prazo não lhe for assinado em face da complexidade da prova;

b) acompanhar a produção das provas orais, com antecedência mínima de 2 (dois) dias;

c) formular quesitos e indicar assistente técnico, quando necessária prova pericial, em 7 (sete) dias;

d) concluída a instrução, apresentar, em 7 (sete) dias, suas alegações finais;

VI – antes da decisão, será ouvido o órgão de consultoria jurídica;

VII – a decisão, devidamente motivada, será proferida no prazo máximo de 20 (vinte) dias, notificando-se o interessado por publicação no *Diário Oficial do Estado*;

VIII – da decisão caberá recurso.

Art. 64. O procedimento sancionatório será sigiloso até decisão final, salvo em relação ao acusado, seu procurador ou terceiro que demonstre legítimo interesse.

Parágrafo único. Incidirá em infração disciplinar grave o servidor que, por qualquer forma, divulgar irregularmente informações relativas à acusação, ao acusado ou ao procedimento.

Seção IV – Do procedimento de reparação de danos

Art. 65. Aquele que pretender, da Fazenda Pública, ressarcimento por danos causados por agente público, agindo nessa qualidade, poderá requerê-lo administrativamente, observadas as seguintes regras:

I – o requerimento será protocolado na Procuradoria-Geral do Estado, até 5 (cinco) anos contados do ato ou fato que houver dado causa ao dano;

II – o protocolo do requerimento suspende, nos termos da legislação pertinente, a prescrição da ação de responsabilidade contra o Estado, pelo período que durar sua tramitação;

III – o requerimento conterá os requisitos do art. 54, devendo trazer indicação precisa do montante atualizado da indenização pretendida, e declaração de que o interessado concorda com as condições contidas neste artigo e no subseqüente;

IV – o procedimento, dirigido por Procurador do Estado, observará as regras do art. 55;

V – a decisão do requerimento caberá ao Procurador-Geral do Estado ou ao dirigente da entidade descentralizada, que recorrerão de ofício ao Governador, nas hipóteses previstas em regulamento;

VI – acolhido em definitivo o pedido, total ou parcialmente, será feita, em 15 (quinze) dias, a inscrição, em registro cronológico, do valor atualizado do débito, intimando-se o interessado;

VII – a ausência de manifestação expressa do interessado, em 10 (dez) dias, contados da intimação, implicará em concordância com o valor inscrito; caso não concorde com esse valor, o interessado poderá, no mesmo prazo, apresentar desistência, cancelando-se a inscrição e arquivando-se os autos;

VIII – os débitos inscritos até 1º de julho serão pagos até o último dia útil do exercício seguinte, à conta de dotação orçamentária específica;

IX – o depósito, em conta aberta em favor do interessado, do valor inscrito, atualizado monetariamente até o mês do pagamento, importará em quitação do débito;

X – o interessado, mediante prévia notificação à Administração, poderá considerar indeferido seu requerimento caso o pagamento não se realize na forma e no prazo previstos nos incisos VIII e IX.

§ 1º. Quando o interessado utilizar-se da faculdade prevista nos incisos VII, parte final, e X, perderá qualquer efeito o ato que tiver acolhido o pedido, não se podendo invocá-lo como reconhecimento da responsabilidade administrativa.

§ 2º. Devidamente autorizado pelo Governador, o Procurador-Geral do Estado poderá delegar, no âmbito da Administração centralizada, a competência prevista no inciso V, hipótese em que o delegante tornar-se-á a instância máxima de recurso.

Art. 66. Nas indenizações pagas nos termos do artigo anterior, não incidirão juros, honorários advocatícios ou qualquer outro acréscimo.

Art. 67. Na hipótese de condenação definitiva do Estado ao ressarcimento de danos, deverá o fato ser comunicado ao Procurador-Geral do Estado, no prazo de 15 (quinze) dias, pelo órgão encarregado de oficiar no feito, sob pena de responsabilidade.

Art. 68. Recebida a comunicação, o Procurador-Geral do Estado, no prazo de 10 (dez) dias, determinará a instauração de procedimento, cuja tramitação obedecerá o disposto na Seção III para apuração de eventual responsabilidade civil de agente público, por culpa ou dolo.

Parágrafo único. O Procurador-Geral do Estado, de ofício, determinará a instauração do procedimento previsto neste artigo, quando na forma do art. 65, a Fazenda houver ressarcido extrajudicialmente o particular.

Art. 69. Concluindo-se pela responsabilidade civil do agente, será ele intimado para, em 30 (trinta) dias, recolher aos cofres públicos o valor do prejuízo suportado pela Fazenda, atualizado monetariamente.

Art. 70. Vencido, sem o pagamento, o prazo estipulado no artigo anterior, será proposta, de imediato, a respectiva ação judicial para cobrança do débito.

Art. 71. Aplica-se o disposto nesta Seção às entidades descentralizadas, observada a respectiva estrutura administrativa.

Seção V – Do procedimento para obtenção de certidão

Art. 72. É assegurada, nos termos do art. 5º, XXXIV, *b*, da Constituição Federal, a expedição de certidão sobre atos, contratos, decisões ou pareceres constantes de registros ou autos de procedimentos em poder da Administração Pública, ressalvado o disposto no art. 75.

Parágrafo único. As certidões serão expedidas sob a forma de relato ou mediante cópia reprográfica dos elementos pretendidos.

Art. 73. Para o exercício do direito previsto no artigo anterior, o interessado deverá protocolar requerimento no órgão competente, independentemente de qualquer pagamento, especificando os elementos que pretende ver certificados.

Art. 74. O requerimento será apreciado, em 5 (cinco) dias úteis, pela autoridade competente, que determinará a expedição da certidão requerida em prazo não superior a 5 (cinco) dias úteis.

Art. 75. O requerimento será indeferido, em despacho motivado, se a divulgação da informação solicitada colocar em comprovado risco a segurança da sociedade ou do Estado, violar a intimidade de terceiros ou não se enquadrar na hipótese constitucional.

§ 1º. Na hipótese deste artigo, a autoridade competente, antes de sua decisão, ouvirá o órgão de consultoria jurídica, que se manifestará em 3 (três) dias úteis.

§ 2º. Do indeferimento do pedido de certidão caberá recurso.

Art. 76. A expedição da certidão independerá de qualquer pagamento quando o requerente demonstrar sua necessidade para a defesa de direitos ou esclarecimento de situações de interesse pessoal.

Parágrafo único. Nas demais hipóteses, o interessado deverá recolher o valor correspondente, conforme legislação específica.

Seção VI – Do procedimento para obtenção de informações pessoais

Art. 77. Toda pessoa terá direito de acesso aos registros nominais que a seu respeito constem em qualquer espécie de fichário ou registro, informatizado ou não, dos órgãos ou entidades da Administração, inclusive policiais.

Art. 78. O requerimento para obtenção de informações observará as seguintes regras:

I – o interessado apresentará, ao órgão ou entidade do qual pretende as informações, requerimento escrito manifestando o desejo de conhecer tudo o que a seu respeito conste das fichas ou registros existentes;

II – as informações serão fornecidas no prazo máximo de 10 (dez) dias úteis, contados do protocolo do requerimento;

III – as informações serão transmitidas em linguagem clara e indicarão, conforme for requerido pelo interessado:

a) o conteúdo integral do que existir registrado;

b) a fonte das informações e dos registros;

c) o prazo até o qual os registros serão mantidos;

d) as categorias de pessoas que, por suas funções ou por necessidade do serviço, têm, diretamente, acesso aos registros;

e) as categorias de destinatários habilitados a receber comunicação desses registros; e

f) se tais registros são transmitidos a outros órgãos estaduais, e quais são esses órgãos.

Art. 79. Os dados existentes, cujo conhecimento houver sido ocultado ao interessado, quando de sua solicitação de informações, não poderão, em hipótese alguma, ser utilizados em quaisquer procedimentos que vierem a ser contra o mesmo instaurados.

Art. 80. Os órgãos ou entidades da Administração, ao coletar informações, devem esclarecer aos interessados:

I – o caráter obrigatório ou facultativo das respostas;

II – as conseqüências de qualquer incorreção nas respostas;

III – os órgãos aos quais se destinam as informações; e

IV – a existência do direito de acesso e de retificação das informações.

Parágrafo único. Quando as informações forem colhidas mediante questionários impressos, devem eles conter os esclarecimentos de que trata este artigo.

Art. 81. É proibida a inserção ou conservação em fichário ou registro de dados nominais relativos a opiniões políticas, filosóficas ou religiosas, origem racial, orientação sexual e filiação sindical ou partidária.

Art. 82. É vedada a utilização, sem autorização prévia do interessado, de dados pessoais para outros fins que não aqueles para os quais foram prestados.

Seção VII – Do procedimento para retificação de informações pessoais

Art. 83. Qualquer pessoa tem o direito de exigir, da Administração:

I – a eliminação completa de registros de dados falsos a seu respeito, os quais tenham sido obtidos por meios ilícitos, ou se refiram às hipóteses vedadas pelo art. 81;

II – a retificação, complementação, esclarecimento ou atualização de dados incorretos, incompletos, dúbios ou desatualizados.

Parágrafo único. Aplicam-se ao procedimento de retificação as regras contidas nos arts. 54 e 55.

Art. 84. O fichário ou o registro nominal devem ser completados ou corrigidos, de ofício, assim que a entidade ou órgão por eles responsável tome conhecimento da incorreção, desatualização ou caráter incompleto de informações neles contidas.

Art. 85. No caso de informação já fornecida a terceiros, sua alteração será comunicada a estes, desde que requerida pelo interessado, a quem dará cópia da retificação.

Seção VIII – Do procedimento de denúncia

Art. 86. Qualquer pessoa que tiver conhecimento de violação da ordem jurídica, praticada por agentes administrativos, poderá denunciá-la à Administração.

Art. 87. A denúncia conterá a identificação do seu autor, devendo indicar o fato e suas circunstâncias, e, se possível, seus responsáveis ou beneficiários.

Parágrafo único. Quando a denúncia for apresentada verbalmente, a autoridade lavrará termo, assinado pelo denunciante.

Art. 88. Instaurado o procedimento administrativo, a autoridade responsável determinará as providências necessárias à sua instrução, observando-se os prazos legais e as seguintes regras:

I – obrigatória a manifestação do órgão de consultoria jurídica;

II – o denunciante não parte no procedimento, podendo, entretanto, ser convocado para depor;

III – o resultado da denúncia será comunicado ao autor, se este assim o solicitar.

Art. 89. Incidirá em infração disciplinar grave a autoridade que não der andamento imediato, rápido e eficiente ao procedimento regulado nesta Seção.

Título V – **DISPOSIÇÕES FINAIS**

Art. 90. O descumprimento injustificado, pela Administração, dos prazos previstos nesta lei gera responsabilidade disciplinar, imputável aos agentes públicos encarregados do assunto, não implicando, necessariamente, em nulidade do procedimento.

§ 1º. Respondem também os superiores hierárquicos que se omitirem na fiscalização dos serviços de seus subordinados, ou que de algum modo concorram para a infração.

§ 2º. Os prazos concedidos aos particulares poderão ser devolvidos, mediante requerimento do interessado, quando óbices injustificados, causados pela Administração, resultarem na impossibilidade de atendimento do prazo fixado.

Art. 91. Os prazos previstos nesta lei são contínuos, salvo disposição expressa em contrário, não se interrompendo aos domingos ou feriados.

Art. 92. Quando norma não dispuser de forma diversa, os prazos serão computados excluindo-se o dia do começo e incluindo-se o do vencimento.

§ 1º. Só se iniciam e vencem os prazos em dia de expediente no órgão ou entidade.

§ 2º. Considera-se prorrogado o prazo até o primeiro dia útil subseqüente se, no dia do vencimento, o expediente for encerrado antes do horário normal.

Art. 93. Esta lei entrará em vigor em 120 (cento e vinte) dias contados da data de sua publicação.

Art. 94. Revogam-se as disposições em contrário, especialmente o Decreto-lei n. 104, de 20 de junho de 1969 e a Lei n. 5.702, de 5 de junho de 1987.

Palácio dos Bandeirantes, 30 de dezembro de 1998.

(*DOE* de 31.12.98)

Impressão e acabamento.
GRÁFICA PAYM
Tel. (011) 4392-3344

REVISTA
TRIMESTRAL DE
DIREITO PÚBLICO

DOUTRINA: O RECONHECIMENTO DE DIREITOS COLETIVOS NA ESFERA INTERNACIONAL – *Fábio Konder Comparato* • LEIS ORIGINARIAMENTE INCONSTITUCIONAIS COMPATÍVEIS COM EMENDA CONSTITUCIONAL SUPERVENIENTE – *Celso Antônio Bandeira de Mello* • O CONTROLE SOCIAL E O CONSUMIDOR DE SERVIÇOS PÚBLICOS – *Juarez Freitas* • DEZ ANOS DE CONSTITUIÇÃO – *Sérgio Sérvulo da Cunha* • ATO ADMINISTRATIVO, ATO-FATO ADMINISTRATIVO – *Ronaldo de Medeiros e Albuquerque* • ***PARECERES:*** AS LICITAÇÕES E AS EMPRESAS ESTATAIS APÓS A EMENDA 19 – *Eros Roberto Grau* • REELEIÇÃO DO PRESIDENTE DA REPÚBLICA – EMENDA CONSTITUCIONAL 16/97. EXIGÊNCIA DA DESINCOMPATIBILIZAÇÃO DO PRESIDENTE DA REPÚBLICA COMO REQUISITO PARA CANDIDATURA À REELEIÇÃO. INTERPRETAÇÃO CONFORME A CONSTITUIÇÃO. PREVALÊNCIA DOS PRINCÍPIOS CONSTITUCIONAIS DO "REGIME DEMOCRÁTICO", DA "IGUALDADE ENTRE PARTIDOS E CANDIDATOS" E DA "MORALIDADE ELEITORAL" – *Carlos Roberto Siqueira Castro* • CREDENCIAMENTO MEDIANTE LICITAÇÃO – *Adílson Abreu Dallari* • DIREITO DO LICITANTE VENCEDOR À ADJUDICAÇÃO E CONTRATAÇÃO – *Toshio Mukai* • ***ESTUDOS E COMENTÁRIOS:*** O CONTROLE DIRETO DE CONSTITUCIONALIDADE DE LEIS E ATOS NORMATIVOS MUNICIPAIS POR VULNERAÇÃO À CONSTITUIÇÃO FEDERAL – *Clóvis Beznos* • MANDADO DE SEGURANÇA: UMA PROPOSTA DE INTERPRETAÇÃO – *José Sérgio Monte Alegre* • AS AGÊNCIAS REGULADORAS NO DIREITO BRASILEIRO: ORIGEM, NATUREZA E FUNÇÃO – *Marcos Augusto Perez* • VENCIMENTOS DE PREFEITOS E VEREADORES À LUZ DA EMENDA CONSTITUCIONAL 19/98 – *Fábio Medina Osório* • SITUAÇÃO ATUAL E PERSPECTIVAS DA DESREGULAMENTAÇÃO DA ATIVIDADE SEGURADORA NA ALEMANHA – *Jürgen Basedow, LL.M.* (tradução de Amadeu Carvalhaes Ribeiro) • PLANEJAMENTO COMO INSTRUMENTO DO DESENVOLVIMENTO URBANO – *Yara Prado Fernandes Francisco* • REGIÕES METROPOLITANAS – *Antonio Sampaio Amaral Filho* • ***CONFERÊNCIAS E DEBATES:*** REFORMA ADMINISTRATIVA E CONTROLE DE CONTAS – *Edgard Camargo Rodrigues* • ***JURISPRUDÊNCIA*** • ***LEGISLAÇÃO:*** EMENDA CONSTITUCIONAL N. 19, DE 4 DE JUNHO DE 1998 • EMENDA CONSTITUCIONAL N. 20, DE 15 DE DEZEMBRO DE 1998 • LEI N. 9.784, DE 29 DE JANEIRO DE 1999 • LEI N. 10.177, DE 30 DE DEZEMBRO DE 1998

MALHEIROS EDITORES